全国职业病诊疗康复人才培训系列教材

放射工作人员职业健康检查

国家卫生健康委职业健康司　组织编写

刘青杰　刘建香　孙全富　主编

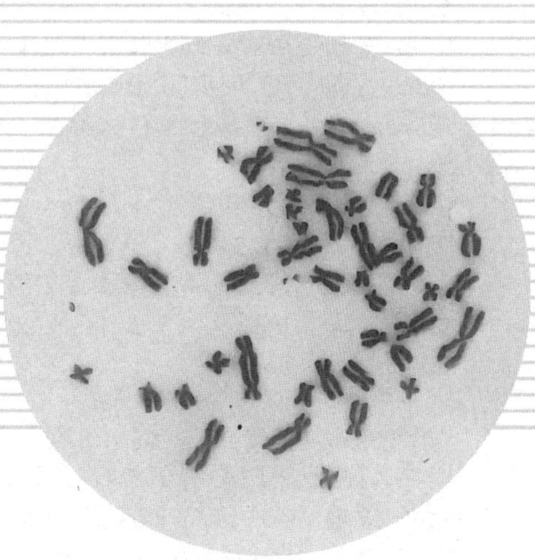

中国人口与健康出版社
China Population and Health Publishing House
全国百佳图书出版单位

图书在版编目（CIP）数据

放射工作人员职业健康检查 / 国家卫生健康委职业健康司组织编写 . -- 北京 : 中国人口与健康出版社，2025. 6. --（全国职业病诊疗康复人才培训系列教材）.
ISBN 978-7-5238-0242-7

Ⅰ. TL75

中国国家版本馆 CIP 数据核字第 2025896RB3 号

全国职业病诊疗康复人才培训系列教材

放射工作人员职业健康检查

QUANGUO ZHIYEBING ZHENLIAO KANGFU RENCAI PEIXUN XILIE JIAOCAI

FANGSHE GONGZUO RENYUAN ZHIYE JIANKANG JIANCHA

国家卫生健康委职业健康司　组织编写

责任编辑　李春荣　薛　珂
责任设计　刘海刚
责任印制　任伟英
出版发行　中国人口与健康出版社
印　　刷　天津中印联印务有限公司
开　　本　889 毫米 ×1194 毫米　1/16
印　　张　17.5
字　　数　458 千字
版　　次　2025 年 6 月第 1 版
印　　次　2025 年 6 月第 1 次印刷
书　　号　ISBN 978-7-5238-0242-7
定　　价　56.00 元

微 信 ID　中国人口与健康出版社
图书订购　中国人口与健康出版社天猫旗舰店
新浪微博　@ 中国人口与健康出版社
电子信箱　rkcbs@126.com
总编室电话（010）83519392　　**发行部电话**（010）83557247
办公室电话（010）83519400　　**网销部电话**（010）83530809
传　　真（010）83519400
地　　址　北京市海淀区交大东路甲 36 号
邮　　编　100044

全国职业病诊疗康复人才培训系列教材
编写指导委员会

《放射工作人员职业健康检查》编委会

主　　编：刘青杰　中国疾病预防控制中心辐射防护与核安全医学所
刘建香　中国疾病预防控制中心辐射防护与核安全医学所
孙全富　中国疾病预防控制中心辐射防护与核安全医学所

副 主 编：赵风玲　河南省第三人民医院（河南省职业病医院）
邹剑明　广东省职业病防治院
聂云峰　湖南省职业病防治院
梁　莉　北京大学第三医院
李洁清　山东第一医科大学（山东省医学科学院）

编写人员：（按姓氏笔画排序）
丁艳秋　中国疾病预防控制中心辐射防护与核安全医学所
马　娅　山东第一医科大学（山东省医学科学院）
马丽红　河南省第三人民医院（河南省职业病医院）
王　进　江苏省疾病预防控制中心（江苏省预防医学科学院）
王恺怡　中国疾病预防控制中心辐射防护与核安全医学所
王登强　福建省职业病与化学中毒预防控制中心
牛延涛　首都医科大学附属北京友谊医院
邓　君　中国疾病预防控制中心辐射防护与核安全医学所
邢志伟　中国医学科学院放射医学研究所
吕　夏　中核四〇四医院
吕玉民　河南省第三人民医院（河南省职业病医院）
刘玉龙　苏州大学附属第二医院
刘澜涛　北京市职业病防治院

齐雪松　中国疾病预防控制中心辐射防护与核安全医学所
问清华　中广核辐射监测中心
苏垠平　中国疾病预防控制中心辐射防护与核安全医学所
李　丽　核工业四一七医院
李　祈　湖南省职业病防治院
李　炜　重庆市疾病预防控制中心（重庆市预防医学科学院）
李　爽　中国疾病预防控制中心辐射防护与核安全医学所
李小亮　中国疾病预防控制中心辐射防护与核安全医学所
连逸青　广东省职业病防治院
张华东　重庆市疾病预防控制中心（重庆市预防医学科学院）
张建峰　中国疾病预防控制中心辐射防护与核安全医学所
张品华　中国疾病预防控制中心辐射防护与核安全医学所
张惠生　核工业四一七医院
张舒羽　核工业四一六医院
陈　彬　吉林省职业病防治院
陈　维　江苏省疾病预防控制中心（江苏省预防医学科学院）
陈尔东　中国疾病预防控制中心辐射防护与核安全医学所
赵　骅　中国疾病预防控制中心辐射防护与核安全医学所
郭　文　中国疾病预防控制中心辐射防护与核安全医学所
高　品　中国疾病预防控制中心辐射防护与核安全医学所
黄　薇　核工业四一六医院
崔诗悦　中国疾病预防控制中心辐射防护与核安全医学所
梁德君　松原吉林油田医院职业病防治所
缑喜成　中核四〇四医院
鞠金欣　中国疾病预防控制中心辐射防护与核安全医学所
魏伟奇　福建省职业病与化学中毒预防控制中心

序言

人民健康是民族昌盛和国家富强的重要标志，职业健康关系亿万劳动者身心健康和家庭幸福，党中央、国务院历来高度重视职业健康工作。党的十八大以来，以习近平同志为核心的党中央坚持以人民为中心的发展思想，把保障人民健康放在优先发展的战略地位，提出从以治病为中心转变为以人民健康为中心，实施健康中国战略，将健康融入所有政策，为人民群众提供全方位全周期健康服务。党的二十届三中全会明确提出实施健康优先发展战略，健全公共卫生体系，促进社会共治、医防协同、医防融合，强化监测预警、风险评估、医疗救治等能力。

我国正处于工业化、城镇化快速发展阶段，广大劳动者在职业活动中接触的职业病危害因素日益复杂多样，职业性尘肺病、职业中毒等传统职业病防治形势仍然严峻，肌肉骨骼系统疾病和工作压力导致的生理、心理问题正成为亟待应对的职业健康新挑战。保障劳动者健康，做好职业病诊疗康复工作，需要大力加强专业技术人才培养，加强职业卫生放射卫生服务能力建设，以适应新时代职业健康工作需要。

按照《“健康中国 2030”规划纲要》《国家职业病防治规划（2021—2025 年）》等要求，国家卫生健康委将职业病诊疗康复人才培训纳入卫生健康人才培养项目。为加强人才培训培养工作的专业性、规范性和实效性，国家卫生健康委职业健康司组织编写了“全国职业病诊疗康复人才培训系列教材”，共 10 种，分别是《职业健康检查》《职业病诊断与鉴定》《职业性尘肺病》《职业性化学中毒》《职业性噪声聋》《职业性皮肤病及其他职业病》《放射工作人员职业健康检查》《职业性放射性疾病》《工作相关肌肉骨骼疾病》《工作相关精神和行为障碍》。

本套教材由 200 多位来自疾病预防控制机构、职业病防治院所、专科医院等职业病诊断、治疗和康复相关领域的专家学者共同编写，内容丰富、科学系统，具有较强的专业性、科学性、针对性、实用性，既可用于职业病诊疗康复人员的培训，也可供职业健康监管人员、用人单位职业卫生管理人员、职业健康技术服务人员以及大专院校相关专业师生学习参考。

因时间仓促，本套教材虽经多次讨论和修改，但难免会有不妥和错误之处，欢迎广大读者批评指正。

全国职业病诊疗康复人才培训系列教材
编写指导委员会
2025 年 6 月

前言

职业健康保护行动作为《健康中国行动（2019—2030年）》中的第9个专项行动，体现了党中央、国务院对职业病防治工作的高度重视。我国是核能核技术应用大国，随着国家经济技术的发展，核能核技术在工业、农业、医学及国防等方面应用广泛，并发展迅猛，极大地促进了国民经济的发展。然而，核辐射是一把“双刃剑”，在开发利用核能核技术的同时，做好放射性职业病防治工作，保障核能核技术应用的可持续健康发展，保护广大劳动者的健康与安全具有重要的现实意义。

《放射工作人员职业健康检查》为全国职业病诊疗康复人才培训系列教材之一，集中阐述了放射工作人员职业健康检查的相关知识。全书共十八章，从内容上可分为两大部分。第一部分为总论部分，包括第一章至第十一章，概述了放射工作人员职业健康检查的历史沿革、管理要求、检查项目、质量管理体系、检查规范及质量控制、细胞遗传学检测、检查结果分析和评价、信息报送、医学随访、放射防护培训和相关档案管理以及个人监测和评价等内容；第二部分为分论部分，包括第十二章至第十八章，分别介绍了医学应用、工业应用、铀生产企业、核燃料制造、核电站、乏燃料后处理以及非铀矿山等放射工作人员受到的主要电离辐射危害及其职业健康检查要点。同时，附录中总结了辐射量及其单位、辐射健康效应、相关法律法规及标准列表以及常见名词术语，以便读者参考。

本书在编写中突出以下三个特点：一是针对各级放射工作人员职业健康检查机构的实际需求，注重阐述放射工作人员接触的电离辐射危害、相关标准及要求；二是突出时代特征，与国家法律法规标准相衔接，注重介绍本领域先进适用的技术方法；三是注重系统性、科学性和实用性。本教材适用于放射工作人员职业健康检查机构的职业卫生医师和临床医师、疾病预防控制机构和监督机构专业技术人员的在职培训，也可供从事相关工作的专业技术人员参考学习。

本书是在国家卫生健康委职业健康司的具体指导下，按照《全国职业病诊疗康复人才培训大纲》要求，由全国疾病预防控制机构、职业病防治机构、高等院校及放射工作人员职业健康检查医疗机构等单位有丰富实践工作经验的知名专家、学者参与编写。由刘青杰、刘建香和孙全富担任主编，赵风玲、邹剑明、聂云峰、梁莉和李洁清担任副主编，崔诗悦担任秘书。在此，谨向参与教材编写的各位专家、学者的辛勤付出，向来自各方面的支持和帮助，一并表示衷心的感谢。

由于编者经验、水平有限，书中难免存在不足甚或错误，敬请各位同行和读者批评、指正，以便再版时修订。

《放射工作人员职业健康检查》编委会

2025年6月

目 录

01 第一章　总　论

随着X射线成像技术、加速器技术、核裂（聚）变原子武器与核能以及其他核辐射技术研发突飞猛进，核能核技术在医疗和国民经济的各个领域的应用日益广泛，并发展迅猛，极大地促进了国民经济的发展。然而，核辐射是一把“双刃剑”，在造福于人类的同时，也发现工作人员出现了各种各样的健康损害，做好职业性放射性疾病防治工作，保障核能核技术应用的可持续健康发展，保护广大劳动者的健康与安全具有重要的现实意义。

20世纪40年代开始发现X射线工作人员出现白血病等疾病升高的现象，职业照射活动中工作人员的安全与防护受到高度重视。1928年成立了X射线和镭防护委员会，1950年改称国际放射防护委员会（International Commission on Radiological Protection，ICRP），苏联颁布《国家辐射防护标准》，明确了核工业等放射工作人员医学监督要求。1968年，国际原子能机构（International Atomic Energy Agency，IAEA）、国际劳工组织（International Labour Organization，ILO）和世界卫生组织（World Health Organization，WHO）联合出版了《放射工作人员医学监督》一书以指导各国实践。直到20世纪70年代后期，随着工程防护技术的进步，工作人员的受照剂量显著降低。1977年ICRP发布第26号出版物提出辐射防护三原则，以及用健康监护代替医学监督。自20世纪80年代以来，以放射工作人员职业健康检查为主要形式的健康监护普遍得到实施。

改革开放前，我国放射工作人员职业健康检查主要限于核工业系统，以频繁的工作人员血象检查为特点。1985年10月国内个人剂量监测规定发布，标志着我国放射工作人员系统性职业健康管理工作的肇始。1988年4月20日《放射工作人员健康管理规定》发布，开始在全国普遍实行放射工作人员健康检查制度。1997年6月5日《放射工作人员健康管理规定》（卫生部令第52号）发布，标志着我国放射工作人员职业健康管理制度初步形成。《中华人民共和国职业病防治法》（以下简称《职业病防治法》）实施后，2007年11月起实施《放射工作人员职业健康管理办法》（卫生部令第55号），标志着我国放射工作人员职业健康管理制度基本完善。

职业健康检查是指医疗机构依据法规标准开展的职业健康检查的具体行为，主体为医疗机构，不同行业的放射工作人员职业健康检查特点较为突出。职业健康监护是依据法规标准在健康检查基础上开展的岗位适任性判定及相关活动，主体为用人单位。近年来，国内更多地使用放射工作人员职业健康管理。它是依据法规标准对放射工作人员个人和群体的职业病危害因素实施的全面管理，包括教育培训、职业健康监护、个人剂量监测和职业病诊断与鉴定以及相关档案管理等方面，主体是用人单位和监管部门。

本章主要介绍电离辐射的来源、职业照射主要类别，扼要介绍相关国际组织和几个主要国家的放射工作人员健康监护，较为详细地介绍我国放射工作人员职业健康监护现状和面临的挑战。

第一节　辐射来源与职业照射

一、辐射来源

生活在地球上的人类每时每刻都受到各种辐射照射。本书中讨论的是电离辐射。电离辐射来源可以分为天然辐射源和人工辐射源。目前公众受到的所有电离辐射中，约 80% 来自天然辐射源，20% 来自人工辐射源。

（一）天然辐射源

天然辐射源主要包括来自大气层外的宇宙射线及宇生放射性核素和来自地壳中天然存在的原生放射性核素。

宇宙射线指来自外层空间射向地球表面的射线，包括初级宇宙射线和次级宇宙射线。前者由初级太阳宇宙射线和初级银河宇宙射线构成，主要是质子、α 粒子和某些更重的原子核；后者是由初级宇宙射线进入地球大气层后与大气层固有的原子核相互作用产生的 μ 介子、光子、电子以及中子等。宇宙射线剂量率主要受海拔和地磁纬度影响。剂量率随着海拔的升高而增加，在 8km 高度，宇宙射线产生的有效剂量率为 2.8μSv/h，而在 15km 高度，有效剂量率为 10~40μSv/h。在同一海拔上，地磁赤道处（低纬度）的宇宙射线强度和剂量率最低，而在地磁两极处的宇宙射线强度和剂量率最高。

宇生放射性核素主要是由宇宙射线与大气层中和地球表面的原子核相互作用产生的放射性核素，有 20 多种。其中，^{3}H、^{7}Be、^{14}C 和 ^{22}Na 对公众健康有明显剂量贡献。研究表明，这四种核素所致世界人口年平均有效剂量分别为 0.01μSv、0.03μSv、12μSv 和 0.15μSv，共计 12.19μSv。

原生放射性核素指自有地球以来就存在于地壳内的放射性核素，其产生的辐射称为陆地辐射。原生放射性核素主要是以 ^{238}U、^{232}Th 和 ^{235}U 为起始核素的 3 个天然放射系的各级子代放射性核素以及 ^{40}K。陆地辐射对人既有外照射也有内照射。其中，外照射主要由铀系和钍系的核素及 ^{40}K 放出的 γ 射线产生；内照射主要由氡及其子体的吸入以及其他天然放射性核素通过食入途径从食物和水进入人体产生。由陆地辐射造成的全世界人均外照射年有效剂量为 0.48mSv，我国居民接受的来自陆地 γ 辐射的人均外照射年有效剂量为 0.54mSv。氡对人体产生的内照射的年平均有效剂量占天然辐射照射产生的年平均有效剂量的 50%。

根据联合国原子辐射效应科学委员会（United Nations Scientific Committee on the Effects of Atomic Radiation，UNSCEAR）报告，大约 65% 的公众受到的天然辐射源照射的年有效剂量为 1~3mSv/a，约 25% 的公众不到 1mSv/a，10% 的公众约大于 3mSv/a。世界范围各类天然辐射源照射致成人年有效剂量的世界平均值参见表 1–1。我国居民所受天然辐射的年平均有效剂量水平参见表 1–2。

表 1–1　天然辐射源照射致成人年有效剂量世界平均值（mSv）

辐射源	平均值	典型范围
宇宙射线		
直接电离成分和光子成分	0.28	
中子成分	0.10	

续表

辐射源	平均值	典型范围
宇生放射性核素	0.01	
小计	0.39	0.3~1.0①
陆地辐射外照射		
室外	0.07	
室内	0.41	
小计	0.48	0.3~0.6②
吸入照射		
铀、钍系放射性核素	0.006	
氡（^{222}Rn）	1.15	
钍射气（^{220}Rn）	0.10	
小计	1.26	0.2~10③
食入照射		
^{40}K	0.17	
铀、钍系放射性核素	0.12	
小计	0.29	0.2~0.8④
合计	2.4	1~10

注：①由海平面到高海拔地区的整个范围；②与土壤和建筑材料中放射性核素含量有关；③与氡在室内的累积有关；④与食品和水中放射性核素含量有关。

（资料来源：姜德智.《放射卫生学》[M].苏州：苏州大学出版社，2018）

表 1-2 我国居民所受天然辐射的年平均有效剂量（mSv）

<table>
<tr><th colspan="3">辐射源</th><th>平均值</th><th>典型范围</th></tr>
<tr><td rowspan="3">外照射</td><td rowspan="2">宇宙射线</td><td>电离成分</td><td>0.26</td><td rowspan="2">0.2~1.09</td></tr>
<tr><td>中子</td><td>0.1</td></tr>
<tr><td colspan="2">陆地 γ 辐射</td><td>0.54</td><td>0.34~1.24</td></tr>
<tr><td rowspan="4">内照射</td><td colspan="2">氡及其短寿命子体</td><td>1.56</td><td rowspan="4">0.2~10</td></tr>
<tr><td colspan="2">铀系、钍系</td><td>0.185</td></tr>
<tr><td colspan="2">^{40}K</td><td>0.17</td></tr>
<tr><td colspan="2">其他核素</td><td>0.315</td></tr>
<tr><td colspan="3">总计</td><td>~3.1</td><td>—</td></tr>
</table>

（资料来源：陈志.《电离辐射防护基础》[M].北京：清华大学出版社，2023）

（二）人工辐射源

人工辐射是指与核相关的人为活动引起的对公众的照射，现今世界上的人工辐射源主要包括医疗照射、核武器的试验和生产、核能生产、核技术应用和核事故等。根据 UNSCEAR 2008 年报告，全球人工辐射源所致个人年有效剂量平均值约为 0.6mSv；根据 2000 年前后卫生部门调查工作的数据，我国人工辐射源所致个人年有效剂量平均值约为 0.2mSv。医疗照射是最大的人工辐射源，其剂量贡献约占人工辐射的 98%，约占人类总受照剂量的 14%。人工辐射源是职业照射的主要来源，也是控制公众照射的重要对象。人工辐射源所致个人年有效剂量平均值参见表 1–3。

表 1–3　人工辐射源所致个人年有效剂量平均值（mSv）

辐射来源	全球	我国
医疗诊断（不含治疗）	0.6	0.21
大气层核试验	0.005	0.0005
切尔诺贝利事故	0.002	0.00005
核燃料循环（公众照射）	0.0002	0.00001

（资料来源：潘自强 .《核与辐射安全》[M]. 北京：中国环境出版社，2015）

医疗照射是患者进行疾病诊断或治疗受到的辐射照射、扶持患者接受诊断或治疗的自愿者（包括亲属）受到的照射，或接受医学诊断的自愿者受到的照射，或接受医学健康检查的人员受到的照射。随着医疗保健事业的发展，接受医疗照射的人数越来越多。据统计，在发达国家，接受 X 射线检查的频率是 300~900 人次每年每 1000 居民；在发展中国家，接受 X 射线检查的频率约为发达国家的 10%。ICRP、UNSCEAR 等指出，医疗照射是最大的并且必将不断增加的人工辐射来源，且绝大多数为普及面最广的 X 射线诊断所产生。根据 UNSCEAR 2008 年报告，在人工辐射来源中，医疗诊断占据绝大多数，所致全世界人均年有效剂量从 2000 年的 0.40mSv 上升至 2008 年的 0.62mSv，增加了约 55%，远远高于所有其他人工源的贡献。

大气层核试验是环境中人工辐射源对全球公众产生辐射照射的主要来源。从 1945 年起至 1980 年止，世界范围共进行 543 次大气层核试验，造成裂变产物在大气的弥散和沉降。目前，大气层核试验落下灰沉降产生的对公众的照射中，主要照射途径是外照射和食入（20 世纪 80 年代大气核试验停止后，吸入途径导致的剂量贡献可忽略不计），主要放射性核素是 ^{137}Cs、^{90}Sr、^{14}C 和 ^{3}H。据统计，1963 年全球公众受落下灰照射的年平均有效剂量最高达 0.11mSv，到 2000 年降低到现在的水平，约 0.005mSv，远低于公众受到的天然照射，而且这种照射未来还将缓慢下降。

核能生产涉及核燃料循环。核燃料循环是指铀矿开采、铀矿水冶、铀的浓集与转化、核燃料原件制造、核反应堆运行、乏燃料后处理、退役和放射性废物管理以及有关的科研和开发活动。核电厂是最大型的一类核设施，正常运行情况下，核电站对全球辐射照射的贡献是微乎其微的。核电站周围 50km 内居民的人均年有效剂量约为 0.1μSv。从事核能生产的职业人员接受的人工辐射的年有效剂量大致与来自天然放射源照射的平均值处于同一数量级。

二、职业照射

职业照射指除了国家有关法规和标准所排除的照射，以及除根据国家有关法规和标准予以豁免的实践或源所产生的照射以外，工作人员在工作过程中受到的所有照射。需指出的是，ICRP 第 103 号出版物已将一些具有较高天然辐射照射的工作场合的人员，如航空机组人员、非铀矿山工作人员、超常态的天然辐射（例如溶洞、地下建筑等）环境中的工作人员等都纳入职业照射的范畴。

（一）职业照射监测与评价

个人监测是控制职业照射的重要基础。根据国家标准《电离辐射防护与辐射源安全基本标准》（GB 18871—2002）的相关要求，对于任何在控制区工作的工作人员，或有时进入控制区工作并可能受到显著职业照射的工作人员，或其职业照射剂量可能大于 5mSv/a 的工作人员，均应进行个人监测。对在监督区或偶尔进入控制区的工作人员，如果预计其职业照射剂量为1~5mSv/a，则应尽可能进行个人监测。注册者、许可证持有者和用人单位，应按照辐射防护最优化的原则进行相应的监测和评价，应将监测和评价的结果定期向国家卫生健康行政部门报告，发现异常情况应及时上报。

（二）职业照射剂量控制

应当对职业照射人员个人受到的正常照射加以限制，并应符合最优化原则的要求。ICRP按照射危险可接受程度将职业照射分为不可接受、可忍受、可接受。剂量限值是“不可接受”和“可忍受”区域的边界线，也是辐射防护最优化约束的上限。《电离辐射防护与辐射源安全基本标准》（GB 18871—2002）规定的职业照射剂量限值参见表1-4。

表1-4 计划照射情况的职业照射剂量限值

应用范围	剂量限值	
	职业工作者	16~18岁青年
有效剂量	连续5年的年平均有效剂量（但不可作任何追溯性平均）为20mSv，并且任何单一年份内为50mSv	6mSv
当量剂量	眼晶状体：150mSv*	50mSv
	皮肤：500mSv	50mSv
	手和足：500mSv	—
	胎儿：在确诊后的余下妊娠期内孕妇下腹表面的剂量限值不大于1mSv	—

注：* IAEA《国际辐射防护和辐射源安全的基本安全标准》（2014年正式版），眼晶状体职业照射年剂量限值已改为连续5年的年平均当量剂量不超过20mSv（5年内不超过100mSv）。

（三）职业照射的职业分类

根据国家标准《职业性外照射个人监测规范》（GBZ 128—2019），职业照射的职业分类参见表1-5。

表1-5 职业照射的职业分类

职业分类		代号
核燃料循环	铀矿开采	1A
	铀矿加工	1B
	铀富集和转化	1C
	核燃料制造	1D
	反应堆运行	1E
	乏燃料后处理	1F
	核燃料循环系统的研究开发	1G
	退役及废物管理	1H
医学应用	诊断放射学	2A
	牙科放射学	2B
	核医学	2C
	放射治疗	2D
	介入放射学	2E
	其他应用	2F

续表

职业分类		代号
工业应用	工业辐照	3A
	工业探伤	3B
	发光涂料	3C
	放射性同位素生产	3D
	测井	3E
	加速器运行	3F
	其他应用	3G
天然源	民用航空	4A
	煤矿开采	4B
	其他矿藏开采	4C
	石油和天然气工业	4D
	矿物和矿石处理	4E
	其他	4F
国防活动	核舰艇及支持设备	5A
	其他防卫活动	5B
其他	教育	6A
	兽医学	6B
	其他	6C

（邓　君　刘青杰）

第二节　放射工作人员职业健康监护及法律法规标准体系历史沿革

一、放射工作人员职业健康监护历史回顾

职业健康监护曾称为医学监督。放射工作人员职业健康监护是为保证放射工作人员参加工作时及参加工作后都能适任其拟承担或所承担的工作任务而进行的医学检查和评价。

（一）我国放射工作人员职业健康监护工作的建立

放射工作人员职业健康监护工作起步于核工业初期。20 世纪 40 年代初，人们出于对辐射危害的担心，期望按一般职业医学的原则，通过常规医学检查手段，早期发现电离辐射损伤，建立了详细的医学检查程序，促成了放射工作人员医学监督的建立。英国和美国在核计划开始之际，建立了严格的健康检查制度，对正常值的任何偏离即构成工作人员调离辐射工作岗位的理由。20 世纪 40 年代

末，苏联把放射工作人员健康检查的要求和项目以附录形式列入国家辐射防护标准中，纳入国家辐射防护法规管理，并明确提出把早期发现辐射损伤作为医学监督的目的。

20世纪50年代中期，在苏联专家的指导下，我国沿袭苏联方式建立了完整的放射工作人员医学监督制度。以早期发现慢性放射病为目的，每年对不同放射工作水平的人员进行周期为3个月至12个月的定期医学检查。1958年3月，我国第一个原子能研究基地（现在的中国原子能科学研究院）开展了第一次放射工作人员的健康检查，开启了我国放射工作人员职业健康监护工作。1960年，国务院批准发布了我国第一部专门的放射卫生法规《放射性工作卫生防护暂行规定》，随后，《放射性工作人员的健康检查须知》作为该规定的配套技术文件之一被制定发布。自此，我国放射工作人员职业健康监护工作迈入法治化、标准化轨道。

（二）职业健康监护关注点的变化

我国放射工作人员职业健康监护工作建立之初，是以早期发现慢性放射病为目的。自20世纪60年代中期开始，基于大量的国内工作实践积累和国内外对职业健康检查认识的发展，我国逐步简化了健康检查的项目，延长了健康检查的周期，将工作重点向放射工作人员健康评价和辐射事故医学处理转移。

1960年发布的《放射性工作人员的健康检查须知》中明确规定放射工作人员就业后的定期健康检查，除了做一般的检查，对可能发生的造血损伤应进行重点详细的检查及必要的追随观察，以便早期发现射线损伤，及时处理。1995年发布的《预防性健康检查管理办法》（卫生部令第41号）中，对放射工作人员预防性健康检查的内容规定为主要检查职业禁忌证、职业病及与职业有关的疾病。

2002年发布的国家标准《电离辐射防护与辐射源安全基本标准》（GB 18871—2002）中，明确职业健康监护应以职业医学的一般原则为基础，其目的是评价工作人员对于其预期工作的适任和持续适任的程度。这一规定一直沿用至今，现行标准《放射工作人员健康要求及监护规范》（GBZ 98—2020）中，放射工作人员职业健康监护目的与之相同。

（三）关于放射工作人员定义的变化

我国放射工作人员职业健康监护工作建立之初，并未专门对放射工作人员进行界定，而是统称为放射性工作人员或从事放射性工作人员。

1984年发布的《放射卫生防护基本标准》（GB 4792—1984）将放射工作人员定义为“所从事的本职工作属于放射工作的人员”。1997年发布的《放射工作人员健康管理规定》（卫生部令第52号）中放射工作人员的定义为“从事超过放射性豁免限值的职业照射实践的人员”。

2007年发布的《放射工作人员职业健康管理办法》（卫生部令第55号）中，进一步明确了放射工作单位的定义和范围，并在此基础上将放射工作人员定义为“在放射工作单位从事放射职业活动中受到电离辐射照射的人员”。2011年发布的《放射工作人员职业健康监护技术规范》（GBZ 235—2011）沿用了这一定义。

2017年发布的《放射工作人员健康要求》（GBZ 98—2017）根据全国科学技术名词审定委员会公布的《放射医学与防护名词》（2014年），将放射工作人员定义为“受聘用全日、兼职或临时从事辐射工作并已了解与职业辐射防护有关的权利和任务的任何人员”。2020年修订后的《放射工作人员健康要求及监护规范》（GBZ 98—2020）中放射工作人员的定义为“受聘用全日、兼职或临时从事放射工作的任何人员”。

（四）职业健康检查要求的变化

1960 年发布的《放射性工作人员的健康检查须知》中规定“一切人员从事放射性工作之前，均应经过就业前的健康检查。工作人员就业后，必须接受定期的健康检查”。此外，还规定“凡遇意外事故或特殊情况，一周内受到 0.3 生物伦琴当量以上的照射时或怀疑有放射性物质进入体内时，应立即进行健康检查，及时做出必要的处理”。故放射工作人员健康检查最初包括就业前（上岗前）健康检查、就业后（在岗期间）定期的健康检查以及遭受事故后的健康检查。

2001 年，《职业病防治法》发布，第三十二条（2018 年修改后第三十五条）规定，“对从事接触职业病危害的作业的劳动者，用人单位应当按照国务院卫生行政部门的规定组织上岗前、在岗期间和离岗时的职业健康检查”。这里明确了对于从事接触职业病危害的作业的劳动者，应当组织上岗前、在岗期间和离岗时这三个阶段的健康检查。新增加的离岗时职业健康检查，目的是了解劳动者离开工作岗位时的健康状况，以分清健康损害的责任，特别是依照《职业病防治法》规定所要承担的民事赔偿责任。此外，《职业病防治法》第三十四条（2018 年修改后第三十七条）规定“对遭受或者可能遭受急性职业病危害的劳动者，用人单位应当及时组织救治、进行健康检查和医学观察”。2002 年 3 月，《职业健康监护管理办法》（卫生部令第 23 号）发布，其第二条明确职业健康监护主要包括职业健康检查、职业健康监护档案管理等内容；职业健康检查包括上岗前、在岗期间、离岗时和应急的健康检查。

2020 年发布国家职业卫生标准《放射工作人员健康要求及监护规范》（GBZ 98—2020），为更好地指导实际工作，对离岗时的职业健康检查做了进一步细致的规定：“如果最后一次在岗期间职业健康检查在离岗前三个月内，可视为离岗时检查，但应按离岗时检查项目补充未检查项目；离岗三个月内换单位从事放射工作的，离岗检查可视为上岗前检查，在同一单位更换岗位，仍从事放射工作者按在岗期间职业健康检查处理，并记录在放射工作人员职业健康监护档案中；放射工作人员脱离放射工作 2 年以上（含 2 年）重新从事放射工作，按上岗前职业健康检查处理。”

（五）在岗期间职业健康检查周期的变化

我国放射工作人员职业健康监护工作建立之初，在岗期间的定期健康检查频率较高，根据人员和工作的实际情况要求每 3 个月一次到每年一次不等。此后调整为根据受照剂量的不同分别为每年一次和每 2~3 年一次。直到现在的“一般为 1~2 年，不得超过 2 年，必要时，可适当增加检查次数”。我国不同时期法规标准中对于放射工作人员在岗期间职业健康检查周期的规定见表 1–6。

表 1–6　放射工作人员在岗期间职业健康检查周期的变化

发布时间	法规 / 标准名称	文件 / 标准号	检查周期
1960 年	放射性工作卫生防护暂行规定 放射性工作人员的健康检查须知	—	三个月、半年或一年：根据工种、操作的性质、防护条件、所用放射性物质的毒性和强度、工作中照射剂量的大小及工作人员健康状况等情况
1974 年	放射防护规定	GBJ 8—74	根据工作人员受照范围 1. 接近最大容许剂量当量：每年 2. 低于最大容许剂量当量的 3/10：每 2~3 年
1984 年	放射卫生防护基本标准	GB 4792—1984	1. 甲种工作条件下工作的人员：每年 2. 其他放射工作人员：每 2~3 年

续表

发布时间	法规 / 标准名称	文件 / 标准号	检查周期
1988 年	放射工作人员健康管理规定	〔88〕卫防字第 7 号	1. 甲种和乙种工作条件下工作的人员：每年 2. 丙种工作条件下工作的人员：每 2~3 年 3. 必要时可增加体检次数
1996 年	放射工作人员的健康标准	GB 16387—1996	1. 甲种工作条件：每年 2. 乙种工作条件：每 2~3 年
1997 年	放射工作人员健康管理规定	卫生部令第 52 号	上岗后 1~2 年进行一次，必要时可增加检查次数
2002 年	放射工作人员的健康标准	GBZ 98—2002	1. 甲种工作条件：每年 2. 乙种工作条件：每 2~3 年
2007 年	放射工作人员职业健康管理办法	卫生部令第 55 号	两次检查的时间间隔不应超过 2 年，必要时可增加临时性检查
2011 年	放射工作人员职业健康监护技术规范	GBZ 235—2011	1. 周期为 1~2 年，但不得超过 2 年 2. 核电厂操纵员：每年 3. 必要时可适当增加检查次数
2020 年	放射工作人员健康要求及监护规范	GBZ 98—2020	按照卫生行政部门的有关规定执行，一般为 1 ~2 年，不得超过 2 年，必要时，可适当增加检查次数

（六）职业健康监护档案的建立与完善

最初，我国并没有专门的职业健康监护档案，而是按照病案管理。在 1960 年发布的《放射性工作人员的健康检查须知》中规定“医务人员应负责建立系统的病案登记制度（包括剂量登记），一切病历均应妥善保存”。

1974 年以国家标准发布的《放射防护规定》（GBJ 8—74）中规定“应建立放射性工作人员的健康档案”。1988 年发布的《放射工作人员健康管理规定》（〔88〕卫防字第 7 号）规定“放射工作单位必须建立个人健康档案和个人剂量档案”。

1997 年，修订后的《放射工作人员健康管理规定》（卫生部令第 52 号）规定放射工作单位必须为所有放射工作人员建立健康档案，详细记录历次医学检查结果及评价处理意见。保存时间为放射工作人员脱离放射工作后 20 年。

2001 年发布的《职业病防治法》规定“用人单位应当为劳动者建立职业健康监护档案，并按照规定的期限妥善保存。职业健康监护档案应当包括劳动者的职业史、职业病危害接触史、职业健康检查结果和职业病诊疗等有关个人健康资料。”自此正式确立了职业健康监护档案。2007 年发布的《放射工作人员职业健康管理办法》（卫生部令第 55 号）中，除规定职业健康监护档案的内容以外，明确该档案为终身保存。之后，《放射工作人员健康要求及监护规范》（GBZ 98—2020）对职业健康监护档案的内容做了进一步的细化。

（七）职业健康检查机构管理方式的转变

放射工作人员的职业健康检查工作，并不是所有的医疗卫生机构都能承担，需要具备一定的条件。因此，对于实施放射工作人员职业健康检查机构的管理，经历了从专门机构到指定机构，再到审批许可，直到现在备案管理的过程。

1960 年发布的《放射性工作人员的健康检查须知》规定“关于放射性工作人员的健康检查须有

专门的医疗机构负责”。1984 年发布的国家标准《放射卫生防护基本标准》(GB 4792—1984) 中规定“就业前及就业后的体检和受特殊照射人员的医学观察应由主管放射卫生防护部门指定的医疗机构进行。”1988 年发布的《放射工作人员健康管理规定》明确应是各省、自治区、直辖市卫生厅、局指定的医疗、卫生防护单位。1997 年修订后的《放射工作人员健康管理规定》(卫生部令第 52 号) 改为“省级卫生行政部门指定的卫生医疗单位”。2001 年发布的《职业病防治法》明确由省级以上人民政府卫生行政部门批准的医疗卫生机构承担。2017 年《职业病防治法》第三次修改时，改为由取得《医疗机构执业许可证》的医疗卫生机构承担。2019 年，国家卫生健康委发布《国家卫生健康委关于修改〈职业健康检查管理办法〉等 4 件部门规章的决定》(国家卫生健康委令第 2 号)，修改《职业健康检查管理办法》，其中根据《职业病防治法》将对职业健康检查机构的管理由许可管理改为备案管理。

(八) 其他

2009 年，中国疾病预防控制中心辐射防护与核安全医学所组织在云南、辽宁等地开展非铀矿山高氡暴露哨点监测，之后发展为职业性放射性疾病监测，并于 2014 年在全国铺开，其中包括了放射工作人员职业健康监护内容。

2015 年，全国放射卫生信息平台建立并投入使用，实现了网络直报，自此放射工作人员职业健康监护工作的信息化全面开启。

二、法规标准体系的历史沿革

1960 年 2 月，国务院批准发布了我国第一部专门的放射卫生法规《放射性工作卫生防护暂行规定》，随后原卫生部、原国家科委制定发布了《电离辐射最大容许量标准》《放射性同位素工作的卫生防护细则》和《放射性工作人员的健康检查须知》等 3 项配套的技术文件，以“标法混合”的形式开始了我国放射工作人员职业健康监护工作法治化标准化的历程。

原卫生部和原国家科委于 1964 年根据《放射性工作卫生防护暂行规定》制定了《放射性同位素工作卫生防护管理办法》，在全国试行。并于 1979 年由原卫生部、公安部和原国家科委进行修订后重新发布，自 1979 年 4 月 1 日起施行。其中，有个人剂量监测、工作人员卫生防护和放射防护培训的规定，但并无有关职业健康检查的规定。1989 年 10 月 24 日国务院发布《放射性同位素与射线装置放射防护条例》(国务院令第 44 号)，自发布之日起施行，1979 年发布的《放射性同位素工作卫生防护管理办法》同时废止。在该条例中，明确规定放射工作单位必须严格执行国家放射工作人员个人剂量监测和健康管理的规定；已从事和准备从事放射工作的人员，必须接受体格检查，合格者方可从事放射工作。2005 年 9 月 14 日，国务院发布《放射性同位素与射线装置安全和防护条例》(国务院令第 449 号)，自 2005 年 12 月 1 日起施行，1989 年发布的《放射性同位素与射线装置放射防护条例》同时废止。此后分别于 2014 年和 2019 年对《放射性同位素与射线装置安全和防护条例》两次修订。其中规定，生产、销售、使用放射性同位素和射线装置的单位应当严格按照国家关于个人剂量监测和健康管理的规定，对直接从事生产、销售、使用活动的工作人员进行个人剂量监测和职业健康检查，建立个人剂量档案和职业健康监护档案。

1974 年初，对《放射性工作卫生防护暂行规定》进行修订后，经原国家计委、原国家建委、原卫生部和原国防科委批准，以国家标准发布《放射防护规定》(GBJ 8—74)，该标准中将放射工作人员健康管理的具体规定列为一个专门附录。1984 年，原卫生部组织制定发布了《放射卫生防护基本标准》(GB 4792—1984)。在附录 D 中对放射工作人员的医学检查做了具体规定，包括检查机构、周期、档案等的要求，体格检查项目，不宜从事放射工作的情况等。此项标准于2002年与归口环保部门的《辐射防护规定》（GB 8703—1988）整合修订为《电离辐射防护与辐射源安全基本标准》（GB 18871—2002）。

1985年，原卫生部颁布《放射工作人员个人剂量监测规定》（〔85〕卫防字第71号）和《放射工作人员个人剂量监测方法》（GB 5294—1985），此后，全国性的个人剂量监测逐步开展起来。

1988年，原卫生部制定发布了《放射工作人员健康管理规定》（〔88〕卫防字第7号）。1995年制定发布了《预防性健康检查管理办法》（卫生部令第41号，现已废止），其适用于放射工作人员按国家有关卫生法律、法规规定所进行的从业前、从业和就学期间的健康检查。1996年，原卫生部制定发布了《放射工作人员的健康标准》（GB 16387—1996）。1997年，将《放射工作人员个人剂量监测规定》（〔85〕卫防字第71号）和《放射工作人员健康管理规定》（〔88〕卫防字第7号）整合修订后的《放射工作人员健康管理规定》以卫生部令第52号发布，其中，对放射工作人员的健康要求执行GB 16387—1996，健康检查按照《预防性健康检查管理办法》及有关标准进行。

2001年《职业病防治法》公布，自2002年5月1日起施行。后分别于2011年、2016年、2017年和2018年经历四次修改。为有效贯彻《职业病防治法》，原卫生部于2002年发布了《职业健康监护管理办法》（卫生部令第23号），对职业健康监护工作做了进一步的规定。并于2015年修订为《职业健康检查管理办法》（国家卫生计生委令第5号）发布，2019年再次修改，取消有关体检机构的许可审批要求。 2007年原卫生部进一步修订《放射工作人员健康管理规定》后发布了《放射工作人员职业健康管理办法》（卫生部令第55号），规定放射工作人员需接受放射防护知识培训并考试合格、持有放射工作人员证、接受个人剂量监测和职业健康检查等。

在标准方面，原卫生部于2002年组织制定发布了第一批国家职业卫生标准，其中包括由GB 16387—1996转化修订而成的《放射工作人员的健康标准》（GBZ 98—2002）。2004年制定发布了适用于核电厂操纵员的《核电厂操纵员的健康标准和医学监督规定》（GBZ/T 164—2004）。此后，配套《职业病防治法》和《放射工作人员职业健康管理办法》，2011年制定发布了《放射工作人员职业健康监护技术规范》（GBZ 235—2011），规定放射工作人员职业健康监护的基本原则和技术要求。2017年发布修订后的《放射工作人员健康要求》（GBZ 98—2017），其内容仅针对放射工作人员健康标准，删除了原有的部分健康监护内容。 2020年，上述两项标准整合修订后以《放射工作人员健康要求及监护规范》（GBZ 98—2020）发布。 2022年，GBZ/T 164修订后以《核动力厂操纵人员健康标准》（GBZ/T 164—2022）发布。此外，陆续制定发布了《放射工作人员职业健康检查外周血淋巴细胞染色体畸变检测与评价》（GBZ/T 248—2014）和《放射工作人员职业健康检查外周血淋巴细胞微核检测方法与受照剂量估算标准》（GBZ/T 328—2023）等配套标准。

三、放射工作人员职业健康监护现状

我国放射工作人员职业健康监护工作，在法规标准方面已形成了以《职业病防治法》和《放射工作人员职业健康管理办法》为核心，以《放射工作人员健康要求及监护规范》（GBZ 98—2020）等多项标准为技术支撑，并持续完善的法规标准体系。现行的法规和标准中，界定了放射工作人员的范围；明确规定了放射工作人员的年龄、职业健康要求、培训考核等从业条件；对于放射工作人员的职业健康检查，明确了上岗前、在岗期间和离岗时职业健康检查的项目，在岗期间职业健康检查的周期，以及职业健康档案管理等的要求。目前，《放射工作人员职业健康管理办法》已启动修订。

在监测和信息化方面，运行多年的全国放射卫生信息平台和连续多年的全国性放射卫生监测，有效地推动了国内放射工作人员职业健康监护工作的实施和信息化建设。根据中国疾病预防控制中心辐射防护与核安全医学所监测统计，我国目前有超过 9 万家的放射工作单位和超过 80 万的放射工作人员。医疗卫生机构放射工作人员个人剂量监测率达 95% 以上，每年职业健康检查率 85% 左右；工业企业放射工作人员个人剂量监测和职业健康检查率在 70% 左右。此外，对非铀矿工等受到天然放射性物质所致职业照射人群的职业健康监护工作，也在持续推进中。

（陈尔东　刘建香）

第三节　国外放射工作人员职业健康管理

一、国际组织放射工作人员职业健康管理

（一）国际原子能机构（IAEA）的相关规定

IAEA 和欧洲委员会、联合国粮食及农业组织、ILO、经济合作与发展组织核能机构、泛美卫生组织、联合国环境规划署、WHO 共同倡议编写并于 2014 年发布了安全标准第 GSR Part 3 号《国际辐射防护和辐射源安全基本安全标准》（IBSS），其中规定雇主、注册者和许可证持有者必须负责为工作人员的健康监护作出安排。工作人员的健康监护计划必须基于职业保健的一般原则，且必须旨在评价工作人员开始从事预期任务的胜任程度和继续从事预期任务的胜任程度。

IAEA 和 ILO 共同编写并于 2018 年发布了安全标准第 GSG-7 号《职业辐射防护》。其中，根据前述 IBSS 的规定，对工作人员职业健康监护提出了进一步的要求和建议，包括管理方、职业卫生服务机构、职业医师等的责任，工作人员健康监护计划、医疗检查、过量照射工作人员的管理等内容。其中，在 IBSS 的基础上提出工作人员健康监护进一步的目的是：提供可用于事故照射特定危险因素或职业病的基线信息，并就工人目前或可能受到的任何职业健康风险（包括辐射风险）向工人提供具体咨询；支持对过量照射工作人员的照料。对于职业健康检查，规定应在上岗前、上岗后定期和离岗时进行。定期体检的周期应根据工作人员的健康状况和所涉及的工作类型确定，但通常情况下，接触电离辐射本身并不构成比平时更频繁地进行体检的原因。此外，还对各类职业健康检查的目的、注意事项以及适任性评价结论、医学记录、过量照射人员的管理等做了进一步规定。

（二）国际劳工组织（ILO）的相关规定

对于放射工作人员职业健康管理，ILO 不仅有前述与 IAEA 等国际组织共同制定发布的国际标准，在有关的国际公约和建议书中也做了专门的规定。

ILO 第 115 号公约《保护工人以防电离辐射公约》中规定，16 岁以下的工人不得从事涉及电离辐射的工作；对于直接从事放射性工作的工人，按照年龄在 18 岁及其以上和年龄在 18 岁以下，分别确定人体（内外）可能接受的电离辐射的最大容许剂量以及能够摄入人体的放射性物质的最大容许量，并且随知识更新经常加以复核。所有直接从事放射性工作的工人受雇前和受雇期间均应对其进行充分的保护其健康安全的防范措施及其理由的教育。所有直接从事放射性工作的工人在从事此种工作前或开始后不久均应做适当体格检查，此后每隔一定时期还应进行体格检查。工人不应从事或继续从事能使他们违反合格医嘱而暴露于电离辐射的工作。

配套第 115 号公约的第 114 号建议书《保护工人以防电离辐射建议书》中，对于放射工作人员的体格检查做了进一步的规定。例如，体格检查应由一名适当的合格医生来进行；根据实际情况所有必须进行的特殊体格检查均应实施；应为所有接受体格检查的工人建立健康档案，该档案应采用国家级标准化格式，并按主管当局的要求予以保管；医嘱认为一名工人在其正常工作中不宜进一步暴露于电离辐射时，应作出一切合理努力为该工人调换适当的工作。

（三）国际放射防护委员会（ICRP）的相关规定

关于放射工作人员职业健康监护的目的和做法，明确地在 ICRP 建议书中出现，始于 1965 年 ICRP 发布第 9 号出版物《ICRP 建议书》。其中规定了就业前的职业健康检查和就业后的定期检查。对于受照剂量可能超过最大容许剂量 3/10 的人员，应进行较为详细的医学检查，以发现某些不适于从事特定工作的情况，并在发生严重过量照射事件时能够提供有用的背景信息。主管医师还应对过量受照人员进行必要的医学检查和工作鉴定。其后，在 1977 年 ICRP 发布的第 26 号出版物《ICRP 建议书》中，将健康监护的目的归结为三个：①了解和评价职工的健康情况；②用以保障职工身体状况适任于他们所从事的放射工作；③为事故性照射和职业性疾病诊断时提供健康基线资料。

1990 年，ICRP 发布的第 60 号出版物《ICRP 1990 年建议书》中，对于健康监护的目的和作用做了描述。首先，对放射工作人员的健康监护与对其他职业人员一样，不需要强调任何特殊性。其次，不再主张对放射工作人员进行健康检查，但提出应关注三类人员（育龄妇女和孕妇；超过剂量限值较多或存在潜在危险情况的个人；志愿接受照射试验的个人），并为他们提供咨询意见。在 2007 年 ICRP 发布的第 103 号出版物《ICRP 2007 年建议书》中仍保持了第 60 号出版物对于放射工作人员职业健康监护的观点。

（四）国际标准化组织（ISO）的相关规定

国际标准化组织（International Organization for Standardization，ISO）成立于 1947 年，是世界上最大的非政府性标准化机构，其组织制定发布的国际标准代表了该标准所在领域的国际共识。ISO 在 2013 年创建了专门的职业健康与安全管理的技术委员会 ISO/TC 283，开展职业健康与安全管理领域的国际标准化工作。ISO/TC 283 的标准化工作目的是：帮助世界各地的相关机构改进职业健康和安全管理，以更好地保护工人；推广职业健康安全管理系统方法的益处；接受反馈并推进职业健康安全管理；调整和开发新产品，以提高和扩大对职业健康安全管理的理解。2018 年，ISO 发布了职业健康与安全管理的首个国际标准 ISO 45001：2018《职业健康安全管理体系要求及使用指南》，规定了职业健康安全管理体系的要求，提供了建立职业健康安全管理方针、目标、过程和治理的框架，并对管理体系的使用提供了指导。此后，陆续发布了关于职业健康的多项国际标准，例如关于工作中的心理健康和安全的社会心理风险管理准则 ISO 45003：2021、关于绩效评价的指南 ISO 45004：2024 等。

（五）欧盟（EU）的相关规定

欧洲联盟（European Union，EU），简称欧盟，于 2013 年底以欧盟法规（指令）形式发布了关于电离辐射危害防护的欧洲基本安全标准（EU BSS，Council Directive 2013/59/Euratom）。其中，对受电离辐射照射工作人员实施分类管理。对于受到年有效剂量超过 6mSv 或眼晶状体年当量剂量超过 15mSv 或皮肤及四肢年当量剂量超过 150mSv 的工作人员，为 A 类；其他受照人员为 B 类。对 A 类人员要求由职业卫生服务机构实施职业健康监护 *。各成员国应确保职业健康监护遵循职业医学的一

* 编者注：EU BSS 中表述为医学监督（medical surveillance），为了保持全书表述的一致性，此部分统一为“健康监护”而未使用“医学监督”。

般原则。

职业健康监护分为两类：一类是雇用前或划分为A类工作人员前的医学检查，以确定该工作人员是否适合担任拟被考虑的A类工作人员的岗位；另一类是至少每年一次的定期健康检查，以确认该A类工作人员是否仍适任其岗位。定期检查的类型应视工作种类和工作人员个体的健康状况而定，在职业卫生服务机构认为必要时可增加检查次数。

对于是否适合A类工作人员工作的医学检查结果分为3类：适合；特定条件下适合；不适合。对于检查确定为不适合A类工作人员某一岗位的人员，不得雇用或在归类为A类工作人员的任何时间任职该岗位。

EU成员国应确保向每一个A类工作人员公开其健康档案，并在其工作期间始终保存。档案应保存至该工作人员的年龄到75岁，并且无论如何，保存不少于其停止涉及电离辐射照射的工作后30年。档案内容应包括雇用的基本信息、雇用前或归为A类工作人员前医学检查的结果、定期健康检查的结果和剂量记录。

二、部分国家放射工作人员职业健康管理情况介绍

（一）英国的相关规定

英国的放射工作人员职业健康监护*工作是建立在职业健康风险评估与风险控制基础上，以“避免对员工全面覆盖，避免金钱浪费”作为职业健康监护的主要原则。其主要目的是确认是否适合或继续适合拟从事的放射工作（适任性评价）。在职业健康监护形式上采用填写《健康情况调查表》结合健康检查的方式替代就业前健康检查，采用“谈话和评估”的方式替代烦琐的医学检查程序。职业健康监护主要包括上岗前职业健康监护、周期性职业健康监护、转岗时职业健康监护及过量照射职业健康监护。

根据《电离辐射条例2017》（*The Ionising Radiations Regulations 2017*），对从事接触电离辐射的工作人员实施分类管理。对于接受的有效剂量可能超过每年6mSv或眼晶状体当量剂量超过每年15mSv或皮肤或四肢当量剂量超过每年150mSv的人员，雇主必须指定其为分类人员。分类人员必须年龄满18周岁，且经健康安全执行局（Health and Safety Executive）指定的医生或就业健康顾问（以下简称指定医生）证明其适合将从事的接触电离辐射工作。指定医生评价为不适合（某类）放射工作的人员，雇主不得允许其从事（该类）放射工作。

工作人员在被指定为分类人员之前进行初步体格检查，指定为分类人员后应每年至少进行一次定期健康检查，指定医生可缩短检查周期。如果在被评价为适合从事电离辐射类作业的12个月内变换工作，且将被新雇主定为分类人员，则没必要重新进行职业健康监护。若其职责或工作环境发生重大变化（例如从密封源到非密封源），新雇主应咨询指定医生，确定是否需要重新进行职业健康监护。若没有前期的职业健康监护记录，指定医生应在分类人员开始新任务之前对其进行职业健康监护。当某分类人员仍被同一雇主雇用，且职责或工作环境发生变化时，同样需要进行职业健康监护。对于受到过量照射的任何雇员应进行调查和必要的特殊健康监护，其中可包括指定医生根据情况认为有必要进行的体格检查。

* 编者注：英国法规文件中目前仍使用医学监督（medical surveillance），为了保持全书表述的一致性，此部分统一为“健康监护”而未使用“医学监督”。

根据《电离辐射条例 2017》，雇主应为每一个分类人员建立并保存健康档案。该档案或档案副本应保存至该档案相关人员的年龄到 75 岁，但无论如何，从该档案最后一次记录的日期起保存至少 30 年。

（二）新加坡的相关规定

新加坡《放射防护（电离辐射）条例 2023》[*Radiation Protection*（*Ionising Radiation*）*Regulations 2023*] 中，将放射工作人员定义为全职或兼职从事或受雇从事放射工作的人员。其中，放射工作是指涉及任何处理放射性物质或操作辐照仪器的工作。人员必须年满 18 周岁方可从事或参与放射工作。

根据《放射防护法案 2007》（*Radiation Protection Act 2007*）和《放射防护（电离辐射）条例 2023》，新加坡对放射工作人员进行注册许可管理。工作人员必须按照法规要求注册为放射工作人员后才可以从事或参与相应的放射工作。

申请注册为放射工作人员，除了需要接受充足全面的培训（包括将从事工作的程序、规则、应急处置等）和被充分告知该项工作的危害相关信息，还必须在提交申请前的 12 个月内进行医学检查，并由注册医师证明其适任将要从事的放射工作。注册通过后将获得注册证，其中载明了准许该放射工作人员从事的放射工作类型和有效期。此外，申请放射工作人员注册需要付费，注册为放射工作人员后还需要按年支付年费，根据不同的放射工作类型进行不同类别的注册，收费也不相同。

根据《放射防护（电离辐射）条例 2023》，雇主和许可证持有者必须为受到职业照射的雇员和工作人员安排合理必要和适当的职业健康监护。职业健康监护应当基于职业健康的一般原则，并且旨在评价这些工作人员是否适任和继续适任他们将要承担的工作任务。

（三）美国的相关规定

美国的职业健康监护监督管理部门是美国劳工部下属的职业安全卫生管理局（Occupational safety and health administration，OSHA），其制定的《职业医学检查和监护手册》（*Occupational Medical Examinations and Surveillance Manual*）为健康监护项目提供了最低标准，也为职业卫生专业人员和其他人员识别和评估工作场所职业健康风险提供了参考依据。在该手册中，职业医学检查包括了以下 6 类。

第 1 类是入职检查。在工作人员从事特定工作前进行的检查，为了从医学上评估该工人是否能够安全地完成工作。

第 2 类是人事政策检查。对工作人员进行医学评估，以确定他们是否符合既定的就业标准和条件。常见的例子是药物使用筛选，还可能包括工伤 / 疾病评估、重返工作检查等。

第 3 类是医学认证检查。是为了确定个人是否符合特定的医疗健康标准（例如飞行员），并检查确定个人是否能够在不危及自己或他人的情况下履行岗位基本职责。

第 4 类是医学监督检查。通常称为职业健康检查，包括基线体检和定期体检。提供基线和定期评估或测量，以发现接触与工作有关健康危害的工人的异常情况。其中，基线检查：在上岗前进行的检查，获取基线值，以便将来进行比较；基线检查通常可以与入职体检同时进行，但检查的内容可能不一样。定期检查：按计划周期进行的检查，可包括病史、体格检查和 / 或临床和实验室检查。

第 5 类是终止检查。包括停止雇用检查和停止暴露检查两种。停止雇用检查：用于评估工作人员离职后的健康状况，检查结果可能有助于评估将来任何的医学问题和工作场所暴露之间的关系。停止暴露检查：工作人员停止接触特定危害因素时（如转岗、离职或流程改变等）进行的检查。当被筛查的健康影响很可能在暴露停止时仍然存在时，停止暴露检查是非常有益的。

第 6 类是健康促进检查。健康促进检查是作为福利对工作人员进行的非职业性医疗检查。

该手册中还指出，对于有可能接触核材料的人员需要进行特殊考虑，对于这些工作人员的检查项目要更加强调安全、保障和人员可靠性。

此外，在美国《联邦法规汇编》（*Code of Federal Regulations*）主题 10（10CFR）中明确规定，对于在从业过程中有可能一年内受到超过 100mrem（1mSv）职业照射的任何工作人员，均应当接受充足的、与其工作任务和潜在放射危害相适应的培训，并完成考试，必要时应当保留培训记录。如果放射防护政策和程序发生可能影响个人的重大变化时，应向个人提供辐射安全培训，间隔不得超过 24 个月。

关于放射工作人员职业照射的剂量限值，《联邦法规汇编》主题 10 第 20 部分（10CFR Part 20）规定为：全身年总有效剂量当量（来自外照射的有效剂量当量和来自内照射的待积有效剂量当量的和）5rems（0.05Sv）；除眼晶状体以外其他任何单个器官或组织的年深部剂量当量与待积剂量当量的和 50rems（0.5Sv）；对于眼晶状体，年剂量当量 15rems（0.15Sv）；全身皮肤或任何肢体皮肤的年浅部剂量当量 50rems（0.5Sv）。

（陈尔东　孙全富）

02

第二章　放射工作人员职业健康检查管理要求

随着科技进步和医学发展，核能和辐射技术的广泛应用，我国放射工作人员数量逐年增加，目前已近百万人。职业健康监护工作是保障放射工作人员的工作权利、预防职业性放射性疾病发生的重要环节，关系着放射工作人员的健康权益。我国历年来对职业活动中接触电离辐射职业危害因素的工作人员都非常重视，制定颁布了相关法律、行政法规、部门规章和标准，并强化对放射工作人员职业健康的监督管理工作，为保障放射工作人员职业健康起到了重要作用。

职业健康监护是以在工作场所中接触职业病危害因素的劳动者为监护对象，根据劳动者的职业接触史，对劳动者进行有针对性的定期或不定期的健康检查和连续的、动态的医学观察，记录职业病危害因素接触史及健康变化，及时发现劳动者的职业健康损害，评价劳动者健康变化与所接触的职业病危害因素的关系，以保护劳动者健康及其相关权益，预防、控制和消除职业病危害，促进社会经济的发展。因此，根据《职业病防治法》及其法律释义，职业健康监护的特点是以预防为目的，通过系统的定期职业健康监护，收集、整理、分析和评价接触职业病危害因素作业人群健康检查资料，从而连续地监测职业病的发病情况和发展趋势。为监测职业病危害因素作业人群的健康水平、保护劳动者的健康权益和为政府职能部门制定职业病相关的法律、法规提供科学数据。《职业病防治法》第三十五条、第三十六条明确规定了职业健康检查的要求；职业健康监护档案的内容、保存和使用管理；用人单位在职业健康检查中的职责；明确了职业健康监护的内容包括职业健康检查和职业健康监护档案管理。

在部门规章及标准应用和实践工作中，放射工作人员职业健康检查目的与接触其他职业病危害因素的职业健康检查既有相同之处又有其特点，在保障放射工作人员职业健康权益和劳动就业权的条件下，对其预期或继续从事的放射工作进行适任性评价。放射工作人员职业健康检查包括上岗前、在岗期间、离岗时职业健康检查。放射工作单位不得安排未经上岗前职业健康检查或者不符合放射工作人员健康要求的人员从事放射工作。放射工作人员职业健康检查的周期通常与其他职业健康监护计划相同。职业健康检查周期取决于放射工作人员健康状况和从事的放射工作类型。放射工作人员在岗期间职业健康检查周期按照卫生健康行政部门的有关规定执行，一般为1~2年，不得超过2年，必要时可适当增加检查次数。《核动力厂操纵人员健康标准》（GBZ/T 164—2022）规定核动力厂操纵人员在岗期间的职业健康检查一年一次。对受到应急照射和事故照射的放射工作人员，放射工作单位应当及时组织进行健康检查或者医疗救治，并按照国家有关标准进行医学随访观察。放射工作单位应当为放射工作人员建立并终身保存职业健康监护档案。

第一节　放射工作人员职业健康检查的目的和原则

一、放射工作人员职业健康检查的目的

放射工作人员的职业健康监护工作应当遵守《职业病防治法》对于职业健康监护的有关规定。为保障放射工作人员的职业健康与安全，根据《职业病防治法》和《放射性同位素与射线装置安全和防护条例》，原卫生部于2007年6月3日制定并发布了《放射工作人员职业健康管理办法》（卫生部令第55号），自2007年11月1日起实施。办法第四章为职业健康管理，明确了放射工作人员的职业健康监护、职业性放射性疾病诊断与鉴定的要求。

关于放射工作人员的健康监护（health surveillance），IAEA《安全标准丛书》第GSR Part3号《国际电离辐射防护和辐射源安全基本标准》中一般安全要求的第3部分指出：用人单位为工作人员提供必要的健康监护和保健服务，强调其健康监护计划必须基于职业保健的一般原则，必须旨在评价工作人员开始从事预期任务的胜任程度和继续从事预期任务的胜任程度。我国《电离辐射防护与辐射源安全基本标准》（GB 18871—2002）规定：注册者、许可证持有者和用人单位应按照有关法规的规定，安排相应的健康监护。健康监护应以职业医学的一般原则为基础，其目的是评价工作人员对其预期工作的适任和持续适任的程度。

基于以上情况，放射工作人员职业健康检查的目的主要有以下6个方面。

（1）放射工作人员对放射工作的适任性判定。放射工作人员上岗前应进行上岗前职业健康检查，经职业健康检查符合放射工作人员的职业健康要求的，方可参加相应的放射工作。对已从事放射工作的人员应定期进行在岗期间职业健康检查，评价其对放射工作的持续适任性，判定是否可继续从事原放射工作。放射工作人员脱离放射工作岗位时，应进行离岗时职业健康检查，评价其离岗时的健康状况。

（2）及时发现疑似职业性放射性疾病和其他健康异常改变。

（3）为应急照射或事故照射的医学处理和职业性放射性疾病诊断提供健康基础资料。

（4）开展放射工作职业健康风险评估。

（5）掌握职业性放射性疾病的发病特点、规律和趋势，评价职业健康损害与放射类职业病危害因素的关系及危害程度，进行目标干预，并评价预防和干预措施的效果。

（6）为职业性放射性疾病防治政策和放射卫生标准的制定、修订提供科学依据。

二、放射工作人员职业健康检查的原则

根据《职业病防治法》，职业健康监护资料是职业病诊断鉴定的重要依据之一，也是区分劳动者健康损害是否为职业性因素危害引起的重要依据。同时也是劳动者追究健康损害责任的主要依据。职业健康检查必须坚持公正性、客观性、科学性的原则。放射工作人员职业健康要求，其身体和心理健康以及体质能力足以胜任正常和异常情况下的工作，不至于引发导致危害公众安全和健康的误操作。随着核技术的发展、放射防护条件的不断完善，人类对放射损伤的认识和放射工作人员剂量限值的要求，放射工作人员职业健康监护与其他职业病危害因素的职业健康监护又有所不同。在目前职业照射实践中，期望通过职业健康检查发现与职业照射有关的确定性效应（又称有害的组织反

应）的可能性很小，即使对电离辐射最敏感的造血系统检查指标出现的异常，也很难作出与职业照射相关的肯定性结论。但与职业照射有关的随机性效应，尤其是辐射致癌效应仍然是放射医学关注的焦点。近年来，我国每年诊断的职业性放射性疾病中最多的为职业性放射性肿瘤。而在《放射工作人员健康要求及监护规范》（GBZ 98—2020）标准中规定了放射工作人员的职业健康监护责任和所应遵循的一般原则，对放射工作人员职业健康监护的要求指出：以职业健康监护一般原则为基础，评价放射工作人员对其预期工作的适任和持续适任的程度，为应急照射或事故照射的医学处理和放射性疾病的诊断提供健康基础资料。因此，放射工作人员职业健康检查原则是保证其身体和心理健康以及体质能力足以胜任正常和异常情况下的放射工作，不至于引发导致危害公众安全和健康的误操作。

（赵凤玲）

第二节　用人单位的职责

我国职业病防治相关法律、法规、部门规章对职业健康检查均有所规定。与接触其他职业病危害的劳动者一样，放射工作人员职业健康检查也必须依法进行。《职业病防治法》《放射性同位素与射线装置安全和防护条例》《放射工作人员职业健康管理办法》《职业健康检查管理办法》等法律、行政法规和部门规章是指导放射工作人员职业健康监护工作的主要法律依据。现就法律、行政法规和部门规章有关职业健康检查的规定涉及用人单位的职责列举如下，综合多项规定提出用人单位在放射工作人员职业健康监护管理中的责任。

一、用人单位对放射工作人员职业健康监护管理的职责

为落实职业病防治的主体责任，预防、控制职业病危害，保障放射工作人员职业健康和安全，履行好职责，用人单位应高度重视放射工作人员职业健康监护管理工作，应做好下列具体工作。

（1）应当建立、健全放射工作人员职业健康监护制度，依法落实职业健康监护工作。建立本单位负责放射工作人员职业健康监护的组织架构，确定具体负责此项工作的管理部门，并明确职责分工。

（2）依据法规要求制定、落实本单位放射工作人员职业健康检查年度计划，组织实施职业健康检查工作，并保证所需要的专项经费。

（3）应当组织放射工作人员进行职业健康检查，确保参加职业健康检查人员身份的真实性。劳动者接受职业健康检查应当视同正常出勤。放射工作人员职业健康检查包含上岗前、在岗期间和离岗时的职业健康检查。用人单位同时应及时组织参加应急处理或受到事故照射人员的健康检查、医疗救治和医学随访观察。

（4）委托职业健康检查机构进行放射工作人员职业健康检查时，用人单位应当签订委托协议书，并如实提供以下信息：单位的基本情况；放射性危害因素的种类及其接触人员名册、岗位、工种、接触时间、职业健康检查类别、应检人数；放射性危害因素检测、评价资料等；必要时提供个人剂量监测资料。

（5）放射工作人员上岗前，应当进行上岗前的职业健康检查，符合放射工作人员健康标准的，方可参加相应的放射工作。用人单位不得安排未经职业健康检查或者不符合放射工作人员职业健康标准的人员从事放射工作。

上岗后的放射工作人员应定期进行在岗期间职业健康检查，两次检查的时间间隔不应超过 2 年，必要时可增加临时性检查。对核动力厂操纵人员在岗期间的职业健康检查一年一次。放射工作单位对职业健康检查中发现不宜继续从事放射工作的人员，应当及时调离或者暂时脱离放射工作岗位，并妥善安置；对需要复查和医学随访观察的放射工作人员，应当按照职业健康检查机构要求的时间及时安排复查和医学观察；对疑似职业病患者诊断或者医学观察期间，不得解除或者终止与其订立的劳动合同。

放射工作人员脱离放射工作岗位时，用人单位应当在其离岗前 30 日内组织进行离岗时的职业健康检查。劳动者离岗前 90 日内的在岗期间的职业健康检查可以视为离岗时的职业健康检查，但需补充完善离岗时要求的检查项目。用人单位对未进行离岗前职业健康检查的劳动者不得解除或者终止与其订立的劳动合同。

对参加应急处理或者受到事故照射的放射工作人员，放射工作单位应当及时组织健康检查或者医疗救治，并要求按照国家有关标准进行医学随访观察。

（6）放射工作单位应当在收到放射工作人员职业健康检查报告的 7 日内，如实书面告知放射工作人员。告知内容包括劳动者个人职业健康检查结果及职业健康检查机构的建议等。

放射工作人员职业健康检查、应急和事故照射时的健康检查、疑似职业性放射性疾病病人在诊断和医学观察期间的费用、职业性放射性疾病的诊断、鉴定、医疗救治及医学随访观察的费用，均由用人单位承担。

（7）用人单位应当为放射工作人员建立并终身保存职业健康监护档案。职业健康监护档案应包括以下内容：职业史、既往病史和职业照射接触史；历次职业健康检查结果及评价处理意见；职业性放射性疾病诊疗、医学随访观察等健康资料。

放射工作人员或者其近亲属、委托的代理人有权查阅、复印放射工作人员的职业健康监护档案。放射工作单位应当如实、无偿提供，并在所提供的复印件上签章。

（8）放射工作单位不得安排怀孕的妇女参与应急处理和有可能造成职业性内照射的工作。哺乳期妇女在其哺乳期间应当避免从事职业性内照射的工作。

二、法律法规依据

（一）《职业病防治法》有关规定

《职业病防治法》是我国防治职业病的基本法，在中华人民共和国领域内的所有职业病防治活动都适用该法。职业病防治的主体责任是用人单位，劳动者是职业病防治的权利主体，劳动者有权向用人单位主张职业卫生保护权利，用人单位必须依法履行保护劳动者健康的义务。

《职业病防治法》的有关规定如下：

第五条　用人单位应当建立、健全职业病防治责任制，加强对职业病防治的管理，提高职业病防治水平，对本单位产生的职业病危害承担责任。

第六条　用人单位的主要负责人对本单位的职业病防治工作全面负责。

第三十五条　对从事接触职业病危害的作业的劳动者，用人单位应当按照国务院卫生行政部门的规定组织上岗前、在岗期间和离岗时的职业健康检查，并将检查结果书面告知劳动者。职业健康检查费用由用人单位承担。

用人单位不得安排未经上岗前职业健康检查的劳动者从事接触职业病危害的作业；不得安排有

职业禁忌的劳动者从事其所禁忌的作业；对在职业健康检查中发现有与所从事的职业相关的健康损害的劳动者，应当调离原工作岗位，并妥善安置；对未进行离岗时职业健康检查的劳动者不得解除或者终止与其订立的劳动合同。

第三十六条　用人单位应当为劳动者建立职业健康监护档案，并按照规定的期限妥善保存。

职业健康监护档案应当包括劳动者的职业史、职业病危害接触史、职业健康检查结果和职业病诊疗等有关个人健康资料。

劳动者离开用人单位时，有权索取本人职业健康监护档案复印件，用人单位应当如实、无偿提供，并在所提供的复印件上签章。

第三十七条　发生或者可能发生急性职业病危害事故时，用人单位应当立即采取应急救援和控制措施，并及时报告所在地卫生行政部门和有关部门。卫生行政部门接到报告后，应当及时会同有关部门组织调查处理；必要时，可以采取临时控制措施。卫生行政部门应当组织做好医疗救治工作。

对遭受或者可能遭受急性职业病危害的劳动者，用人单位应当及时组织救治、进行健康检查和医学观察，所需费用由用人单位承担。

第三十八条　用人单位不得安排未成年工从事接触职业病危害的作业；不得安排孕期、哺乳期的女职工从事对本人和胎儿、婴儿有危害的作业。

第四十一条　用人单位按照职业病防治要求，用于预防和治理职业病危害、工作场所卫生检测、健康监护和职业卫生培训等费用，按照国家有关规定，在生产成本中据实列支。

第五十条　用人单位和医疗卫生机构发现职业病病人或者疑似职业病病人时，应当及时向所在地卫生行政部门报告。确诊为职业病的，用人单位还应当向所在地劳动保障行政部门报告。接到报告的部门应当依法作出处理。

第五十五条　用人单位应当及时安排对疑似职业病病人进行诊断；在疑似职业病病人诊断或者医学观察期间，不得解除或者终止与其订立的劳动合同。

疑似职业病病人在诊断、医学观察期间的费用，由用人单位承担。

第五十六条　用人单位应当保障职业病病人依法享受国家规定的职业病待遇。

用人单位应当按照国家有关规定，安排职业病病人进行治疗、康复和定期检查。

用人单位对不适宜继续从事原工作的职业病病人，应当调离原岗位，并妥善安置。

第六十条　职业病病人变动工作单位，其依法享有的待遇不变。

用人单位在发生分立、合并、解散、破产等情形时，应当对从事接触职业病危害的作业的劳动者进行健康检查，并按照国家有关规定妥善安置职业病病人。

（二）《中华人民共和国核安全法》有关规定

第十八条　核设施营运单位应当严格控制辐射照射，确保有关人员免受超过国家规定剂量限值的辐射照射，确保辐射照射保持在合理、可行和尽可能低的水平。

第二十条　核设施营运单位应当按照国家有关规定，制定培训计划，对从业人员进行核安全教育和技能培训并进行考核。

核设施营运单位应当为从业人员提供相应的劳动防护和职业健康检查，保障从业人员的安全和健康。

（三）《放射性同位素与射线装置安全和防护条例》有关规定

第二十九条　生产、销售、使用放射性同位素和射线装置的单位，应当严格按照国家关于个人剂量监测和健康管理的规定，对直接从事生产、销售、使用活动的工作人员进行个人剂量监测和职业健康检查，建立个人剂量档案和职业健康监护档案。

第四十五条　发生辐射事故的单位应当立即将可能受到辐射伤害的人员送至当地卫生主管部门指定的医院或者有条件救治辐射损伤病人的医院，进行检查和治疗，或者请求医院立即派人赶赴事故现场，采取救治措施。

第六十六条　劳动者在职业活动中接触放射性同位素和射线装置造成的职业病的防治，依照《中华人民共和国职业病防治法》和国务院有关规定执行。

（四）《放射工作人员职业健康管理办法》有关规定

第四条　放射工作单位应当采取有效措施，使本单位放射工作人员职业健康的管理符合本办法和有关标准及规范的要求。

第十八条　放射工作人员上岗前，应当进行上岗前的职业健康检查，符合放射工作人员健康标准的，方可参加相应的放射工作。

放射工作单位不得安排未经职业健康检查或者不符合放射工作人员职业健康标准的人员从事放射工作。

第十九条　放射工作单位应当组织上岗后的放射工作人员定期进行职业健康检查，两次检查的时间间隔不应超过2年，必要时可增加临时性检查。

第二十条　放射工作人员脱离放射工作岗位时，放射工作单位应当对其进行离岗前的职业健康检查。

第二十一条　对参加应急处理或者受到事故照射的放射工作人员，放射工作单位应当及时组织健康检查或者医疗救治，按照国家有关标准进行医学随访观察。

第二十五条　放射工作单位应当在收到职业健康检查报告的7日内，如实告知放射工作人员，并将检查结论记录在《放射工作人员证》中。

放射工作单位对职业健康检查中发现不宜继续从事放射工作的人员，应当及时调离放射工作岗位，并妥善安置；对需要复查和医学随访观察的放射工作人员，应当及时予以安排。

第二十六条　放射工作单位不得安排怀孕的妇女参与应急处理和有可能造成职业性内照射的工作。哺乳期妇女在其哺乳期间应当避免接受职业性内照射。

第二十七条　放射工作单位应当为放射工作人员建立并终身保存职业健康监护档案。职业健康监护档案应包括以下内容：

（一）职业史、既往病史和职业照射接触史；

（二）历次职业健康检查结果及评价处理意见；

（三）职业性放射性疾病诊疗、医学随访观察等健康资料。

第二十八条　放射工作人员有权查阅、复印本人的职业健康监护档案。放射工作单位应当如实、无偿提供。

第二十九条　放射工作人员职业健康检查、职业性放射性疾病的诊断、鉴定、医疗救治和医学随访观察的费用，由其所在单位承担。

（五）《职业健康检查管理办法》有关规定

第十二条　职业健康检查机构开展职业健康检查应当与用人单位签订委托协议书，由用人单位统一组织劳动者进行职业健康检查；也可以由劳动者持单位介绍信进行职业健康检查。

第十四条　在职业健康检查中，用人单位应当如实提供以下职业健康检查所需的相关资料，并承担检查费用：

（一）用人单位的基本情况；

（二）工作场所职业病危害因素种类及其接触人员名册、岗位（或工种）、接触时间；

（三）工作场所职业病危害因素定期检测等相关资料。

第十七条　职业健康检查机构应当在职业健康检查结束之日起30个工作日内将职业健康检查结果，包括劳动者个人职业健康检查报告和用人单位职业健康检查总结报告，书面告知用人单位，用人单位应当将劳动者个人职业健康检查结果及职业健康检查机构的建议等情况书面告知劳动者。

（六）《用人单位职业健康监护监督管理办法》有关规定

第四条　用人单位应当建立、健全劳动者职业健康监护制度，依法落实职业健康监护工作。

第七条　用人单位是职业健康监护工作的责任主体，其主要负责人对本单位职业健康监护工作全面负责。

用人单位应当依照本办法以及《职业健康监护技术规范》（GBZ 188）、《放射工作人员职业健康监护技术规范》（GBZ 235）* 等国家职业卫生标准的要求，制定、落实本单位职业健康检查年度计划，并保证所需要的专项经费。

第八条　用人单位应当组织劳动者进行职业健康检查，并承担职业健康检查费用。

劳动者接受职业健康检查应当视同正常出勤。

第九条　用人单位应当选择由省级以上人民政府卫生行政部门批准的医疗卫生机构承担职业健康检查工作，并确保参加职业健康检查的劳动者身份的真实性。

第十条　用人单位在委托职业健康检查机构对从事接触职业病危害作业的劳动者进行职业健康检查时，应当如实提供下列文件、资料：

（一）用人单位的基本情况；

（二）工作场所职业病危害因素种类及其接触人员名册；

（三）职业病危害因素定期检测、评价结果。

第十一条　用人单位应当对下列劳动者进行上岗前的职业健康检查：

（一）拟从事接触职业病危害作业的新录用劳动者，包括转岗到该作业岗位的劳动者；

（二）拟从事有特殊健康要求作业的劳动者。

第十二条　用人单位不得安排未经上岗前职业健康检查的劳动者从事接触职业病危害的作业，不得安排有职业禁忌的劳动者从事其所禁忌的作业。

用人单位不得安排未成年工从事接触职业病危害的作业，不得安排孕期、哺乳期的女职工从事对本人和胎儿、婴儿有危害的作业。

第十三条　用人单位应当根据劳动者所接触的职业病危害因素，定期安排劳动者进行在岗期间的职业健康检查。

对在岗期间的职业健康检查，用人单位应当按照《职业健康监护技术规范》（GBZ 188）等国家职业卫生标准的规定和要求，确定接触职业病危害的劳动者的检查项目和检查周期。需要复查的，应当根据复查要求增加相应的检查项目。

* GBZ 235《放射工作人员职业健康监护技术规范》已被 GBZ 98《放射工作人员健康要求及监护规范》标准代替。

第十四条　出现下列情况的，用人单位应当立即组织有关劳动者进行应急职业健康检查：接触职业病危害因素的劳动者在作业过程中出现与所接触职业病危害因素相关的不适症状的。

第十五条　对准备脱离所从事的职业病危害作业或者岗位的劳动者，用人单位应当在劳动者离岗前 30 日内组织劳动者进行离岗时的职业健康检查。劳动者离岗前 90 日内的在岗期间的职业健康检查可以视为离岗时的职业健康检查。

用人单位对未进行离岗时职业健康检查的劳动者，不得解除或者终止与其订立的劳动合同。

第十六条　用人单位应当及时将职业健康检查结果及职业健康检查机构的建议以书面形式如实告知劳动者。

第十七条　用人单位应当根据职业健康检查报告，采取下列措施：

（一）对有职业禁忌的劳动者，调离或者暂时脱离原工作岗位；

（二）对健康损害可能与所从事的职业相关的劳动者，进行妥善安置；

（三）对需要复查的劳动者，按照职业健康检查机构要求的时间安排复查和医学观察；

（四）对疑似职业病病人，按照职业健康检查机构的建议安排其进行医学观察或者职业病诊断。

第十九条　用人单位应当为劳动者个人建立职业健康监护档案，并按照有关规定妥善保存。职业健康监护档案包括下列内容：

（一）劳动者姓名、性别、年龄、籍贯、婚姻、文化程度、嗜好等情况；

（二）劳动者职业史、既往病史和职业病危害接触史；

（三）历次职业健康检查结果及处理情况；

（四）职业病诊疗资料；

（五）需要存入职业健康监护档案的其他有关资料。

第二十条　行政执法人员*、劳动者或者其近亲属、劳动者委托的代理人有权查阅、复印劳动者的职业健康监护档案。

劳动者离开用人单位时，有权索取本人职业健康监护档案复印件，用人单位应当如实、无偿提供，并在所提供的复印件上签章。

第二十一条　用人单位发生分立、合并、解散、破产等情形时，应当对劳动者进行职业健康检查，并依照国家有关规定妥善安置职业病病人；其职业健康监护档案应当依照国家有关规定实施移交保管。

（七）《放射诊疗管理规定》有关规定

第十九条　医疗机构应当配备专（兼）职的管理人员，负责放射诊疗工作的质量保证和安全防护。其主要职责之一是：组织本机构放射诊疗工作人员接受专业技术、放射防护知识及有关规定的培训和健康检查。

第二十三条　医疗机构应当按照有关规定和标准，对放射诊疗工作人员进行上岗前、在岗期间和离岗时的健康检查，定期进行专业及防护知识培训，并分别建立个人剂量、职业健康管理和教育培训档案。

（八）《工作场所职业卫生管理规定》有关规定

第三十条　对从事接触职业病危害因素作业的劳动者，用人单位应当按照《用人单位职业健康

---

*　摘自原条文部分内容。

监护监督管理办法》、《放射工作人员职业健康管理办法》、《职业健康监护技术规范》（GBZ 188）、《放射工作人员健康要求及监护规范》（GBZ 98—2020）等有关规定组织上岗前、在岗期间、离岗时的职业健康检查，并将检查结果书面如实告知劳动者。职业健康检查费用由用人单位承担。

第三十一条　用人单位应当按照《用人单位职业健康监护监督管理办法》的规定，为劳动者建立职业健康监护档案，并按照规定的期限妥善保存。

职业健康监护档案应当包括劳动者的职业史、职业病危害接触史、职业健康检查结果、处理结果和职业病诊疗等有关个人健康资料。

劳动者离开用人单位时，有权索取本人职业健康监护档案复印件，用人单位应当如实、无偿提供，并在所提供的复印件上签章。

第三十三条　用人单位不得安排未成年工从事接触职业病危害的作业，不得安排有职业禁忌的劳动者从事其所禁忌的作业，不得安排孕期、哺乳期女职工从事对本人和胎儿、婴儿有危害的作业。

第三十五条　用人单位发生职业病危害事故，应当及时向所在地卫生健康主管部门和有关部门报告，并采取有效措施，减少或者消除职业病危害因素，防止事故扩大。对遭受或者可能遭受急性职业病危害的劳动者，用人单位应当及时组织救治、进行健康检查和医学观察，并承担所需费用。

（赵风玲　孙全富）

第三节　放射工作人员职业健康检查机构应具备的条件

一、备案要求

2017 年 11 月 4 日修正的《职业病防治法》取消了卫生行政部门对职业健康检查机构的审批权，同时提出了加强职业健康检查工作规范管理的要求。因此，作为《职业病防治法》配套的部门规章，2019 年 2 月 28 日国家卫生健康委令第 2 号对原《职业健康检查管理办法》有关内容进行修订完善，进一步强化用人单位和职业健康检查机构的主体责任、备案要求，优化管理方式，加强事中、事后监督管理措施。

（一）向省级卫生健康主管部门备案

《职业健康检查管理办法》规定，医疗卫生机构开展职业健康检查，应当在开展之日起 15 个工作日内向省级卫生健康主管部门备案，备案的具体办法由各省级卫生健康主管部门制定，并向社会公布。目前我国各省、自治区、直辖市卫生健康主管部门为规范职业健康检查机构备案管理工作，分别制定了相应的备案管理办法或备案实施细则。拟开展职业健康检查工作的医疗卫生机构应提前了解所在省份的备案要求，并按规定向省级卫生健康主管部门提交备案材料、取得备案凭证，并按照属地管理制度，接受县级以上地方卫生健康主管部门对本机构的监督管理。当备案信息发生变化时，职业健康检查机构应当及时向省级卫生健康主管部门提交变更信息。

省级卫生健康主管部门指定的质量控制中心负责本辖区内职业健康检查机构的质量控制管理工作，组织开展实验室间比对和职业健康检查质量考核。

（二）备案类别包括“接触放射因素类”

《职业健康检查管理办法》规定，按照劳动者接触的职业病危害因素，职业健康检查分为六类：①接触粉尘类；②接触化学因素类；③接触物理因素类；④接触生物因素类；⑤接触放射因素类；⑥其他类（特殊作业等）。

开展放射工作人员职业健康检查的职业健康检查机构，职业健康检查备案类别中必须包含：接触放射因素类。备案凭证中无“接触放射因素类”类别的医疗卫生机构不得开展放射工作人员职业健康检查。

二、组织机构条件

《职业健康检查管理办法》规定，职业健康检查机构应当持有《医疗机构执业许可证》，涉及放射检查项目的还应当持有《放射诊疗许可证》，并依法进行校验。

《医疗机构执业许可证》的诊疗科目应满足放射工作人员职业健康检查项目要求，至少应包含职业病科或职业健康监护专业、内科、外科、眼科、医学影像、医学检验。

具有专门的职业健康检查科室建制，岗位设置合理，岗位职责明确；并应设置或指定质量管理部门，职责明确，运行有效。

三、场地条件

职业健康检查机构应具有与开展职业健康检查类别、项目相适应的检查场所、候检场所、检验室，满足以下要求。

（1）具有相应的职业健康检查场所、候检场所和检验室，建筑总面积不少于 $400m^2$，每个独立的检查室使用面积不少于 $6m^2$，布局及环境条件应满足开展职业健康检查工作的要求。

（2）实验区与办公室分开。实验室内有通风、排毒设施，符合相关的生物安全要求，医疗废物处理符合国家相关规定。

（3）X 射线设备机房设置应满足《放射诊断放射防护要求》（GBZ 130—2020）。

（4）具有独立的细胞遗传学实验室。

四、人员要求

具有与备案开展的职业健康检查类别和项目相适应数量的医疗卫生技术人员（包括主检医师、检查医师、技师和护理等）、技术负责人、质量负责人和档案管理人员。至少具有 1 名取得职业病诊断资格的执业医师。主要岗位人员要求如下。

（一）主检医师

开展放射工作人员职业健康检查的医疗卫生机构应当指定主检医师，主检医师应当具备以下条件。

（1）具有医师执业证书。

（2）具有中级以上医疗卫生专业技术职务任职资格。

（3）具有放射类职业病诊断医师资质证书。

（4）从事职业健康检查相关工作 3 年以上，熟悉放射医学和辐射防护专业知识，能分析放射工作人员的健康状况与其所从事的放射工作的适任性。

主检医师负责确定职业健康检查项目和周期，对职业健康检查过程进行质量控制，审核职业健康检查报告。

（二）专科检查医师

（1）具有内科、外科、眼科执业医师。

（2）熟悉放射工作人员职业健康检查和相应职业性放射性疾病诊断标准。

（三）检验人员

（1）承担职业健康检查的实验室检测人员不少于2人，其中至少1人应具有医学检验专业中级以上专业技术职务任职资格。

（2）放射生物检测（外周血淋巴细胞染色体及微核）专业技术人员不少于2人，应通过放射卫生相关培训且从事生物检测工作1年以上。

（四）技术负责人、质量负责人员和档案管理人员

（1）技术负责人、质量负责人应为本医疗机构在册的执业医师、具有副高级以上卫生专业临床技术职务任职资格、熟悉职业病诊断的相关法律法规、标准、技术规范。

（2）机构质量管理部门应配有专职或兼职的质量监督员和档案管理人员、信息报告人员，熟悉相关法律法规、标准、技术规范及本机构质量控制体系。

五、设备条件

首先，应有与备案职业健康检查类别、项目和检测能力相适应的仪器、设备，并按有关法律法规、标准要求进行计量、校准和检定。开展放射因素类职业健康检查应具备以下设备：血压计、血细胞自动分析仪、尿液分析仪、生化分析仪、心电图仪、彩色B超机、X射线摄影设备、眼科常规检查仪器、视力灯、裂隙灯显微镜、眼底镜、生物显微镜、恒温培养箱、大容量离心机、超净工作台或者生物安全柜等。

其次，具有完整有序的仪器、设备档案，包括设备名称、生产厂家、型号、出厂编号、购置验收记录、检定校准记录、安装和使用说明书，使用、维护和维修记录等。

再次，须配备抢救设备、药品，设备齐备、状态完好，应定期检查并有记录。

最后，还应具有与职业健康检查信息报告相应的条件。

六、能力条件

职业健康检查机构应当具备执行《放射工作人员健康要求及监护规范》（GBZ 98—2020）的能力，并符合《职业健康检查质量控制规范（试行）》（中疾控公卫发〔2019〕45号）的要求。参加中国疾病预防控制中心辐射安全所组织的生物剂量估算能力比对并结果合格。

七、外出职业健康检查条件

开展外出职业健康检查，应当具有相应的职业健康检查的仪器、设备、专用车辆、实验室标本采集等条件，符合职业健康检查诊疗操作技术规范相关规定，保证放射防护和生物安全的管理要求。

（聂云峰）

第四节　放射工作人员职业健康检查机构的职责

一、职业健康检查机构的法定职责

根据《职业健康检查管理办法》及《放射工作人员健康要求及监护规范》（GBZ 98—2020）相关规定，职业健康检查机构的具体职责如下。

（1）在备案开展的职业健康检查类别和项目范围内，依法开展职业健康检查工作，并出具职业健康检查报告。《职业健康检查管理办法》第二十五条规定：职业健康检查机构未按规定备案开展职业健康检查的，由县级以上地方卫生健康主管部门责令改正，给予警告，可以并处 3 万元以下罚款。

（2）履行疑似职业病的告知和报告义务。职业健康检查机构发现有可能因放射性因素导致健康损害的，应当通知放射工作单位，并及时告知放射工作人员本人；发现疑似职业性放射性疾病病人应当通知放射工作人员及其所在放射工作单位，并按规定向放射工作单位所在地卫生行政部门报告。《职业健康检查管理办法》第二十五条规定：职业健康检查机构未按规定告知疑似职业病的，由县级以上地方卫生健康主管部门责令改正，给予警告，可以并处 3 万元以下罚款。第二十六条规定：职业健康检查机构未按照规定报告疑似职业病的，由县级以上地方卫生健康主管部门依据《职业病防治法》第七十四条的规定进行处理。

（3）报告职业健康检查信息。《职业健康检查管理办法》第二十七条规定：职业健康检查机构未履行职业健康检查信息报告义务的，由县级以上地方卫生健康主管部门给予警告，责令限期改正；逾期不改的，处以三万元以下罚款。

（4）定期向卫生健康主管部门报告职业健康检查工作情况，包括外出职业健康检查工作情况。

（5）开展职业病防治知识宣传教育。

（6）配合开展重点职业病监测、职业性放射性疾病监测等卫生健康行政部门交办的其他工作。

（7）安排专业人员接受放射工作人员对健康检查结果的质疑或咨询。

二、主要岗位职责

（一）职业健康检查科主任岗位职责

职业健康检查科主任是负责管理和组织职业健康检查工作的重要职位，主要职责包括组织贯彻执行国家职业健康检查工作有关法律、法规、标准，协调和管理科室的日常工作，确保职业健康检查工作的高效进行，提升体检质量和客户满意度，相关职责参考如下。

（1）全面负责本机构职业健康检查业务工作、职业健康教育与健康促进、疑似职业病报告和告知、配合开展重点职业病监测和职业性放射性疾病监测等各项工作。

（2）组建、管理职业健康检查工作团队，包括主检医师、检查医师、检验技师、影像医师、护士等，确保工作人员的资质、能力等满足《职业健康检查管理办法》及各省职业健康检查备案办法以及职业健康检查质控要求。

（3）协调体检工作，与用人单位进行有效沟通，了解职业健康检查需求和特殊要求，组织开展放射工作人员职业健康检查工作，组织提供职业健康咨询和指导。协调机构内各部门间的工作，确保职业健康检查流程顺利进行，保证职业健康检查结果的准确性和及时性，以及职业健康检查报告的送达工作。

（4）不断完善职业健康检查质量管理体系、相关规章制度，确保体检场地、设备、技术、信息化、体检流程符合相关标准、规范要求，开展体检质量控制，不断提升服务质量和效率。

（5）建立继续医学教育机制，确保医护人员不断更新职业健康检查知识、技能，不断提高职业健康检查人员的业务能力。

（6）组织疑难案例讨论。发生重大医疗差错应组织讨论，总结经验教训，提出整改及防范措施。

（7）发现疑似职业性放射性疾病的人员，及时通知放射工作单位和放射工作人员本人，提示放射工作人员到相关的职业病诊断机构进一步明确诊断，并按规定向放射工作单位所在地的卫生行政部门报告。

（8）对需要复查的放射工作人员，及时通知放射工作单位和放射工作人员本人复查的时间、项目等。发现有不宜从事放射工作的人员或应暂时脱离放射工作的人员，及时通知用人单位及本人调离原工作岗位。

（9）组织开展职业健康教育和职业健康科普。

（二）技术负责人岗位职责

（1）组织对业务范围内技术服务全过程技术能力的控制和管理。

（2）组织检测能力验证和比对试验，检测方法的选择、验证和确认。

（3）组织技术类程序和各类作业指导书的编制、审核和维护。

（4）维护技术法规及标准的现行有效性。

（5）设施和环境的建立与维护。

（6）合同的评审。

（7）设备的控制和管理、测量溯源性的控制。

（8）负责职业健康检查专业技术人员的技术培训和能力考核工作。

（9）组织解决职业健康检查工作中的重要技术问题，确保报告的可靠性。

（10）识别与管理体系或实验室活动程序的偏离，并采取措施以预防或最大程度减少这类偏离，负责不符合工作实施纠正及制定风险和机遇的应对措施。

（三）质量负责人岗位职责

（1）对职业健康检查工作组织实施全面质量管理，实施、保持和改进管理体系。

（2）组织质量手册、程序文件及有关质量体系文件的编制、修订。

（3）负责对质量管理体系文件的宣贯工作，维护其现行有效性。

（4）负责组织质量管理体系内部审核。

（5）负责组织对不符合工作实施纠正，以及对风险和机遇的应对措施的审批。

（6）负责对客户投诉处理的审批。

（7）组织相关科室制定本院人员培训计划。

（8）识别与管理体系或实验室活动程序的偏离，并采取措施以预防或最大程度减少这类偏离。

（9）向管理层报告管理体系运行情况和改进需求，确保实验室活动的有效性。

（四）主检医师岗位职责

（1）掌握职业健康检查相关法律、法规、标准，熟悉职业健康监护工作程序，熟悉放射医学和辐射防护专业知识，能分析放射工作人员的健康状况与其所从事的放射工作的适任性。

（2）承担主检工作，根据用人单位提供的放射因素名称、职业照射种类，确定职业健康检查项目，制订职业健康检查方案。根据需要，主检医师可以向用人单位建议增加部分选检项目和其他检查项目。

（3）组织实施职业健康检查，处理检查过程中的技术问题，对职业健康检查过程进行质量控制，保证体检质量。

（4）职业健康检查结束后，对各科室的检查结果进行审核后在《放射工作人员职业健康检查表》给出适任性意见并签名。

（5）发现疑似职业性放射性疾病的人员，在个体报告和汇总报告中均应予以载明，及时上报职业健康检查机构负责人，并督促机构及时通知用人单位和受检者本人，提示放射工作人员到相关的职业性放射性疾病诊断机构进一步明确诊断，并督促机构按规定向用人单位所在地的卫生行政部门报告。

（6）重大阳性结果及时上报职业健康检查机构负责人，及时告知受检者或用人单位。

（7）组织疑难问题讨论会，对疑难问题进行分析，记录讨论结果。

（8）做好各类职业健康检查结论的汇总统计工作。

（9）向下列放射工作人员提供必要的职业健康咨询和医学建议：①怀孕或可能怀孕的以及哺乳期的女性放射工作人员；②已经或可能受到明显超过个人剂量限值照射的放射工作人员；③可能对自己受照的情况感到忧虑的放射工作人员；④由于其他原因而要求咨询的放射工作人员。

（10）关心、爱护受检者，尊重和保护受检者的知情权及个人隐私。

（五）内科医师岗位职责

（1）掌握内科知识和检查技术，熟悉职业健康检查工作程序，熟悉放射工作人员职业健康要求、职业性放射性疾病诊断标准、相关法律法规。

（2）负责职业健康检查内科检查及问诊：详细询问既往史、职业史、症状。进行一般项目和内科项目的检查，将结果填写在《放射工作人员职业健康检查表》中的相应检查栏内，并签全名。

（3）严格按规定进行查体，严防漏诊、误诊及缺项。对疑难病例进行分析，必要时请其他科室进行会诊。

（4）体检过程中发现疑似职业性放射性疾病、危急值、传染病及时按要求进行报告。

（5）加强业务学习，不断提高专业技术能力，掌握新技术、新方法，更好地为受检者服务。

（6）熟悉应急处置程序，熟练应对体检过程中的各种突发事件。

（7）关心、爱护受检者，尊重和保护受检者的知情权及个人隐私。

（六）外科 / 皮肤科医师岗位职责

（1）掌握外科 / 皮肤科相关知识和检查技术，熟悉职业健康检查工作程序，放射工作人员职业健康要求、职业性放射性疾病诊断标准、相关法律法规。

（2）负责职业健康检查外科 / 皮肤科的检查，仔细询问既往病史，进行外科 / 皮肤科相关项目的检查，将结果填写在《放射工作人员职业健康检查表》中相应检查栏内，并签全名。

（3）严格按外科 / 皮肤科体检操作规程逐项检查。对疑难病例进行分析，必要时请其他科室进行会诊。

（4）对体检过程中发现疑似职业性放射性疾病、危急值、传染病及时按要求进行报告。

（5）加强业务学习，不断提高专业技术能力，掌握新技术、新方法，更好地为受检者服务。

（6）关心、爱护受检者，尊重和保护受检者的知情权及个人隐私。

（七）眼科医师岗位职责

（1）掌握眼科知识和眼科检查技术，熟悉职业健康监护工作程序，掌握放射工作人员职业健康要求、职业性放射性白内障等诊断标准以及职业健康检查相关法律法规。

（2）严格按规定进行认真仔细体检，严防漏诊、误诊及缺项，对疑难病例进行分析，必要时请其他科室进行会诊。

（3）对体检过程中发现疑似职业性放射性疾病、危急值、传染病及时按要求进行报告。

（4）加强业务学习，不断提高专业技术能力，掌握新技术、新方法，更好地为受检者服务。

（5）熟悉应急处置程序，熟练应对体检过程中的各种突发事件。

（6）关心、爱护受检者，尊重和保护受检者的知情权及个人隐私。

（八）功能检查室岗位职责

（1）负责职业健康检查心电图、B 超、影像等检查。

（2）熟悉职业健康监护工作程序、诊断标准、相关法律法规，熟悉本专业质量控制理论和方法，熟悉仪器性能、仪器的操作规程，严格按操作规程开展健康体检工作。对检查有不明之处及时联系主检医师。

（3）及时、准确报告心电图、B 超、影像检查结果。

（4）对体检过程中发现危急值、传染病及时按要求进行告知和报告。

（5）心电图、B 超、X 射线摄影设备等仪器由专人保管，注意安全，每次操作完成后清洁、消毒仪器，仪器定期保养、维护，并做好使用登记及维护记录。

（6）关心、爱护受检者，尊重和保护受检者的知情权及个人隐私。

（九）实验室人员岗位职责

（1）负责实验室检测工作。

（2）熟悉职业健康监护工作程序、诊断标准、相关法律法规，熟悉本专业质量控制理论和方法，熟悉仪器性能、仪器的操作规程。细胞遗传学检测技术人员应掌握外周血淋巴细胞染色体畸变检测和微核分析，严格按标准开展检测。对检测有不明之处及时联系上级医师。

（3）按照标准规范、操作规程要求，认真填写原始记录。

（4）及时、准确报告实验室检查结果。

（5）对体检过程中发现重大异常结果、传染病及时按要求进行告知和报告。

（6）按照操作规程使用、维护仪器设备，操作完成后清洁、消毒仪器，对仪器设备定期保养、维护，并做好使用登记及维护记录。

（十）质量监督员岗位职责

（1）熟知职业健康检查相关法律、法规，熟悉职业健康监护工作程序，负责职业健康检查科的质量监督工作。

（2）制定和分析完善各项质量管理制度。

（3）对各岗位人员的工作质量进行日常监督检查，及时纠正工作中的质量隐患。

（4）发现问题及时向科主任汇报，协助科主任组织分析讨论，减少和杜绝差错事故的发生。

（十一）质量管理科负责人职责

（1）负责对职业健康检查质量管理体系的运行进行日常监督和检查。

（2）负责组织编制、更新质量管理文件、制度。

（3）组织参加外部评审。

（4）宣传贯彻质量手册，开展内审工作，负责对质量争议和客户申诉、投诉的处理工作。

（5）组织对内审和外审不符合工作的纠正，以及应对风险和机遇的措施的跟踪验证工作。

（6）负责职业健康检查报告的程序审核及其印鉴的管理和使用。

（7）组织对新进人员进行管理体系文件培训。

（十二）档案室管理人员岗位职责

（1）负责督促、指导和协助职业健康检查资料的收集、归档、保管、统计和利用。

（2）负责各类档案的分类归档工作。

（3）负责各类资料的保管工作。

（4）负责各类资料的借阅工作。

（5）树立和加强保密观念，做好文件、资料档案的保密和保管工作。

（十三）信息报告人员岗位职责

（1）负责放射工作人员职业健康检查个案数据报送。

（2）负责疑似职业病的信息报送，发现疑似职业病，应在出具职业健康检查报告后15日内手工填报劳动者信息、用人单位信息、职业史信息、疑似职业病信息和报告单位信息到国家平台，并及时向所在地卫生行政部门报告。

（聂云峰　孙全富）

第五节　放射工作人员职业健康检查程序

一、用人单位需要准备的资料

职业健康检查与常规体检不同，用人单位职业健康管理人员应认识到单位组织的常规体检不能替代职业健康检查，但为了做好资源整合，避免医疗资源浪费，可考虑将放射工作人员职业健康检查与常规体检结合完成。用人单位应制定年度职业健康检查工作计划，明确需要进行职业健康检查的人员并确定本年度应进行放射工作人员职业健康检查的人员岗位、名单、检查类别，通过谈判或投标的方式选择一家具备放射工作人员职业健康检查资质的医疗机构开展职业健康检查工作。选择职业健康检查机构时需考虑到方便职业健康监护管理工作，保证放射工作人员职业健康检查档案的完整性、连续性和便捷性，建议可选择同一家具备资质的医疗机构开展此项工作。确定好职业健康检查机构后，审核、签订放射工作人员职业健康检查委托服务协议书，与职业健康检查机构共同协商确定检查项目、签订委托检查协议，并依据法规要求提供以下资料的复印件并加盖用人单位公章。

（一）用人单位的基本情况信息

用人单位的营业执照（或医疗机构执业许可证）、单位名称（或医疗机构名称）、统一社会信用代码、行业类别、经济类型、规模（或医疗机构级别）等资料。

（二）工作场所放射性危害因素的种类及其接触人员信息

《放射工作人员职业健康管理办法》的附件3中给出了职业照射分类及其代码。《职业性外照射个人监测规范》（GBZ 128—2019）的附录C也给出职业照射的职业分类和代号。按照照射源将职业照射分为核燃料循环、医学应用、工业应用、天然源、国防活动及其他六类，每一类根据职业照射工作性质进行细化，如医学应用中职业分类为诊断放射学2A、牙科放射学2B、核医学2C、放射治疗2D、介入放射学2E及其他2F；工业应用中分为工业辐照3A、工业探伤3B、发光涂料3C、放射性同位素生产3D、测井3E、加速器运行3F及其他3G。用人单位提供的职业健康检查人员名单中应明确其职业照射的职业分类。医学放射工作人员占放射工作人数比例较大，医学应用中不同职业分类受到的辐射剂量差异也大。从影像技术、放射防护条件和个人剂量监测结果看，介入放射学工作人员因近台操作原因其受照剂量偏高，也是目前放射工作人员职业健康检查重点关注的群体。

人员信息包含：姓名、性别、身份证号、年龄、接触放射性危害因素的种类、职业照射分类、岗位（或工种）、接触放射性危害因素工龄、职业健康检查类别等资料。

（三）相关放射防护检测与评价资料

工作场所及应用的放射设备放射防护检测、评价等相关资料。

（四）放射工作人员个人剂量监测资料

结合受检人员个人剂量监测资料，重点关注个人剂量超过调查水平的人员，提供其个人剂量监测结果。

（五）既往检查异常人员的相关资料

上年度职业健康检查中检出与放射相关的检查项目不合格人员名单及处理结果，以及单位既往曾经诊断为职业性放射性疾病的人员名单及诊断的疾病种类、目前健康状况等。

（六）相关负责人信息

用人单位放射工作人员职业健康检查工作负责人姓名及联系方式。

二、放射工作人员职业健康检查程序

放射工作人员职业健康检查工作涉及的主要环节、流程如下：收集资料→制定方案→签订协议→下发方案→组织实施→检查结果审核上传体检系统→资料汇集整理→出具个体报告→编制总结报告→报告校核→报告签发→登记盖章送达报告→结果告知、信息上报→建立职业健康检查档案并存档。

在放射工作人员职业健康检查工作中应重点关注以下内容：正确判断放射性危害因素的类别和进行职业照射的职业分类；明确需要进行放射工作人员职业健康检查的人员及检查类别；指定专业的主检医师、技术负责人；制定客观适用的职业健康检查方案；严格规范的职业健康检查；出具正确的个体结论；规范的报告编制；及时规范的信息报告及结果告知；规范的职业健康监护和职业健康检查档案的管理等环节。同时，高质量的放射工作人员职业健康检查工作离不开高效的职业健康检查信息管理系统。职业健康检查信息化平台应具有以下功能：受检人员信息直接导入便捷；检查项目明确；问诊项目内容齐全，录入简便；辅助检查采集数据计算、判定结果自动化；审核后的各项检查结果可直接导入系统；主检医师审核出具的检查结论自动收入系统数据库；先进的职业健康检查软件可自动生成规范的个人检查报告、总结报告待审稿；可依托职业健康管理信息平台将职业健康检查信息发送、告知受检人员及用人单位；同时职业健康检查信息系统实现与国家及省信息报告平台对接，满足信息上报数据的批量上传等要求。

（一）职业健康检查前的程序要求

1. 审核、签订放射工作人员职业健康检查委托服务协议书

职业健康检查委托服务协议包含商务条款及业务信息。商务条款涉及的内容包括合同编号、委

托单位、单位负责人姓名、单位地址、联系电话等基本信息及双方权利义务、履约方式、违约责任等，委托服务协议需经委托方和被委托方盖章及经办人签字、签署日期；业务信息内容包括委托的放射工作人员职业健康检查类别、检查范围、接触放射性危害因素的种类、接触人数、应检人数、检查时间、地点等信息。

一般来讲，职业健康检查委托服务协议需经用人单位相关管理部门负责人、法务人员、财务人员和职业健康检查机构的技术负责人、质量负责人、主检医师、法务人员等审核。审核要点涵盖相关条款是否符合法律法规要求、职业健康检查项目是否超出检查机构备案范围、职业健康检查机构现有的检查场所、仪器设备条件及专业技术人员是否能够满足协议要求等。

如果用人单位需要进行职业健康检查的人数比较少（如 50 人以下），也可出具用人单位介绍信代替职业健康检查委托服务协议进行职业健康检查。但委托介绍信应包含放射工作人员职业健康检查类别、检查范围、接触放射性危害因素的种类、接触人数、应检人数、检查时间、检查地点等信息。

2. 职业健康检查方案的制定

职业健康检查机构根据用人单位需要可制定职业健康检查方案，放射工作人员职业健康检查方案应包含以下主要内容：受检单位名称、职业健康检查的时间、涉及的职业健康检查类别、职业健康检查目的、职业健康检查的依据、放射性危害因素分布岗位及暴露人群、职业健康检查项目、电离辐射相关检查异常结果处理、项目负责人、主检医师及参与人员、职业健康检查工作要求、注意事项等。

放射工作人员职业健康检查的项目设定应依据《放射工作人员职业健康管理办法》《放射工作人员健康要求及监护规范》（GBZ 98—2020），由主检医师针对受检人员职业照射种类、岗位等因素确定。检查项目应满足部门规章和标准中所列的必检项目，此为最低设置标准；主检医师可依据相关职业性放射性疾病诊断标准，向用人单位提出增加检查项目的建议，经双方共同协商后确认放射工作人员职业健康检查项目。

3. 资料确认

放射工作人员职业健康检查机构应确认用人单位提交的资料是否齐全，同时应与用人单位确认放射性危害因素的种类、照射方式、接触时间及应检人数和职业健康检查的类别。对开展外出的放射工作人员职业健康检查，必须保证医学影像学检查和实验室检测的检查质量，同时须满足放射防护和生物安全的管理要求。

（二）职业健康检查中的程序要求

1. 检查时间

根据用人单位的需求，职业健康检查机构的工作安排确定检查日期，并在双方确定的时间内完成职业健康检查工作。

2. 检查场地

双方协商确定检查场地，如为外出检查需要落实检查场地所用房间、办公桌椅、水电等具体细节，体检车接电及环境要求，需要设置电离辐射安全警示牌及警戒线等，实验室及细胞遗传学检查项目应满足实验室检测的工作要求和生物样品储存要求。

3. 人员要求

根据检查项目和工作量确定相应科目的医技人员，医技人员需经过院内培训，人员相对固定。

医技人员要严格依照各自的操作规程和工作规范开展体检工作，各项工作要符合临床检查要求。

4. 规范开展检查工作

问诊要仔细，内容包括受检者个人基本资料、职业史、放射性危害因素接触史、既往史、烟酒史、家族史及症状等，内容填写要完整。对血压、心率等一般医学生理指标和针对放射性危害因素所要求的常规体格检查项目，如皮肤黏膜、浅表淋巴结、甲状腺、呼吸系统、心血管系统、消化系统、神经系统等记录要准确、规范，体检医师签名无缺漏。问诊要仔细，要重视临床症状、既往病史、烟酒史等询问。每个项目的检查结果填写要完整、描述规范、结论准确，检查者和主检医师签名无缺漏。

对放射工作人员职业健康检查，尤其是涉及与放射性危害因素相关的特殊检查项目，检查前必须核对受检者的身份，防止出现替检。

5. 收交职业健康检查表

指定专人负责职业健康检查表的收交，并对每项检查内容进行复核，保证必检项目无缺漏，若发现缺项、错项的及时补检和纠正。放射工作人员职业健康检查表由受检者本人签字确认。

6. 合理安排体检流程

如需要空腹检查的项目可先完成，采血应在进行影像学检查之前完成，憋尿项目完成后再做尿检等，但应避免等待时间过长。同时做好体检组织及体检现场的秩序维护。

7. 突发事件应对

做好职业健康检查中突发事件应对预案，如出现晕血、晕针人员的处理和出现突发高血压危象、急性心肌梗死等需要紧急救治病人的抢救流程等。

8. 危急值的告知

对于职业健康检查中检出危急值的应进行复测，并立即通知受检者复检就医。对检出患有重大疾病（如实质性脏器占位等）的现象，应立即告知受检者本人进一步诊治，并留存相关告知证据。

9. 关于复查

对放射工作人员职业健康检查结果分析，判定为需要复查的，应出具书面复查通知，并明确复查的项目、内容和复查时间，督促用人单位安排放射工作人员在规定的时间内完成复查，依据复查结果出具个体体检结论和职业健康检查总结报告。如用人单位在规定的时间内未组织复查，视为放弃复查机会，体检机构可按首次检查结果出具个体检查结论和汇总报告。对复查后仍不能确定为目标疾病者，建议作为重点监护人群，增加检查频次。

（三）职业健康检查后的程序要求

1. 职业健康检查结果的出具

现场体检工作结束后，各相关科室尽快出具检查结果并上传至单位的职业健康检查信息平台，体检科相关项目负责人对各项检查结果及时进行汇总整合。具备职业性放射性疾病诊断资格的主检医师对汇总后完整的职业健康检查结果进行综合分析，对每一名受检人员提出处理意见、作出放射工作适任性评价、出具个体体检结论，打印个体的体检报告，经主检医师审核签名、检查机构盖章后送达用人单位，由用人单位书面告知劳动者。对疑似职业病和不宜从事放射工作者，除通知用人单位以外，还需要书面告知劳动者本人。

个体体检报告主要内容包括受检人员姓名、性别、接触有害因素名称、各项检查结果、异常检查结果汇总、处理意见和本次体检结论等。体检结论应符合《放射工作人员健康要求及监护规范》

标准的要求，处理意见要有针对性。个人体检结果报告需体检机构盖章，一式两份，一份交劳动者本人，一份用人单位存档。

2. 职业健康检查总结报告书

总结报告和个体体检报告（即职业健康检查表）在职业健康检查结束之日起30个工作日内送达用人单位。总结报告的装订数量根据双方协商确定。职业健康检查总结报告书应满足以下要求：①格式应当规范，检查及报告依据应当全面；②报告内容应完整，包括单位名称、职业健康检查种类、应检人数、实检人数、检查时间和地点，发现的疑似职业病、不宜从事放射工作和职业健康检查结果的汇总表等；③职业健康检查结果汇总表，包括但不限于姓名、身份证号、检查类别、接触职业病危害因素的种类、主要阳性体征、检验及特殊检查结果、检查结论、处理意见、体检日期等信息；④通过职业健康检查结果分析，结合职业病危害因素检测数据，对用人单位职业放射防护提出意见和建议；⑤总结报告的出具日期应当符合法规规定的时限，并由编制人、审核人和签发人签章，有职业健康检查机构的公章。

3. 结果告知和上报

用人单位收到报告后应在7日内书面告知放射工作人员。对检查中发现的不宜从事或不宜继续从事放射工作的人员、疑似职业性放射性疾病人员，职业健康检查机构应书面告知用人单位和放射工作人员，同时按法规要求进行疑似职业病信息上报和向用人单位所在地卫生健康行政部门报告。对疑似职业性放射性疾病人员，用人单位应及时安排其至具有职业性放射性疾病诊断资质的机构就诊咨询，需要时无偿提供放射工作人员职业病诊断所需资料，进行职业病诊断。按照国家放射性疾病监测项目的要求，在职业健康检查总结报告书编制完成后15日内完成个案数据上报。

4. 职业健康检查及职业健康监护档案管理

职业健康检查工作结束后，职业健康检查机构应建立职业健康检查档案，一个受检单位一档案。职业健康检查档案保存时间应当自劳动者最后一次职业健康检查结束之日起不少于15年。职业健康检查档案应当包括下列材料：①职业健康检查委托协议书；②用人单位提供的相关资料；③出具的职业健康检查结果总结报告和告知材料；④其他有关材料。

用人单位应当为放射工作人员建立并终身保存职业健康监护档案。职业健康监护档案应包括以下内容：①职业史（放射和非放射）、既往病史、个人史、应急照射和事故照射史（如有）；②历次职业健康检查结果及评价处理意见；③职业性放射性疾病诊疗、医学随访观察、职业病诊断证明书和职业病诊断鉴定书等资料；④需要存入职业健康监护档案的其他有关资料，如工伤鉴定意见或结论、怀孕声明等。建议用人单位可将个人剂量监测档案与职业健康监护档案合并管理。

5. 其他相关工作

职业健康检查机构应安排主检医师接受放射工作人员对健康检查结果的质疑或咨询，解释时应考虑放射工作人员的文化程度和理解能力。主检医师应给予必要的职业健康咨询和医学建议，包括怀孕或可能怀孕的以及哺乳期的女性放射工作人员；已经或可能受到明显超过个人剂量限值照射的放射工作人员；对自己受照的情况感到忧虑的放射工作人员；其他原因而要求咨询的放射工作人员。主检医师还可根据情况开展放射卫生相关法律、法规知识及放射防护知识宣传工作。

（赵凤玲）

03 第三章　放射工作人员职业健康检查项目

职业健康检查项目的设定在放射工作人员职业健康检查中至关重要，是评价放射工作人员职业健康，作出适任性评价的关键所在。我国政府历来重视放射工作人员职业健康检查项目的制定，在部门规章相关文件中明确规定了职业健康检查的必检项目和补充检查项目，用人单位和承担职业健康检查的医疗机构主检医师可以依据用人单位放射源和（或）射线装置接触和使用情况，增加必要的补充和其他检查项目，以满足职业健康检查的需要。本章从放射工作人员职业健康管理的变迁、法规及部门规章相关规定、不同类别放射工作人员健康要求的变迁和职业健康检查项目的设定原则等方面进行了详细介绍。

第一节　放射工作人员的健康要求

一、我国放射工作人员健康管理的变迁

我国的放射工作人员职业健康监护明显分为两个阶段，即医学监督和健康监护阶段。

随着 20 世纪 50 年代我国第一座核反应堆的建设，便开始了医学监督阶段，即第一阶段，当时认为，放射工作人员在职业生涯中会受到放射损伤，所以对放射工作人员的健康要求高，职业健康检查项目也是要尽量全面，医学监督的目的是发现早期放射损伤。正如英国学者 Stott 在对英国 Harwer 原子能研究所 20 年医学监督工作的总结中指出，理论上所确立的医学监督目的在实践中是难以达到的，他指出，期望就业前健康检查发现健康异常者而不接纳其成为放射工作人员的实际意义不大。该所 20 年间招收 30000 名职工，通过健康检查仅有 1% 的人未被接纳。我国最早开展职业健康检查的核工业系统业内人士发现：职业健康检查结果异常最多的是慢性病和多发病，当时认为与辐射作用无关。

第二阶段是健康监护阶段，国际原子能机构《安全标准丛书》第 GSR Part 3 号《国际电离辐射防护和辐射源安全基本标准》指出，工作人员的健康监护必须基于职业保健的一般原则，必须旨在评价工作人员开始从事预期任务的胜任程度和继续从事预期任务的胜任程度。目前的辐射防护是以“防止确定性效应的发生，并将随机性效应的发生率降低到可以接受的水平”为目的，也就是说，目前的放射工作人员个人剂量监测水平下，核技术应用的大多数工种确定性效应不可能发生，但放射性白内障除外。20 世纪 80 年代兴起的介入放射学是融放射诊断学和临床治疗学于一体的学科，心血管病介入医生和导管室的工作人员晶状体接受的 X 线剂量较高，可能会引起放射性晶状体病变。

IAEA组织了一项试点研究，对此问题进行调查。研究队列由心血管病介入医生、护士和心脏导管室技术人员组成，非医疗专业人员组成对照组，对研究队列的受照史进行了详细的问卷调查，并进行全面的裂隙灯显微镜检查。在116名受照人员中，发现38%的心血管病医生和21%的辅助人员有后囊下（PSC）混浊，而对照组仅为12%。另一项来自马来西亚队列的类似研究发现，职业性X线照射与心血管介入医生的可检测到的后极晶状体病变存在明显的剂量－反应关系。据报道，心血管病医生晶状体的终生平均累积职业照射剂量估计为3.7Gy（0.02~43Gy），护士为1.8Gy（0.01~8.5Gy）。鉴于以上情况，ICRP于2011年、IAEA于2014年大幅下调了放射工作人员眼晶状体年平均当量剂量限值。

二、法律法规对放射工作人员的健康要求

《职业病防治法》及相关法规和部门规章没有明确给出放射工作人员的要求，只有以下表述：《职业病防治法》第三十五条规定，用人单位不得安排未经上岗前职业健康检查的劳动者从事接触职业病危害的作业；不得安排有职业禁忌的劳动者从事其所禁忌的作业；对在职业健康检查中发现有与所从事的职业相关的健康损害的劳动者，应当调离原工作岗位，并妥善安置；对职业人员的健康要求可以理解为：不得安排有职业禁忌和与所从事的职业相关的健康损害的劳动者上岗，这是针对所有职业病危害因素的健康要求，实际上，职业禁忌不适合放射性因素的健康要求。《放射工作人员职业健康管理办法》（卫生部令第55号）第十八条规定，放射工作人员上岗前，应当进行上岗前的职业健康检查，符合放射工作人员健康标准的，方可参加相应的放射工作，用人单位不得安排未经职业健康检查或者不符合放射工作人员职业健康标准的人员从事放射工作。这里对“健康标准”的释义是健康要求，健康要求属技术范畴的内容，一般宜在标准中规定。

三、放射工作人员健康要求的变迁

（一）《核电厂辐射工作人员的医学监督规定》（EJ 300—1988）

用健康标准来表述对放射性工作人员的健康要求，国内最早见于1988年发布的核工业标准《核电厂辐射工作人员的医学监督规定》（EJ 300—1988），其对核电厂辐射工作人员的最低健康要求如下。

（1）人体外形适用于穿着并有效使用个人防护衣具。具有正常的视觉（视力、色觉）、嗅觉、听觉和语言表达能力；未矫正视力大于0.5（国际标准视力表）；周围视野大于或等于120°；正常的深度感；可辨别红、绿、橘黄等颜色。

（2）正常的精神状态和神经功能（定向能力）；具有在紧急情况下完成紧张体力活动的心肺储备能力。

（3）触觉鉴别足以达到通过触摸分辨各种性状的控制按钮和手柄，皮肤和黏膜不存在促进沾染放射性核素吸收的能力。

（4）正常的造血功能。末梢血液（耳垂血）检查不超出下列正常范围（见表3-1）。

表3-1　核电厂辐射工作人员末梢血液参考值范围

检查项目	正常参考值范围	检查项目	正常参考值范围
血红蛋白	110~180g/L（男性）	红细胞	4.0×10^{12}~7.0×10^{12}/L（男性）
	110~180g/L（女性）		3.5×10^{12}~7.0×10^{12}/L（女性）

续表

检查项目	正常参考值范围	检查项目	正常参考值范围
血小板	100×10^9~300×10^9/L	白细胞分类计数	中性粒细胞 50%~70%
白细胞	4.0×10^9~10×10^9L		淋巴细胞 20%~30%
白细胞分类计数	嗜酸性粒细胞 0.5%~3.0%		单核细胞 3.0%~7.0%
	嗜碱性粒细胞 0%~1.0%		

（5）肝、肾功能正常；尿蛋白阴性，尿沉渣镜检正常；尿糖阴性。

（二）《辐射防护规定》（GB 8703—1988）

1988 年，原环保总局发布的《辐射防护规定》（GB 8703—1988）也包含健康要求，目前已被《电离辐射防护与辐射源安全基本标准》（GB 18871—2002）代替，其中规定的基本健康要求如下。

（1）人体外形适于个人防护衣具的穿着和有效使用；具有正常的视觉（视力、色觉）、嗅觉、听觉和语言表达能力。

（2）正常的精神状态和神经功能；具有紧急情况下完成紧张体力活动的心肺储备能力；皮肤和黏膜具有耐受洗消放射性沾染的能力。

（3）正常的造血功能，周围血液各项指标均在正常范围，肝、肾功能正常。

国家卫生健康委（原卫生部、原国家卫生计生委）先后发布了《放射工作人员的健康标准》（GB 16387—1996），职业病防治法实施后转化为国家职业卫生标准 GBZ 98—2002，修订成为《放射工作人员健康要求》（GBZ 98—2017），与职业健康检查技术规范合并修订为《放射工作人员健康要求及监护规范》（GBZ 98—2020）。上述标准都有健康要求相关内容。

（三）《放射工作人员健康标准》（GBZ 98—2002）

GBZ 98—2002 中的健康要求为目前健康状况良好，具体要求如下。

（1）正常的呼吸、循环、消化、内分泌、免疫、泌尿生殖系统以及正常的皮肤黏膜毛发、物质代谢功能等。

（2）正常的造血功能，如红系、粒系、巨核细胞系等，均在正常范围内。

（3）正常的神经系统功能、精神状态和稳定的情绪。

（4）正常的视觉、听觉、嗅觉和触觉，以及正常的语言表达和书写能力。

（5）外周血淋巴细胞染色体畸变率和微核率正常。

（6）尿和精液常规检查正常。

（四）《放射工作人员健康要求》（GBZ 98—2017）

2017 年修订后的《放射工作人员健康标准》改名为《放射工作人员健康要求》（GBZ 98—2017），其中对放射工作人员的健康要求如下。

（1）人体外形正常，不影响正常操作。

（2）正常的精神状态和稳定的情绪，以及正常的语言表达和书写能力；正常的神经系统功能。

（3）内科、外科和皮肤科检查正常，不影响正常操作。

（4）正常的听觉功能。

（5）正常的视力，矫正视力不应低于 5.0，无红绿色盲。

（6）正常的造血功能，血细胞分析（静脉血仪器检测）各指标均在参考区间内（见表 3-2）。

（7）甲状腺功能正常。

（8）外周血淋巴细胞染色体畸变率和微核率在本实验室正常参考值范围。

表 3-2　放射工作人员血细胞分析参考区间

性别	血红蛋白（g/L）	红细胞数（10^{12}/L）	白细胞总数（10^9/L）	血小板数（10^9/L）
男	120~175	4.0~5.8	4.0~9.5	100~350
女	110~150	3.5~5.1	4.0~9.5	100~350

注：高原地区应参照当地参考区间。

（五）《放射工作人员健康要求及监护规范》（GBZ 98—2020）

2020 年将《放射工作人员健康要求》（GBZ 98—2017）与 GBZ 235—2011 合并，形成《放射工作人员健康要求及监护规范》（GBZ 98—2020），其健康要求如下。

（1）神志清晰，精神状态良好，无认知功能障碍，语言表达和书写能力未见异常。

（2）内科、外科和皮肤科检查未见明显异常，不影响正常工作。

（3）裸眼视力或矫正视力不应低于 4.9，无红绿色盲；耳语或秒表测试无听力障碍。

（4）造血功能未见明显异常，参考血细胞分析（静脉血仪器检测）结果，白细胞和血小板不低于参考区间下限值（同表 3-2）。

（5）甲状腺功能未见明显异常。

（6）外周血淋巴细胞染色体畸变率和微核率在正常参考值范围内。

从以上几个版本中可看到不同部委发布的放射工作人员健康要求总体保持一致，不同年份的 GBZ 98 从总体上看，对健康要求是逐步放宽的过程，尤其是现行有效的 2020 版将主观的表述（如正常的造血功能）修改为相对客观的表述（如造血功能未见明显异常）。对人体外形不再设置要求，GBZ 98—2020 与 GBZ 98—2017 中，放射工作人员血细胞分析参考区间的表格是完全一样的，均引用了 WS/T 405—2012 中的血细胞分析参考区间；对于视力、听力、血常规检查和甲状腺功能的要求进一步放宽，是对劳动者工作权利的尊重和保护。

四、国内外对特殊行业放射工作人员的要求

（一）美国操纵员的职业健康要求

众所周知，核动力厂操纵员是核设施安全运行的关键人员，是特殊的放射工作人员。美国核协会要求对操纵员进行针对皮肤、内分泌、血液系统、神经系统、心理健康、呼吸系统、腹部和内脏、心血管系统、肌肉骨骼系统、淋巴和免疫系统、泌尿系统、嗅觉、视觉、听觉和实验室检查进行评估，对正在服用的药物也要求进行审查；对每项检查都包括最低要求、取消操纵员资格的健康问题、条件限制、检查方法和监督方法五项内容，对检查结果的评估是由健康评价医师来完成的。健康评价医师是具有相关执业资格的医师（通常是内科医师），除了熟悉《申请核电站操纵员职业证照的医学认证和监督规定》，还对核电站反应堆操作员在日常及紧急情况下人们如何开展工作有一个总体的了解。为使评估得更细致，且具有可操作性，对不同疾病都有较明确的规定，例如对确诊恶性肿瘤的申请人，在完成评估和审查前，操纵员都应被取消资格，对操纵员实施的许可评估或限制都应基于恶性肿瘤的治疗方式，当目前的临床状态不会造成身体或心理损伤的重大风险时，可授予非单独操作。上述诸多检查是为了确定申请操纵员执照人员是否具备下列一般要求。

（1）敏锐的感觉和表达能力，能够通过口头、书面以及其他可被看到或听到的方式进行快速、准确的沟通；

（2）无可能妨碍设施安全运行的重大生理及心理缺陷；

（3）无任何可能导致突然能力丧失或意外能力丧失的健康问题、治疗情况、习惯、经历，对辐射敏感器官造血系统检查的要求见表 3–3。

表 3–3　外周血血常规检查结果标准

检查指标	取消操纵员资格的健康问题条件限制		最低要求	取消操纵员资格的健康问题条件限制	
	被取消资格	非单独操作		被取消资格	非单独操作
血红蛋白（g/dl）	<9.5	9.5~11	>11 且 <17.5	>19	17.5~19
血小板（个 /mm^3）	$<50\times10^9$	（50~100）$\times10^9$	$>100\times10^9$ 且 $<800\times10^9$	$>1000\times10^9$	（800~1000）$\times10^9$
白细胞计数（个 /mm^3）	$<1.5\times109$	（1.5~2.5）$\times10^9$	$>2.5\times10^9$ 且 $<30\times10^9$	$>50\times10^9$	（30~50）$\times10^9$

注：出现异常结果会被取消资格，或者根据健康评价医生的评估和（或）风险因素获得有条件限制执照。

表 3–3 中对白细胞的最低要求比 GBZ 98—2020 更宽泛，尤其是针对在岗期间非单独操作人员的白细胞进一步降低至（1.5~2.5）$\times10^9$/L（1500~2500 个 /mm^3）。

（二）我国核电厂操纵员的职业健康要求

我国非常重视核电厂操纵员的健康管理工作，因为其还肩负着核安全的重要任务，所以，核电厂操纵员的身体状况除满足一般放射工作人员的健康要求以外，还增加了心理健康要求，同时对血液系统、呼吸系统、心血管系统和内分泌系统等的要求更明确且严格。

五、参与应急处置人员的健康要求

参与应急处置的人员包括应急响应初始阶段采取行动和进行长期恢复行动的应急队员。2007 年，ICRP 第 103 号出版物将应急参考值设为或低于 20~100mSv 组段。但在应急的情况下，可能短期接触较高水平的照射是必要的和适当的，多数情况下照射是可控的，但可能需要超过公认的剂量限值。

（一）剂量控制

应急情况下，应急救援者接触电离辐射的剂量不得超过 50mSv，除非发生下列情况。

（1）挽救生命或者防止严重的伤害。

（2）采取行动防止人类和环境发生灾难性状况。

（3）采取行动避免大的集体剂量。发生上述（1）和（2）所述情况时，个人剂量当量 H_p（10）$<$ 500mSv，总有效剂量 $E<500$mSv，某个组织或器官的相对生物效能权重吸收剂量小于 1/2AD_T，发生上述 3 种情况时，个人剂量当量 H_p（10）$<$100mSv，总有效剂量 $E<100$mSv，某个组织或器官的相对生物效能权重吸收剂量小于 1/10AD_T。

（二）健康要求

针对非放射工作人员参加应急工作的健康要求可按照 GBZ 98—2020 的要求进行应急健康检查。

（三）组织培训

实施应急处置前应组织相关应急人员参加相关培训，全面了解辐射风险，并遵循应急响应者保护指南。

（邢志伟　孙全富）

第二节　放射工作人员职业健康检查项目的设定原则

一、国内外职业健康检查项目的变迁

（一）国外职业健康检查项目的变迁

20 世纪 40 年代开始，苏联明确提出把早期发现放射损伤作为医学监督的目的，并大大扩展了健康检查项目，对不同类型放射工作人员检查不同的项目，总数达 100 多项，其中有许多尚处于研究中的功能性检查项目（如痛阈的测定），很难对检查结果给出肯定性的判断。

英国期望采用常规的医学检查手段早期发现放射对健康的影响，建立了严格的职业健康检查制度，其中，基于血液系统对放射敏感的认识，对上述检查人群外周血的化验检查初期为每月 1 次，后来延长到 3 个月 1 次。20 世纪 60—70 年代，欧洲其他国家如意大利、联邦德国检查项目包括：医学史和职业照射史的调查，一般临床检查、与放射作用有关的检查和化验检查。法国除此之外，又强调遗传性家族疾病、血液病史及既往医疗照射史，对内污染人员增加胸部 X 线摄影检查，芬兰相对简单，上岗前查血常规和尿常规，上岗后查血常规。

以上的情况发生在医学监督阶段，目前的英国已采用填写《健康情况调查表》结合健康检查的方式替代就业前健康检查，采用“谈话和评估”的方式替代烦琐的医学检查程序。英国放射工作人员岗前职业健康监护涉及内容包括工作环境调查、医学史调查、职业接触史调查、既往照射史等调查及上岗前健康检查；而上岗前健康检查的确切内容及形式取决于医学和职业史信息，可能涉及的健康检查项目包括以下 4 项。

1. 皮肤

对于工作中有非密封放射源的，需检查人员皮肤接触区域有无破损；患有慢性皮肤病（如湿疹或牛皮癣）的人不适合从事非密封源工作；其他皮肤病病情不太严重者可允许在特定条件下使用非密封源。

2. 呼吸系统

若现场需使用呼吸器或不透水防护服，需评估肺功能。

3. 血液检查

除非临床上有指示，不需要进行全血细胞计数。

4. 咨询

职业医生应能回答电离辐射随机性效应，以解决健康评价中有关人员提出的相关问题。对于暴露风险很高的人员需进行面对面评估；对于暴露风险较低的人员，每 5 年至少进行 1 次面对面的评估；对于四肢受高剂量放射风险的人员，应进行临床检查。

英国的周期性职业健康监护分为资料调查和面对面（医生与放射工作人员）评估两种形式，在资料调查方面着重考虑：①周期内放射暴露剂量；②周期内病假记录和医疗问题；③周期内职责变化。

综上所述，各国在不同时期对放射工作人员健康检查的要求繁简不一。20 世纪 70 年代后，随着对健康监护目的的认识逐渐明确，检查内容也随之简化，英国以“谈话和评估”代替，日本同时存在的《劳动安全卫生法》和《老年人保健法》都有对健康检查的规定，日本学者提出了归一化考虑的建议。

（二）国内职业健康检查项目的变迁

20 世纪 50 年代至 60 年代中期，我国首先在核工业系统开展了职业健康检查，并组织了庞大的健康检查队伍，聘请神经科、血液科和内科等学科的专家协助分析和评价检查结果，甚至受检者外周血检查结果与正常值的微小偏离，会成为必须调离放射工作岗位的理由。

从 20 世纪 60 年代后期开始逐步简化了职业健康检查的项目，延长了职业健康检查的周期。2002 年职业病防治法发布以后，职业健康检查也进一步规范，放射工作人员职业健康项目一直以部门规章的形式发布，配套放射工作人员职业健康标准，指导放射工作人员职业健康检查工作。

相对其他国家，我国从保障放射工作人员的健康出发，坚持不到两年查一次的原则，从法律法规层面坚持职业健康监护制度。

二、放射工作人员职业健康检查项目设定原则

（一）遵循法规、部门规章和职业卫生标准

针对职业健康检查项目，《职业病防治法》没有相关规定，《职业健康检查管理办法》（国家卫生健康委员会令第 2 号）第十五条规定：职业健康检查的项目、周期按照《职业健康监护技术规范》（GBZ 188）执行，放射工作人员职业健康检查按照《放射工作人员职业健康监护技术规范》（GBZ 235—2011）等规定执行。目前的 GBZ 235—2011 已被 GBZ 98—2020 取代，所以放射工作人员职业健康检查应按照 GBZ 98—2020 的相关规定执行，GBZ 98—2020 与 GBZ 188 虽然是平行标准，但在职业健康监护医学常规检查方法上是一致的，放射工作人员的医学常规检查方法应按照 GBZ 188 附录 B 的检查方法操作。

《放射工作人员职业健康管理办法》（卫生部令第 55 号）第四十五条规定：放射工作人员职业健康检查项目及职业健康检查表由卫生部制定。在附件 2 中直接给出了职业健康检查项目，放射工作人员的职业健康监护应参照执行。但卫生部令第 55 号发布至今已有 17 年，附件 2 中有些检查项目已经不合时宜，有些检查项目放在必检项目还是选检项目中也需要斟酌，GBZ 235—2011 曾对检查项目做过调整（现已废止），GBZ 98—2020 直接引用的是卫生部令第 55 号的附件 2，如果有新的法规或部门规章规定了放射工作人员职业健康检查项目，那么，应按照新的规定执行。

除应用 GBZ 98—2020 和 GBZ 188 之外，在职业健康检查中，眼晶状体的检查要参照放射性白内障诊断标准，尤其是对从事介入放射学工作的放射工作人员，眼晶状体检查更应在散瞳后进行裂隙灯显微镜下检查；细胞遗传学检查包括淋巴细胞染色体畸变率和微核率应按照相关的标准进行操作；在应急 / 事故照射检查时可能会遇到急性放射损伤的人员，参照相应的放射性疾病诊断标准进行处置。

（二）考虑放射性因素和职业照射种类

2015 年原国家卫生计生委、人力资源社会保障部、原国家安全监管总局和全国总工会联合发布

了《职业病危害因素分类目录》(国卫疾控发〔2015〕92号),其中放射性因素名称分为8类,其中第8条是开放性条款,上述7条中未包括的因素都包含在第8条中,参见表3-4。

表 3-4 放射性因素

序号	名称	备注
1	密封放射源产生的电离辐射	主要产生γ、中子等射线
2	非密封放射性物质	可产生α、β、γ射线或中子
3	X射线装置(含CT机)产生的电离辐射	X射线
4	加速器产生的电离辐射	可产生电子射线、X射线、质子、重离子、中子以及感生放射性等
5	中子发生器产生的电离辐射	主要是中子、γ射线等
6	氡及其短寿命子体	限于矿工高氡暴露
7	铀及其化合物	
8	以上未提及的可导致职业病的其他放射性因素	

在职业健康检查中应考虑受检者工作中放射性因素名称如果是非密封放射性物质,在超剂量照射时,除外照射之外,还存在内照射情况,在检查和出具报告时应关注内照射放射性损伤。

职业照射种类代码见表3-5,是按照核技术应用的领域划分的,如果是介入放射学2E,介入操作为近台同室操作,其接受的剂量要高于隔室操作的诊断放射学工作人员,眼晶状体和手部(特别是眼晶状体)剂量都较高,甚至有可能超过个人剂量限值。在职业健康检查中要注意手部和眼晶状体的检查,要警惕放射性皮肤损伤和从后极后囊部开始的晶状体混浊,必要时提出加强辐射防护水平的建议。

表 3-5 职业照射种类代码

照射源	职业分类及其代码			
1. 核燃料循环	铀矿开采 1A 反应堆运行 1E	铀矿水冶 1B 乏燃料后处理 1F	铀的浓缩和转化 1C 核燃料循环研究 1G	燃料制造 1D
2. 医学应用	诊断放射学 2A 介入放射学 2E	牙科放射学 2B 其他 2F	核医学 2C	放射治疗 2D
3. 工业应用	工业辐照 3A 测井 3E	工业探伤 3B 加速器运行 3F	发光涂料工业 3C 其他 3G	放射性同位素生产 3D
4. 天然放射源	民用航空 4A 矿物和矿石处理 4E	煤矿开采 4B	其他矿藏开采 4C 其他 4F	石油与天然气工业 4D
5. 其他	教育 5A	兽医学 5B	科学研究 5C	其他 5D

(资料来源:卫生部55号令《放射工作人员职业健康管理办法》)

(三)考虑辐射敏感器官原则

辐射敏感器官包括眼晶状体、造血系统、性腺和甲状腺。放射性核素碘是大型核事故和核技术应用领域较常见的放射性核素,其靶器官是甲状腺,所以甲状腺功能检查可作为上岗前职业健康检查项目,是了解甲状腺基础情况的重要依据;裂隙灯显微镜下的眼晶状体检查和血细胞分析检查是针对眼晶状体和造血系统的职业健康检查项目，目前的职业健康检查项目中已包含针对眼晶状体、造血系统和甲状腺的检查项目，因为性腺所处的解剖位置，在职业照射中不易涉及，所以，必检项目中没有性腺相关检查项目。

（四）遵循健康检查的一般要求

在世界范围内，均面临慢性非传染性疾病（简称慢性病）的挑战，慢性病为人们主要致死原因，其年轻化趋势也带来沉重的经济负担，尤其是中低收入国家面临的挑战更大。我国慢性病发展现状不容乐观，目前确诊的慢性病人已超过 3 亿，因慢性病死亡的人数占居民总死亡人数的 85% 以上，其导致的疾病负担比例占 70% 以上，所产生的医疗费用增长速度已大大超过居民的承受能力。

健康体检的目的是针对慢性病的预防与管理，在职业人群中慢性病也是高发疾病，职业病危害因素可能加重慢性病的病情，同时慢性病也是疑似职业病的主要鉴别疾病。在不久的将来，随着职业危害因素的进一步控制，职业健康检查可能更接近于健康体检，因此，在职业健康检查项目中应有相关慢性病的检查项目，主检医师应对其检查结果进行评价，并提出医学建议。

1. 健康体检基本项目专家共识

针对未病、初病或将病的健康或亚健康人群的体检，属于健康体检。1947 年美国医药协会首次提出了“健康体检”的概念，并郑重建议：35 岁以上的健康人，应每年做一次全面的体格检查。随着食品和环境安全等问题的日益突显，人们越来越多地把注意力放在了自身健康情况的提前判断上，“有病早治、无病预防”的健康理念逐渐深入人心，从“患病求医”向“健康管理”的转变也已经成为 21 世纪世界医疗卫生体系的重要思想。尤其是《健康中国“2030”规划纲要》和《健康中国行动（2019—2030 年）》的发布实施，加快了人们的思想转变，2009 年 8 月 5 日颁布的《健康体检管理暂行规定》（卫医政发〔2009〕77 号）进一步规范了健康体检行业的发展。

现有循证医学的证据表明，通过健康体检了解个体的健康状态，帮助健康风险因素的筛查和疾病线索的早期发现，对疾病预防、早期诊治和预后改善具有重要获益。许多健康体检专业的专家、学者发布了有关健康体检的多个专家共识，引领行业发展，比较突出的是《成人个体化健康体检项目推荐专家共识》《健康体检重要异常结果管理专家共识（试行版）》《常规体检中纳入心理健康评估项目的专家意见》等，尤其是《健康体检基本项目专家共识》对今后修改放射工作人员职业健康检查项目有重要的借鉴意义。健康体检基本项目制订遵循以下原则。

（1）以健康评价和健康风险筛查为目的，重点掌握受检者健康状况、早期发现疾病线索。

（2）体检采用的技术方法或手段要科学适宜并有很好的可及性和可接受性。

（3）为保证健康体检的质量和安全，体检项目所采用的仪器、设备及试剂必须是经 SFDA 认证、有正式批准文号。

（4）体检项目要充分体现最佳成本效益原则，避免优先采用一些高精尖医疗技术设备，以免加重受检者的经济负担。

2. 健康体检检查项目

检查项目采用“1+X”的体系框架，“1”为基本体检项目（必选项目），详见表 3-6，“X”为专项体检项目（备选项目），“必选项目”是基础，“备选项目”是个体化深度体检项目，包括主要慢性非传染性疾病风险筛查及健康体适能检查项目主要针对不同年龄、性别及慢性病风险个体进行的专业化筛查项目。

（1）必选项目：主要内容包括健康体检自测问卷、体格检查、实验室检查、辅助检查、体检报告首页等五个部分。

①体格检查：包括一般检查和物理检查两个部分。一般检查包括身高、体重、腰围、臀围、血压、脉搏；物理检查包括内科、外科、眼科检查、耳鼻咽喉科、口腔科、妇科等检查。其中血压、体重、腰围及体重指数等指标均具有较高级别的循证医学研究证据，是健康体检和健康管理的重要指标和数据。

②实验室检查：包括常规检查、生化检查、细胞学检查三个部分。常规检查包括血常规、尿常规、粪便常规＋潜血，生化检查包括肝功能、肾功能、血脂、血糖、尿酸，其中血脂、血糖和尿酸等检查项目具有较高的循证医学证据并被国内外慢性病风险预防指南推荐。

③辅助检查：包括心电图检查、X 线检查、超声检查（腹部 B 超）三个部分。X 线检查项目设置了对成年人进行胸部 X 线正 / 侧位拍片检查。

（2）备选检查项目：指慢性病早期风险筛查项目，详见表 3–7，包括心血管病（高血压、冠心病、脑卒中、外周血管病）、糖尿病、慢性阻塞性肺疾病（COPD）、慢性肾脏疾病、部分恶性肿瘤（胃癌、直结肠癌、肺癌、乳腺癌、宫颈癌、前列腺癌）等。

健康体检自测问卷基于现代多维度健康概念和健康测量指标体系，并学习借鉴了国内外相关问卷，按照问卷或量表研制经过与信效度要求而形成的；其内容除基本信息采集以外，主要包括健康史、躯体症状、生活方式和环境、心理健康与精神压力、睡眠健康、健康素养 6 个维度和 85 个具体条目。

表 3–6　健康体检基本项目目录之必选项目

<table>
<tr><th>一级目录</th><th>二级目录</th><th>主要检查内容</th></tr>
<tr><td>健康体检自测问卷</td><td>—</td><td>健康史、躯体症状、生活习惯、精神压力、睡眠健康、健康素养等</td></tr>
<tr><td rowspan="7">体格检查</td><td>一般检查</td><td>身高、体重、腰围、臀围、血压、脉搏</td></tr>
<tr><td rowspan="6">物理检查</td><td>内科检查：心、肝、脾、肺、肾</td></tr>
<tr><td>外科检查：浅表淋巴结、甲状腺、乳腺、脊柱四肢关节、肛门、外生殖器（男性）</td></tr>
<tr><td>眼科检查：视力、辨色力、内眼、外眼、眼压</td></tr>
<tr><td>耳鼻咽喉科检查：外耳道、鼓膜、听力、鼻腔、鼻窦、咽喉</td></tr>
<tr><td>口腔科检查：口腔黏膜、牙齿、牙龈、颞颌关节、腮腺</td></tr>
<tr><td>妇科检查：外阴、内诊</td></tr>
<tr><td rowspan="7">实验室检查</td><td rowspan="2">常规检查</td><td>血常规：白细胞计数（WBC）、红细胞计数（RBC）、血红蛋白（Hb）、血小板计数</td></tr>
<tr><td>尿液分析：尿蛋白（PRb）、尿潜血（BLD）、尿红细胞、尿白细胞、尿比重、亚硝酸盐、粪便常规＋潜血</td></tr>
<tr><td rowspan="4">生化检查</td><td>肝功能：谷草转氨酶、谷丙转氨酶、总胆红素</td></tr>
<tr><td>肾功能：血尿素氮、血肌酐</td></tr>
<tr><td>血脂：总胆固醇、三酰甘油、低密度脂蛋白胆固醇、高密度脂蛋白胆固醇</td></tr>
<tr><td>血糖：空腹血糖、血尿酸等</td></tr>
<tr><td>细胞学检查</td><td>妇科病理学检查</td></tr>
</table>

续表

一级目录	二级目录	主要检查内容
辅助检查	心电图检查	心率及心电图异常结论
	X 线检查	胸片：肺部、心脏、胸廓、纵隔、膈肌
	超声检查	腹部超声：肝、胆、胰、脾、肾
体检报告首页	—	健康自测问卷、体格检查、实验室检查、辅助检查结果摘要

增加一般健康体检基本项目时，应与用人单位相关人员协商解决。目前，很多用人单位为了保障工作人员的身体健康，同时进行健康体检和职业健康检查，两者属于不同的管理范畴，如果能实现归一化管理，对降低企业负担和体检耗时都具有重要意义，同时也避免因为两者检查结果的不一致带来的烦恼，这也督促从事职业健康检查的医疗机构，不断学习新知识新技术，并与综合医院的医技人员多交流，跟上医学高速发展的洪流，提升自己，为放射工作人员的身体健康保驾护航。

表 3-7　健康体检基本项目目录之备选项目

一级目录	二级目录	主要检查内容
—	—	早发高血压家族史、吸烟史、饮酒史、高盐饮食、长期精神紧张、头昏、头痛、眩晕等
心脑血管疾病风险筛查	高血压风险筛查（20 岁以上）	诊室血压（连续 3 次）、动态血压监测、脉搏波传导速度（PWV）、踝肱指数（ABI）、心电图、血管超声、胸部 X 射线照片、眼底血管照相、空腹血糖、血脂四项、同型半胱氨酸、超敏 C 反应蛋白、肾素等，冠心病病史及早发家族史、心前区疼痛、压迫感及胸部不适等
	冠心病风险筛查（40 岁以上）	血压、PWV、ABI、血管内皮功能（FMD）检查、心脏彩色超声、颈动脉超声、动态心电图、心电图运动试验、螺旋 CT 断层扫描冠脉成像（CTA）、空腹血糖、血脂四项、载脂蛋白 A、载脂蛋白 B、脂蛋白（a）、血乳酸脱氢酶及其同工酶、血清肌酸激酶及同工酶、肌红蛋白、肌酐蛋白 T、血肌酐、尿微量白蛋白、超敏 C 反应蛋白、白介素 -6、肿瘤坏死因子、纤维蛋白原、同型半胱氨酸等
		高血压、慢性房颤、扩张型心肌病、风湿性心脏病病史及早发家族史、头痛、头昏、眩晕及短暂性脑缺血发作（TIA）等
心脑血管疾病风险筛查	脑卒中风险筛查（40 岁以上）	血压及动态血压检查，PWV、ABI、FMD，心脏彩色超声、颈动脉超声、经颅多普勒（TCD）、眼底血管照相、头颅 CT 空腹血糖、血脂（同冠心病）、血肌酐、尿微量白蛋白、血黏度监测、血小板聚集、超敏 C 反应蛋白、纤维蛋白原、同型半胱氨酸等
		高血压及脑卒中家族史，高血压、脑卒中、房颤、颈动脉狭窄、腹主动脉瘤等病史、头痛、头晕、乏力、下肢水肿及跛行等
	外周血管病风险筛查（50 岁以上）	血压及四肢血压测量、足背动脉触诊、颈部、腹部听诊（血管杂音）、血管超声、PWV、ABI、FMD 空腹血糖、血脂（同冠心病）、血肌酐、尿微量白蛋白、超敏 C 反应蛋白、纤维蛋白原、同型半胱氨酸等

续表

一级目录	二级目录	主要检查内容
2型糖尿病风险筛查（36岁以上）	空腹血糖受损（IFG）、糖耐量异常（IGT）、糖调节受损（IFG+IGT）	出生体重、糖尿病家族史、妊娠糖尿病、高血压、冠心病史、血糖及血脂异常史、饮食与运动情况，口渴、多饮、多尿、多食、体重下降、疲倦乏力等
		体质指数、腰围与腰臀比、脂肪率、血压、PWV、ABI、FMD
		空腹血糖、餐后2小时血糖、OGTT、糖化血红蛋白、糖化白蛋白、血脂（同冠心病）、尿糖、尿酮体、尿微量白蛋白、胰岛素、C-肽、超敏C反应蛋白、同型半胱氨酸
慢性阻塞性肺疾病（COPD）风险筛查（50岁以上，吸烟者40岁以上）	—	吸烟史、慢性支气管炎、哮喘病史、慢性咳嗽、咳痰、气短、喘息、胸闷等
	—	肺功能检查、肺部X线检查、肺部CT检查、血沉、白细胞、红细胞、血细胞比容等
慢性肾病（CKD）风险筛查（40岁以上）	—	肾脏疾病家族史、慢性肾炎及蛋白尿、高血压、糖尿病病史等，眼睑水肿、血尿、尿少、疲乏、厌食、恶心、呕吐等 向汗、肾脏超声检查 血肌酐、尿微量白蛋白
恶性肿瘤风险筛查	肺癌（50岁以上）	肺癌家族史、吸烟史、咳嗽、胸痛、痰中带血、长期低热等肺部 低剂量CT 肿瘤标志物：NSE、CYFRA21-1、CEA、SCC
	乳腺癌（35岁以上女性）	乳腺癌家族史、乳腺疾病史、婚育史、月经史、乳房胀痛（与月经间期无关）、乳头异常分泌物等 乳腺超声检查、乳腺钼靶检查、肿瘤标志物：CA-153、CA-125、CEA
	宫颈癌	宫颈癌家族史、月经史、生育史、不洁性生活史，白带异常、阴道出血

（五）纳入放射工作人员职业健康检查项目原则

职业健康检查也是一种健康检查，只是针对特定人群，因此，设定放射工作人员职业健康检查项目之前，有必要深入了解我国的健康体检现状，了解健康检查项目的变迁和发展变化，尤其是针对放射工作人员。众所周知，放射工作人员的健康监护是基于职业保健的原则，在当前的辐射防护背景下，职业人群的确定性效应疾病不大可能发生，当然，个别工种的放射性白内障除外，更多可能发生的是随机性效应，但是人群慢性病发病率居高不下，最常见的慢性病包括心脑血管疾病、恶性肿瘤、慢性呼吸疾病、糖尿病与代谢性疾病；目前的职业健康检查项目中包括绝大部分的健康体检基本项目检查，对慢性病的病情能够基本了解。

健康体检项目的纳入除了法律、法规及技术标准的要求外，还需要考虑用人单位的经济状况和从事职业健康检查技术服务机构的能力水平，将职业健康检查和健康体检合二为一可能会是今后的发展方向，也为从事职业健康检查的技术服务机构提出新的发展前景。

对于特殊类型工作人员的职业健康检查要有所侧重：①铀矿井下工作人员注重肺部的检查，如肺部X线摄片和痰细胞学检查；②接触铀及其化合物的人员增加早期发现肾功能损伤的检查项目；③反应堆和后处理厂以及其他单位，则可根据主要职业病危害因素和可能损害部位进行有关检查。

综上所述，放射工作人员职业健康检查机构在与用人单位协商确定放射工作人员职业健康项目时，应收集分析用人单位和放射工作人员的相关信息，充分考虑以下因素。

（1）根据《职业病危害因素分类与目录》，明确具体接触的放射性因素，包括密封源、非密封源、射线装置、中子发生器、氡及其子体等。

（2）明确照射类型（外照射、内照射、皮肤污染；全身照射、局部照射）、照射时间、操作方式（隔室操作，近源操作，非密封源具体操作方式）以及防护情况（设施防护是否合格、个人防护用品佩戴情况等）。

（3）放射工作人员的基本情况：性别、年龄、个人病史、婚育史、吸烟饮酒史、家族疾病史、自觉症状、职业史和职业照射史等。

（4）应包括对电离辐射损伤敏感组织和器官（如眼晶状体、造血系统以及甲状腺等）的检查。

（5）考虑放射工作人员个人剂量监测结果，并结合对个人剂量监测情况（监测是否科学完整、实际佩戴情况、是否有超剂量照射等）。外周血淋巴细胞染色体非稳定畸变分析等生物剂量检测在弥补个人剂量监测可能存在的不足方面具有重要意义。

（6）为评估低剂量照射健康风险，对高风险人群可选择一些血清标志物检测或无损健康检查项目。

（7）应考虑职业健康检查的分类与性质：上岗前检查，检查项目应更为系统和完整，以便于全面和科学地评价工作人员的初始健康情况。在岗期间检查，在上岗前检查项目的基础上，进一步结合工作人员具体的职业照射史、医学史、症状和体征等，侧重于内照射靶器官和对电离辐射损伤敏感组织和器官的检查。离岗时检查，检查项目应与上岗前检查一致，并根据实际情况补充必要的检查。还可以与用人单位协商，增加一些健康检查项目。

（8）确定的职业健康检查项目必须满足《放射工作人员职业健康管理办法》和《放射工作人员健康要求及监护技术规范》（GBZ 98—2020）的要求，这也是最低的要求。

（邢志伟　赵风玲）

第三节　上岗前和离岗时职业健康检查项目

一、问诊及职业史

职业健康检查中问诊是很重要的环节，除身体不适等相关主诉外，还应询问其既往史、家族史、个人史、婚育史、外伤及手术史等。例如，因疾病服用药物可能影响淋巴细胞微核率的检查结果；重点询问有否血液系统、神经系统、甲状腺、恶性肿瘤的疾病，有没有癫痫史，尤其是癫痫大发作史，暴露部位有否反复发作的导致皮肤黏膜破损的疾病史，如果有，不适宜从事接触非密封性放射性物质的工作；如果是女性检查者，还包括月经史。

职业接触史包括部门、工种、起始时间、操作方式、工作量、拟采用的防护用品、职业照射种类和放射性因素名称等信息，有其他职业危害因素接触史也应记录；注意询问：上岗前是否有过电离辐射职业接触史，如果接触是否有个人剂量监测数据等情况，近期是否接触过医疗照射等；甚至在上岗前职业健康检查时，若先进行胸部X射线检查再进行抽血，可能会影响细胞遗传学的检查结果，在分析检查结果时应予考虑。

离岗时职业健康检查要注意职业史的变化，在职业生涯中有无事故照射和应急照射史，有无其他职业危害因素接触史和职业病史。

二、基本检查项目

包括体格检查、实验室检查和辅助检查，体格检查包括一般检查如身高、体重、血压、脉搏等，体格检查包括内科、外科和眼科检查，如果有皮肤科专业医生则更好，但要注意的是：皮肤科医生不了解放射性皮肤损伤，即使在职业病诊断中只能提供鉴别诊断意见。内科检查一般由具有职业病诊断经验的医师担任。眼科检查包括视力、色觉和眼底检查；实验室检查包括血、尿常规，生化检查和甲状腺功能检查，生化检查一般包括肝肾功能和血糖检查，甲状腺功能检查一般检查3项，包括血清总甲状腺原氨酸或游离甲状腺素（TT_4/FT_4）、血清总或游离三碘甲状腺原氨酸（TT_3/FT_3）和促甲状腺激素（TSH）；辅助检查包括心电图、腹部B超和胸部X线摄影检查。

三、特殊检查项目

裂隙灯显微镜下的眼晶状体检查是放射工作人员是较特殊的检查，按照解剖顺序，先检查外眼，然后依次检查角膜、前房、虹膜和晶状体，尤其注意发现可能导致眼晶状体混浊的疾病，并在个人职业健康检查表中以文字和照片记录。

细胞遗传学检查包括淋巴细胞染色体畸变和淋巴细胞微核检查，依据《放射工作人员职业健康检查外周血淋巴细胞染色体畸变检测与评价》（GBZ/T 248—2014）和《放射工作人员职业健康检查外周血淋巴细胞微核检测方法与受照剂量估算标准》（GBZ/T 328—2023）规范操作。

（邢志伟　孙全富）

第四节　在岗期间职业健康检查项目

一、问诊及职业史

基本同上岗前，重点询问工作量的变化、是否为隔室操作、个人剂量计佩戴情况和防护用品的使用情况，是否有超剂量的情况，有无事故情况。如近期患恶性肿瘤者，不能从事放射工作，如果恶性肿瘤目前已经临床治愈，本人申请、用人单位同意，可行上岗前职业健康检查，满足放射工作人员的健康要求者可以重新上岗。

二、基本检查项目

体检检查应注意检查皮肤黏膜、浅表淋巴结、乳腺、甲状腺、心肺和腹部等。对从事介入、工业探伤、核医学和接触非密封性物质人员的手部或外露的皮肤应仔细观察，并注意指甲的状况，注意外露部位是否存在皮肤干燥、破溃、色素沉着或脱失、粗糙、指甲干枯、甲纵棘等情况。检查项目一般不包括甲状腺功能检查，其他同上岗前基本检查项目。

三、特殊检查项目

裂隙灯显微镜下的眼晶状体检查是早期发现放射性白内障的主要手段，眼科检查按照《职业性放射性白内障的诊断》（GBZ 95—2014）附录A规范操作，通过裂隙灯显微镜检查眼晶状体混浊部位、形态和程度，以文字或照片记录在《放射工作人员职业健康检查表》中，尤其是针对介入放射学工作人员在散瞳情况下认真、仔细地观察，在发现从后极后囊部开始的晶状体混浊时，应先做与老年性白内障、并发性白内障、全身代谢有关的白内障、挫伤性白内障、化学及物理因素导致的白内障、先天性白内障等的鉴别诊断，必要时需要调取上岗前职业健康检查报告，综合判断。

细胞遗传学检查可选择淋巴细胞染色体畸变或淋巴细胞微核检查，针对介入放射学、核医学和工业探伤人员建议选择做外周血淋巴细胞染色体畸变检查。

（邢志伟　梁　莉）

第五节　应急照射和事故照射职业健康检查项目

一、职业健康检查项目

（一）应急照射前职业健康检查项目

非放射工作人员拟参加核和放射事故应急处理前应进行职业健康检查，其检查项目按照放射工作人员上岗前职业健康检查项目。

（二）应急照射后职业健康检查项目

超过放射工作人员年剂量限值的人员按照《过量照射人员医学检查与处理原则》（GBZ 215—2009）应行早期医学检查，超过100mSv的工作人员，还应行远后效应医学检查，检查项目参照GBZ 98—2020。

（三）外照射事故职业健康检查项目

需排除急性放射性疾病的发生，记录受照后的头晕、乏力、恶心、呕吐、口干、食欲缺乏和睡眠障碍等的出现时间、持续时间及程度等；注意有无皮肤潮红、腮腺肿大等情况，受照部位的皮肤有无红斑、水疱等，有无外伤及其他自觉症状。

体格检查：内、外科检查，眼科、耳鼻喉、口腔等常规检查，注意检查面部、皮肤黏膜和眼晶状体等，必要时增加其他检查。

常规检查：血常规、尿常规、临床生化、甲状腺功能、性激素、精液常规、T细胞亚群和免疫球蛋白检查等。

辅助检查：根据需要选择心电图、超声心动图、超声（腹部、甲状腺、生殖系统）、肺功能、核磁共振（MRI）和红外线热成像检查等。

外周血淋巴细胞染色体畸变和微核分析估算生物剂量。

（四）内照射事故职业健康检查项目

内照射事故可能出现内照射放射病和放射性核素体内污染情况，记录有无体表放射性核素沾染，眼、耳、鼻、伤口污染，经消化道、呼吸道、伤口和正常皮肤进入体内等情况，除外照射事故职业健康检查项目以外，增加靶器官相应的检查项目和放射性核素体内污染应行体外直接测量或生物样品检测。

二、归档内容

（一）应急照射后归档内容

应急期间的个人剂量监测数据、应急照射前后的健康检查报告，如有体表放射性核素沾染及放射性核素体内污染情况，洗消前后的监测数据和处置措施的详细记录也归入档案中。

（二）事故照射后归档内容

事故照射的剂量资料、检查和治疗的所有资料。

（邢志伟）

04

第四章　放射工作人员职业健康检查质量管理体系

放射工作人员的职业健康检查是确保其个人健康、公共安全和环境保护的重要环节。然而，在检查中，承担放射工作人员的职业健康检查机构（以下简称放射职业健康检查机构）还面临着一系列质量管理挑战，包括但不限于以下方面。

（1）检查标准一致性：不同医务人员可能采用不同的健康检查标准和流程，导致检查结果难以比较，影响数据一致性和服务质量。

（2）数据准确性：准确记录和报告放射工作人员的职业健康检查结果对于评估职业健康风险至关重要，任何数据错误都可能导致误诊或漏诊，对个人和公共安全构成威胁。

（3）隐私保护：放射工作人员的职业健康检查数据包含敏感的个人信息，机构需要确保这些信息的安全，遵守隐私保护相关法规。

（4）技术和设备更新：随着医学影像和放射检测技术的进步，更新设备和跟进最新的检测技术对于提高检查准确性和可靠性至关重要。

（5）人员培训和保持专业性：放射工作人员职业健康检查涉及特殊的医学知识和技能，确保所有参与的医务人员都接受适当的培训并保持专业知识的更新是提供高质量服务的基础。

为了克服这些挑战，放射职业健康检查机构应建立放射工作人员职业健康检查质量管理体系，健全各项规章制度，对职业健康检查工作进行全过程质量管理并保持质量管理体系持续有效运行。通过建立一个可持续的、高效的、以结果为导向的放射工作人员职业健康检查质量管理体系，有利于放射工作人员职业健康检查质量的提升，从而更好地监护放射工作人员的职业健康和安全，也有利于提高公众对放射安全的信心。

第一节　质量管理体系建立的前期准备

一、统一认识

为了成功建立起符合法规标准的质量管理体系，各级管理者需要先行一步，从以下几个角度着手改变。

（1）更新知识体系：各级管理者要率先学习和理解现行的质量管理标准和法规标准要求，深刻领会其背后的理念和目的。

（2）树立正确观念：必须理解质量管理体系不仅是一套程序和规则，更是确保放射工作人员职业健康检查质量与安全的重要保障，这对提升机构的服务水平和社会效应至关重要。

（3）改革管理模式：既要承认过去经验的价值，也要勇于改变那些不再适应现代质量管理要求的内容。

（4）统一思想认识：通过内部沟通和培训，确保各级管理者和员工理解和支持新体系，使之成为共同的目标。

（5）营造创新氛围：各级管理者要通过自身的行动和决策，展现出对改革的积极态度，鼓励团队成员提出建设性意见，共同参与到体系建立的过程中。

（6）建立持续改进机制：各级管理者应不断追踪质量管理体系实施的效果，及时调整不适应的部分，确保质量管理体系的活力和适应性。

通过这样全面而深入的准备，各级管理者将为机构的质量管理体系建立奠定坚实的基础，进而带动整个机构的升级转型，最终实现放射工作人员职业健康检查服务的质量提升和社会认可度的增强。

二、法规标准依据文件

（一）法律、法规和规范性文件

（1）《中华人民共和国职业病防治法》（2018 年 12 月 29 日修正）；

（2）《职业健康检查管理办法》（国家卫生健康委员会令第 2 号，2019 年 2 月 28 日修订）；

（3）《放射工作人员职业健康管理办法》（卫生部令第 55 号，自 2007 年 11 月 1 日起实施）；

（4）《职业病诊断与鉴定管理办法》（国家卫生健康委员会第 6 号令，自 2021 年 1 月 4 日起施行）；

（5）《放射诊疗管理规定》（卫生部令第 46 号，2016 年 1 月 19 日修改）；

（6）《职业病危害项目申报办法》（国家安全生产监督管理总局令第 48 号，自 2012 年 6 月 1 日起施行）；

（7）《用人单位职业健康监护监督管理办法》（国家安全生产监督管理总局令第 49 号，自 2012 年 6 月 1 日起施行）；

（8）《检验检测机构资质认定管理办法》（国家质量监督检验检疫总局令第 163 号，自 2015 年 8 月 1 日起施行）；

（9）《职业病分类和目录》（国卫职健发〔2024〕39 号）；

（10）《职业病危害因素分类目录》（国卫疾控发〔2015〕92 号）；

（11）《中国疾病预防控制中心关于印发职业健康检查质量控制规范（试行）的通知》（中疾控公卫发〔2019〕45 号）；

（12）《实验室资质认定评审准则》（国认实函〔2006〕141 号）。

（二）标准

（1）《职业健康监护技术规范》（GBZ 188）；

（2）《放射工作人员健康要求及监护规范》（GBZ 98—2020）；

（3）《核动力厂操纵人员健康标准》（GBZ/T 164—2022）；

（4）《职业性放射性疾病诊断总则》（GBZ 112—2017）；

（5）《职业性外照射急性放射病诊断》（GBZ 104—2017）；

（6）《外照射亚急性放射病诊断标准》（GBZ 99—2002）；
（7）《职业性外照射慢性放射病诊断》（GBZ 105—2017）；
（8）《内照射放射病诊断标准》（GBZ 96—2011）；
（9）《职业性放射性皮肤疾病诊断》（GBZ 106—2020）；
（10）《职业性放射性白内障的诊断》（GBZ 95—2014）；
（11）《职业性放射性甲状腺疾病诊断》（GBZ 101—2020）；
（12）《外照射放射性骨损伤诊断》（GBZ 100—2010）；
（13）《职业性放射性性腺疾病诊断》（GBZ 107—2015）；
（14）《职业性放射性肿瘤判断规范》（GBZ 97—2017）；
（15）《放冲复合伤诊断标准》（GBZ 102—2007）；
（16）《放烧复合伤诊断标准》（GBZ 103—2007）；
（17）《医学实验室质量和能力的通用要求》（ISO 15189：2022）；
（18）《检测和校准实验室能力认可准则》（CNAS—CL01：2018）；
（19）《质量管理体系文件指南》（GB/T 19023—2003）；
（20）《评价和报告测试结果与规定限量符合性的要求》（CNAS/CL08）；
（21）《测量结果的计量溯源性要求》（CNAS-CL01-G002：2021）；
（22）《生物材料检测或限值标准》（WS/T 18~WS/T 267）。

三、社会需求调查

为针对放射工作人员职业健康检查建立有效的质量管理体系，放射职业健康检查机构应当进行深入的社会需求调查。调查内容应当包括如下方面。

（1）放射作业概况：深入了解本地区涉及放射作业的用人单位类型、数量、规模及行业分布、地域分布等情况，结合放射源类型、辐射强度、使用和存储情况、作业环境、防护条件、个人剂量监测等因素，有助于了解检查服务需求的规模和特点，为质量管理体系的设计提供基础。

（2）从业人员情况：了解区域内放射工作人员人数、工种岗位、年龄分布、性别比例、婚育情况、健康状况以及过量照射风险等情况，分析放射工作人员的职业健康监护需求。

（3）职业健康风险评估：根据放射工作人员的工作条件和职业暴露情况，评估他们罹患职业病如外照射急性放射病、外照射慢性放射病、放射性甲状腺疾病、放射性白内障、放射性肿瘤等的风险，以确定质量管理关键控制点。

（4）法规标准和政策研究：深入研究关于放射工作人员职业健康检查的法规标准和政策，确保职业健康检查机构的质量管理体系符合相应要求，并能及时应对法规标准的修订变化。

（5）需求和趋势预测：分析用人单位发展动态和行业趋势，预测未来放射作业人员的职业健康检查需求，包括检查项目、检查频率等，为质量管理体系的长期规划提供依据。

（6）资源和设备调查：评估职业健康检查机构现有的人力资源、仪器设备配置等是否足以满足现有和未来的服务需求；调查区域内放射职业健康检查机构设置情况。

通过调查，放射职业健康检查机构能够在放射工作人员检查需求的基础上建立质量管理体系，并通过识别关键控制点制定针对性的标准操作程序和质量控制流程，从而保证职业健康检查实施质量；同时也确保质量管理体系能够及时适应法规标准变化；此外，也有利于机构合理配置人员岗位、仪器设备和其他资源，避免浪费、提高效率，以及提前识别潜在问题并采取有效的预防措施，从而进一步保障放射工作人员的职业健康、提升民众健康水平。

四、培训学习

在建立质量管理体系之前，对放射职业健康检查机构进行层级化的培训是确保各级人员能够有效执行体系要求的关键。每个层级的培训侧重点不同，以确保从管理层到基层的员工都能在各自的职责范围内理解质量管理的原则并落实应用实践。

（一）管理层培训

1. 培训内容

（1）放射卫生和放射工作人员健康检查相关法规、标准；

（2）国内外质量管理体系标准的理解和应用。

2. 培训意义

管理层的认知和行为会直接影响组织文化和员工行为，他们的支持和参与是质量管理体系成功实施的关键。管理层需能树立并传递质量为本的价值观念，引导机构向质量目标迈进。

（二）中层管理和技术人员培训

1. 培训内容

（1）质量管理体系建立和运作的详细流程；

（2）文件编写及管理技能；

（3）内部审核的流程、方法和技巧；

（4）放射卫生和放射工作人员健康检查相关法规、标准。

2. 培训意义

中层管理和技术人员是质量管理体系的骨干，他们将在实施和维护体系中承担重要责任，相关培训有助于建立起他们对法规标准的准确理解和应用能力，增强他们的文件管理能力和内部审核技能，确保体系的有效性和合规性，这也是质量管理体系有效运行的保证。

（三）医务人员培训

1. 培训内容

（1）岗位相关的质量管理体系要求和操作标准；

（2）质量控制方法、技术规范和日常操作的质量要求；

（3）对于非预期结果的响应和纠正措施的理解；

（4）放射卫生和放射工作人员健康检查相关法规、标准。

2. 培训意义

医务人员直接参与放射工作人员职业健康检查的各个环节，他们的工作质量直接关系到职业健康检查的最终质量。理解自己在质量管理体系中的角色和重要性，能够提高他们的责任感和积极性。相关培训有助于规范职业健康检查行为，统一标准，减少工作人员操作的错误，确保检查结果的准确、可靠。

通过上述各层级培训，放射职业健康检查机构能够确保每个员工都能从自身角色的角度理解和参与到质量管理体系中，形成一个全面、高效的质量保障网络。管理层的战略引导、中层管理和技术的有效实施，以及基层医务人员的质量执行共同构成了质量管理体系的三个支柱，每一支柱的稳固都是质量管理体系成功的保障。

五、筹备人员及架构

在放射工作人员职业健康检查质量体系建立的前期准备阶段，筹备人员及架构的相关工作内容至关重要。具体工作内容可以从以下几方面来开展。

（一）评估和调整现有组织架构

现有的组织结构和岗位设置需要进行详细的评估和调整。由于许多机构的组织管理体系因历史原因并未按照最优化的质量过程或质量形成的规律来设置，因此必须根据质量管理体系的要求进行调整和完善。具体包括以下两点。

（1）重新定义职能部门和管理部门：确保各部门的职责和功能更加明确和有效。

（2）优化岗位设置：根据质量管理要求，重新设置和调整各岗位，以提高整体效率和协调性。

（二）绘制质量管理体系组织结构图

清晰的组织结构图是确保体系有效运行的基础。组织结构图应展示各部门和岗位的关系和相互作用，也为管理层提供直观的工具，以便随时检查和优化组织结构。

（三）明确各部门和岗位的职能、职责、权限

确保每个部门和岗位的职能、职责和权限明确，具体步骤如下。

（1）制定详细的职责和权限描述：为各部门和岗位制定明确的职责和权限描述，以确保每个人都知道自己的工作范围和责任。

（2）优化职能、职责、权限规划：通过明确职责分工，提高工作效率，避免职责重叠和资源浪费。

（四）确定质量活动过程的流程和工作接口

在质量管理体系中，工作接口是指不同部门、团队或个体在工作流程中相互交流和协作的点。标准化和优化每种质量活动过程的流程和工作接口是质量管理体系的重要组成部分，对于确保任务协调、责任明确至关重要。具体措施如下。

（1）明确工作接口和质量控制点：在每个流程步骤中，设定明确的工作接口和质量控制点，确保每个环节都有明确的操作指南和质量标准。

（2）绘制详细的流程图：例如“放射工作人员职业健康检查指引图”，展示各个步骤和环节。

这些工作内容的落实不仅有助于建立一个高效、标准化的质量管理体系，还能确保放射工作人员的职业健康检查工作能够在科学、有序和安全的环境中进行。这将进一步提升检查质量，保障放射工作人员健康，最终提高整体工作效率和服务水平，也为质量管理体系的长期运行和持续改进奠定坚实基础。

（邹剑明　连逸青）

第二节　质量管理体系策划

一、确定质量方针、质量目标、服务承诺

放射职业健康检查机构应建立完善的质量管理体系，阐明质量方针，制定质量目标，作出服务承诺。

质量方针是质量管理体系的纲领，体现出放射职业健康检查机构的目标及客户的期望和需求，为质量目标提供框架，具有战略性和综合性。制定和实施质量方针是质量管理的主要职能，质量方针要与放射职业健康检查机构的质量管理体系相匹配，与放射职业健康检查机构提供的健康检查水平、服务、管理能力和水平要一致，要作出服务和持续改进的承诺。形式上要简明扼要、便于理解、宣传。质量方针应由放射职业健康检查机构最高管理者建立、批准、发布。

质量目标是质量方针的具象化体现，是在质量方面追求的目的，与质量方针保持一致。一般情况下目标的设立需要量化、要合理，起到质量管理水平的定位作用。目标还需要可定期评价、调整，以适应内外部环境的变化。为保证目标的实现，质量目标要层层分解，落实到放射职业健康检查机构的每个部门及工作人员。

放射职业健康检查机构的服务承诺要以客户满意为导向，积极周到的服务承诺会给客户带来好感与信任，也会促进放射职业健康检查机构维护自身形象和提高服务质量。服务承诺要围绕质量目标展开，促进机构内工作人员以更大的热情投入健康检查的服务中去，营造团结向上的气氛，保护体检方的隐私，保证检查或检验结果准确可靠，提高客户的满意度和回头率。

二、调整组织架构

放射职业健康检查机构是具有独立法人资格的单位，为满足放射工作人员职业健康检查的需求，应依法取得医疗机构执业许可证并提供服务，为保证满足法律法规和法定管理机构的要求，应明确放射职业健康检查机构的组织和管理结构，确定相关部门的工作职责及相互关系，明确管理、技术运作和支持服务之间的关系，确保放射工作人员职业健康检查工作运转顺畅有序。

（一）法人资格

指机构作为放射工作人员职业健康检查的第一责任人，应对其出具的职业健康检查数据、结果负责，并独立承担相应法律责任。法定代表人为最高管理者。放射职业健康检查机构有责任确保机构及其人员在从事职业健康检查活动中，应遵守国家相关法律法规的规定，遵循客观独立、公平公正、诚实信用原则，恪守职业道德，承担社会责任。机构可以是事业单位、企业、社会团体、民办非企业单位，各类性质的机构应有相应的证明文件。事业单位应具有事业单位法人证书、统一社会信用代码证等，企业应具有营业执照或统一社会信用代码证等，社会团体应具有社会团体法人登记证书，民办非企业单位应具有民办非企业单位登记证书或其他依法成立的批准文件等。

（二）组织管理

如放射职业健康检查机构具有外部组织关系，要在质量管理组织架构图中列明。

放射职业健康检查机构内部应设立最高管理者、关键岗位负责人，且均有任命文件。最高管理者一般指法定代表人或总经理，也可为主要技术负责人，应履行其对管理体系的领导作用和承诺。

关键岗位负责人是指技术负责人、质量负责人和主检医师。

放射职业健康检查机构应具备职业健康检查所需的人员、设施、设备、系统及支持服务；所有的部门和人员具有履行其职责所必需的能力、权力和资源。机构中的全体人员必须执行质量管理体系文件，应当遵守质量管理体系中有关公正性、质量方针、质量目标、质量管理体系持续改进、服务质量、开展放射工作人员职业健康检查时应当遵守的行为准则和工作人员行为规范等声明、承诺和行为规范等通用要求，对出具的职业健康检查数据、结果负责，并承担相应法律责任。

放射职业健康检查机构中的人员应不受来自内外部的、不正当的商业、财务和其他方面的压力和影响，确保职业健康检查数据、结果的真实、客观、准确和可溯源。若机构还从事职业健康检查以外的活动，应识别并采取措施避免潜在的利益冲突。

放射职业健康检查机构应建立和保持保护客户秘密和所有权的程序，该程序包括保护电子存储和传输结果信息的要求。机构及人员对其在职业健康检查中所知悉的国家秘密、商业秘密和技术秘密负有保密义务，并制定和实施相应的保密措施。具体要求应按保密和保护所有权程序执行。

三、明确部门及职责

（一）质量管理部门的职责

（1）负责质量管理体系正常运行的综合协调与日常管理；

（2）根据最高管理者、技术负责人、质量负责人的指令要求，在质量负责人的组织领导下，承担具体组织和协调制修订质量管理体系文件工作；

（3）负责受理、登记委托职业健康检查任务并及时下达到相关的科所；

（4）负责职业健康检查报告的存档管理；

（5）负责其他与职业健康检查工作有关的文件、记录和档案的控制与管理；

（6）负责职业健康检查有关过程文件的归档管理；

（7）负责制定职业健康检查仪器的检定 / 校准计划并组织实施；

（8）负责制定质量管理相关人员质量管理知识培训计划并组织实施；

（9）负责组织各相关实验室制定年度的相关仪器设备的维护计划和期间核查计划、质量监督计划、结果质量控制计划和职业健康检查和评价、上岗人员能力维持及提升相关培训学习计划并督促落实；

（10）协助收集与职业健康检查相关的法律、法规、标准、技术规范等资料；

（11）负责组织标准查新、标准变更、项目扩项的申报工作；

（12）负责受理对职业健康检查工作的投诉并按规定程序处理；

（13）在技术负责人的组织与协调下，完成非标方法的确认工作；

（14）配合质量负责人组织内审，根据质量负责人的指令要求，编制内审计划，报质量管理部门负责人审核，报质量负责人批准，并承担具体组织实施、验收和编制内审报告；

（15）配合最高管理者组织管理评审，根据最高管理者的指令要求，协助编制管理评审计划，经质量负责人审核，报最高管理者批准，并承担编制管理评审报告、管理评审输出项完成的跟踪落实；

（16）承担对相关部门（处、室）负责人宣贯和培训相关质量管理体系文件内容。

（二）办公室职责

负责合同的形式审查和管理。

（三）实验室管理部门职责

（1）负责职业健康检查仪器设备和其他供应材料的管理，制订管理制度，建立并管理仪器设备的档案；

（2）负责职业健康检查仪器设备、危险（剧毒）化学品、放射性同位素、药品、试剂、耗材等物资的计划编报、采购、供应、验收等的管理及收集供应商的资质和评价资料；

（3）负责职业健康检查仪器设备的维修、降级使用和报废管理；

（4）负责实验室房间的配置和布局；

（5）负责协助相关部门保证职业健康检查工作所需的水、电供给和职业健康检查环境符合职业健康检查工作要求的管理。

（四）人事部门职责

（1）负责人员配备、录用考核、年度考核和晋升考核；

（2）按照有关法律法规及上级卫生行政部门管理规定，负责医师资格与执业注册等；

（3）负责收集、建立并管理机构从事职业健康检查的专业技术人员和管理人员的技术档案；

（4）负责新进职工岗前培训、在职人员全员素质培训、在职职工学历学位继续教育、管理干部能力建设培训等的管理以及放射工作人员培训。

（五）财务部门职责

（1）负责制定财务规章制度、财务内部控制制度，并负责检查执行情况；

（2）负责银行账户的开立和年检工作，管理各项收入，负责收入往来票据的申领、使用、核销和年审，并办理现金收付、支票结算、银行结算和转账业务，负责财务审核报销；

（3）负责收取机构对外技术服务项目费用，确认费用到账情况，出具放射职业健康检查机构职业健康检查收费证明单。机构对外技术服务项目合同中收费方式另行规定的，按照合同规定执行。

（六）安全保卫部门职责

（1）负责放射职业健康检查机构安全、生物安全及化学安全的管理工作，负责组织制定和修订实验室安全管理相关规章制度；

（2）负责放射职业健康检查机构实验室安全检查等管理工作，落实相关的实验室安全监督检查，组织协调实验室完成隐患改造工作，并承担与安全直接相关的设备操作人员的培训工作，监督实验人员依规安全操作；

（3）负责放射职业健康检查机构医疗废物的监管和处理工作，包括医疗废物在处理站内的存放管理等；

（4）负责制定实验室安全员培训等计划并组织实施；

（5）参与剧毒化学品、易制毒化学品、易制爆化学品购置前的审批工作；

（6）参与对实验室改造方案和拟购置仪器设备安装条件等的审查工作；

（7）负责实验室内水、电使用监督的安全检查、整改催办；

（8）负责易燃易爆、剧毒化学品等危险物品的安全管理；

（9）承担对废弃化学品暂存库内废弃物的处置；

（10）参与实验室安全准入工作的管理；

（11）负责综合治理安全培训。

（七）实验室职责

实验室是指承担机构内检验检测及其评价的相关专业技术部门，其职责一般包括如下：

（1）制定本实验室年度的相关仪器设备的检定 / 校准计划、维护计划和期间核查计划、质量监督计划、结果质量控制计划、检验检测的评价、上岗人员能力维持及提升相关培训学习计划，督促落实，并有相应记录；

（2）指定专人负责检验检测样品的接收、登记和保管，并将检验检测项目落实到具体项目组和检验检测人；

（3）依据检验检测与评价标准、规范和作业指导书开展工作，保证检验检测与评价质量和工作进度；

（4）按照质量手册的要求，认真填写原始记录、仪器设备使用记录等；

（5）负责制定本实验室保管的仪器设备维护规程，在本实验室对相关维护规程进行受控管理，对仪器设备实施日常维护、保养并记录（如有维修，也应予以记录）；

（6）收集相关的检验检测与评价标准、规范，发现有新的标准、规范的发布或实施的信息，并及时通知质量管理部门。定期须向质量管理部门提交本部门所承担的检测项目中所依据的标准的更新情况报告，如无更新，也应提交报告；

（7）对影响检验检测结果的关键 / 主要的供应品、试剂和消耗材料在第一次使用、更换厂家或供应商时，负责对其进行符合性检查，影响检验检测结果的关键 / 主要供应品、试剂和消耗材料名单由各实验室提供，检查结果报后勤管理处备案；

（8）负责提出本实验室使用的仪器设备、供应材料和服务的采购要求，仪器设备的大修、降级和报废申请；

（9）按照质量手册中的实验室安全管理制度的要求，严格对检验检测的区域的进入和使用进行控制管理，并认真填写实验室出入登记簿。

（八）临床部职责

职业健康检查机构临床部是指承担职业健康检查登记、抽血（标本采集），体格（内外皮肤等）检查、五官科检查、眼科（暗室）检查、B 超检查、肌电图检查、心电图检查、肺功能检查、听力检查（纯音测听及听觉电生理检查）等及综合评价的技术部门，职责如下：

（1）制定临床部工作计划，经最高管理者批准后组织实施；

（2）定期召开部门会议，督促检查医务人员贯彻各项规章制度、医护常规技术操作规程；改进医疗作风，改善服务态度，简化手续，方便就诊，不断提高医疗护理质量，严防差错事故；

（3）负责组织部门工作人员做好卫生宣教、清洁卫生、消毒隔离、疫情报告工作等；

（4）落实总检医师工作职责，认真核对阳性指标或异常指标，对体检医生或系统的问题结果进行跟进处置；

（5）将疑似职业病、职业禁忌证、危急值、其他严重疾病患者及时告知用人单位，并由用人单位告知受检者，并完成疑似职业病的上报工作；

（6）及时汇总体检结果，编制放射工作人员职业健康检查总结报告并报上级医师审核。

四、确定质量管理体系过程流程

放射职业健康检查机构应按要求建立、实施、保持和改进质量管理体系。确定质量管理体系的过程需要依据规定和需求、现有条件及情况，充分发挥领导作用，进行体系策划及资源系统化配置、做好过程控制与标准化实施、定期监测、分析与评价，不断持续改进，从而确保流程稳定性并驱动质量持续提升。放射职业健康检查机构质量管理体系流程如图 4–1 所示。

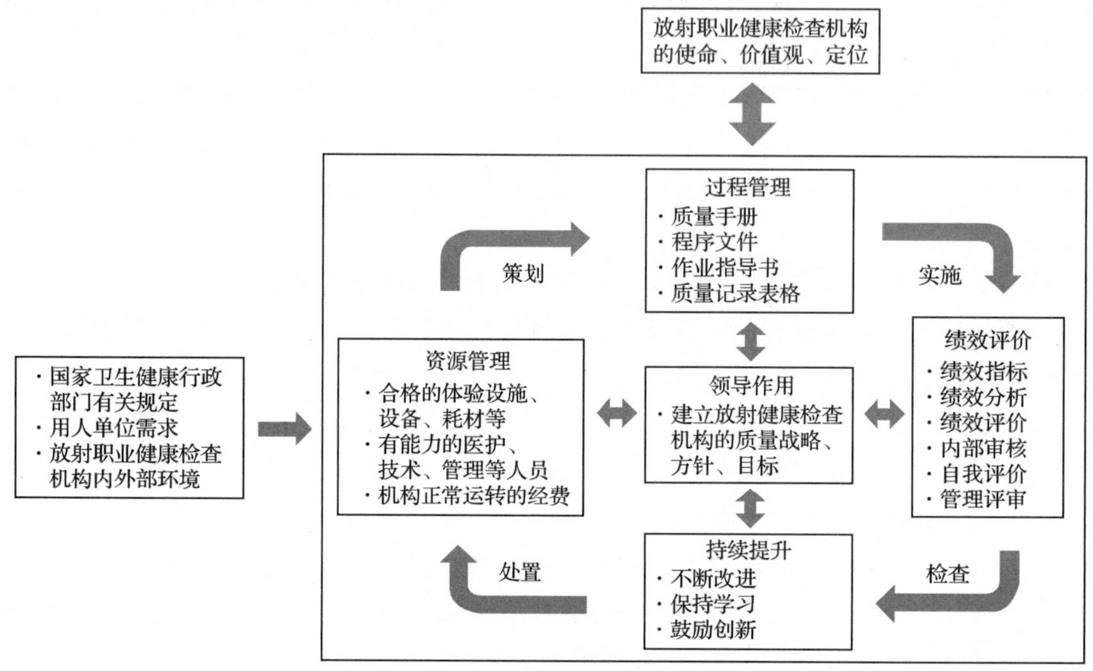

图 4–1　放射职业健康检查机构质量管理体系

（邹剑明　马　娅）

第三节　质量管理体系文件的编写

质量管理体系文件的四层结构由上至下一般分为质量手册、程序文件、作业指导书或标准操作规程、质量记录或技术记录。编制质量管理体系文件，实际也是对质量体系进行总体的策划和设计。

目前，许多放射职业健康检查机构现有的质量管理体系文件都存在一些共同问题，以下列举了一些常见问题。

（1）照搬照抄：学习、借鉴优秀的质量管理体系，取其优点，固然有利于本机构的质量管理，但是质量管理体系文件编制应基于机构工作实际开展的特点，进行调整、优化；全盘照抄的质量管理体系往往不能符合本机构的工作实际。

（2）一味贪多：不能识别文件设置的真正需求，一味贪多编制质量管理体系文件，不仅增加了文件编写和管理的难度，还容易出现文件重复、矛盾的情况，往往会导致流程烦琐、难以彻底执行，造成低效率，影响质量管理。

（3）过于精简：一些机构为了工作开展的灵活性，将质量管理体系文件内容写得过于简单，难以指导体系运行，导致实际工作偏离，使质控过程失控。

（4）未能闭环：策划 – 实施 – 检查 – 处置是质量管理的基本方法，有些机构的质量管理体系文件环节中未能设置好相应检查的环节，会导致管理的效果大打折扣。

因此，编制质量管理体系文件应具备如下特性。

（1）合规性：文件需遵循法规标准。

（2）实用性：文件须符合放射职业健康检查机构的质量方针、质量目标和工作实际。

（3）系统性：文件应全面覆盖组织的所有相关过程和活动。

（4）确定性：文件应清晰明确，无歧义，语言简洁、直接，确保所有阅读者都能理解文件的意图和要求。

（5）可更新性：随着医学进展、法规标准更新和工作实际变化，文件需要定期审查和更新，应设计为可更新改进且更新过程需受控。

根据《职业健康检查质量控制规范（试行）》要求，职业健康检查质量管理体系建设包括组织架构、资源配置、内部质量管理、档案管理、信息化建设、外部质量管理等方面的内容。在建立健全职业健康检查质量管理总制度的基础上，还应对职业健康检查技术服务合同、报告审核、授权签发、专用章使用、实验室管理、仪器使用、人员培训、档案管理、安全与环境管理、疑似职业病报告等重要环节分别制定详细的质量管理分项制度以及相关的标准化操作程序。

另外，放射职业健康检查机构的质量管理体系文件编制过程中，应注意结合放射因素导致的辐射敏感器官特殊病变，对相关表现和指标设置质控目标，如血常规、甲状腺形态及功能、眼晶状体后极后囊下混浊改变、皮肤损伤、微核率、染色体畸变等，进行监测、分析和反馈，提出持续改进措施，并做好培训、执行、分析及改进记录。

一、质量手册

质量手册是对质量体系作概括表述、阐述及指导质量体系实践的主要文件，是机构质量管理和质量保证活动应长期遵循的纲领性文件。它是质量管理体系文件的核心之一，对机构内部的质量管理体系进行了全面和系统的描述，可用于指导机构内部如何执行和维护质量管理体系，同时也可向外界展示机构的质量承诺和能力。

放射职业健康检查机构质量手册至少应包括 8 方面内容：①标题和范围；②目录；③评审、批准和修订；④质量方针和质量目标；⑤组织、职责和权限；⑥引用文件；⑦质量管理体系的描述；⑧附录。具体可参照图 4–2。

一般而言，质量手册依据相关法规标准、技术规范，以及放射职业健康检查机构开展职业健康检查工作的质量管理要求和（或）结合职业健康检查管理体系既往的运行情况，由放射职业健康检查机构最高管理者主持，质量负责人组织质量控制部门、有关科室起草，有关科室负责人、专家会审修改定稿，经放射职业健康检查机构最高管理者批准发布实施，由最高管理者负责解释。手册通常采用书本装订的方式，以便于阅读。

执行过程中，有下列情况之一时，可提出对质量手册进行修改：①编制本手册所依据的有关标准、法规有较大变动，本质量手册内容与新的标准、新的法规不符合或有差距时；②经评审或内审，或在管理体系运行过程中发现存在重大问题时；③放射职业健康检查机构调整质量方针、目标或在放射职业健康检查机构管理体系持续改进过程中对质量方针、目标提出更高要求时；④放射职业健康检查机构组织机构或管理职责有重大变化时；⑤在实施中发现手册内容不适用于机构实际情况时；⑥其他导致必须修改的情况时。

修改手册由质量管理部门负责提出，说明修改的内容和理由，质量负责人召集有关科室负责人和专家进行会审，报最高管理者批准后进行。手册的修改一般附加修改页的方式，也可以用对照表和（或）统一划改的方式，由质量管理部门负责向手册持有者发放更改通知，并在手册的修改记录页上做好记录。其他任何部门和个人无权擅自对手册进行修改。当手册经多次修改或一次修订的页数过多，或手册整体外观已破损残旧，应考虑改版或再版。改版和再版需经最高管理者批准。手册的版本状态和修改次数需标示在手册封面和每一页的页眉中，均用阿拉伯数字表示。

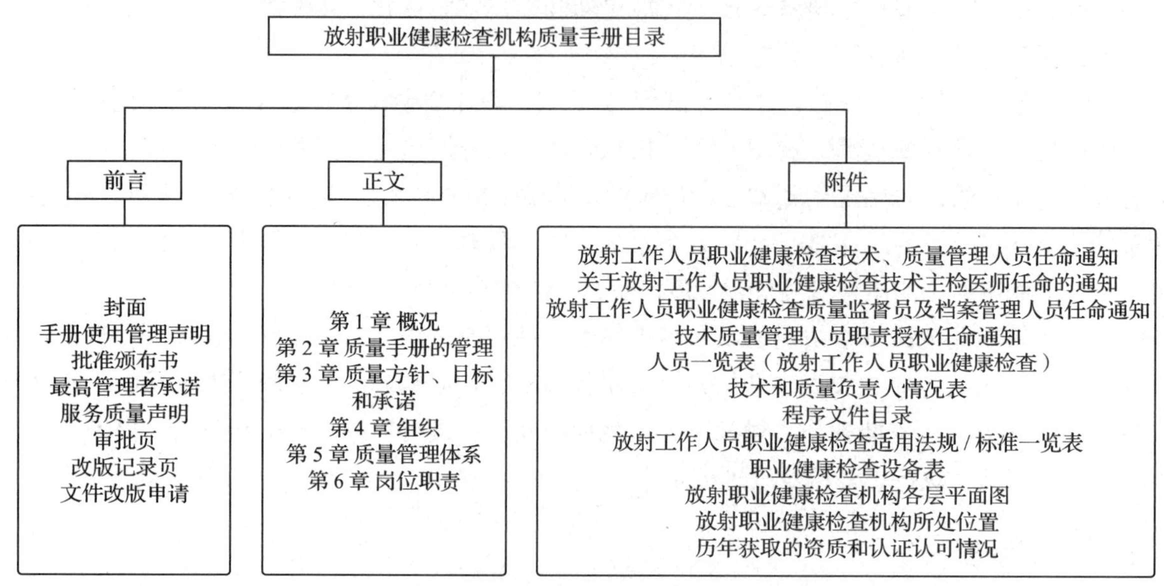

图 4-2　放射职业健康检查机构质量手册目录

关于质量手册的发放和控制，手册一般分为“受控”和“非受控”两种文本。放射职业健康检查机构内部使用的为受控文本，提供给上级有关部门或有关外部机构、评审认可机构和有关用户的为非受控文本，手册发放时要注明受控状态。手册的受控文本由质量管理部门统一编号、登记后由持有人签收。其发放范围为：本院最高管理者、技术负责人、质量负责人、各部门负责人、有关质量监督人员人手一册，各有关所、科室存放一册。对手册的发放和控制按照文件资料控制程序执行。手册的非受控文本无编号，但需在封面上注明非受控标志。

进行手册修改时，质量管理部门负责对发出受控手册的需更改页更换发放；手册换版后质量管理部门发放新版本，收回旧版本，登记销毁。确保失效版本或需更改页及时从持有人和工作场所收回。质量管理部门可留存失效手册或更改页作为存档材料，但需在失效版本或更改页上加盖“失效”章。

质量手册的受控文本概不外借或复印复制。需向外单位提供手册时，仅可提供非受控文本，并且必须经最高管理者批准。手册持有人调离放射职业健康检查机构时必须交回质量手册。

二、程序文件

程序文件是质量手册的支持性文件，是质量手册中相关要素的展开和明细表达，具备较强的操作性，既是质量手册的延伸和注解，又是下一层次质量文件的提纲和引子，起承上启下作用；同时，程序文件也是质量管理部门将质量手册的全部要素展开成具体的质量活动，由技术负责人分配落实到各职能部门的操作程序。每项质量活动所需的程序文件由质量负责人组织编写、会审，一般由最高管理者批准发布。程序文件在放射职业健康检查机构范围内实施，是强制执行的质量文件；各部门负责人必须采取措施，确保程序文件的有效贯彻实施。

程序文件的主要特点和目的如下。

（1）标准化流程：程序文件帮助标准化组织内的工作流程，确保每次执行任务时都遵循相同的步骤，从而减少差错和提高效率。

（2）文档化知识：通过将任务执行的具体步骤、责任人、所需资源和时间等信息记录下来，程序文件帮助传承组织的知识，使新员工能够快速学习和理解组织的工作方式。

（3）持续改进：程序文件为机构提供了检查和改进流程的基础。通过回顾和更新这些文件，组织可以持续改进其流程，以提高质量和效率。

程序文件的内容一般包括以下几个方面。

（1）目的：解释程序的目标和它为什么重要。

（2）适用范围：明确程序的适用范围，描述它涵盖哪些部分或流程。

（3）职责：指定负责执行、监督和审核程序的个人或部门。

（4）工作程序：详细描述执行该程序所需遵循的具体步骤。

（5）支持性文件：列出与该程序相关的法规标准、其他文件和资源，例如表格、指导方针或工作指导书。

（6）质量记录：指出需要生成和保留的记录，以证明程序已被遵循并监控其有效性。

程序文件需要定期审查和更新，以确保其内容反映最新的工作实践和法规标准要求。

程序文件一般包括职业健康检查资料收集和应用程序、职业健康检查目标疾病分析确认程序、职业健康检查职业病危害因素分析界定程序、职业健康检查人群界定操作程序、职业健康检查分类和周期确定程序、职业健康检查方法和检查指标选择程序、职业健康检查的委托、要求或合同审核程序、职业健康检查方案实施程序、职业健康检查服务标识及可追溯性控制程序、职业健康检查操作程序、门诊职业健康检查操作程序、外出职业健康检查操作程序、职业健康监护评价控制程序、职业健康体检结果质量保证程序、职业健康检查报告管理程序、职业健康检查档案建立和管理程序等。

三、作业指导书或操作规程

作业指导书或操作规程是管理体系文件的第三个层次文件，是程序文件的支持性文件和细化，是专业技术人员从事具体工作的指导文件。放射工作人员职业健康检查的作业指导书或操作规程应由负责具体放射工作人员职业健康检查工作质量活动的责任科室组织制定，科室负责人审核，质量负责人批准后，各科室负责人和质量监督员负责监督执行。

与程序文件不同，作业指导书或操作规程一般聚焦于具体的工作活动和详细的操作步骤，目的在于确保任务的每个步骤都能够按照既定的方式正确执行，以达到预期的质量结果；而程序文件描述的是较高层次的流程和职责。

（一）放射职业健康检查机构的作业指导书或标准操作规程类型

一般有下列 14 类：① BX（作业指导书或标准操作规程编写规范类）；② GL（管理制度或管理规定类）；③ QA（质量保证类）；④ JS（仪器设备操作和维护规程类）；⑤ JZ（对标准方法的补充和细化即检测细则类）；⑥ FB（非标准方法类）；⑦ ZX（仪器设备自校准操作规程类）；⑧ SY（仪器设备或检查、检测项目量值溯源类）；⑨ HC（仪器设备期间核查类）；⑩ ZK（检查、检验或检测项目质量控制类）；⑪ JB（检查或检测项目不确定度分析类）；⑫ DW（实验动物类）；⑬ PZ（实验屏障系统类）；⑭ QT（其他类）。

（二）标准操作流程

放射职业健康检查机构的作业指导书和标准操作规程应详细说明各种健康检查的标准操作流程，包括检查项目、辐射敏感器官检查的具体方法和步骤、必要时强调采用哪些特定的检查技术和设备，具体示例如下。

1. 放射工作人员外眼、眼晶状体检查的工作程序

（1）利用暗室，受检者下颌搁在托架上，前额与托架上横档贴紧；

（2）调节托架使眼裂和显微镜相一致；

（3）双眼要自然睁开平视，光源投射与观察方向呈 30°~50° 角；

（4）翻转眼睑时，食指和拇指捏住上睑中外 1/3 交界处的边缘，嘱受检者向下看，轻轻向前下方牵拉，食指向下压迫眼睑板上缘，并与拇指配合将眼睑向上捻转即可将眼睑翻开；

（5）依次观察和记录眼睑、睫毛、结膜、泪囊、角膜、前房、虹膜、瞳孔、晶状体情况；

（6）检查后，轻轻向下牵拉上眼睑，嘱受检者往上看，即可使眼睑恢复正常位置；

（7）若无暗室条件检查，则在普通条件下，用射灯或手电筒照射检查。

2. 放射工作人员职业健康检查操作规程

（1）目的：实施放射工作人员健康保护，规范放射工作人员健康监护管理。按照《职业病防治法》《职业健康检查管理办法》及《放射工作人员职业健康管理办法》的要求及规定来规范放射工作人员职业健康检查工作，以期早期发现职业病患者、疑似职业病患者及职业禁忌证人员，达到维护用人单位权益及保障员工健康的目的。

（2）适用范围：①从事放射工作人员；②拟从事放射工作上岗人员；③其他人员，如放射事故或疑似放射受照人员，以及参加应急处理人员等。

（3）职责：①临床部负责放射工作人员职业健康检查联系、体检项目确定和体检地点、日程安排，以及体检结论的综合判定和体检报告审核发送；②放射卫生防护部门协助完成个人剂量检测及放射性损害判定；③检验或检测部门负责有关实验室项目检测；④临床科室质量技术负责人对放射工作人员职业健康检查工作负全面责任，审核签发各类检查结果和报告单；⑤专业组长根据科室工作安排，负责组织、协调、安排具体的放射工作人员职业健康检查工作，复核各类检查结果及报告；⑥参加放射工作人员职业健康检查的各类专业技术人员，根据分工要求按质、按量、及时完成所承担的检查项目，填写检查报告；⑦医务管理部门负责放射工作人员职业健康检查质量管理与控制；质量管理部门负责检验检测项目的质量管理与控制；病案室负责职业健康检查资料的归档保管。

（4）定义：放射工作人员，是指在放射工作单位从事放射职业活动中受到电离辐射照射的人员。

（5）工作程序：以下为具体的放射工作人员职业健康检查工作程序。

①放射职业健康检查机构和人员及设备：A. 放射工作人员职业健康检查应经省级卫生健康主管部门备案的具备放射工作人员职业健康检查资质的医疗卫生机构承担；B. 从事放射工作人员职业健康检查的专业技术人员必须具备本岗位任职的相应学历、资历和专业知识，经培训合格后持证上岗；C. 职业健康检查现场使用的仪器设备，按照机构相应程序文件和作业指导书要求进行管理。

②放射工作人员职业健康检查表统一采用国家卫生行政部门编制的放射工作人员职业健康检查表。

③参照放射职业工种的职业健康检查项目，按照上岗前、在岗期间、离岗时和应急/事故照射下体检等不同类别，结合受检单位实际情况制订体检方案，由体检组长作出体检计划安排，组织对应项目的检查医师/技师按指定的时间、地点完成相应的检查项目。

④放射工作人员职业健康检查项目一般按《放射工作人员健康要求及监护规范》（GBZ 98—2020）并结合当地监管部门放射卫生管理规定确定。

⑤放射工作人员职业健康检查应由取得职业性放射性疾病诊断资格的主检医师担任项目负责人。项目负责人负责联系用人单位，确定体检的时间、场地、参检人员名单及体检项目，准备体检前的材料、体检表等工作。

⑥项目负责人负责落实参检人员、仪器及车辆在规定的时间地点集中，按照分工完成相应的检查任务。体检结束后，参检人员应将检查结果及时汇总送交项目负责人。

⑦项目负责人对各项检查资料进行审核，依据《放射工作人员健康要求及监护规范》（GBZ 98—2020）作出综合分析评判，给出具体体检结论，经科室质量技术负责人确认后形成书面报告，30个工作日内通知用人单位负责人及劳动者本人。体检报告送达后，由体检项目负责人收取受检单位签发的回执。体检结果应复制后存档备查。

⑧体检结果有疑问或因其他原因需要复查的，应及时安排复查时间，并通知受检单位安排受检人员复查。发现疑似职业病者应通知受检单位督促提请职业病诊断，并及时（15日内）书面报告给所在地卫生健康主管部门。有疑似职业病的应分别书面通知用人单位、劳动者本人和用人单位所在地的卫生部门。

⑨职业健康检查结论中的放射工作适任性评价要求：针对不同类型的职业健康检查，其适应性评价要求如下。

对于上岗前职业健康检查，分为：可从事放射工作；在一定限制条件下可从事放射工作（例如，不可从事需采取呼吸防护措施的放射工作，不可从事涉及非密封源操作的放射工作）；不宜从事放射工作。

对于在岗期间职业健康检查，分为：可继续原放射工作；在一定限制条件下可从事放射工作（例如，不可从事需采取呼吸防护措施的放射工作，不可从事涉及非密封源操作的放射工作）；暂时脱离放射工作；不宜继续原放射工作。

对于离岗时职业健康检查，分为：可以离岗；转相关医疗机构进一步检查。

（6）质量记录：对每次体检报告必须一式2份提供用人单位，并做好回执记录，同时保证体检结果备查。

（7）支持性文件：现行有效国家相关法律法规和标准规范。

四、质量记录和技术记录

质量记录和技术记录通称记录，是管理体系文件的第四层次文件，记录用于为可追溯性提供文件和提供验证、预防措施、纠正措施的证据。记录通常不需要控制版本，但记录表格格式必须受控，记录表格格式以受控（登记）清单方式受控。放射工作人员职业健康检查的记录一般分为下列2类。

（一）质量记录

包括内部审核、评审、纠正措施、预防措施和持续改进记录、人员培训教育记录、评价采购活动记录、管理体系质量活动记录等。

（二）技术记录

包括检查、检验或检测原始观察记录等各类记录表格、导出资料、开展跟踪审核的充分信息、校准记录、人员签字记录、已签发出的每份检查或检测结果报告（包括外部的和内部的）的副本、合同、工作单、工作手册、核查表、工作笔记、控制图、客户信函、文件和反馈等。

（邹剑明　齐雪松）

第四节　质量管理体系运行和改进

在放射工作人员职业健康检查的质量管理体系中，确保系统的有效运行和持续改进是关键。质量管理体系运行和改进包括执行、记录报告、质量控制、持续改进、质量体系内部审核、管理体系管理评审。

一、执行

（一）文件管理与控制

质量管理体系文件的编制、审核、批准、发放、使用、更改及记录需要严格控制，包括：确保所有文件按规定编制，内容准确、清晰；文件需经过多层次的审核与批准，确保其科学性和适用性；确保所有相关人员能及时获取并正确使用最新的文件版本；任何文件的修改必须经过审核和批准，并做好记录以备查。

（二）质量控制

对影响职业健康检查质量的各个环节实施有效控制，包括：配置符合标准的设施和仪器，维持良好的检查环境；配备足够的、能胜任岗位职责要求的管理和技术人员，并定期组织培训，确保其技能和知识符合要求。

（三）改进机制

建立和完善职业健康检查全过程的改进机制，通过以下途径持续改进管理体系：定期进行内部审核，发现并改正问题；通过管理评审，评估体系的适宜性和有效性；对发现的问题采取纠正和预防措施；定期进行风险评估，采取措施控制风险。

（四）实验室间比对与能力验证

组织和参加实验室间比对和能力验证活动，确保检查结果的准确性和可靠性。

二、记录报告

机构应建立和保存清晰的记录，形成记录档案，确保记录的完整性和可追溯性。各职能部门负责本部门相关记录的识别、收集、填写、存档、维护，对记录的及时、真实、完整和充分负责。质量管理部门负责记录的管理和控制。

职业健康检查机构应制定保证过程有效运行的控制措施，质量管理体系贯穿于机构一切职业健康检查工作全过程，适用于从委托合同、职业健康检查项目确定、职业健康检查技术工作流程、报告出具以及申诉处理等全部活动。各项活动的执行者在实施活动时应形成相应的记录，记录填写要真实、准确、清晰、明了、齐全、及时，记录应有相关人员签字。

质量管理系统文件执行过程中，所有与质量活动有关的人员都应按照体系文件要求，做好质量信息的收集、分析、传递、反馈、处理和归档等工作，发现问题以及潜在的风险，由质量负责人汇总整理分析原因，制定纠正和预防措施，形成运行报告上报给最高管理者。

三、质量控制

（一）内部质量控制

质量管理体系应贯穿于整个职业健康检查过程中，并得到有效实施和保持。质量控制部门在质量负责人的直接领导下，确保管理体系及其持续改进的正常、有效运行，负责管理体系文件的控制、现行有效。质量控制部门负责组织各科室、部门编制、修订或改版有关作业指导书和记录表格，相关科室负责人审核，机构质量负责人批准。各科室、部门负责人参与管理体系或质量手册的会审，负责质量手册和程序文件在本部门的宣贯、实施。使用已校准能够提供可溯源结果的仪器设备。实验室可常规开展室内比对。

（二）外部质量控制

机构一般可从如下几种形式落实外部质量控制：①定期参与实验室间比对；②利用外部资源进行员工培训，深入学习放射工作人员职业健康检查相关法规标准，及时更新相关知识；③定期开展服务对象满意度调查，收集反馈意见。

四、持续改进

持续改进是通过贯彻方针目标、利用内审、数据分析、预防和纠正措施以及管理评审等手段，持续改进管理体系的有效性。持续改进不是预防问题的发生，而是在现有水平上不断提高服务质量、过程和体系的有效性，使体系更加充分、更加完善。管理者要对持续改进作出承诺，要创造全体员工积极参与的大环境，全体员工（包括管理者）要在各自岗位上积极地识别改进的机会。

持续改进要求不断寻求对其过程改进的机会。改进措施可以是日常的改进活动，也可以是重大的改进项目。因此，持续改进的过程和活动必须进行策划和管理。

（一）组织调查分析，确定持续改进工作的主要输入和依据

具体内容包括：①收集职业健康检查和实验室评审管理相关新的方针、政策、文件、要求等必要的信息资料，调查本单位职业健康检查能力范围内标准和规范的新变化；②调查社会和客户对所提供服务的新要求；③调查分析本单位组织结构、资源配置的基本情况与上级要求和社会需求以及新标准、新规范的变化情况进行比较；④收集整理、分类统计在质量监督、内部审核、实验室间比对试验和能力验证计划等质量控制活动、客户服务和投诉及意见反馈、分包检测等质量活动中所发现的不符合项及采取的纠正、纠正措施和预防措施；⑤管理评审中对管理体系的全面评价、结论；⑥对本单位各个部门的质量活动工作总结进行分析、汇总。

（二）持续改进的内容

发现和实施持续改进工作，至少包括以下内容：①质量方针和目标、政策和程序的适应性；②阶段性持续改进工作情况报告；③管理评审、内部审核以及外部质量控制活动的结果分析；④不符合工作的纠正和预防措施；⑤资源配置和员工培训计划及其实施情况；⑥各项数据综合分析及专家建议。

（三）持续改进的工作环境

持续改进需要有以下的工作环境条件：①最高层领导的支持和领导；②管理层认可持续改进的意义，重视持续改进工作并予以配置资源；③所有医务人员意识到管理层重视他们的意见，并认识到大家可以从改进中受益；④确定质量改进目标；⑤个人与个人之间、个人与组织之间广泛的交流与合作以及相互之间的信任；⑥尊重员工的首创精神，进行必要的教育和培训；⑦对改进过程进行鼓励，对成功的改进进行奖励；⑧不断追求新的更高的目标。

（四）持续改进的组织管理

通常按如下流程进行：①由机构的最高管理者授权，通常由机构内部某一部门（通常是质量管理部门）负责质量改进的管理工作；②由负责持续改进的部门提出方针、策略、质量改进方案目标、总的指导思想，支持和广泛协调组织的质量改进活动；③确定持续改进的需要和目标；④进行质量改进策划，制定质量改进计划，采取指定或其他方式，由组织有关的小组或个人实施；⑤对实施过程进行监督，给予资源的和道义的支持和帮助，协调相关的事项；⑥对持续改进工作进行分析评价和奖励。

（五）实施持续改进的主要途径

实施质量持续改进有两条实施路径，分别是渐进式改进和突破性改进。渐进式改进应由各岗位人员对现有过程进行小幅度改进活动。突破性改进应由机构指派有资格的人员组成专门小组对确定的改进项目加以研究。持续改进工作报告应纳入管理评审，并将管理评审的输出作为持续改进的重要工作内容予以实施，将持续改进工作输入下一年度的工作计划和目标中。

（六）持续改进的效果

持续改进可以产生以下效果：①高产品质量或高服务质量；②降低成本；③改进与顾客、供方、员工、所有者和社会包括政府的关系，促进相互的沟通；④清除工作场所的障碍；⑤形成新的单位文化。

通过实施持续改进工作，不断改进其工作质量、管理体系及过程有效性和效率，以满足顾客不断增长和日益变化的需求和期望。

五、质量体系内部审核

（一）内部审核概述

1. 内部审核的概念

内部审核是指组织内部对质量管理体系进行的系统的、独立的检查，以确定其符合性和有效性。

2. 内部审核的目的

内部审核是组织实施的一种自我评价、自我完善、自我改进的系统活动，可为组织进行有效的管理评审和采取纠正、预防、改进措施提供信息。其主要目的包括：确定符合管理体系的标准要求；及时采取纠正和预防措施，保持管理体系有效运行和实施，提高组织满足要求的能力，增强客户满意度；诊断并评价管理体系、实现预定质量目标的有效性；识别管理体系潜在的改进机会等。

3. 内部审核的范围

质量体系建立运行6个月后，应当组织一次全面覆盖的内部审核，审核内容应覆盖所有要素、所有活动、所有资源、所有场所或部门。在此后的内部审核应根据工作实际，经过策划、制定审核方案，对关键的、变化的、内外部审核中发现不满意的过程应重点审核。

4. 内部审核的依据

审核依据包括质量方针、目标和管理体系文件；客户要求、合同条款；国家或行业有关法律法规和标准等。

5. 内部审核的原则

（1）审核的客观性：获得客观的审核证据，客观陈述审核发现，客观评价审核发现。

（2）独立性：审核是被授权的活动，审核过程保持公正、客观，审核员不能审核与自己直接相关的活动。

（3）系统性：审核活动有程序可依；对审核活动先行策划，制定活动计划，依计划进行；有规范的步骤和技巧。

6. 内部审核的频次

（1）常规审核：按年度计划进行，每年至少一次，覆盖质量管理体系的所有要素。

（2）特殊情况下审核：当出现下列情况时，增加内审频次。①出现质量事故或客户对某一环节连续投诉；②内部质量监督连续发现质量问题；③组织结构、人员、技术、设施发生较大变化。

（二）内部审核的组织和策划

1. 制定内审计划

按照内审程序文件的规定，质量负责人每年年初组织质量管理部门及有关人员策划并编制年度内审计划，计划内容包括内审目的、性质、依据、范围、审核组人员、日程安排。每次内审前质量负责人授权成立内审组，由质量管理部门或审核组长制定内审实施计划，计划内容包括审核目的、审核范围、审核依据和方法；被审核对象及日程安排；内审人员及分工等。准备审核工作文件，工作文件包括审核所依据的质量手册、程序文件、作业指导书、国家有关法律法规等文件以及编制现场审核检查记录表、不符合项报告表、内部审核结果表等。所准备的文件必须是有效版本，且已在实验室得到实施。

质量负责人批准内审实施计划，应在审核前发至被审核科室，被审核科室若对审核计划有异议，应于接到计划后一个工作日内向内审组长提出。双方协商达成共识，并通知各有关科室的负责人确定的审核日期。

2. 编制内部审核检查表

内审实施前应取得并熟悉相关文件和资料，对照标准和质量管理体系文件要求，结合审核对象的特点，制定内部审核检查表。内部审核检查表内容包括：审核内容、评审意见（包括审核形式、审核情况简要描述）、结论、被审核科室负责人签字、内审员签字、日期等信息。内部审核检查表经内审组讨论后，由质量负责人批准实施。

检查表的类型分为要素检查表和部门检查表两种，需根据本单位的具体情况，选择其中适合的一种，并应根据各部门实际情况认真填写。检查记录表内容的多少，取决于受审部门的工作范围、职能、审核要求及方法。

（三）内部审核的实施

内部审核的实施按照首次会议、现场审核、碰头会、开具不符合项报告及召开末次会议的程序进行。以首次会议开始现场审核，内审员依据质量手册、程序文件、现场审核检查记录表等进入现场检查、核实，在现场审核时，内审员可运用各种审核方法和技巧，通过与受审核部门负责人及有关人员交谈、查阅文件、现场检查、调查验证等方法，收集符合或不符合的客观证据，并做好详细记录，对发现的不合格（不符合）项应当场向受审核方指出，取得受审核方确认后，收集审核证据，对照评审准则等找出问题，并对审核情况进行综合分析，经受审方确认后开具不合格项报告，得出审核结论，并以末次会议结束现场审核。末次会上，由内审组长宣读不符合项报告，作出审核评价和结论，提出建议的纠正措施要求。

现场审核是整个内部审核中的关键环节。内部审核工作的大部分时间用于现场审核，最后的内审报告也是依据现场审核的结果形成的。因此，对现场审核的控制以及审核技巧的应用就成为审核成功的关键。

（四）后续纠正措施及关闭

受审方负责完成商定的纠正措施。当不符合项可能危及职业健康检查结果时，应当停止相关的活动，直至采取适当的纠正措施，并能证实所采取的纠正措施取得了满意的结果。另外，对不符合项可能已经影响到的结果，应进行调查，必要时应当进一步通知客户。

纠正措施的制定应基于问题产生的根本原因，继而实施有效纠正措施和预防措施。商定的纠正措施期限到期后，审核员应当尽早检查纠正措施的有效性。质量负责人应当最终负责确保受审核方消除不符合项并给予关闭。

（五）内部审核的记录和报告

内部审核完成后应当记录已确定的每一个不符合项，详细记录其性质、可能产生的原因、需采取的纠正措施和适当的不符合项关闭时间。即使没有发现不符合项，也应当保留完整的审核记录。

质量管理部门或质量负责人应对本年度的内审工作进行全面的评价，编制最终报告。报告内容应包括：①审核组成员的名单；②审核日期；③审核区域；④被检查的所有区域的详细情况；⑤机构运作中值得肯定的或好的方面；⑥确定的不符合项及其对应的相关文件条款；⑦改进建议；⑧商定的纠正措施及其完成时间，以及负责实施纠正措施的人员；⑨采取的纠正措施；⑩确认完成纠正措施的日期；⑪质量负责人确认完成纠正措施的签名。所有审核记录应按规定的时间保存。

质量负责人应当确保将审核报告，适当时包括不符合项，提交组织的最高管理层。质量负责人应当对内部审核的结果和采取的纠正措施的趋势进行分析，并形成报告，在下次管理评审会议时提交最高管理层。报告提交管理评审的目的是确保审核和纠正措施能在总体上有助于质量管理体系运行的持续有效性。

六、质量体系管理评审

（一）管理评审概述

1. 管理评审概念

管理评审由最高管理者就质量方针和目标，对质量体系的现状和适应性进行正式评价。管理评审在确保质量方针、目标和质量体系的持续适用、有效方面有着重要作用。质量审核的结果可作为管理评审的一种输入。

2. 管理评审的目的

确保质量管理体系的适宜性、充分性、有效性和效率，达到质量目标，可为质量管理体系持续改进提供依据。其中：适宜性是指管理体系适应内外部环境条件变化的能力。充分性是指管理体系满足市场、客户要求，以及市场、客户潜在和未来需求及期望的能力。有效性是指管理体系运行结果达到所规定的质量方针和质量目标的程度。

3. 管理评审的对象

管理评审对象包括：质量方针和目标；质量体系和要求；方针、目标、体系与实验室发展战略、目标、资源、环境的适应性。

4. 管理评审的时机

管理评审通常可在内审和纠正措施完成后进行一次；新建立的质量体系应在运行半年后评审一次；质量体系环境变化后应及时评审。

5. 内部审核和管理评审的区别

内部审核和管理评审目的、依据、结果、执行者等方面均存在不同，具体区别见表 4–1。

表 4–1　内部审核和管理评审的区别

对比内容	内部审核	管理评审
目的	确保管理体系的符合性和有效性	确保管理体系的持续适宜性、充分性、有效性（包括对质量方针和目标的评审）
依据	管理体系文件（质量手册、程序文件等）	受益者（所有者“管理者”员工、供方、客户、社会）的期望
结果	对不符合项采取纠正和改进措施，使管理体系有效运行	持续改进管理体系和产品（数据和结果）质量；必要时修改管理体系文件，提高管理水平
主持人	管理层（指定的管理层成员）	机构负责人
执行者	评审组组长（经过培训和考核合格，经授权的并尽可能独立于受审核部门的内审员）	管理层人员
频次	根据具体情况确定	根据具体情况确定
形式	集中、滚动、附加等	会议、文件传递等
关系	管理评审的输入之一	管理评审的输出可以作为内审的输入

（二）管理评审的组织与策划

1. 管理评审的组织

最高管理者负责管理评审的组织。质量负责人负责确保所有评审工作依据规定的程序系统地实施。质量负责人和执行人员应当负责管理评审所确保的措施在规定的时间内完成。

2. 制定管理评审计划

质量负责人根据管理层的思路和实际情况以及收集的管理评审输入的信息制定管理评审计划。评审计划应说明评审的目的和依据，参加评审的人员，评审内容、时间和方法与其他事项。管理评审计划应提交最高管理者审批。

3. 管理评审前准备

管理评审计划经最高管理者批准后，应在评审会议召开前将管理评审计划及评审输入的准备工作要求以文件的形式通知参加评审会议的部门和人员做好准备。

对管理评审的输入事项进行综合分析整理，列出需要管理评审的全部议题，提前发至评审的人员。

4. 管理评审的输入和输出

管理评审的输入是指在进行管理评审时需要考虑的各种信息和数据，这些信息用于评估管理体系的适宜性、充分性和有效性。管理评审的输入通常包括：内外部因素的变化、目标的可行性、政策和程序的适用性、以往管理评审所采取措施的情况、近期内部审核的结果、纠正和预防措施、由外部机构进行的评审、实验室间对比或能力验证的结果、工作量和工作类的变化、客户和人员的反馈、投诉、实施改进的有效性、资源配备的合理性、风险识别的可控性、结果质量的保障性、其他相关因素如监督活动和培训等。

管理评审的输出是指在管理评审活动中得出的结果。管理评审的输出应包括管理体系及其过程的有效性、改进措施、提供所需的资源、变更的需求等。

（三）管理评审实施

管理评审是以评审会议的形式进行，评审会议由最高管理者（或委托代理人主持）主持召开。质量负责人、技术负责人、各部门负责人、监督员、内审员、内审组长、质量管理部门人员等参加会议。

评审会议内容应包括：①质量负责人汇报管理评审以来，质量管理体系的运行状况、内审结果、质量目标完成情况；②技术负责人汇报一年来检测工作的技术运作，包括人员技术培训与考核、环境设施满足检测要求、方法的现行有效与正确实施、能力验证、质量控制等情况；③监督员和各部门负责人按评审内容分工要求做专题报告；④参会人员应按照管理评审计划对质量管理体系的有效性和适应性、改进的建议进行充分的讨论、评审、交流、沟通、研究、分析，对存在或潜在的不符合项提出纠正措施、预防措施，确定责任人和完成期限；⑤会议主持人进行总结，对涉及评审内容作出结论意见包括采取的措施，并形成报告。

（四）管理评审报告

管理评审会议结束后，由质量负责人根据管理评审结果和结论，在规定的时间内，编写管理评审报告。管理评审报告一般包括：①管理评审计划实施全过程的简述，包括评审目的、依据、范围、内容、方法、日期、人员等；②对管理体系运行的有效性和适宜性等情况作出综合性结论的总体评价；③采取改进措施的决定及要求；④针对面临的新形势、新问题、新情况，查找管理体系存在的问题与原因，对体系文件提出修改意见。管理评审报告经质量负责人编制或审核，经最高管理者批准后发布，该报告是管理评审输出。管理评审决定的各项改进措施应反映在本年度的工作目标、计划及质量管理体系文件的修订等方面，质量负责人对改进措施的完成情况进行监督和控制，并将其作为下次管理评审的输入信息。

（邹剑明　李　炜）

05

第五章　放射工作人员职业健康检查规范及质量控制

职业健康检查机构应按照第四章的规定建立职业健康检查质量管理体系，健全各项质量管理制度，对职业健康检查工作进行全过程质量管理，并保持质量管理体系持续有效运行。 职业健康检查质量管理体系建设应包括：组织构架、资源配置、内部质量管理、档案管理、信息化建设、外部质量管理等方面内容。职业健康检查机构应设置或指定质量管理部门，职责明确，运行有效。各职业健康检查科室岗位设置合理，应制定相应的岗位职责。

职业健康检查实施全过程的质量管理，涉及职业健康检查前、检查中、检查后等工作环节。应针对职业健康检查各环节制定质量目标，按照目标要求定期进行检查，对重点环节和影响职业健康检查质量的高危因素进行监测、分析和反馈，提出持续改进措施，并做好培训、执行、分析和改进记录。

职业健康检查工作场所、候检场所和检验室应符合《职业健康检查管理办法》的要求；职业健康检查仪器、设备等应与备案开展的放射工作人员职业健康检查类别、项目和检测能力相适应，并按照有关法律法规、标准要求进行计量、校准和检定。

在建立健全职业健康检查质量管理制度的基础上，对职业健康检查技术服务合同、报告审核、授权签发、专用章使用、实验室管理、仪器使用、人员培训、档案管理、安全与环境管理、疑似职业病报告等重要环节，分别制定质量管理制度以及相关的操作程序。

技术负责人、质量负责人应为本职业健康检查机构在册的执业医师，具有副高级以上卫生专业临床技术职务任职资格，熟悉职业病诊断相关法律法规、标准等技术规范。质量管理部门应配有专职或兼职的质量监督员和档案管理人员。主检医师应符合《职业健康检查管理办法》的要求。承担职业健康检查的实验室检测人员应当至少有一名具有中级以上专业技术职称。执业医师、护士等医疗卫生技术人员的能力及资质应与开展的放射工作人员职业健康检查类别和项目相适应。

建立完善的职业健康检查总结报告、个体报告审核机制，并满足相关法规、技术规范的要求。对职业健康检查过程和样品检测过程中的相关记录应妥善保存，确保可溯源。 建立完善的职业健康检查信息管理系统，不断提升质量管理信息化水平。

主检医师、技术负责人、质量负责人、医护人员、检验技术人员、影像医师、信息报告人员均应接受继续教育培训。职业健康检查机构应制定并落实各类人员的培训计划，使其具备开展放射工作人员职业健康检查相关的专业知识和技能。建立人员专业知识更新、专业技能维持与培养的继续教育制度和记录。

职业健康检查机构应当按照《职业健康检查管理办法》、《放射工作人员职业健康管理办法》、

《职业健康检查质量控制规范（试行）》（中疾控公卫发〔2019〕45 号）等部门规章、文件要求开展工作。应接受上级职业健康检查质量质控中心的年度质量控制考核工作，并在规定时间内对考核中发现的问题作出整改。实验室应参加相关的质量控制管理机构组织开展的实验室室间比对考核。

第一节　检查前的规范要求及质量控制

一、职业健康检查机构组织构架及对外出体检的要求

（一）部门设置及人员配置

职业健康检查机构需持有《医疗机构执业许可证》《放射诊疗许可证》。具备与开展放射工作人员职业健康检查工作相适应的职业健康检查部门、辅助检查部门和质量管理部门。具有与申请开展的放射工作人员职业健康检查的类别和项目相适应的医师、技师等卫生专业技术人员。

岗位设置合理，配有主检医师、技术负责人、质量负责人、质量监督员、设备管理员、档案管理员、信息报告人员、体检及相关专业人员、实验室及辅助检查人员、授权签字人，且职责明确。

人员配置要求：①主检医师≥1 人，具有职业性放射性疾病诊断医师资格，主执业地点在本机构，主检医师应具有中级及以上卫生专业技术职称，从事放射工作人员职业健康检查相关工作 3 年以上。②眼科医师≥1 人，具有放射性眼病诊断能力。③皮肤科医师≥1 人，具有放射性皮肤损伤诊断能力。④外科医生≥1 人。⑤放射生物检测人员≥2 人，具有放射生物相关专业本科以上学历，且从事放射生物检测工作 1 年以上。⑥放射工作人员受照剂量（生物剂量和物理剂量）评估人员≥2 人，生物剂量评估人员从事细胞遗传学检测和放射卫生工作 1 年以上，具备外周血淋巴细胞染色体畸变分析和微核试验及评价能力，具有放射生物相关专业学历或放射卫生、职业病、医学检验等专业技术职务任职资格；物理剂量评估人员应具有放射医学、核物理、辐射防护等专业学历或放射卫生专业、公共卫生专业技术职务任职资格。

职业健康检查医师及护士配置应与放射工作人员职业健康检查类别和项目相适应，持有医师/护士执业证书，在本医疗机构注册，了解职业健康检查和职业病诊断专业知识，具有相关培训或考核证明材料。

实验室及辅助检查人员应具有中专以上学历，并有 2 年以上相关专业经验。

有质量监督员和档案管理员。每年定期对从事放射工作人员职业健康检查工作的专业技术人员和管理人员按工作类别进行相关知识培训，并有相应记录。

（二）仪器设备配置

1. 仪器设备要求

满足开展放射工作人员职业健康检查所必需的仪器设备，满足特殊项目检查仪器要求，并能正常运行。分包的仪器设备限制在可以分包的仪器设备目录内。仪器设备定期进行计量校准和校验，并具有状态标识，专人负责保管，有完整的操作规程、期间核查和维护程序及相应的记录等，具备完整的仪器设备档案。

2. 必备仪器设备

常规健康检查项目所需的仪器设备：内科、皮肤科、眼科、神经系统检查等临床诊察常用检查设备，如用于眼科检查的视力灯、眼底镜、裂隙灯显微镜等；血、尿常规，生化检查设备；心电图、

B 超、X 线机诊断设备等。用于外周血淋巴细胞染色体畸变分析、微核试验的细胞遗传学检验设备：超净工作台、恒温培养箱、水平离心机、光学显微镜、水浴锅（箱）、灭菌设备与 -20℃和 4℃冰箱。每年体检量超过 3000 人次的机构，建议配置高通量细胞遗传自动扫描系统、自动细胞收获仪和自动制片机。

3. 仪器设备的维护及档案管理

仪器设备的种类、数量、性能、量程应满足工作需要，并运行良好。列入强制检定目录的仪器设备应定期进行计量检定，并贴有相应状态标识。不属于强制检定的，应有相应校准方法并进行定期自校。有完整的仪器设备档案，包括仪器设备的名称、生产厂家、型号、出厂编号、购置验收记录、校准记录、安装和使用说明书，及其使用、维护和维修记录等，进口仪器设备说明书的使用方法部分应当有中文译文。仪器设备放置合理，便于操作，有专人负责保管。

4. 信息化管理与上报

应配置放射工作人员职业健康检查软件，具有职业病网络报告的账号、网络等，支持数据导出并能向国家个案上报信息平台进行信息上报。

（三）工作场所配置

1. 工作场所配置要求

有与放射工作人员职业健康检查工作相适应的候诊区、临床检查室、X 光检查室、实验室（检验室和细胞遗传室）等场所。建筑总面积不少于 $400m^2$，每个独立的检查室使用面积不少于 $6m^2$。职业健康检查场所和实验室的布局及环境条件满足开展职业健康检查工作的要求。

2. 实验室布局

实验室布局合理，整洁有序，有健全的管理制度。细胞遗传实验室标识、分区明确，包括不少于 $20m^2$ 的染色体和微核标本制备室、洗涮消毒室和细胞遗传分析室。实验室具备有效的通风、排毒设施，符合相关安全要求，有相应的警示标识，废弃物处理符合国家相关规定。实验室和办公室应分开。

3. 档案管理

应建立有放射工作人员职业健康检查档案室，档案资料保存规范、完整，登记清晰。

（四）开展外出检查质量控制要求

开展外出放射工作人员职业健康检查应满足相应的仪器、设备、专用车辆等。如进行医学影像检查和实验室检测，职业健康检查机构必须保证检查质量并满足放射防护和生物安全的管理要求。

1. 人员资质与培训

（1）参与外出体检的医务人员应具备相应的执业资格和专业技能，熟悉放射工作人员职业健康检查的流程和标准。

（2）所有人员在外出前应接受专门的培训，包括体检设备的操作、应急处理措施、辐射防护知识培训等。

2. 设备与物资准备

（1）携带必要的体检设备，如 X 光机、超声检查仪、血液检测仪、低温冰箱等，并确保设备经过校准和性能检测，处于良好的工作状态。

（2）准备充足的试剂、耗材、防护用品以及医疗废物处理装置等物资。

3. 检查场地要求

（1）检查场地应足够宽敞、明亮、通风良好，以保证体检工作的顺利进行。

（2）场地应具备基本的电力、水源等设施，满足设备运行和清洁消毒的需要。

4. 放射防护要求

（1）设立明显的电离辐射警示标识，限制无关人员进入。

（2）为受检者和工作人员提供必要的个人放射防护用品，如铅衣、铅围裙、铅围脖等。

（3）确保辐射水平在安全范围内。

5. 健康检查流程

（1）做好受检者的信息登记和核对工作，按照预定的流程进行体检，确保各项检查项目有序开展，避免混乱和遗漏。

（2）保证结果的准确性和可追溯性。

6. 质量控制

（1）携带标准质控品，定期对检测设备和试剂进行质量控制检测，保证检查结果的可靠性。

（2）对体检过程进行监督，及时发现和纠正不规范的操作行为。

7. 数据管理与安全

（1）妥善保存体检数据，采用安全可靠的方式进行记录和传输，防止数据丢失或泄露。

（2）按照规定的时间和格式整理和上报体检结果。

8. 应急处理预案

（1）制定应对突发情况的应急预案，如设备故障、医疗事故、突发公共卫生事件等。

（2）配备必要的急救药品和设备，确保在紧急情况下能够及时有效地进行处理。

总之，严格遵守这些要求，能够保证放射工作人员职业健康检查外出体检的质量和安全。

二、职业健康检查机构的质量管理

放射工作人员职业健康检查机构质量管理详见本书第四章。

三、检查前的准备

（一）委托协议书 / 服务合同的签订

放射工作人员职业健康检查前，职业健康检查机构应与用人单位签订委托协议书。委托协议书的内容应包括：编号、委托单位、单位负责人姓名、单位地址、联系电话、委托检查类别、接触放射类职业病危害因素种类、接触人数、职业健康检查应检人数、检查时间和地点、委托方和被委托方的责任和义务、委托方和被委托方盖章及经办人签字、委托日期等。人数少于 50 人（各省可根据实际情况进行调整）的可由用人单位出具的介绍信代替，但应包含以上相关内容。

（二）放射工作单位应提交的资料

（1）放射工作单位的基本情况信息，包括用人单位的营业执照、企业名称、统一社会信用代码、行业类别、经济类型、企业规模或医疗机构的级别等资料。

（2）接触放射性职业病危害因素的种类及其接触人员名册，包括姓名、性别、身份证号、年龄、工龄、岗位（或工种）、接触放射性危害因素的种类、体检类别、射线接触时间等资料。

（3）工作场所放射性设备性能检测和放射场所防护检测和评价等资料。

（4）必要时需提供放射工作人员个人剂量监测资料。

（马丽红　赵凤玲）

第二节　检查中的规范要求及质量控制

一、问诊

放射工作人员职业健康检查项目包括基本信息资料、常规医学检查和特殊医学检查三大部分。基本信息资料和常规医学检查方法要求应按照 GBZ 98—2020 的相应规定执行，详细记录既往病史、放射类和非放射类职业病危害因素接触史（部门、岗位、工种、起始时间、操作方式、工作量、职业照射和放射性因素种类），如有意外受照史和接受放射性检查、治疗的医疗照射也应记录，剂量资料记录在职业健康检查表中。

（一）劳动者的个人基本信息资料

1. 个人资料

个人资料包括姓名、性别、出生地、身份证号码、婚姻状况、受教育程度、家庭（通信）住址、现工作单位、联系电话等信息。

2. 职业史

职业史包括参加工作以来的职业起止时间、工作单位、岗位（部门）、工种、接触放射性危害因素、接触时间、防护措施、累积受照剂量等。重点询问从事放射性工作的经历。

3. 异常受照史

异常受照史包括工作中有无意外和事故照射、有无受到体表放射性核素沾染和参加事故救援受到应急照射的经历。发生的时间、地点及工作单位；放射源种类、活度 / 放射装置名称；发生的原因、经过；异常受照情况（内 / 外照射、部位）；异常受照部位吸收剂量等。

4. 既往史

既往史包括既往健康状况及患病史、手术史、外伤史及输血史、预防接种史、传染病接触史、药物及其他过敏史；职业性放射性疾病诊断情况；既往是否做过放射性检查和放射相关的治疗。

5. 个人生活史

个人生活史包括吸烟史、饮酒史、长期居住地，有无辐射高本底地区居住史等。

6. 月经与生育史

重点询问接触放射性因素后有无流产、早产、异常胎次等。

7. 家族史

家族史主要包括父母、兄弟姐妹及子女的健康状况，重点询问肿瘤、血液病等患病情况等。

（二）症状询问

下面列出各系统的主要临床症状，在放射工作人员职业健康检查时应针对不同职业照射种类和接触的放射性核素、放射源的具体情况有重点的询问。

1. 神经系统

神经系统症状包括头晕、头痛、眩晕、失眠、嗜睡、多梦、记忆力减退、易激动、疲乏无力、四肢麻木、动作不灵活、肌肉抽搐等。

2. 呼吸系统

呼吸系统症状包括胸痛、胸闷、咳嗽、咳痰、咯血、气促、气短等。

3. 心血管系统

心血管系统症状包括心慌、心悸、心前区不适、心前区疼痛等。

4. 消化系统

消化系统症状包括食欲缺乏、恶心、呕吐、腹胀、腹痛、肝区疼痛、便秘、便血等。

5. 造血系统

造血系统症状包括有无乏力、头晕、眼花、耳鸣、烦躁、记忆力减退、心悸、吞咽困难、恶心、食欲异常。皮肤黏膜有无苍白、黄染、出血点、瘀斑、血肿及淋巴结、肝、脾肿大，骨骼痛等情况。

6. 内分泌系统

内分泌系统症状包括有无畏寒、怕热、多汗、乏力、头痛、视力障碍、心悸、食欲异常、烦渴、多尿、水肿等；有无肌肉震颤及痉挛；骨骼、甲状腺、体重、皮肤、毛发的改变等。

7. 泌尿生殖系统

泌尿生殖系统症状包括尿频、尿急、尿痛、血尿、浮肿、性欲减退等。

8. 肌肉及四肢关节

肌肉及四肢关节症状包括全身酸痛、肌肉疼痛、肌无力及关节疼痛等。

9. 眼

眼症状包括视物模糊、视力下降、眼痛、畏光、流泪。

10. 耳鼻喉及口腔

耳鼻喉及口腔症状包括嗅觉减退、鼻干燥、鼻塞、流鼻血、流涕、耳鸣、耳聋、流涎、牙痛、牙齿松动、刷牙出血、口腔异味、口腔溃疡、咽部疼痛、声嘶等。

11. 皮肤及附属器

皮肤及附属器症状包括色素脱失或沉着、皮疹、出血点（斑）、赘生物、水疱、坏死、溃疡、皮肤角化等。对近台操作的介入放射工作人员重点询问观察手部皮肤病变。

二、体格检查

（一）一般生理指标的检查

包括血压、心率、呼吸频率、身高、体重测量和营养状况检查。

（二）皮肤黏膜、浅表淋巴结、甲状腺常规检查

1. 皮肤黏膜

重点观察放射工作人员双手等射线暴露部位皮肤的变化，皮肤检查关注皮肤颜色、湿度、弹性、皮疹、出血、水肿、皮下结节及毛发和指甲，有无皮肤粗糙、干燥、皲裂、疣状增生物，指甲有无角化过度、增生、纵嵴、脆裂等现象。

2. 浅表淋巴结

检查顺序为颏下、颌下、耳前、耳后、枕下、颈前、颈后、锁骨上、腋窝、滑车上、腹股沟、股部和腘窝，触摸浅表淋巴结有无肿大。肿大淋巴结所在部位、大小、数目、硬度、压痛、活动度、

有无粘连及融合，局部皮肤有无红肿、瘢痕、瘘管等。

3. 甲状腺

取坐位，头稍仰，观察有无甲状腺肿大，一般不易看出，有些青春期女性可稍有增大，属于生理性。检查者立于受检者身后，双手拇指放于颈后，其他手指于甲状软管处触诊，使受检者做吞咽动作，可叩及甲状腺，注意两侧是否对称、有无肿大及其程度、性质囊性或实性、硬度、平滑或有结节、有无压痛、震颤等。介入诊疗人员尤其需注意甲状腺检查。

（三）呼吸系统检查

主要内容是观察胸廓外形、胸部叩诊和听诊。

（四）心血管系统检查

主要内容是心脏的大小、心尖搏动、心律、心率、各瓣膜区心音及杂音、心包摩擦音。

（五）消化系统检查

重点是腹部的检查。腹部检查时要注意腹部有无膨隆、凹陷、呼吸运动及腹壁有无静脉显露及其显露程度；腹部的触诊应注意腹部的紧张度；压痛及反跳痛，有无包块。此外应着重于肝、脾、肾等主要的腹部脏器的触诊。

（六）神经系统常规检查

主要包括意识、精神状况，腱反射、浅感觉、深感觉。

（七）其他专科的常规检查

1. 眼科常规检查

眼科检查的要点包括色觉、视力、裂隙灯显微镜（晶状体、玻璃体）、眼底检查等。

（1）色觉：正常色觉者的三种光敏色素比例正常，称三色视。如果只有两种光敏色素正常者称双色视，一种光敏色素者为单色视。根据三原色理论，如能辨认三种原色者为正常色觉者，如三种原色均不能辨认称为全色盲；如有一种原色不能辨认称为双色视，双色视为一种锥体视色素缺失，红敏色素缺失者为红色盲、绿敏色素缺失者为绿色盲；辨认任何一种颜色的能力下降称为色弱，临床最常见者为红绿色弱。

（2）视力检查：包括裸眼视力和矫正视力的检查。裸眼视力检查，即评估在未矫正的情况下，受检者的远视力和近视力；矫正视力检查，即对于佩戴眼镜或隐形眼镜的受检者，检查其矫正后的视力是否达到正常标准。

正常远视力标准为 1.0。如果在 5m 处无法识别最大的视标（0.1 行），则嘱被检者逐步向视力表走近，直到识别视标为止。此时再根据 $V=d/D$ 的公式计算，如在 3m 处才看清 50m（0.1 行）的视标，其实际视力应为 V=3m/50m=0.06；如被检者远视力低于 1.0 时，须加针孔板或小孔镜检查，如视力有改进则可能是屈光不正；如在视力表 1m 处仍不能识别最大视标时，则分别进行以下检查。

①指数：检查者伸出不同数目的手指，嘱被检者说明手指数目，检查距离从 1m 开始，逐渐移近，直到能正确辨认为止，并记录该距离，如“指数 /30cm”。

②手动：指数在 5cm 处仍不能识别，则在被检者眼前方摆动检查者的手，能识别者记为手动，并记录该距离，如“手动 /20cm”。

③光感或无光感：如果眼前手动不能识别，则检查光感。即在暗室中用烛光或手电照射被检眼，另一眼须严密遮盖不让透光，测试被检者眼前能否感觉光亮。

（3）裂隙灯显微镜检查：包括角膜、前房、虹膜、晶状体、玻璃体的检查。

观察眼睑有无红肿、肿物、睑内翻或外翻等异常；结膜有无充血、出血、滤泡、乳头增生等；检查角膜的透明度、有无溃疡、瘢痕等；评估前房深度是否正常，有无房水混浊；观察虹膜的纹理、色泽，有无虹膜震颤、粘连等。重点检查晶状体的透明度，尤其是晶状体后极部后囊下改变，注意观察早期发现放射性白内障的迹象。

裂隙灯显微镜常用的操作方法有直接焦点照明法、弥散光照明法、后部反光照明法、镜面反光照明法、角膜缘分光照明法，间接照明法，具体操作方法如下。

①直接焦点照明法：最常用，即将灯光焦点与显微镜焦点联合对在一起，将光线投射在结膜、巩膜或虹膜上，可见一境界清楚的照亮区，以便细微地观察该区的病变。将裂隙光线照在透明的角膜或晶状体上，呈一种乳白色的光学切面。借此可以观查其弯曲度、厚度，有无异物或角膜后沉着物，以及浸润、溃疡等病变的层次和形态。将光线调成细小光柱射入前房，可检查有无房水闪辉，又称“Tyndall”现象，即在角膜与晶状体之间见一乳白色的光带，提示房水中的蛋白质增加；也可检查房水中有无细胞漂浮。再将焦点向后移，可观察到晶状体有无混浊及混浊所在的层次，以及前1/3 玻璃体内的病变。

②弥散光照明法：以裂隙灯弥散宽光为光源，在低倍镜下将光源以较大角度斜向投向眼前部组织，进行直接观察。所得影像比较全面，用于眼睑、结膜、巩膜的一般检查以及角膜、虹膜、晶状体的全面观察。

③后部反光照明法：将显微镜聚焦到检查部位，再将裂隙灯光线照射到所要观察组织的后方，借助后方组织形成的反光屏将光线反射回来，利用反射回来的光线检查透明、半透明、正常或病变组织。适用于角膜和晶状体的检查。

④镜面反光照明法：将光线从角膜颞侧照射，在角膜鼻侧出现一光学平行六面体，在角膜颞侧出现一小长方形的发亮反光区，将光学平行六面体与此反光区重合，即可出现镜面反光。借该区光度的增强，来检查该区的组织。用于观察角膜内皮细胞和晶状体前、后囊膜。

⑤角膜缘分光照明法：利用光线通过角膜组织的全反射，将光线从侧面照射角膜缘，使对侧角膜缘出现明亮环形光晕。正常角膜仅可见此光晕及由巩膜突所形成的环形阴影，因此可清晰地观察角膜的各种病变。

⑥间接照明法：将裂隙灯光线聚焦在所观察目标的旁侧，借光线的折射观察目标。此时照射光线的焦点在目标旁，而显微镜的焦点在目标上。用此法可查出病变的深度。观察晶状体有无混浊、混浊的位置及程度，晶状体形态及位置有无异常。必要时需散瞳检查。着重记录晶状体后极部后囊下皮质内出现混浊的情况。

（4）眼底检查：查看视网膜的色泽、血管形态、有无出血、渗出、水肿等病变；评估黄斑区的结构和功能，有无黄斑变性等异常；观察视神经乳头的形态、颜色、边界，有无视神经萎缩等。检查时将转盘拨到“0”处，距受检眼 2cm 处，根据检查者及被检者屈光状态不同，拨动转盘至看清眼底为止。嘱被检者向正前方注视，检眼镜光源经瞳孔偏鼻侧约 15° 可检查视盘，再沿血管走向观察周边部，最后嘱被检者注视检眼镜灯光，检查黄斑部。

（5）质量控制：眼科检查的质量控制包含以下几个方面。

①检查设备的质量控制：定期校准和维护眼科检查设备，如视力表、眼压计、裂隙灯显微镜、眼底镜等，确保测量结果的准确性和可靠性。例如，眼压计应每半年校准一次，以保证眼压测量值

的精确性。对设备进行日常的清洁和保养，确保设备处于良好的工作状态。如定期清理裂隙灯显微镜的镜头，防止灰尘和污垢影响观察效果。

②检查环境的质量控制：眼科检查室应保持安静、整洁、光线适宜，温度和湿度适中，为受检者提供舒适的检查环境。例如，避免强光直射视力表，影响视力检查结果。检查室的布局应合理，便于操作和受检者的体位摆放。

③检查人员的质量控制：眼科检查人员应具备相应的专业资质和丰富的临床经验，熟悉放射工作人员职业健康检查的相关要求和放射性白内障等疾病的诊断。定期参加专业培训和继续教育，了解最新的眼科检查技术和诊断标准。如参加关于放射性损伤相关眼科疾病的学术研讨会。检查人员应严格按照操作规范进行检查，减少人为误差。如在使用裂隙灯显微镜检查时，应遵循正确的操作步骤和观察顺序。

④检查流程的质量控制：制定标准化的眼科检查流程，明确每个检查项目的先后顺序和操作要点。比如，先进行视力检查，再进行眼压测量、眼前节和眼底检查等。对检查流程进行定期评估和优化，提高检查效率和质量。

⑤检查结果的质量控制：检查结果应记录全面、准确、完整、清晰，包括受检者的基本信息、检查项目、结果描述、诊断意见等。例如，对晶状体混浊的描述应记录晶状体混浊部位、形态、程度等，并绘图或照相。

对于可疑或异常的检查结果，建议进行 2 名以上医师共同检查，如发现视网膜有不明原因的出血点，应建议进行荧光素眼底血管造影检查，并同时告知受检人员。同时，应建立检查结果的审核制度，由上级医师或专家对检查结果进行审核和把关。

通过以上严格的质控措施，可以确保放射工作人员职业健康检查中眼科检查的质量和准确性。

2. 耳科常规检查

包括外耳、鼓膜及一般听力检查。通过耳语或秒表测试有无听力障碍。

3. 鼻及咽部常规检查

包括对鼻的外形、鼻黏膜、鼻中隔及鼻窦部，咽部及扁桃体等部位的检查。

三、血、尿常规分析

（一）血常规

重点检查血红蛋白、红细胞计数、白细胞计数和分类、血小板计数。

1. 血常规检查方法分类

血常规的检测可用传统的毛细血管采血，显微镜检查或血液学分析仪器的检测。前者常规检查只含红细胞计数、血红蛋白测定、白细胞计数及其分类计数，常用的是手指尖毛细血管采血法；目前多用全血细胞自动分析仪，该检测已把血常规的检测项目增多，有 18~30 项参数，常用的是静脉采血法。

2. 静脉采血法

静脉采血法通常采用肘部静脉，根据采血量可选用 2mL、5mL 或 10mL 一次性注射器，也可选用真空定量采血装置。其他器材还有压脉带、垫枕、70%~80%（体积分数）的乙醇、30g/L 碘酊和无菌棉签等；常选用乙二胺四乙酸二钾抗凝管。

3. 血常规检查的质量控制要点

（1）检测前的质量控制要点如下。

①受检者准备：告知受检者在检查前的注意事项，如保持正常的饮食和作息，避免剧烈运动、情绪激动等。对于需要空腹采血的项目，明确告知空腹时间。

②标本采集：采血人员需经过专业培训，严格执行无菌操作。选择合适的采血部位，通常为肘部静脉，确保采血顺利，减少溶血的发生。使用符合标准的采血器具，如抗凝管的选择和使用应正确。

（2）检测中的质量控制要点如下。

①仪器设备：血常规检测仪器应定期进行校准、维护和保养，保证仪器的性能稳定。安装和使用配套的试剂，按照仪器要求进行操作和设置参数。

②室内质量控制：每天开机后先进行室内质控，使用质控样品检测，确保仪器的准确性和精密度在可接受范围内。对失控情况及时分析原因，采取纠正措施后重新检测，直至在控。

③试剂管理：试剂应在有效期内使用，按照保存条件进行储存。定期对试剂的质量进行检查，如观察试剂的外观、颜色等。

（3）检测后的质量控制要点如下。

①结果审核：由经验丰富的检验人员对检测结果进行审核，判断结果的合理性。对于异常结果，如白细胞、红细胞、血小板等数值明显异常，应进行复查，同时做好危急值的上报及告知。

②数据管理：保证检测数据的准确记录和保存，便于后续查询和统计分析。对数据的传输和共享应采取安全措施，保护受检者的隐私。

通过以上多方面的质控措施，可以有效提高放射工作人员职业健康检查中血常规检查的质量和可靠性，为评估其健康状况提供准确的依据。

（二）尿常规

重点检测尿样的颜色、pH 值、比重、尿蛋白、尿糖和常规镜检。目前尿常规检查多采用尿液自动分析仪。

1. 尿液标本的收集

（1）应留取新鲜中段尿，以清晨第一次尿为宜，较浓缩，条件恒定，便于对比；

（2）使用清洁有盖的容器（一次性容器为好），容器上应贴上检验联号，避免混淆；

（3）尿标本应避免经血、白带、精液、粪便等混入，此外还应避免烟灰等其他异物混入；

（4）尿液标本收集后应立即送检，夏季 1h 内、冬季 2h 内完成检验，以免细菌污染，细胞溶解，尿内化学物质发生改变。如不能及时检验，要置于 2~8℃条件下保存（不宜超过 6h）或加防腐剂如甲醛、甲苯、麝香草酚或浓盐酸保存；

（5）按照国家生物样品中有害物质及相关化合物的检测标准要求的条件进行收集、运输和保存。

2. 尿液理化指标检测

（1）尿比重：是指在 4℃时尿液与同体积纯水重量之比。尿比重测定可粗略反映肾小球的浓缩稀释功能。测定方法有称重法、浮标法、液体落滴下法、超声波法、折射仪法和试带法。成人参考值在 1.015~1.025。

（2）尿 pH 值：可反映肾脏调节体液酸碱平衡的能力。测定方法有滴定酸度和真正酸度法。参考值为 4.5~8.0，一般约为 6.5。

（3）尿液蛋白质：正常人随机一次尿中蛋白质定性试验呈阴性反应，当尿中蛋白质含量大于

0.1g/L时定性试验可呈阳性反应。常用方法有加热乙酸法、磺基水杨酸法、干化学试带法、比色法、比浊法等。

（4）尿糖：正常人尿液中可有微量葡萄糖，用普通定性方法检查为阴性。尿糖定性试验呈阳性的尿液称为糖尿。常用方法有葡萄糖氧化酶试带法。

（5）尿白细胞：中性粒细胞胞质中含有特异性酯酶，可与试带模块中的吲哚酚酯，并与重氮盐反应产生颜色，其颜色的深浅与中性粒细胞的多少呈正比例关系。

（6）尿血红蛋白、尿红细胞：尿液中血红细胞或其破坏释放出的血红蛋白可使试带上的过氧氢茴香素或过氧化氢烯钴分解出新生代氧，后者可氧化色原使之呈色。

3. 显微镜检查

在干化学试带质量合格、尿液分析仪运转正常情况下，试验结果中白细胞、红细胞、蛋白质及其亚硝酸盐全部为阴性，可以免去对红细胞和白细胞的显微镜检查，如果其中有一项阳性结果，应同时进行显微镜检查。

4. 尿常规检查的质量控制要点

（1）标本采集的质量控制要点如下。

①采集前告知：采集注意事项及采集时间，详见上文。

②标本容器：使用清洁、干燥、无污染的专用容器。容器上应标注受检者的姓名、编号等信息，避免混淆。

（2）检测过程的质量控制要点如下。

①仪器校准与维护：定期对尿常规检测仪器进行校准和维护，确保仪器的准确性和稳定性。例如，每天开机时对尿液分析仪进行校准，定期清理仪器的进样管道。

②试剂质量控制：选择质量可靠、有效期内的试剂。定期对试剂进行性能检测，如检测试纸的敏感性和特异性。

③操作规范：检测人员应严格按照操作规程进行操作，包括样本的处理、加样、仪器的使用等。例如，在使用尿液分析仪时，应确保加样量准确，读数时间符合要求。

④室内质量控制：每天使用质控品进行室内质量控制，绘制质控图。当质控结果超出允许范围时，应及时查找原因并采取纠正措施，重新检测直到质控结果在控。

（3）结果报告的质量控制要点如下。

①结果审核：由专业人员对检测结果进行审核，判断结果的合理性和可靠性。对于异常结果，应结合受检者的临床症状、其他检查结果等进行综合分析。

②报告规范：尿常规检查报告应内容完整、准确、清晰，包括受检者的基本信息、检测项目、结果、参考范围及检测日期等。结果的表述应使用规范的医学术语和单位。同时做好危急值告知。

综上所述，通过对标本采集、检测过程和结果报告等环节进行严格的质量控制，可以提高放射工作人员职业健康检查中尿常规检查的质量和准确性。

四、生化检查

一般要求空腹采血，采血前3~5d保持正常饮食，勿暴饮暴食、饮酒、过量抽烟，避免剧烈运动，饮食宜清淡。体检前一天注意休息，避免过度劳累，清淡饮食，戒酒限烟，限高脂高蛋白饮食，避免使用对肝肾功能有影响的药物。采血前一天晚餐后至第二天上午采血前禁食，禁食 8~12h。采血前按检查项目要求，抽取肘部静脉血分离出淡黄色的血清进行检测。

（一）肝功能常规检测项目

检测指标通常包括血清丙氨酸氨基转移酶、血清 γ- 谷氨酰转肽酶、血清总胆红素、总蛋白、白蛋白、球蛋白等。由于肝脏功能多样，所以肝功能检查方法很多。与肝功能有关蛋白质检查有血清总蛋白、白蛋白与球蛋白之比、血清浊度和絮状试验及甲胎蛋白检查等；与肝病有关的血清酶类有谷丙转氨酶、谷草转氨酶、碱性磷酸酶及乳酸脱氢酶等；与生物转化及排泄有关的试验有磺溴酞钠滞留试验等；与胆色素代谢有关的试验，如胆红素定量等。通过化验血液来对这些检查项目做出准确的检测。

肝功能检查项目通常分为肝脏的蛋白质代谢功能、胆红素和胆汁酸代谢功能、酶学指标、脂质代谢功能、肝脏排泄和解毒功能的检测。

1. 反映肝实质损害的指标

主要包括丙氨酸氨基转移酶（ALT）、天冬氨酸氨基转移酶（AST）等，其中 ALT 是最常用的敏感指标，1% 的肝细胞发生坏死时，血清 ALT 水平即可升高 1 倍。AST 持续升高，数值超过 ALT 往往提示肝实质损害严重，是慢性化程度加重的标志。

2. 反映胆红素代谢及胆汁淤积的指标

主要包括总胆红素、直接胆红素、间接胆红素、血胆汁酸、γ- 谷氨酰转肽酶及碱性磷酸酶等。肝细胞变性坏死，胆红素代谢障碍或者肝内胆汁淤积时，可以出现上述指标升高。溶血性黄疸时，可以出现间接胆红素升高。

（二）肾功能检查指标

1. 血清尿素氮

血清尿素氮是人体蛋白质的代谢产物，主要是经肾小球滤过而随尿液排出体外，当肾实质受损害时，肾小球滤过率降低，致使血液中血清尿素浓度增加，因此通过测定尿素氮，可了解肾小球的滤过功能。

（1）血清尿素氮增高：肾脏疾病慢性肾炎、严重的肾盂肾炎等。肾功能轻度受损时，尿素氮检测值可无变化。当此值高于正常时，说明有效肾单位的超过 50% 已受损害。因此，尿素氮测定不能作为肾病早期肾功能的测定指标，但对肾衰竭，尤其是氮质血症的诊断有特殊的价值；泌尿系统疾病，如泌尿道结石、肿瘤、前列腺疾病等使尿路梗阻，引起尿量显著减少或尿闭时，也可造成血清尿素氮增高；其他高蛋白饮食、脱水、蛋白质分解代谢增高，腹水、水肿、胆道手术后，上消化道出血，妊娠后期妇女及磷、砷等化学中毒等，心输出量减少或继发于失血或其他原因所致的肾脏灌注下降均会引起血清尿素氮增高。

（2）血清尿素氮降低：见于中毒性肝炎、急性肝萎缩、类脂质肾病等。

2. 血肌酐

血清肌酐浓度可在一定程度上准确反映肾小球滤过功能的损害程度。肾功能正常时，肌酐排出率恒定，当肾实质受到损害时，肾小球的滤过率就会降低。当滤过率降低到一定程度后，血肌酐浓度就会急剧上升。

（1）血肌酐增高：主要见于急、慢性肾小球肾炎等肾脏疾病。早期或轻度肾功能损害时，由于肾的储备力和代偿力很强，血肌酐浓度可以表现为正常，当肾小球滤过功能下降到 30%~50% 时，血肌酐数值才明显上升。在正常肾血流条件下，血肌酐和尿素如同时增高，提示肾功能损害严重。

（2）血肌酐降低：见于进行性肌肉萎缩、白血病、贫血、肝功能障碍及妊娠。

（三）血脂常规检测项目

血脂是血浆中的中性脂肪（甘油三酯和胆固醇）、类脂（磷脂、糖脂、固醇、类固醇）的总称，广泛存在于人体中。它们是生命细胞的基础代谢必需物质。脂肪是人体内含量最多的脂类，是体内的一种主要能量来源；类脂是生物膜的基本成分。血脂检查，主要是对血液中所含脂类进行的一种定量测定的方法。主要是测定血清中的总胆固醇、甘油三酯、低密度脂蛋白胆固醇和高密度脂蛋白胆固醇的水平等。通过检查血浆中的血脂，可以预防或知晓是否患有肥胖症、动脉硬化、高血脂、冠心病、糖尿病、肾病综合征，以及其他一些心血管疾病。

1. 总胆固醇

增加见于胆管梗阻、肾病综合征、慢性肾小球肾炎、淀粉样变性、动脉粥样硬化、高血压、糖尿病、甲状腺功能减退症、传染性肝炎、门脉性肝硬化、某些慢性胰腺炎、自发性高胆固醇血症、家族性高胆固醇血症等。此外，长期食用高脂食品、精神紧张等因素也可引起总胆固醇增高。

减少见于严重贫血、急性感染、甲状腺功能亢进症、脂肪痢、肺结核、肝硬化、先天性血清脂蛋白缺乏及营养不良。

2. 甘油三酯

增高见于高血脂、动脉粥样硬化、冠心病、糖尿病、肾病综合征、胆管梗阻、甲状腺功能减退症、高脂饮食、阻塞性黄疸、急性胰腺炎、糖原累积症、原发性甘油三酯增多症。

减少见于甲状腺功能亢进症、肾上腺皮质功能减退症、肝功能严重障碍、慢性阻塞性肺病、脑梗死、恶病质、原发性低密度脂蛋白（β 脂蛋白）缺乏症及消化不良等。

（四）生化检查的要点

1. 肝功能检查

（1）谷丙转氨酶（ALT）和谷草转氨酶（AST）：反映肝细胞损伤程度。

要点：关注其数值是否升高，升高可能提示肝细胞受到损伤或其他肝脏疾病。

（2）胆红素：包括总胆红素、直接胆红素和间接胆红素，用于评估胆红素代谢情况。

要点：观察胆红素水平是否异常，以判断是否存在溶血、肝细胞损伤或胆道梗阻等问题。

（3）白蛋白和球蛋白：反映肝脏的合成功能。

要点：白蛋白降低可能提示肝脏合成能力下降，球蛋白升高可能与免疫反应有关。

2. 肾功能检查

（1）肌酐和尿素氮：评估肾脏的滤过功能。

要点：肌酐和尿素氮升高可能提示肾功能受损。

（2）尿酸：有助于了解嘌呤代谢情况。

要点：尿酸过高可能与肾功能异常、饮食因素或代谢性疾病有关。

3. 血脂检查

总胆固醇、甘油三酯、低密度脂蛋白胆固醇和高密度脂蛋白胆固醇：了解血脂代谢状况。

要点：血脂异常可能增加心脑血管疾病风险。

4. 血糖检查

空腹血糖和餐后 2h 血糖：筛查糖尿病。

要点：血糖异常可能与胰岛细胞受损或胰岛素抵抗有关，也可能由其他因素导致。

在进行生化检查时，要结合放射工作人员的临床症状、体征、既往病史等综合分析检查结果，以便及时发现潜在的健康问题，并采取相应的干预措施。

（五）生化检查的质量控制要点

1. 检测前质量控制

（1）受检者准备：①提前告知受检者检查前的注意事项，如空腹时间、避免剧烈运动、停用某些可能影响结果的药物等（例如，要求空腹 8~12h，以确保血糖、血脂等指标的准确性）；②确认受检者的身份信息，避免样本混淆。

（2）样本采集：①采血人员需经过专业培训，严格遵守无菌操作规范；②选择合适的采血部位和采血器具，保证采血过程顺利，避免溶血和凝血。比如，使用合适的采血针和采血管，防止因采血不当导致红细胞破裂。

2. 检测中质量控制

（1）仪器设备：生化检测仪器应定期校准、维护和保养，确保性能稳定和检测结果的准确性。例如，每天开机时进行仪器的自检和校准，定期对仪器进行全面维护；定期对仪器的精密度、准确性进行验证。

（2）试剂管理：①选择质量可靠、性能稳定的试剂，并按照要求储存和使用；②定期对试剂进行质量检查，确保在有效期内使用（例如，对试剂进行外观检查，查看是否有变质、混浊等现象）。

（3）检测方法：①严格按照标准化的检测方法和操作规程进行检测；②建立室内质量控制体系，每天检测质控品，绘制质控图，监控检测过程的稳定性。

3. 检测后质量控制

（1）结果审核：①由经验丰富的专业人员对检测结果进行审核，判断结果的合理性和可靠性；②对于异常结果，应进行复查或采取其他方法进行验证。做好危急值的告知。

（2）数据管理：①确保检测数据的准确记录和安全存储，便于查询和统计分析；②建立数据备份制度，防止数据丢失。

总之，通过严格的质控措施，可以有效提高放射工作人员职业健康检查中生化检查的质量，为保障工作人员的健康提供准确可靠的依据。

五、甲状腺检查

（一）甲状腺功能检测意义

甲状腺的生理功能主要为促进三大营养物质代谢，调节生长发育，提高组织的耗氧量，促进能量代谢，增加产热和提高基础代谢。当甲状腺功能紊乱时，会发生甲亢或甲减。

其中甲状腺素（T_4），三碘甲状腺原氨酸（T_3）在甲状腺滤泡上皮细胞中合成，在垂体促甲状腺激素（TSH）刺激下，经过一系列的变化，被释放入血液，在血液中大于 99% 的 T_3、T_4 和血浆蛋白结合，其中主要和甲状腺素结合球蛋白结合，只有约占血浆总量 0.4% 的 T_3 和 0.04% 的 T_4 为游离的，而只有游离的 T_3、T_4 才能进入靶细胞发挥作用，和蛋白结合的部分则对游离的 T_3、T_4 起调节稳定作用。甲状腺激素的合成与分泌主要受下丘脑 – 垂体 – 甲状腺轴的调节，血液中游离 T_3、T_4 水平的波动负反馈可引起下丘脑释放促甲状腺激素释放激素 TRH 和垂体释放促甲状腺激素 TSH 的增加或减少。TRH 主要作用是促进垂体合成和释放 TSH，TSH 刺激甲状腺细胞增生和甲状腺球蛋白合成，并对甲状腺素合成中从碘的摄取到释放的各过程均有促进作用。

1. 游离 T_3（FT_3）、游离 T_4（FT_4）

FT_3 和 FT_4 不受甲状腺激素结合蛋白的影响，直接反映甲状腺功能状态，其敏感性和特异性明显高于总 T_3（TT_3）、总 T_4（TT_4），因为只有游离的激素浓度才能确切反映甲状腺功能。认为联合测定 FT_3、FT_4 和超敏 TSH，是甲状腺功能评估的首选方案和第一线指标。两者升高见于甲状腺功能亢进；减低见于甲状腺功能减退，垂体功能减退及严重全身性疾病等。

2. 促甲状腺激素（TSH）测定

TSH 由垂体前叶分泌，由 α 和 β 亚基组成，其生理功能是刺激甲状腺的发育，合成和分泌甲状腺激素。TSH 的分泌受下丘脑促甲状腺激素释放激素的兴奋性影响；生长抑素的抑制性影响以及外周血甲状腺激素水平的负反馈调节。甲状腺激素水平变化 15%~20% 可使 TSH 水平发生 50%~100% 的改变。TSH 不受 TBG 浓度的影响，也较少受能够影响 T_3、T_4 的非甲状腺疾病的干扰。在甲状腺功能改变时 TSH 的变化较 T_3、T_4 更迅速而显著，所以血中 TSH 是反映下丘脑 – 垂体 – 甲状腺轴功能的敏感试验，尤其是对亚临床甲亢和亚临床甲减的诊断有重要意义。

TSH 增高可见于原发性甲减，甲状腺激素抵抗综合征，异位 TSH 综合征，TSH 分泌肿瘤，应用多巴胺拮抗剂和含碘药物等时。TSH 降低可见于甲亢，亚临床甲亢，PRL 瘤，CUSHING 病，肢端肥大症，过量应用糖皮质醇和抗甲状腺药物时。

原发性甲状腺功能减退的最早表现是 TSH 升高，如 TSH 升高而 T_3、T_4 正常可能为亚临床甲减。

（二）放射工作人员职业健康检查中甲状腺功能检查的质量控制要点

1. 检测方法和试剂选择

（1）选用经过验证和认可的检测方法，如化学发光免疫分析法、放射免疫分析法等，确保检测结果的准确性和可靠性。

（2）选择质量稳定、性能良好的检测试剂，并按照试剂说明书进行保存和使用。例如，某些试剂需要在特定的温度条件下保存，以保证其活性。

2. 仪器设备的校准和维护

（1）定期对甲状腺功能检测仪器进行校准和质量控制，包括对仪器的光路、液路、温度控制等进行检查和调整。

（2）做好日常维护工作，如清洁仪器、更换耗材等，确保仪器处于良好的运行状态。比如，定期更换加样针，防止交叉污染影响检测结果。

3. 标本采集和处理

（1）严格按照操作规程采集血液标本，确保标本的质量。例如，选择合适的采血部位，避免溶血和凝血。

（2）标本采集后应及时处理和送检，在规定的时间内进行检测。通常，血清标本应在采集后尽快分离，避免长时间存放导致指标变化。

4. 操作人员的培训和能力评估

（1）操作人员应接受专业的培训，熟悉甲状腺功能检测的原理、操作流程和质量控制要点。

（2）定期对操作人员进行能力评估和考核，确保其能够熟练、准确地进行检测。

5. 室内质量控制

（1）每天在检测样本前，进行室内质控样品的检测，绘制质控图，监控检测过程的稳定性。

（2）当质控结果超出可接受范围时，应及时查找原因，采取纠正措施，并重新进行检测。

6. 室间质量评价

（1）积极参加外部的室间质量评价活动，与其他实验室的检测结果进行比对。

（2）对室间质量评价结果进行分析和总结，发现问题及时改进。

综上所述，通过对检测方法、仪器设备、标本采集、人员操作等多个环节的严格质控，可以有效提高放射工作人员职业健康检查中甲状腺功能检查的质量。

（三）甲状腺超声检查

1. 检查体位

（1）仰卧位：为常规体位，在颈后及双肩后垫一枕头，头稍后仰，呈头低颈高位，充分暴露颈前及侧方。

（2）侧卧位：如一侧甲状腺明显肿大，可采取侧卧位，分别检查甲状腺左、右叶。检查两侧颈部淋巴结时，也可采用侧卧位。

2. 检查设备

采用彩色多普勒超声诊断仪，使用高频线阵探头，必要时用凸阵探头。

3. 检查方式

检查应包含所有甲状腺组织（两侧叶、峡部、锥状叶）。

（1）横切面扫查：左右叶分别从上向下滑行扫查，直至甲状腺下极消失为止。

（2）纵切面扫查：可沿甲状腺左右叶的长径扫查，由外向内或由内向外做一系列的纵切面滑行扫查。

（3）任意角度切面扫查：针对感兴趣区的任意角度多切面扫查，评估感兴趣区超声特征。

（4）甲状腺血管扫查：彩色/能量多普勒检查，探测甲状腺实质血流、结节血流以及甲状腺大血管情况（甲状腺上动脉）。

（5）甲状腺周围颈部软组织扫查：扫查范围为颈前、颈侧区。有无异常回声，有无异常淋巴结病变。

4. 甲状腺彩超的记录与C-TIRADS描述

（1）灰阶超声：使用灰阶超声检查甲状腺的具体方法如下。

①位置（location）：指结节在甲状腺的空间分布。将甲状腺每侧叶分为上、中、下三个区域，加上峡部，整个甲状腺共7个区域。

②方位（orientation）：方位等同于形态（shape），指结节的长轴与皮肤回声带的关系。A. 垂直位：指在横切面或纵切面评估时，结节长轴与皮肤倾向于垂直，结节的前后径大于左右径或上下径。B. 水平位：指在横切面或纵切面评估时，结节长轴与皮肤倾向于平行，结节的前后径小于/等于左右径或上下径。

③边缘（margin）：指结节的边界或界限。根据清晰程度和规则程度来评估结节的边缘。A. 光整：边缘呈境界清晰、光滑完整的曲线状；B. 不规则：边缘呈毛刺状、成角或微小分叶状；C. 模糊：结节的边界难以与周围甲状腺实质相区分；D. 甲状腺外侵犯：结节累及甲状腺包膜，导致甲状腺包膜破坏，严重时侵犯毗邻软组织和（或）血管。

④声晕（halo）：指结节周围环绕的低回声或无回声区。A. 有声晕：按照声晕的厚度，可将声晕分为薄声晕和厚声晕；按照声晕厚度的均匀性，可将声晕分为厚度均匀声晕和厚度不均匀声晕。

B. 无声晕。

⑤结构（composition）：指结节内实性成分和囊性成分的构成状况。A. 实性：结节完全由实性组织构成，不含任何囊性成分；B. 实性为主：实性成分占结节的 50% 以上；C. 囊性为主：实性成分占结节的 50% 以下；D. 囊性：结节完全或几乎完全呈囊性，囊壁薄，内部可出现纤细分隔，可出现沉积物；E. 海绵状：结节由大量微小囊腔构成，但无实性组织。

⑥回声（echogenicity）：指结节的实性成分相对于甲状腺实质及颈部带状肌的回声水平。A. 高回声：回声高于周围甲状腺实质；B. 等回声：回声和周围甲状腺实质相似；C. 低回声：回声低于周围甲状腺实质；D. 极低回声：回声低于颈部带状肌；E. 无回声：见于囊性结节。

⑦回声质地（echotexture）：指结节实性区域回声的一致性和多样性。A. 均匀：结节实性区域回声表现一致；B. 不均匀：结节实性区域回声表现多样化。

⑧局灶性强回声（echogenicfoci）：同一结节可出现以下局灶性强回声中的一种或几种。A. 微钙化：小于 1mm 的点状强回声，后方可不出现声影，也可出现声影；B. 彗星尾伪像：出现在结节囊性或实性区域的点状或短线状强回声，后方出现逐渐减弱的多条平行强回声，属于混响伪像的一种类型，大多由浓缩胶质所致；C. 意义不明确的点状强回声：小于 1mm 的点状强回声，后方无声影，也无彗星尾伪像，难以判断是微钙化还是浓缩胶质或其他成分；D. 粗钙化：大于 1mm 的强回声，通常伴有声影；E. 周边钙化：钙化位于结节的边缘区域，可以呈连续或断续的环形或弧形，占据结节边缘的 1/3 以上；F. 无局灶性强回声。

⑨后方回声特征（posteriorfeatures）：指结节后方回声水平的改变，反映了结节的回声衰减特征。A. 增强：结节后方的回声高于同一深度周围组织的回声；B. 衰减：结节后方的回声低于同一深度周围组织的回声；C. 无改变：结节后方的回声类同于同一深度周围组织的回声；D. 混合性改变：结节后方的回声呈上述回声类型的混合。

⑩大小（size）：分别测量结节的前后径、左右径和上下径。测量值应精确到 0.1mm。如果结节出现声晕，结节测量时应该包括声晕。应沿结节的长轴测量其最大径，然后测量与其相垂直的另一个径线。

5. 彩色/能量多普勒超声血管成像

根据血管在结节内部的空间分布，可以把结节的血管分为边缘血管和中央血管。根据两种类型血管的有无与组合，可以将结节的血供类型分为以下 5 型。

（1）无血管型：结节内未见血流信号。

（2）边缘血管型：只显示边缘血管，中央血管不显示。

（3）边缘血管为主型：主要显示边缘血管，中央血管稀少。

（4）中央血管为主型：主要显示中央血管，边缘血管稀少。

（5）混合血管型：边缘血管和中央血管丰富程度相似。

有关结节多普勒超声血供特点的研究很多，结论不一，所以血流显像对于结节良恶性鉴别的意义存在争议。

6. 超声弹性成像

超声弹性成像对于甲状腺结节的评估必须与结节的形态学特性相结合进行综合判断。根据结节硬度，可分为 3 型：①质软（soft）；②质中（intermediate）；③质硬（hard）。

恶性结节倾向于质硬，良性结节倾向于质软。弹性成像对于甲状腺结节诊断具有一定价值，也有争议。应变弹性成像用评分法或应变比法来判断结节的软硬度，但评分的方法还没有达到统一。

7. 甲状腺结节超声恶性危险分层中国指南（C-TIRADS）的要点

（1）分类标准：① 1 类指正常甲状腺，无结节；② 2 类指良性结节，如单纯性囊肿、分隔型囊肿、个别胶质潴留性结节等；③ 3 类指可能良性结节，以实性为主，形态规则，边界清楚，无恶性超声特征；④ 4 类又分为 4A、4B 和 4C 三类，4A 类指具有 1 个恶性超声特征，4B 类指具有 2 个恶性超声特征，4C 类指具有 3~4 个恶性超声特征；⑤ 5 类指具有 5 个以上恶性超声特征；⑥ 6 类指经病理证实的恶性结节。

（2）恶性超声特征包括：①实性结节；②低回声或极低回声；③不规则边界；④纵横比>1；⑤有微钙化；⑥有不规则血流信号。

（3）评估要点：①仔细观察结节的每个超声特征，进行准确判断和计数；②对于边界不规则的评估，要注意是否有毛刺、成角等表现；③微钙化的判断要与粗钙化、周边钙化等区分开来。

（4）临床意义：①帮助临床医生决定进一步的处理方式，如随访观察、穿刺活检或手术治疗；②对于低风险的 3 类结节，通常可以进行定期随访，监测结节的变化；③ 4 类及以上的结节，恶性风险逐渐增加，可能需要更积极的干预。

总之，C-TIRADS 为甲状腺结节的评估和管理提供了标准化的依据，但在实际应用中，还需要结合受检者的临床症状、病史等综合判断。

（四）甲状腺彩超检查的要点

1. 甲状腺形态

（1）观察甲状腺的整体轮廓，是否规则、对称。

（2）测量甲状腺的左右叶大小、峡部厚度，判断其是否在正常范围内。例如，成人甲状腺左右叶上下径为 4~6cm，左右径为 2~2.5cm，前后径为 1~2cm，峡部厚度为 0.2~0.6cm 。

2. 甲状腺实质回声

（1）评估实质回声的均匀程度，是否存在弥漫性或局限性的增强、减弱或不均质改变。

（2）注意有无细小的点状回声，如微钙化灶等。

3. 甲状腺结节

（1）是否存在结节，记录结节的数量、位置、大小（包括长径、短径和纵横比）。

（2）观察结节的形态，如圆形、椭圆形、不规则形等。

（3）评估结节的边界，是清晰、模糊还是有毛刺。

（4）分析结节的内部回声，如低回声、等回声、高回声或混合回声。

（5）观察结节周边及内部的血流情况。

4. 甲状腺包膜

（1）查看甲状腺包膜是否完整、清晰。

（2）有无包膜的中断或侵犯。

5. 颈部淋巴结

（1）同时检查颈部淋巴结，包括颈侧区、中央区等，观察淋巴结的大小、形态、结构和血流。

（2）注意有无异常肿大或结构异常的淋巴结。

6. 血流分布

（1）评估甲状腺整体的血流分布情况，如丰富、正常或减少。

（2）对于有结节的部位，重点观察结节周边及内部的血流特征。

（五）甲状腺彩超检查的质量控制

1. 设备管理

（1）确保彩超设备的性能良好，定期进行维护和保养，包括清洁、部件检查和更换等。例如，每季度对设备的硬件进行检查，每年进行一次全面的系统维护。

（2）设备的校准应按照规定的时间间隔进行，以保证测量的准确性和重复性。比如，对图像分辨率、测量精度等关键指标进行校准。

2. 检查技术规范

（1）操作人员应熟练掌握甲状腺彩超的检查技术，包括正确的探头选择、扫描方法和参数调节。

（2）遵循标准的切面和扫描顺序，对甲状腺进行全面、系统的检查，确保不遗漏任何重要部位。例如，从纵切面、横切面等多个角度进行扫描。

3. 图像质量控制

（1）图像应具有足够的清晰度和对比度，能够清晰显示甲状腺的包膜、实质、结节等结构。

（2）对图像的存储格式和分辨率进行规范，以便后续的查阅和分析。

4. 诊断标准的一致性

（1）制定明确、统一的甲状腺彩超诊断标准，操作人员应严格按照标准进行诊断。

（2）对于疑似病例或诊断不明确的情况，应进行集体讨论或请教专家。

5. 人员培训与考核

（1）定期对操作人员进行培训，更新知识和技能，了解最新的诊断技术和研究进展。

（2）建立考核机制，对操作人员的技术水平和诊断能力进行评估。

6. 质量监督与反馈

（1）设立质量监督小组，定期对甲状腺彩超检查的质量进行抽查和评估。

（2）及时向操作人员反馈质量问题，并要求其进行整改和改进。

通过以上多方面的质控措施，可以有效提高放射工作人员职业健康检查中甲状腺彩超检查的质量和可靠性。

六、细胞遗传学检查

详见本书第六章。

七、放射影像学检查

放射工作人员职业健康检查中涉及放射影像学的检查项目应在采血后进行。

（一）检查流程

1. 阅读检查申请单

认真阅读检查申请单，仔细核对受检者姓名、性别、年龄、体检编号等，明确投照部位和检查目的。

2. 机器设备检查

按检查申请单的检查要求，确认机器的功能运行情况。

3. 确定摄影位置

一般根据医嘱用常规位置投照，如遇特殊病例可根据受检者的具体情况，征求申请医师的意见后摄取其他位置，如切线位、轴位等。

4. 摄影前的准备

去掉一切影响图像的物品，如发夹、金属饰物、膏药敷料等。有条件者应换上专为受检者准备的衣服。

5. 受检者信息录入

从计算机 RIS 系统调出受检者的基本信息，进行摄影技术选择和器官程序选择。

6. 安置受检者

引导受检者进入检查室。

7. 训练受检者动作

根据摄影要求训练好受检者的呼气、吸气或屏气动作，要求受检者尽量配合。

8. 训练受检者摆位

依照检查部位及检查目的，摆好体位；调整中心线、照射野和焦片距；对敏感部位进行屏蔽防护。

9. 曝光

确认各步骤完成后，再次检查校正控制台各曝光技术条件，然后曝光；在曝光过程中，密切注意各仪器仪表的显示情况。

10. 后处理

曝光结束后技师盖章或者签名，特殊检查体位应做记录；进行图像的后处理，确认无误后嘱患者离开。

（二）胸部后前位 X 射线摄影

1. 诊断学要求

（1）肺纹理清晰锐利，能连续追踪到肺野外带，左、右两侧肺野亮度基本一致。

（2）清晰可见直径 2mm 的血管影，连续追踪肺野外带直径 1mm 血管影。

（3）主气管与主支气管管壁以及气管隆嵴可见。

（4）肺门结构、纵隔阴影、胸椎椎体轮廓和侧胸壁肋骨可见。

（5）肋骨、心脏、膈肌边缘锐利，清晰可见。

（6）右下肺动脉、左上肺动脉分支可见。

（7）左心影内可追踪到肺纹理、降主动脉左缘，透过横膈隐约可见两侧肺野下缘。

（8）肩胛骨下区软组织以及横膈影像中未见明显颗粒状噪声影。

（9）无运动伪影、体外物品干扰影、探测器伪影和滤线栅切割影。

2. 体位显示要求

（1）影像范围包括肺尖至后肋膈角、两侧骨性胸廓和软组织。

（2）骨性胸廓左右对称显示，胸锁关节左、右对称投影于第 3~4 胸椎水平。

（3）肩胛骨内侧缘投影于肺野之外。

（4）深吸气后屏气状态下曝光，右侧膈顶不高于第 10 后肋水平。

3. 成像技术要求

（1）摄影装置为带有自动曝光控制的立位摄影架。

（2）管电压 110~125kV。

（3）旋转阳极 X 线管小焦点≤0.6mm，大焦点≤1.3mm，推荐使用小焦点。

（4）曝光时间≤0.02s，推荐使用自动曝光控制，选用左、右两侧（上部）电离室。

（5）总滤过≥3.0mmAl 当量，推荐使用附加复合滤过板。

（6）源像距（source image distance，SID）≥180cm。

（7）滤线栅固定或活动滤线栅，栅焦距与 SID 匹配。

（8）照射野与摄影部位相匹配，满足显示范围要求但不包含过多不必要组织。

（9）尽量采用腹式呼吸方式（吸气时膈肌下降，腹部凸起），深吸气后屏气状态下曝光。

（10）调节影像显示参数，使影像显示效果符合诊断学要求。

4. 辐射剂量诊断参考水平

入射空气比释动能 0.2mGy。

（三）胸部侧位 X 射线摄影

1. 诊断学要求

（1）肺纹理自肺门向肺野外带能连续追踪，并且清晰可见直径 2mm 血管影。

（2）心脏后缘、主动脉弓和降主动脉边缘可见。

（3）能连续追踪到位于胸廓内的气管影，管壁清晰可见。

（4）近探测器侧横膈清晰锐利，两侧肺野后肋膈角清晰锐利。

（5）第 4 胸椎以下、横膈以上椎体呈侧位显示，椎体轮廓可见。

（6）胸骨与心脏和胸主动脉之间的前纵隔区亮度适中。

（7）无运动伪影、体外物品干扰影、探测器伪影和滤线栅切割影。

2. 体位显示要求

（1）常规摄取左侧位，影像范围包括全部肺野以及胸廓部软组织。

（2）两侧上肢上举，不与肺野重叠。

（3）胸骨呈侧位显示，胸骨角清晰显示。

（4）左、右两侧肺野后缘重叠。

（5）深吸气后屏气状态下曝光。

3. 成像技术要求

（1）摄影装置为带有自动曝光控制的立位摄影架。

（2）管电压 120~140kV。

（3）旋转阳极 X 线管小焦点≤0.6mm，大焦点≤1.3mm。

（4）曝光时间≤0.1s，推荐使用自动曝光控制，选用中间电离室。

（5）总滤过≥3.0mmAl 当量，推荐使用附加复合滤过板。

（6）SID≥180cm。

（7）滤线栅固定或活动滤线栅，栅焦距与 SID 匹配。

（8）照射野大小与摄影部位匹配，满足显示范围要求但不包含过多不必要组织。

（9）尽量采用腹式呼吸方式，深吸气后屏气状态下曝光。

（10）调节影像显示参数，使影像显示效果符合诊断学要求。

4. 辐射剂量诊断参考水平

入射空气比释动能的诊断参考水平为 0.7mGy。

（四）胸部 CT 平扫

1. 定位像和扫描范围

受检者呈仰卧位，双手上举，吸气后屏气扫描。扫描取正位定位像，定位像长度 500mm。扫描范围自肺尖至较低侧肋膈角下 2~3cm，吸气后屏气扫描。

2. 成像参数选择

管电压 100~120kVp，推荐选择自动管电压调制技术、自动管电流调制技术。准直器宽度小于等于 4cm，特殊呼吸不能配合屏气的受检者可加大准直器宽度，缩短扫描时间，同时要适当增加管电流。

层厚 / 间隔：常规 5mm/5mm，肺窗薄层≤ 1mm/1mm，纵隔窗薄层≤ 2mm/2mm。选择适宜的迭代算法等级或人工智能降噪算法。

3. 窗口技术和图像处理

纵隔窗：窗宽 300~500HU，窗位 30~50HU；肺窗：窗宽 800~1500HU，窗位 –800~–600HU；外伤还需结合骨窗：窗宽 1000~1500HU，窗位 250~350HU。

基于薄层图像进行常规横断面、冠状面和矢状面重组，冠状面平行于主气管走行方向，层厚 / 间隔 5mm/5mm。

4. 辐射剂量诊断参考水平

CT 容积剂量指数（CTDIvol）15mGy，剂量长度乘积（DLP）470mGy · cm。

（五）放射影像学检查的质量控制

1. 设备的质量控制

定期对 X 线设备进行性能检测和校准，包括 X 射线管的输出剂量、曝光时间准确性、图像清晰度等。例如，每半年进行一次设备的全面性能检测，确保 X 射线的输出剂量在规定范围内。确保设备的软件和硬件正常运行，及时更新和升级系统，以适应新的检查需求和质量标准。

2. 操作人员的质量控制

（1）操作人员应具备相应的资质和专业技能，熟悉 X 线检查的操作流程和辐射防护知识。如操作人员必须持有相关的医学影像技术资格证书。

（2）定期参加培训和继续教育，掌握最新的检查技术和质控要求。

3. 检查技术的质量控制

（1）严格按照标准的操作规范进行检查，包括受检者体位的摆放、投照角度和距离的选择等。比如，在胸部 X 线检查时，确保受检者站立位姿势正确，中心线对准第六胸椎水平。

（2）根据受检者的体型和检查部位，合理调整曝光参数，以获得优质的图像，同时减少辐射剂量。

4. 图像的质量控制

（1）图像应具有良好的对比度、清晰度和分辨率，能够准确显示组织结构和病变。例如，肺部图像应能清晰分辨肺纹理和肺野。

（2）对图像进行初步评估，如发现图像质量不符合要求，应及时重新拍摄。

5. 辐射防护的质量控制

（1）为受检者和操作人员配备足够的防护用品，并确保正确使用。如为受检者佩戴铅围裙、铅脖套等。

（2）合理控制辐射剂量，遵循“合理可行尽量低”的原则。

6. 诊断的质量控制

（1）诊断医生应具备丰富的经验和专业知识，能够准确解读 X 线图像。例如，熟悉放射性损伤在 X 线图像上的表现特征。

（2）建立诊断结果的审核机制，对于疑难病例进行会诊和讨论。

通过以上全面的质量控制措施，可以保证放射工作人员职业健康检查中 X 线检查的质量和安全性。

八、超声检查

放射工作人员职业健康检查中超声检查的质量控制要点如下。

（一）设备管理

（1）彩超设备应定期进行校准和性能检测，以确保图像质量和测量结果的准确性。比如，每年至少进行一次全面的校准，包括探头频率、增益调节、深度测量等参数的校准。

（2）设备的日常维护至关重要，包括清洁探头、检查连接线路、定期更换易损部件等。

（3）设备的更新和升级应根据技术发展和工作需求进行，以保证其性能处于先进水平。

（二）操作人员资质与培训

（1）操作人员必须具备相应的专业资质和执业证书，熟悉彩超检查的操作规范和技术要点。

（2）定期参加专业培训和继续教育，了解最新的检查技术和诊断标准。

（3）建立内部培训和考核机制，确保操作人员的技术水平达到一定标准。

（三）检查流程规范

（1）检查前，应详细了解被检查者的职业接触史、症状等信息，以便有针对性地进行检查。

（2）检查过程中，严格按照操作规范进行，包括正确的体位摆放、探头选择、扫描角度和深度等。

（3）对于重点器官和部位，如甲状腺、肝脏、脾脏等，应进行全面、细致的检查，避免遗漏。

（四）图像质量控制

（1）图像应清晰、分辨率高，能够准确显示器官的结构和形态。

（2）调节合适的增益、对比度等参数，使图像达到最佳显示效果。

（3）对图像进行存储和标注，确保图像的可追溯性和可读性。

（五）诊断结果

（1）操作人员应具备准确解读图像的能力，能够识别异常表现和病变。

（2）对于疑难病例，应组织会诊或请教专家，以确保诊断结果的可靠性。

（3）建立诊断结果的审核机制，由上级医生或专家组进行审核。

（4）对检查发现异常结果应及时做好告知。

（六）数据管理与报告

（1）对检查数据进行妥善管理，建立数据库，方便查询和统计分析。

（2）检查报告应内容完整、准确、规范，包括受检者基本信息、检查所见、诊断结论和建议等。

（3）报告应及时发放给被检查者和相关部门，并做好存档工作。

（牛延涛　马丽红）

第三节　检查后的规范要求及质量控制

放射工作人员职业健康检查报告分为职业健康检查个体结论报告、总结报告及职业健康监护评价报告。职业健康监护评价报告是根据放射工作单位的要求，结合个人剂量监测结果进行的职业健康监护评价，报告的评价目的、依据、范围、方法正确，评价内容完整，结论完整、准确，放射卫生管理措施建议应有效可行、针对性强。

一、个体检查报告的要求

（一）体检类别和检查项目应符合法规标准的要求

体检类别和检查项目应符合法规标准的要求，必检项目无缺漏，检查项目结果完整、描述规范，结论准确，检查者签名无缺漏。

（二）问诊

劳动者个人基本资料，职业史（含非放射和放射工作史）、意外照射史、既往史、家族史及症状询问均应填写完整。一般医学生理指标（血压、脉率等）和常规体格检查项目（皮肤黏膜、浅表淋巴结、甲状腺、呼吸系统、心血管系统、神经系统）应记录准确、规范，检查者签名无缺漏。

（三）体检表填写注意事项

体检表应由主检医师审阅后填写体检结果及建议、体检结论并签名。

个体检查报告包括受检者姓名、性别、职业健康检查类别、接触射线类别、检查异常所见、结论、建议等。体检表有体检日期、职业健康检查机构的公章。同时做好疑似职业病报告、疑似职业病及不宜从事放射工作的告知。

（四）眼晶状体检查

眼晶状体检查的阳性结果应准确记录混浊部位和混浊方式，并绘图表示。

（五）细胞遗传学检查报告要求

外周血淋巴细胞染色体畸变分析、记录和报告结果符合《放射工作人员职业健康检查外周血淋巴细胞染色体畸变检测与评价》（GBZ/T 248—2014）标准；微核检测、记录和报告结果符合《放射工作人员职业健康检查外周血淋巴细胞微核检测方法与受照剂量估算标准》（GBZ/T 328—2023）。对第三方检测机构出具的检测结果，现场考核通过视频查看原始记录数据的可溯源性。

（六）个体检查结论出具

根据放射工作人员职业健康检查结果，按照 GBZ 98—2020 标准进行适任性判定。

二、总结报告的要求

总结报告格式应当规范，报告内容应全面完整，包括：受检单位、职业性放射性危害因素种类、职业健康检查类别、应检人数、实检人数、检查时间和地点，发现的疑似职业性放射性疾病、不宜从事放射工作和其他疾病的人员汇总名单；职业健康检查结果、个体检查结果及处理意见汇总表等。汇总表包括但不限于姓名、性别、检查类别、接触射线的种类、检查异常结果、检查结论、处理意见等信息。结果客观真实，结论正确。

总结报告的日期应当在规定的期限内，应当由编制人、审核人和签发人签章，有放射工作人员职业健康检查机构的公章。

三、职业健康检查结果及疑似职业病的上报要求

（一）数据报送的完整性

数据报送的完整性：报送的职业健康检查人数、体检基本信息、不宜从事放射工作的人数、暂时脱离放射工作人员的人数和疑似职业的人数等，不应有缺项漏项。

（二）数据报送的及时性

数据报送的及时性：职业健康检查基本信息、不宜从事放射工作人员和疑似职业病人员的报送时间应在体检报告出具后 15 日内报送。

（三）数据报送的准确性

数据报送的准确性：核查劳动者所在用人单位、接触职业病危害因素的种类、工龄、岗位 / 工种和职业健康检查类型等信息，与用人单位提交的有效资料或劳动者本人核对。

（四）疑似职业病报送及时性

疑似职业病报送及时性：核查疑似职业病信息上报和报送用人单位所在地卫生健康行政部门的情况。

四、职业健康检查档案管理

（一）职业健康检查档案内容

每份职业健康检查档案应当包括以下内容。

（1）职业健康检查委托协议书 / 合同（委托协议书 / 合同内容：编号、委托单位、单位负责人姓名、单位地址、联系电话、委托检查类别、接触放射因素种类、接触人数、健康检查的人数、检查时间、委托方和被委托方盖章及经办人签字、委托日期等）。

（2）用人单位提供的相关材料。

（3）出具的职业健康检查结果总结报告和告知材料。

（4）疑似职业性放射性疾病报告，疑似职业性放射性疾病和不宜从事放射工作人员的告知凭证。

（5）其他有关材料。

（二）档案管理要求

所有职业健康检查档案资料都应按《职业健康检查管理办法》的管理要求整理并及时归档。有专用档案室，配备必要的设施。用人单位应为放射工作人员建立并终身保存职业健康监护档案。针对放射工作人员职业健康监护档案的管理要求详见本书第十章。

五、放射工作人员职业健康检查后的质量控制要点

（一）结果汇总与整理

（1）确保各项检查结果的准确记录和完整收集，包括影像学检查、实验室检查等。

（2）对结果进行分类和整理，建立清晰的数据库，方便后续查询和分析。

（二）结果评估与诊断

（1）由专业的医生团队对检查结果进行综合评估，结合放射工作人员的职业照射情况、症状、既往病史等作出准确的诊断。

（2）对于疑难病例或结果不明确的情况，组织专家进行会诊，确保诊断的科学性和准确性。

（三）结果反馈与沟通

（1）及时将检查结果反馈给受检的放射工作人员，以书面报告或面对面沟通的形式，确保其清楚了解自身的健康状况。

（2）对于检查结果异常的人员，详细解释结果的意义和可能的影响，提供相应的建议和治疗方案。

（四）数据统计与分析

（1）对检查数据进行统计分析，包括不同岗位、不同暴露剂量、不同工龄的放射工作人员的健康状况分布等。

（2）通过数据分析发现潜在的健康问题趋势和规律，为制定有针对性的防护措施和职业健康管理政策提供依据。

（五）跟踪随访

（1）对检查结果异常的人员建立跟踪随访机制，定期复查，观察病情的变化和治疗效果。

（2）了解受检人员在接受建议和治疗后的康复情况，及时调整干预措施。

（六）质量审核与改进

（1）定期对整个职业健康检查过程进行质量审核，包括检查流程的合理性、结果的准确性、反馈的及时性等。

（2）根据审核结果发现存在的问题和不足，制定并实施改进措施，不断提高职业健康检查的质量。

（3）放射工作人员职业健康检查机构对卫生健康行政部门及其他相关质控机构的督导意见，应按时整改，提出持续改进措施，并做好培训、执行、分析及改进记录。

总之，检查后的质量控制对于保障放射工作人员的健康权益、提高职业健康管理水平具有重要意义。

（马丽红　赵风玲）

06

第六章　放射工作人员职业健康检查细胞遗传学检测

放射工作人员健康检查是为评价放射工作人员健康状况而进行的医学检查。细胞遗传学检测是我国放射工作人员健康检查的重要项目，《放射工作人员健康要求及监护规范》（GBZ 98—2020）规定了外周血淋巴细胞染色体畸变分析是上岗前、离岗时、应急照射和事故照射的必检项目，外周血淋巴细胞微核分析是在岗期间、应急照射和事故照射的必检项目。本章主要介绍外周血淋巴细胞染色体畸变和微核分析在放射工作人员细胞遗传学检测中的应用。

自 1988 年 4 月 20 日《放射工作人员健康管理规定》发布起，逐渐在全国普遍实行放射工作人员健康检查制度。在放射工作人员职业健康检查中，外周血淋巴细胞染色体畸变分析和微核分析发挥了重要作用。它可以客观地弥补放射工作人员个人剂量监测中佩戴不规范带来的个人剂量监测结果不准确等。近年来，有关机构对放射工作人员职业健康检查数据进行科学总结分析，发表了一批有价值的论文，染色体畸变分析揭示出了介入放射学、核医学、工业探伤等放射工作人员可能存在的职业健康风险。同时，通过这项工作，有关机构和专业工作人员积累了宝贵的实际工作经验，为核与辐射事故卫生应急和医学救援培养了一大批专家，保持了一项重要的技术力量。

第一节　外周血淋巴细胞染色体畸变分析

WHO 于 1973 年出版了《人类染色体畸变分析方法》手册，对染色体畸变分析方法进行了较全面的总结。随着方法学的改进和经验的积累，IAEA 于 1986 年出版了 260 号技术报告《生物剂量：用于剂量估算的染色体畸变分析》，2001 年出版的 405 号技术报告《辐射剂量估算的细胞遗传学方法》和 2011 年技术报告《细胞遗传学指标生物剂量估算：在辐射应急响应准备中的应用》（*Cytogenetic Dosimetry: Applications in Preparedness for and Response to Radiation Emergencies*）进行了修改和补充，增加了胞质分裂阻断微核（cytokinesis-block micronucleus，CBMN）、早熟染色体凝集（premature chromosome condensation，PCC）、荧光原位杂交分析（fluorescence *in situ* hybridization analysis，FISH）估算剂量等内容。ISO 在 2004 年发布的 19238 号标准《辐射防护：细胞遗传学指标生物剂量估算实验室应遵守的技术标准》（*Radiation Protection: Performance criteria for laboratories performing biological dosimetry by cytogenetics*），分别于 2014 年和 2023 年对该标准进行了修订，新修订后的标准名称为《辐射防护：细胞遗传学指标生物剂量估算实验室应遵守的技术标准——双着丝粒体试验》（*Radiological protection: Performance criteria for service laboratories performing biological dosimetry by cytogenetics — Dicentric assay*）；2008 年发布的 21243 号标准《辐射防护：核与辐射应急应对大规模伤亡事件中细胞遗传学指标分类评估实验室应遵守的技术标准——双着丝粒体试验的应用原则》(*Radiation Protection: Performance criteria for laboratories performing cytogenetic triage for assessment of mass casualties in radiological or nuclear emergencies — General principles and application to dicentric assay*),2022 年对该标准进行了修订,修订后的标准名称为《辐射防护:大规模核与辐射应急应对大规模伤亡事件中细胞遗传学指标初始剂量估算实验室应遵守的技术标准——双着丝粒体试验的应用原则》(*Radiation protection: Performance criteria for laboratories performing initial cytogenetic dose assessment of mass casualties in radiological or nuclear emergencies—General principles and application to dicentric assay*)。这些技术报告和标准给出了应用染色体畸变分析进行生物剂量估算、实验室间比对和应对大规模核与辐射伤亡事件估算生物剂量等的方法。

我国于 1991 年首次制定了中华人民共和国国家标准《染色体畸变分析估计生物剂量》(GB/T 12715—1991),2011 年进行了第一次修订《染色体畸变估算生物剂量方法》(GB/T 28326—2011),该标准给出了电离辐射诱发人外周血淋巴细胞染色体畸变的剂量 – 效应曲线的建立和用其估算生物剂量的方法,适用于一次比较均匀的全身外照射事故受照人员的剂量估算。国家职业卫生标准《放射工作人员职业健康检查外周血淋巴细胞染色体畸变检测与评价》(GBZ/T 248—2014)规定了放射工作人员职业健康检查中,外周血淋巴细胞染色体畸变检测的微量全血培养、标本制备、染色体畸变分析、结果评价、记录报告方法和质量控制,适用于放射工作人员职业健康检查。

一、染色体畸变定义及特点

(一)染色体畸变的定义及分类

染色体畸变是指正常染色体在物理、化学或生物等因素作用下发生的结构和数目上的异常,是电离辐射作用的敏感指标之一。

染色体结构异常与细胞周期有关,又分为染色体型畸变和染色单体型畸变。染色体型畸变是指照射时细胞处于 G_0 或 G_1 期,由于在 DNA 合成之前,染色体以一条单体行使其功能,这时诱发的畸变,经 S 期复制后,形成涉及两条单体的染色体型畸变,主要包括无着丝粒断片、微小体、无着丝粒环、着丝粒环、双或多着丝粒体、倒位、易位、插入和缺失等;染色单体型畸变是指在 S 期受照的大多数细胞和 G_2 期受照的细胞,已进行 DNA 合成,即已形成两个独立的单体,所以只诱发染色单体型畸变,主要包括染色单体断裂、染色单体互换、染色单体裂隙和等点染色单体裂隙等。按结构畸变在体内的转归,又可分为非稳定性染色体畸变和稳定性染色体畸变。染色体数目的异常主要包括多倍体、非整倍体和核内复制。

(二)电离辐射诱发的染色体型畸变类型

辐射诱发的染色体畸变最终是染色体型畸变,即畸变涉及染色体的两条染色单体。电离辐射是非 S 期依赖性断裂剂,而紫外线和化学品是 S 期依赖性诱变剂。因此细胞在 G_0/G_1 和 G_2/S 期受到电离辐射照射后,分别诱发染色体型和染色单体型畸变。然而,紫外线和化学品在整个细胞周期的所有阶段主要诱发染色单体型畸变。如果在受到电离辐射照射的 G_0/G_1 期细胞中观察到染色单体型畸变,可以推测这些畸变不是电离辐射诱发的,或是细胞已经通过了第二个细胞周期。染色单体型畸变一般不作为电离辐射损伤评价的指标,因为其不是由 G_0 期的淋巴细胞受照射诱发的。尽管如此,染色单体型畸变仍作为染色体损伤率总本底的一部分而存在,而且可能过量存在,因此,应对染色单体型畸变有充分了解,不得与染色体型畸变混淆。

非稳定性染色体畸变包括双着丝粒体或多着丝粒体、着丝粒环、无着丝粒断片、无着丝粒环、微小体。其中无着丝粒断片、微小体和无着丝粒环统称为无着丝粒体（acentrics，ace），由于 ace 没有着丝粒结构会随细胞分裂丢失，而双着丝粒体和着丝粒环常在分裂后期形成染色体桥或导致四倍体而引起细胞死亡。图 6–1 列举了几个电离辐射诱发的染色体型畸变案例。

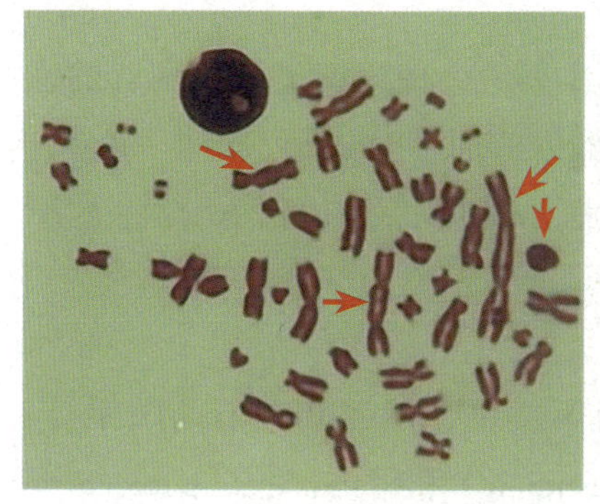

3dic+1r+1min+4f

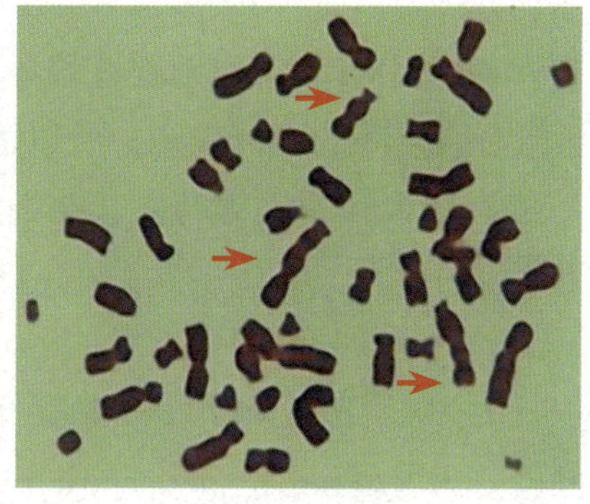

2tri+1dic+5f

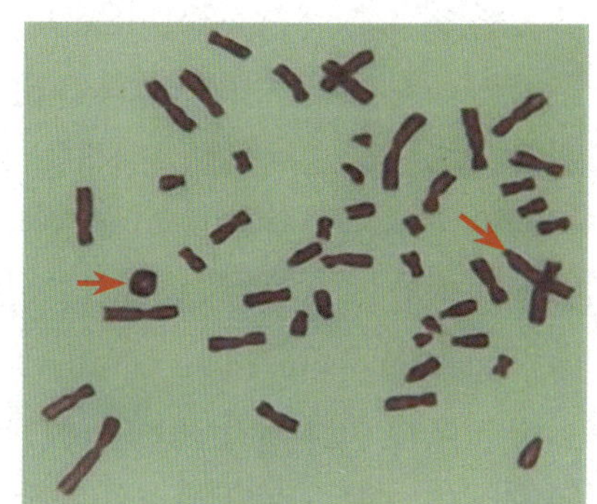

1t 和 r+f

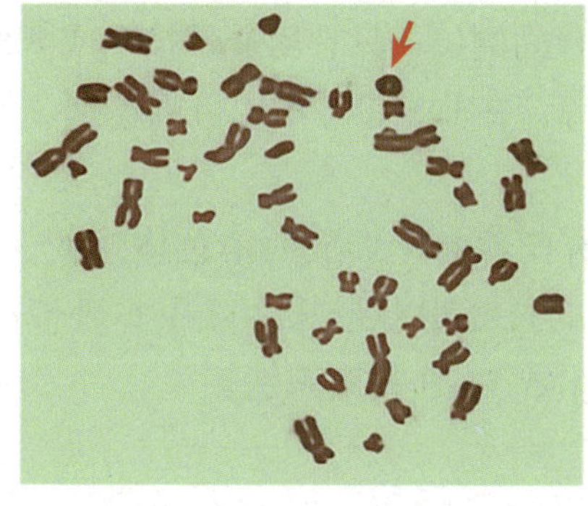

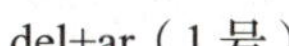

del+ar（1 号）

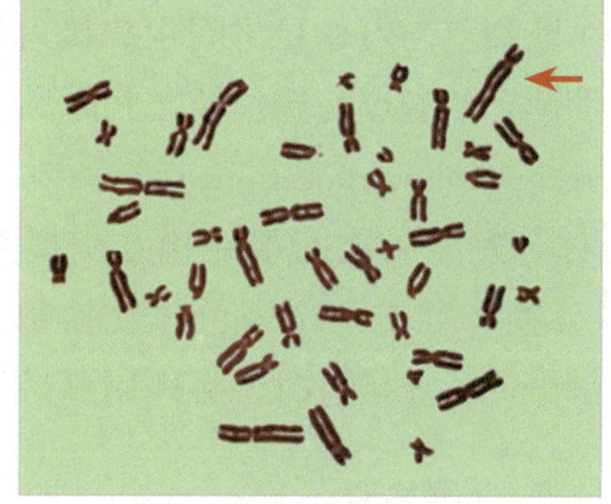

inv（1 号）

图 6–1　电离辐射诱发的染色体型畸变案例

1. 双着丝粒体或多着丝粒体（dicentrics and polycentric，dic and pic）

指具有两个或两个以上着丝粒的染色体称为双着丝粒或多着丝粒染色体，为不对称互换。两条或两条以上染色体各发生一次断裂后，具有着丝粒的部分连接形成双着丝粒体或多着丝粒体，而无着丝粒断片连接形成断片。计数染色体畸变时，双着丝粒体也伴随一个断片，计为一个畸变；如果为多着丝粒体（如有 n 个着丝粒），则应换算成 n–1 个双着丝粒体，并伴有 n–1 个断片。双着丝粒体是用于生物剂量估算的主要畸变类型，在大剂量照射或恶性肿瘤细胞中常见 pic。

2. 着丝粒环（centric ring，r）

是一对具有着丝粒的环形染色单体。在染色体长、短臂各发生一次断裂后，带有着丝粒的片段两端断面重新连接形成环状染色体，两个无着丝粒片段连接成一个断片。所以计数染色体畸变时，着丝粒环加断片计为一个染色体畸变。着丝粒环和无着丝粒环的区别是，前者带有着丝粒，并伴有一个断片。

3. 无着丝粒断片（fragment，f）

又称末端缺失，是一对相互平行的无着丝粒染色单体，有时易与等点染色单体裂隙相混淆，其判断标准是：如果两断端距离小于染色单体横径，视为等点染色单体裂隙，否则为无着丝粒断片。

4. 无着丝粒环（acentric ring，ar）

为一对环形的无着丝粒染色单体，是染色体臂内发生两次断裂，形成三个片段，两个断裂之间的片段离开原位形成无着丝粒环，余留的两个断端在断面直接连接形成中间缺失染色体。由于无着丝粒环断裂点间的距离较大，所以形成一对空心圆或中央略凹陷。

5. 微小体（minute，min）

为一对圆形的染色质球，比无着丝粒断片小。它和无着丝粒环其实是一种畸变类型，两者的区别仅在断裂点之间的距离不同，微小体断裂点间的距离较短，所以形成一对圆形的染色质球。

稳定性染色体畸变包括倒位、易位、插入和缺失等畸变，在细胞分裂时不存在任何力学上的障碍，细胞复制不受影响，可较长时间在体内存在。

6. 倒位（inversion，inv）

一条染色体发生两次断裂，形成上、中、下三个片段，中段上下颠倒，然后和上下两段相接，形成倒位。根据两断裂点的发生部位可分为臂间倒位（pericentric inversion）和臂内倒位（paracentric inversion）。如果两个断裂发生在着丝粒两侧，形成臂间倒位，发生在着丝粒的一侧，则形成臂内倒位。臂内倒位和两个断裂点与着丝粒之间距离接近的臂间倒位，只有用显带技术或 FISH 技术才能识别。如果臂间倒位的两个断裂点与着丝粒之间距离不等，在非显带标本也可以识别。

7. 相互易位（reciprocal translocation，t）

是由两条染色体各发生一次断裂并相互交换无着丝粒断片形成的染色体畸变，因为交换是对称的，又称对称性互换。如果两个染色体交换部分的长度相差悬殊，可在非显带标本中被识别，当两个染色体交换部分的长度接近时，必须用显带技术或 FISH 技术识别。

二、染色体畸变检测方法

（一）人外周血淋巴细胞染色体标本制备

1. 外周静脉血采集、保存和运输

采集受检者静脉血约 2mL，注入肝素抗凝管，颠倒混匀。静脉血采集后应尽快接种和培养，如需保存和运输，要用专用保温样品箱保存和运输，最佳温度为 18~24℃。

2. 微量全血培养

将采集的静脉血 0.3mL 加入配制好的 5mL RPMI-1640 培养液（含 PHA 植物血凝素和 10%~20% 胎牛血清）中，轻轻摇匀，在培养瓶上编号并注明培养开始时间和日期。每人次平行培养 2 瓶。（37 ± 0.5）℃恒温培养箱内培养 24h 后，每瓶培养液中加入 10μg/mL 的秋水仙碱 20~25μL（终浓度 0.04~0.05μg/mL）继续培养 24~28h 后收获细胞。或培养开始时加入终浓度为 0.015~0.03μg/mL 的秋水仙碱，继续培养至 48~52h 后收获细胞。

3. 低渗

终止培养后用吸管轻轻抽去培养瓶中的上清液，每瓶加入 8mL 经 37℃预温的 0.075mol/L 氯化钾（KCL），将细胞团块充分吹打均匀后移至 10mL 的尖底玻璃离心管中，放入 37℃恒温水浴锅（箱）中低渗 20~30min。

4. 预固定

取出低渗完毕的离心管，每管加入 5~10 滴新配制的固定液（甲醇体积：冰醋酸体积 = 3∶1），用吸管吹打混匀，水平离心机中 1000~1500r/min（约 200~250g）离心 8~10min。

5. 固定

取出离心管，用吸管吸去上清液，沿管壁每离心管中加入 8mL 固定液，用吸管快速吹打细胞团块并充分吹打混匀，常温下固定 20~30min，在水平离心机中 1000~1500r/min（约 200~250g）离心 8~10min。取出离心管，重复第一次固定的操作。

6. 制片

取出离心管，吸去上清液，根据细胞团块的大小每离心管中加入 3~5 滴固定液以调节细胞浓度。然后以一定高度（10~30cm）将细胞悬液滴在经 37℃水浴预热或在 4℃冰箱预冷的洁净载片上，室温空气自然干燥。每张玻片滴 2~3 滴。对每一张染色体标本片进行编号，并按照编号做好记录。

7. 染色

用 pH 值为 6.8 的磷酸缓冲液配制的 10% 吉姆萨（Giemsa）染液均匀涂于染色体标本片上，室温下染 8~10min，以一定倾角（约 45°）用自来水轻轻冲洗，洗掉染液后置于玻片架上室温下自然晾干。

配备有自动细胞收获仪、自动制片机和自动染片机的实验室，可按照生产商提供的操作指南自动制备染色体标本。

（二）染色体标本制备的关键因素

如果淋巴细胞转化试验表明培养物生长良好，但制成的标本可供分析的中期分裂相较少，其可能原因如下。

1. 秋水仙碱处理不当

秋水仙碱的有效浓度过低，不能有效阻断细胞分裂，或秋水仙碱处理时间过短，积累的分裂相较少，染色体形态细长。如果秋水仙碱浓度过高，处理时间又长，则染色体过于缩短，难以进行分析。

2. 低渗处理不当

低渗处理时间太长，细胞膜过早破裂，导致分裂相丢失。低渗处理不足，细胞膨胀不够，导致染色体分散不佳，难以进行染色体计数分析。

3. 离心速度不合适

离心速度太低，时间过短，可使细胞大量丢失。如果在低渗处理后，离心速度过高，使分裂相过早破裂丢失。

4. 吹打培养物操作不合适

每次离心后都需要用吸管吹打培养物使其散开；若吹打不足，则许多分裂相仍包被在细胞团块中不便于分析。如果在低渗处理后，吹打过猛，则可导致分散良好的分裂相破裂丢失。

5. 固定不充分

甲醇或冰醋酸质量不佳，固定液不新鲜，固定时间不足，都可使染色体形态模糊。

6. 载玻片清洗不彻底

细胞贴片不牢，易脱落。

7. 滴片干燥温度不合适

滴片后一般采用蒸汽或火焰法干燥玻片。温度过低，染色体分散不佳。温度过高，中期分裂相破碎，标本上有许多散在的单个染色体。

（三）染色体畸变阅片方法

1. 阅片原则

按显微镜载物台刻度坐标，在低倍镜下（物镜10倍）从右至左逐列或逐行对每张染色体标本片扫描式寻找可供分析的中期分裂细胞，找到目标后在油镜（物镜100倍）下计数和分析，每位受检者至少分析100个中期分裂细胞，但作为慢性放射病诊断参考指标时至少分析200个中期分裂细胞。

2. 中期细胞的选择

（1）染色体数目为46±1条。

（2）染色体分散良好，长短适中，各条染色体均可清楚辨认。

3. 中期细胞不宜作计数分析的情况

（1）染色体数目少于45条。

（2）在同一细胞内染色体过于分散，不能在一个油镜视野内观察到。

（3）染色体形态过度细长或过度短粗。

（4）染色体呈扭曲状或紧缩成团。

（5）染色体分散不良，重叠太多。

（6）染色太深不能鉴别染色单体交叉重叠。

（7）同一条染色体的两条染色单体间距离过大。

（四）剂量－效应曲线的建立方法

在建立剂量－效应曲线时，须提供可靠的、明确的样品照射的物理剂量。受照血液样本应与照射源保持一定的距离，以达到均匀照射的目的。有条件的实验室应建立包括不同辐射类型（如X射线、γ射线、中子等）、不同剂量率的剂量－效应曲线。估算剂量多以“dic+r”率作为指标，对于低LET辐射，如果剂量在0.5Gy以内，多适于拟合直线方程（$y=a+bD$）；剂量大于0.5Gy，多适于拟合一元二次方程（$y=a+bD+cD^2$）。对高LET辐射，主要适于拟合直线方程。

三、染色体畸变分析的应用

（一）染色体畸变分析在放射工作人员职业健康检查中的应用

1. 放射工作人员体检中常见的染色体畸变类型

染色体畸变可以自发产生，在未受到附加照射时人类的细胞中所出现的染色体畸变，称之为自发畸变（spontaneous aberration），主要来自宇宙射线的天然本底辐射和人工辐射源照射，也包括环境诱变剂和病毒等其他因素所致的畸变。辐射诱发染色体结构畸变，主要为染色体型畸变。国内外健康人常规核型分析染色体畸变的自发率很低，多数研究表明，“双＋环”率在0.01%~0.05%、易位的自发率在0.05%~0.4%和无着丝粒体的自发率在0.1%~0.5%。

国内外的许多报道亦显示，放射工作人员细胞遗传学检测中观察到的染色体型畸变主要是无着丝粒断片，其次是易位和双着丝粒体等重接型畸变。由于重接型畸变自发率低，对电离辐射照射有较好的特异性，所以是评价长期低剂量照射重要的辐射遗传损伤指标。这也是《放射工作人员职业健康检查外周血淋巴细胞染色体畸变检测与评价》（GBZ/T 248—2014）标准中对不同畸变指标给出不同正常参考值范围的主要依据和原因。如该标准推荐ace正常参考值范围为0~3%，＞3%为异常；双着丝粒体或着丝粒环或易位等重接型畸变指标正常参考值范围为＜1%，结果≥1%为异常；对检测结果异常的受检者，可在3~6个月内复查。因此，在放射工作人员职业健康检查染色体畸变检测中应重点识别和计数双着丝粒体和易位等电离辐射诱发的标志性重接型畸变，特别是易位指标不会随时间延长而丢失，可以较好反映放射工作人员的累积暴露剂量，应是重点观察的畸变指标。

2. 放射工作人员体检评价中的应用

由于电离辐射诱发的不同染色体畸变指标的生物学意义不同，在放射工作人员职业健康监护染色体畸变检测实践中要考虑多重因素可能对检测结果的影响。如果只是 ace 率＞3%，而 ace 指标对电离辐射不具有特异性，年龄、其他物理、化学和生物因素等也会影响 ace 的发生率。因此，在进行放射损伤评估时还应考虑年龄、受照史、近期是否有化学物质接触和病毒感染史等的影响以及造血系统是否有异常等，一般不建议将 ace 作为放射工作人员适任性评价的指标；对于 dic、r 和 t 等电离辐射诱发的标志性染色体畸变指标为异常者，如通过增加分析细胞数仍≥1%，除可作为参考指标推测其可能曾经受到一定剂量的照射外，而且在职业性慢性放射病诊断中有一定参考价值。但在放射工作人员适任性评价时首先要排除受检者是否曾接受过放射治疗等医疗照射，其次要调查受检者的工种、工龄、个人剂量监测结果等信息，还要考虑造血系统是否有异常等作出综合判断。如果不伴有白细胞、血小板等指标异常，建议要加强个人防护和定期进行染色体畸变检测（有条件的实验室可进行稳定性染色体畸变分析估算累积暴露剂量），可以从事放射工作，如伴有造血系统异常，则要按照《放射工作人员健康要求及监护规范》（GBZ 98—2020）要求对岗前放射工作人员给出不宜从事放射工作的适任性评价，对在岗期间的放射工作人员可以给出暂时脱离或不宜继续原放射工作岗位的评价。因此，单独的染色体畸变检测指标异常对放射工作人员进行适任性评价可能有一定局限性，需要考虑个人职业史和受照射情况以及其他系统是否有异常等信息，如此方可对受检者个人作出科学合理的适任性评价。

此外，近年来的研究发现染色体畸变分析可以用于回顾性生物剂量重建和辐射流行学研究。如染色体易位目前被国际学界认可为最可靠的回顾性重建生物剂量的生物学指标，国外学者利用 FISH 技术分析染色体易位，重建了包括长期受低剂量暴露的放射工作人员、早年参加核试验的退役军人以及医疗照射受照者等不同暴露人群的累积暴露剂量；在辐射流行病学研究领域，来自欧美大样本人群队列研究显示，低剂量电离辐射诱发的染色体畸变不但与患癌风险相关，还可能与常见疾病（如心血管病）相关。因此，外周血淋巴细胞染色体畸变分析在放射工作人员健康监护中起着不可或缺的重要作用。

（二）染色体畸变分析在生物剂量估算中的应用

在发生核事故或辐射事故后，尽早估算出人员受照剂量，可为医学救治和判断预后提供重要依据。除物理方法外，生物学方法是估算剂量的主要手段，生物剂量可以和物理剂量互相验证。对可疑受照者，生物学方法更具优点。目前，大量实验研究和临床应用证明，外周血淋巴细胞染色体畸变分析是估算受照剂量最为可靠的生物学方法。在国内外多起核辐射事故中得到应用，用染色体畸变估算受照剂量，得到和物理剂量、临床诊断相当一致的结果，发挥了重要作用。

1. 染色体畸变估算生物剂量的适用范围

《染色体畸变估算生物剂量方法》（GB/T 28326—2011）给出了电离辐射诱发人外周血淋巴细胞染色体畸变的剂量－效应曲线的建立和用其估算生物剂量的方法，适用于一次比较均匀的全身外照射事故受照人员的剂量估算，适用于一次比较均匀的全身外照射复合烧伤的病例剂量估算；不适用于分次照射、长期小剂量累积照射和内照射的生物剂量估算。

2. 染色体畸变分析在核与辐射事故中的应用

已证明离体照射血诱发的染色体畸变率与整体照射的结果相当接近，即离体照射血所建立的剂

量 – 效应曲线可用来估算受照者所受的剂量，即生物剂量估算。生物剂量估算包括：对已知受照者进行剂量估算；对可疑受照者判断是否受到照射，对被确定受照的个体给出受照剂量。在给出剂量的同时，对低 LET 辐射要做“dic+r”在细胞间分布的泊松分布 u 检验，判断是否为均匀照射，以供制定治疗方案和判断预后的参考。

染色体畸变分析作为剂量估算的生物学指标，至今已有几十年的历史，国内外学者用 X 射线、γ 射线、中子和质子等不同辐射类型照射离体人血，建立了不同剂量范围和不同剂量率（低 LET 辐射）多条剂量 – 效应曲线，并在国内外多起较大事故中应用，如美国华盛顿汉福特核事故（1966 年）、上海 ^{60}Co 事故（1980 年）、苏联切尔诺贝利核电站事故（1986 年）、巴西 Goiania ^{137}Cs 事故（1987 年）、圣萨尔瓦多 ^{60}Co 事故（1989 年）、上海 6.25 ^{60}Co 事故（1990 年）、山西忻州 ^{60}Co 事故（1992 年）、河南新乡 ^{60}Co 事故（1999 年）、日本茨城县东海村核燃料加工厂事故（1999 年）、四川成都 ^{60}Co 事故（2000 年）、北京燕山 ^{192}Ir 事故（2001 年）、河南安阳 ^{60}Co 事故（2002 年）、哈尔滨 9.1 ^{60}Co 事故（2003 年）、山东 10.21 ^{60}Co 事故（2004 年）、哈尔滨 ^{192}Ir 事故（2005 年）和南京 ^{192}Ir 事故（2014 年）等，都采用染色体畸变（dic+r）分析，估算了受照剂量，取得了满意的结果，为临床诊断和预后判断提供了重要的剂量资料。

我国从 1970 年以来相继开展此项工作，并于 1980 年首次对上海核子所 1 例受 ^{60}Co 源照射的病例进行了生物剂量估算，其染色体畸变估算剂量的结果与物理剂量及临床诊断相当一致，为进一步开展该方面的工作打下了良好的基础。

3. 染色体畸变分析估算剂量的原则

（1）dic（或 dic+r）比较准确估算剂量的范围为 0.1~5.0Gy。

（2）事故后应尽早取血，最好在 48h 之内取血，最迟不宜超过 60d。

（3）培养条件、制片方法和染色体畸变的判断标准应与建立刻度曲线时相同。对估算剂量的个体，至少应分析 300~500 个 M_1 细胞。

（4）应选择和事故条件接近的刻度曲线进行剂量估算，在曲线剂量范围内应用，一般不外推。

（5）估算剂量时，除给出平均值以外，同时需给出剂量范围的 95% 可信限区间。在计算 95% 的可信限时，可以忽略回归方程式中由于不确定性的染色体畸变率的标准误，只计算观察细胞畸变率的标准误即可。

（赵　骅　吕玉民）

第二节　外周血淋巴细胞微核分析

研究者在血液细胞中发现微核存在已有 100 多年历史，1890 年首先在红细胞中发现一种特殊小体，1905 年被称为豪威尔 – 乔利（Howell–Jolly）氏小体，其实就是现在的微核。1971 年建立了啮齿动物骨髓细胞微核测定方法，称为微核测定法。1973 年用这种方法检测染色体损伤，由于该方法简便、快速，并解决了外周血淋巴细胞培养问题，在放射损伤评价领域得到广泛应用。随着微核技术的广泛应用和深入研究，实验方法也在不断改进。1985 年澳大利亚学者费内克（Fenech）和莫利（Morley）建立了胞质分裂阻断微核法，即 CBMN 法，为淋巴细胞微核在辐射领域的应用开辟了更广泛的前景。20 世纪 90 年代又发展了 FISH 技术检测 CBMN 中的着丝粒方法，有报道利用全着丝粒探针进行 FISH 检测 CBMN，发现在正常人群淋巴细胞中的微核有 70% 以上是来自细胞分裂后期落后的整条染色体，仅有不到 30% 的微核是来自无着丝粒断片，微核受年龄和性别的影响，本底值较高。而且健康人群中随着年龄的增加微核率升高，女性的微核率高于男性，生物、化学和物理（包括电离辐射）因素均可诱发微核，其产生没有特异性。这种方法可以区分是由无着丝粒断片形成的微核，还是由整条染色体形成的微核。应用这种方法，可以大幅提高 CBMN 检测在低剂量照射范围的敏感性。

多个国际组织推荐微核检测可作为致癌剂、诱变剂常用的遗传毒理学检测方法。IAEA 在 1986 年 260 号技术报告《生物剂量：用于剂量估算的染色体畸变分析》给出了微核检测的方法，2001 年 405 号技术报告《辐射剂量估算的细胞遗传学方法》（*Cytogenetic Analysis for Radiation Dose Assessment*）中首次增加了 CB 微核法等内容，又在 2011 年报告《细胞遗传学指标生物剂量估算：在辐射应急响应准备中的应用》（*Cytogenetic Dosimetry: Applications in Preparedness for and Response to Radiation Emergencies*）中对部分内容予以更新。ISO 在 2024 年发布的 17099 号标准《辐射防护：应用外周血淋巴细胞胞质分裂阻断微核法估算生物剂量实验室应遵守的技术标准》[*Radiation Protection: Performance criteria for laboratories using the cytokinesis block micronucleus（CBMN）assay in peripheral blood lymphocytes for biological dosimetry*] 中。技术报告和标准中均给出了 CB 微核法估算生物剂量的方法。

国内学者也将微核检测方法作为生物剂量学研究方面的重要内容，1999 年首次制定了中华人民共和国卫生行业标准《淋巴细胞微核估算受照剂量的方法》（WS/T 187—1999），该标准给出了电离辐射诱发人外周血淋巴细胞微核的剂量 – 效应曲线的建立及其用于估算生物剂量的方法，可解决在辐射事故早期剂量的估算问题。2023 年进行了第一次修订，发布了国家职业卫生标准《放射工作人员职业健康检查外周血淋巴细胞微核检测方法与受照剂量估算标准》（GBZ/T 328—2023），规定了放射工作人员职业健康检查和受照剂量估算中，外周血淋巴细胞微核的标本制备、微核检测、结果评价、剂量估算方法和质量控制，适用于放射工作人员职业健康检查微核检测和急性全身外照射受照人员的生物剂量估算。

一、微核定义及特点

（一）微核的定义

由于基因组 DNA 损伤导致细胞分裂后期滞后的染色体断片、一个或多个染色体不能随有丝分裂进入子细胞，而在细胞质中形成直径小于主核的三分之一且完全与主核分开的圆形或椭圆形小核。

（二）双核淋巴细胞的判定标准

细胞应为双核细胞，同一个双核细胞中的两个细胞核应具有各自完整的核膜，并位于相同的细胞质边界内，两个细胞核大小、质感和染色强度应大致相等，两个细胞核完全分离，或者可由一个或多个核质桥连接，核质桥不超过核直径的 1/4，两个细胞核重叠时，应看到各自的完整核膜。双核细胞的细胞质边界或细胞膜应完整，并与相邻细胞的细胞质边界明显区分。

（三）微核的判定标准

微核应游离于胞质中，与主核完全分开，直径为主核的 1/16~1/3，与主核不连接，不重叠（重叠或相切时，应看到各自的完整核膜），无折光性，与染料颗粒等杂质相区别，着色深浅与主核相同或略浅（见图 6–2）。

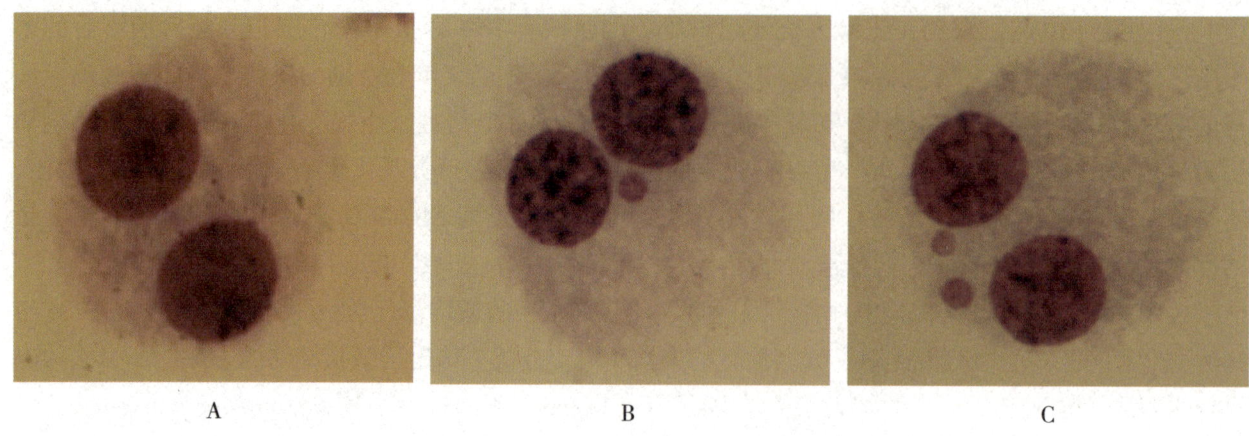

图 6-2　双核淋巴细胞中的微核

A. 双核细胞；B. 双核细胞中的 1 个微核；C. 双核细胞中的 2 个微核

二、微核分析方法

（一）人外周血淋巴细胞微核标本制备

随着研究的不断深入，外周血淋巴细胞微核测定方法也在不断改进，由最初广泛应用的直接涂片法，发展到单核培养法和胞质分裂阻断微核法。目前，应用较多的是常规培养微核法和 CB 微核法。在制备剂量 - 效应曲线和进行生物剂量估算时应采用 CB 微核法。CB 微核方法的关键是在细胞进入第一次有丝分裂前在培养体系中加入松胞素 B（Cytochalasin-B，Cyt-B）。Cyt-B 是一种胞质分裂抑制剂，可阻断细胞质分裂而不影响细胞核分裂，因此完成第一次有丝分裂的细胞可形成双核细胞。由于 Cyt-B 的作用，胞质不能进行多次分裂，因此微核也不会在分裂过程丢失。通过检测第一次分裂的双核细胞中的微核，可降低细胞分裂过程中的混杂效应。CB 微核法具有良好的稳定性和可靠性，实验操作简便、对分析人员要求低、可以实现自动化分析等，已成为人类和哺乳动物细胞遗传毒理学检测的经典方法。

1. 外周静脉血采集、保存与运输

采集受检者静脉血约 2mL，注入肝素抗凝管，颠倒混匀，静脉血保存最佳温度是 18~24℃，48h 内送达实验室为宜。

2. 微量全血培养

将采集的静脉血 0.3~0.5mL 加入 4~5mL 含植物血凝素和 10%~20% 胎牛血清的 RPMI-1640 培养基中，在培养容器上编号并注明培养开始时间和日期，轻轻摇匀，（37 ± 0.5）℃恒温培养。如采用常规培养微核法，培养至 68~72h 收获细胞。如采用胞质分裂阻断微核法，培养至 40~44h，加入松胞素 -B，使其终浓度为 6μg/mL，继续培养至 72h 收获细胞。

3. 低渗

吸弃培养液上清，摇匀，每管加入 4mL 37℃预温的 KCL 低渗液（常规培养法低渗液浓度宜为 0.075mol/L，CB 微核法低渗液浓度宜为 0.1mol/L），轻轻吹打均匀，立即加入新配制的固定液 0.5~1mL（甲醇体积：冰醋酸体积 = 3：1），混匀，移至 10~15mL 离心管中，水平离心机离心 8~10min，离心力为 200~250g。

4. 固定

弃上清，摇匀，加入 4.5mL 固定液，固定 20~30min，水平离心机离心 8~10min，离心力为 200~

250g。离心后可用固定液洗涤细胞，以减少细胞悬液中的杂质。

5. 制片

弃上清，视细胞数量酌情加入固定液数滴，充分混匀，将细胞悬液均匀滴在洁净干燥载玻片上，室温干燥。对每一张微核标本玻片进行编号，并做好记录。

6. 染色

用体积比为 8%~10% 的瑞氏－吉姆萨染液或吉姆萨染液染色 8~10min，轻轻冲洗，室温干燥。

人外周血淋巴细胞微核培养方法与染色体中期细胞培养方法类似，主要存在以下几点区别：培养至 24~44h 加入 Cyt-B（用于辐射生物剂量估算最好选择 24h，这样可以确保收获的细胞为 M_1 期）；细胞培养不用溴脱氧尿嘧啶和秋水仙碱；培养时间延长至 72h（新技术是培养 54h），低渗处理、固定和离心均要轻柔，以保持胞浆完好，便于识别双核细胞。可以经吉姆萨常规染色后用光学显微镜观察，也可以用荧光染料（如吖啶橙）标记后用荧光显微镜观察。标本还可以进一步用 FISH 加泛着丝粒探针标记着丝粒。

CB 微核法的优点是提高了方法的灵敏度和可靠性，不足是 Cyt-B 具有一定毒性且价格较贵。目前，有条件的实验室都采用该方法。建立淋巴细胞微核的剂量－效应曲线，应采用 CB 微核法。

（二）CB 微核法标本制备的关键因素

CB 微核标本制备是实验分析的重要前提，也是得到准确、可靠检测结果的基础条件。理想的 CB 微核标本应双核细胞数量多、胞膜完整、密度适中、染色均匀和杂质较少等，其质量取决于细胞培养和制片。要选择适宜的培养条件，这是获取较高细胞分裂指数的必要条件。理想的 CB 微核标本可以提高分析效率，也可提高结果的准确性及可靠性，是影响 CB 微核分析的重要因素。

Cyt-B 的浓度对双核细胞的比例影响较大。浓度过高可导致胞膜破裂，多核淋巴细胞比例升高；浓度偏低，则单核细胞的比例增多，双核细胞的比例降低。Cyt-B 的终浓度一般为 3~10μg/mL，IAEA 推荐的 Cyt-B 终浓度为 6μg/mL。加入 Cyt-B 的时间是 CB 分析的关键，应在细胞进入第一次有丝分裂周期之前加入，使所有观察到的双核细胞均为第一次分裂的细胞，因为微核可随细胞分裂而丢失。而 Cyt-B 要在加入培养基后约 6h 才开始发挥胞质阻断作用，因此应在细胞开始进入细胞周期前 6h 加入 Cyt-B，从而获得较多的一次分裂的双核淋巴细胞。

三、微核分析在放射工作人员职业健康检查中的应用

（一）外周血淋巴细胞微核率的影响因素

1. 外周血淋巴细胞微核率的正常参考值范围

外周血淋巴细胞微核试验由于简便、易于掌握是评价不同类型职业暴露常用且有一定价值的细胞遗传学指标，也是《放射工作人员健康要求及监护规范》（GBZ 98—2020）标准规定的在岗期间放射工作人员职业健康监护的必检项目。依据《放射工作人员职业健康检查外周血淋巴细胞微核检测方法与受照剂量估算标准》（GBZ/T 328—2023），常规培养法微核率的正常参考值范围 0~6‰，CB 法微核率的正常参考值范围 0~30‰，对检测结果超出正常参考值范围者，可检查外周血淋巴细胞染色体畸变。本底水平的研究可以确定正常人群的微核正常值范围，为个体发生未知的暴露时提供基线数据，在进行风险评估时提供科学依据。了解人群遗传损伤的基线频率是确定和评估化学污染，核事故或多种外源因素暴露的必要手段。

2. 年龄、性别等因素对外周血淋巴细胞微核率的影响

作为一项在体生物监测指标，经若干实验研究验证后，微核分析已被大规模应用于职业受照放射工作人员的生物监测，如核电厂和医院放射工作人员的放射损伤评价，这些研究结果表明，微核率取决于采血之前多年接受的累积剂量。对年龄因素进行校正后，个体微核率的线性回归分析显示，微核增加率为0.0175‰/mSv，皮尔逊（Pearson）相关系数为0.10。此外，对放射工作人员进行了分析，得到微核随剂量的增加率几乎与前一结果相同，为0.025‰/mGy。另有研究也发现在职业照射人群中微核的剂量依赖性，微核增加率为0.03‰/mGy。大量研究表明，微核检测能够在群体水平上证实职业性照射累积剂量超过50mGy引起的遗传损伤。

影响正常人微核自发率的因素较多，环境中的许多理化因素，如天然辐射、医疗照射及各种化学诱变剂（如吸烟和某些药物）等都可诱发微核。在诸多影响因素中，微核自发率受年龄和性别影响最大。大量研究证实，微核自发率随年龄的增长而增高，可能是由于多种因素造成，其中包括涉及DNA修复，染色体基因的获得性突变，以及由于暴露于内源性基因毒素引起的染色体数目和结构畸变。利用泛着丝粒探针的荧光原位杂交结果显示，微核绝大多数为含有着丝粒的微核，提示微核自发率随年龄升高可能与染色体丢失相关。女性微核自发率高于男性，可能由于X染色体断裂或缺失造成。利用X-染色体特异着丝粒探针的荧光原位杂交结果显示部分染色体的丢失与X-染色体有关。

（二）微核分析在放射工作人员体检评价中的应用

近年来的许多报道显示，放射工作人员的微核率明显高于对照组，在不同放射工种中介入放射学工作人员的微核率明显升高，亦有微核率与年有效剂量呈正相关关系的报道，说明微核率确实可以反映不同职业受照人群整体的遗传损伤水平。但由于微核率受其他诱变剂、年龄和性别等因素的影响，且对电离辐射不具有特异性，对受检者个体而言，升高的微核率的参考价值有限，只能作为染色体畸变的辅助参考指标评价慢性放射损伤。因此，在放射工作人员职业健康监护微核检测中，如果对受检者同时进行了染色体畸变和微核检测，两者检测结果不一致，应以染色体畸变的检测结果为准，如两项指标均升高对评价慢性放射损伤更有意义；如果只进行了微核检测，对微核率高于标准中正常参考值的受检者应建议进一步进行染色体畸变分析，依据染色体畸变的分析结果进行评价。此外，有报道显示升高的微核率可以预示未来患癌的相对危险度增加。微核率指标在放射工作人员辐射流行病学研究领域具有重要实用价值，值得学者同仁关注。

（赵　骅　吕玉民）

07

第七章　放射工作人员职业健康检查结果评价、报告及信息报送

根据《放射工作人员职业健康管理办法》、《职业健康检查管理办法》、《国家卫生健康委关于修改〈职业健康检查管理办法〉等4件部门规章的决定》（修正）、《职业病诊断与鉴定管理办法》、《职业性外照射个人监测规范》（GBZ 128—2019）、《职业性内照射个人监测规范》（GBZ 129—2016）、《放射工作人员健康要求及监护规范》（GBZ 98—2020）等法规标准的要求，放射工作人员职业健康检查机构在体检结束后1个月内、职业性放射性疾病诊断机构应当在作出职业病诊断之日起15日内、从事个人剂量监测的放射卫生技术服务机构在监测周期结束后1个月内，应向放射工作单位和/或放射工作人员个人通知检查结果，并通过指定的信息报告系统，向有关机构和部门报送放射工作人员职业健康检查、职业性放射性疾病诊断和个人剂量监测信息。

我国卫生健康行政部门一直重视放射卫生信息化建设，近年来，指导中国疾病预防控制中心辐射防护与核安全医学所（以下简称辐射安全所）陆续开发了多套放射卫生业务监测和数据调查信息系统，其中放射工作人员职业健康管理工作系统主要包括部署在全国放射卫生信息平台的个人剂量登记系统和部署在职业病及健康危害因素监测信息系统的放射工作人员职业健康检查管理子系统和职业性放射性疾病管理子系统，并纳入《全国卫生资源与医疗服务统计调查制度》。这些系统的建立为强化我国放射工作人员职业健康管理工作提供了便利，为开展放射工作人员职业健康风险评估提供了数据支撑，同时也进一步规范了个人剂量监测技术服务机构（以下简称监测机构）、职业健康检查机构和职业性放射性疾病诊断机构（以下简称诊断机构）的相关业务工作。

第一节　放射工作人员职业健康检查结果分析和评价

从放射工作人员职业健康监护的历史及演变过程来看，放射性因素的健康监护与其他职业病危害因素明显不同，其他职业病危害因素的健康监护的目的主要是发现职业病和职业禁忌证，并且直接给出了职业禁忌证的疾病名称，而放射工作人员职业健康监护是对放射工作人员是否适合从事放射工作进行评价和诊断，同时列出了“不应从事放射工作的指征”。

依据目前工业和医疗应用的个人剂量监测数据，放射工作人员个人年剂量小于0.25mSv，一般不会发生确定性效应，可能会有随机性效应疾病发生。

放射工作人员的职业健康管理分为职业健康检查和个人剂量监测两部分内容，在实际工作中，判断职业健康检查发现的敏感器官异常是否与放射因素相关，必须有个人剂量监测数据的佐证，当个人年剂量监测数据低于0.25mSv时，白细胞和/或血小板减少与职业无关，是其他原因导致的，切

忌一发现放射敏感器官出现的异常就判定与职业相关。

近源操作的放射工作人员，如介入放射学、工业探伤、核医学等放射工作人员评价职业健康检查结果时要注意眼晶状体的混浊、手部皮肤血管情况。

一、健康检查结果及分析

放射工作人员职业健康检查的目的是给出适任性评价和发现疑似放射性疾病，对检查结果的评价，主要依据是健康要求和不应从事放射工作的指征，结合放射性因素名称和职业分类及其代码综合分析判断。把检查结果分为基本信息资料、常规医学检查结果和特殊医学检查结果，以下是详细内容：

（一）基本信息资料

一般通过问诊获取，可分为主诉、既往史、个人史、婚育史、家族史及职业接触史。

（1）主诉：重点关注辐射敏感器官的不适，如眼晶状体、造血系统、性腺、甲状腺等。

（2）既往史：既往的健康状况、患病史、外伤手术、预防接种及过敏史等。

（3）个人史：烟酒及特殊嗜好、冶游史、是否到过疫区等。

（4）婚育史：结婚年龄、配偶健康状况、生育及子女情况、女性月经史等。

（5）职业接触史：包括部门、工种、起始时间、操作方式、工作量、职业照射种类和放射因素名称，过量照射史，放射之外的其他职业史都要记录下来。职业接触史注意拟承担和已承担工作量的变化，特殊工种是否佩戴辐射防护用品，如野外工业探伤、介入人员、核医学人员等，除常规防护用品外，介入人员是否佩戴局部的防护用品，如铅眼镜等。

（6）其他：如受照史，应包括医疗照射史，尤其是近期有 CT、介入及核医学诊疗史等情况都要记录。

众所周知，问诊是判断检查结果的导引，结合检查结果异常，可以作出初步判断。

（二）常规医学检查结果

常规医学检查项目一般包括内科、外科、皮肤科、眼科检查（视力、色觉、眼底）、听力检查（粗测）、血尿常规检查、肝肾功能和空腹血糖检查、心电图、腹部 B 超、胸部 X 线摄影和甲状腺功能检查等。检查方法参照 GBZ 188 的检查方法进行检查；检查结果参照 GBZ 98—2020 的健康要求进行判断。

1. 异常实验室检查结果复查要求

建议 3 个月内复查 1~2 次，每次间隔 1~2 周，复查应在同一体检机构进行。

（1）血常规：①如出现血常规检查某项结果异常者，应进一步了解受检者结果异常原因，近期有无疾病史、接种疫苗史，有无感染、药物、化学品和过量照射等因素影响。②应在 3 个月内复查 2 次，每次复查间隔 1~2 周，2 次结果均正常，判定为合格；否则，检查结果判定为不合格。③因血常规异常复查期间，建议暂时脱离放射性工作。

（2）肝功能：①如果检测 / 复查结果超出正常参考值上限，且在 2 倍之内，可从事放射性工作；建议复查（医院不做特殊指定），必要时临床诊治。②如果检测结果大于正常参考值上限 2 倍，建议临床诊治，暂不能从事放射性工作。③临床就诊后，如果排除严重肝脏疾病及其他疾病，3 个月内复查结果小于正常参考值上限 2 倍，可从事放射性工作。

（3）肾功能：如果肾功能异常，需要复查；严重肾功能不全者（氮质血症期以上者）肾内科诊治，不应（或不宜）从事放射性工作。

（4）尿常规：如果单项异常，而查体者无相关疾病史，无临床症状，其他查体实验室检测项正常，仍可判定查体合格。如有相关疾病史，有临床症状，或伴有其他实验室检测项异常，需要排除重要脏器功能严重疾病及功能严重异常，三个月内复查，并且综合分析。

（5）甲状腺功能：甲状腺功能检查 2 项及 2 项以上异常建议复查。未能控制的甲状腺功能亢进或甲状腺功能减退的患者不应（或不宜）从事放射性工作。

2. 异常检查结果分析

（1）腹部 B 超所见异常，应结合临床进一步检查，如确诊或疑似恶性病变，不可从事放射性工作。

（2）胸片如发现恶性肿瘤、活动性结核、严重支气管扩张、动脉瘤等疾患，不宜从事放射性工作。

（三）特殊医学检查结果分析

1. 眼晶状体检查

在眼压正常的情况下，用短效散瞳药滴眼，使双侧瞳孔充分散大，用裂隙灯显微镜依次检查角膜、前房、虹膜和晶状体，如果出现异常，在职业健康检查表上记录病变特征，如有混浊，请在晶状体晶体环面及正面图上标示出来。如果是介入放射工作人员，从晶体后极部后囊下开始的浑浊，应提示放射工作人员加强眼部防护。

2. 细胞遗传学检查

外周血淋巴细胞染色体畸变率异常可以 3~6 个月复查；淋巴细胞微核率异常，需要进一步检查外周血淋巴细胞染色体畸变率；异常结果不影响适任性评价。如果淋巴细胞染色体畸变率异常伴白细胞或血小板减少时，尤其是染色体出现双着丝粒体或环时，不能除外放射因素导致的。

二、放射工作岗位适任性评价

职业健康医疗机构的负责医师依据 GBZ 98—2020 明确地给出参加上岗前检查、在岗期间定期检查及离岗检查的放射工作人员从事放射工作的适任性意见或建议需要复查的必要项目等。

（一）上岗前职业健康检查

依据上岗前职业健康检查结果，由主检医师对受检者提出下列之一的适任性意见：①可从事放射工作；②在一定限制条件下可从事放射工作（例如，不可从事需采取呼吸防护措施的放射工作，不可从事涉及非密封源操作的放射工作）；③不宜从事放射工作。

（二）在岗期间职业健康检查

依据在岗期间职业健康检查结果，由主检医师对受检者提出下列之一的适任性意见：①可继续原放射工作；②在一定限制条件下可从事放射工作（例如，不可从事需采取呼吸防护措施的放射工作，不可从事涉及非密封源操作的放射工作）；③暂时脱离放射工作；④不宜继续原放射工作。

（三）检查异常结果处理

在岗期间检查结果中如出现异常，可与上岗前进行对照、比较，以便判断放射工作人员对其工作的适任性，对需要复查和医学观察的放射工作人员，应及时予以安排，并指导放射工作人员采取适当的防护措施。

（四）不宜从事放射工作的情况

严重的造血系统疾病（例如：白血病、白细胞减少症、血小板减少症、真性红细胞增多症、再生障碍性贫血等）及不符合放射工作人员健康标准中对外周血象要求；严重的呼吸系统疾病（例如：

活动性肺结核、严重而频繁发作的气管炎和哮喘、慢性支气管炎伴阻塞性肺气肿、支气管扩张）；严重的循环系统疾病（例如：各种失代偿的心脏病、严重高血压、动脉瘤等）；严重的消化系统疾病（例如：严重的消化道出血、肝硬化、慢性胰腺炎、溃疡性结肠炎、克罗恩病）；严重的神经和精神系统疾病（例如：脑瘤、意识障碍、癫痫、癔病、精神分裂症、精神病、严重的神经衰弱等）；严重的泌尿生殖系统疾病（例如：严重肾功能异常、精子异常、梅毒及其他性病）；严重的内分泌系统疾病（例如：未能控制的糖尿病、甲亢、甲减等）；严重的免疫系统疾病（例如：明显的免疫功能低下、红斑狼疮、皮肌炎和/或多发性肌炎、硬皮病、结节性多动脉炎、类风湿性关节炎等结缔组织疾病，大动脉炎）；严重的皮肤疾病（例如：传染性的、反复发作的、严重的、大范围的皮肤疾病，晚期血吸虫病，晚期血丝虫病兼有象皮肿或有乳糜尿等）；严重的视听障碍（例如：双眼矫正视力均低于4.9、严重的白内障、青光眼、视网膜病变、色盲、立体感消失、视野缩小等）；双耳均有严重的听力障碍；恶性肿瘤（病情稳定的分化型甲状腺癌除外），有碍于工作的巨大的、复发性良性肿瘤；严重的、有碍于工作的残疾、先天畸形和遗传性疾病；手术后而不能恢复正常功能者；未完全恢复的放射性疾病（指就业后）或其他职业病等。

体检机构和负责医师应根据所发现疾病的程度、性质，结合其拟从事的放射工作的具体情况，综合衡量确定。

（五）对特殊放射工作人员职业防护要求

（1）年龄小于16周岁的人员不得接受职业照射。

（2）年龄小于18周岁的人员，除非为了进行培训并受到监督，否则不得在控制区工作。

（3）女性工作人员发觉自己怀孕后要及时通知用人单位，以便必要时改善其工作条件。孕妇和哺乳期妇女应避免受到内照射。用人单位不得把怀孕作为拒绝女性工作人员继续工作的理由。用人单位有责任改善怀孕女性工作人员的工作条件，以保证为胚胎和胎儿提供与公众成员相同的防护水平。

（4）以前已经接受过5倍于年剂量限值照射工作人员，不应再接受事先计划的特殊照射。

（5）对放射工龄长、受过专业训练、具有专门技术、经验丰富的放射学专家或技术人员，其健康情况有不符合健康标准者，授权的医疗机构和医师，应慎重、仔细地权衡对社会和个人的利弊来决定是否继续某些限制的放射工作，或停止其放射工作。

三、脱离放射岗位时对健康状况评估结论

放射工作人员无论何种原因脱离放射工作时，放射工作单位应及时安排其进行离岗时的职业健康检查，以评价其离岗时的健康状况。

离岗时健康检查的主要目的是了解工作人员离开工作岗位时的健康状况，以分清健康损害的责任，特别是依据《职业病防治法》所要承担的民事赔偿责任。检查项目基本与在岗期间检查项目相同，进行系统全面的健康检查，同时根据工作人员的医学史、症状及体征、职业照射记录、接触放射线或放射性同位素的类型、方式及靶器官的不同，检查时要侧重于不同的项目，以评价工作人员在离开工作岗位时的健康变化是否与职业危害因素有关。其健康检查的结论是职业健康损害的医学证据，有助于明确健康损害的责任，保障工作人员的健康权益，减少社会负担。

根据检查结果进行评价：

（1）无因射线造成的机体损伤，给出的评价为“可以离岗”；

（2）疑有职业损伤，建议进行职业损伤诊断，给出的评价为“转相关医疗机构进一步检查”。

（梁　莉　王登强）

第二节　放射工作人员职业健康检查报告

在放射工作人员健康检查结束后，应及时整理体检数据，对于本次体检给予及时评价，并形成职业健康检查报告。职业健康检查报告是劳动者健康状况的重要记录，对于维护劳动者的健康权益具有重要意义，同时也是用人单位对劳动者健康负责的表现；职业健康检查报告可以作为用人单位对劳动者进行健康管理的依据，同时也是处理劳动争议、工伤赔偿等法律问题的重要证据；放射工作人员职业健康检查报告对于保障放射工作人员的健康与安全、预防和控制职业病的发生具有重要意义，是不可或缺的重要环节。

需要特别注意，根据《放射工作人员职业健康管理办法》和《职业健康检查管理办法》，职业健康检查机构发现有可能因放射性因素导致健康损害的或疑似职业病时，应当通知放射工作单位，并及时告知放射工作人员本人。

一、放射工作人员职业健康检查报告的分类

职业健康检查机构应根据相关规定和与用人单位签订的职业健康检查委托协议书，按时向用人单位提交职业健康检查报告。职业健康检查结果报告分为总结报告和个体报告。职业健康检查报告和评价应遵循法律严肃性、科学严谨性和客观公正性。

二、总结报告要求

体检总结报告是职业健康检查机构给委托单位（用人单位）的书面报告，是对当次职业健康检查结果的全面总结和一般分析，一般包括单位基本信息、检查结果分析和适任性评价三部分内容。职业健康检查报告应由报告编写人（执业医师）签名，经主检医师审核签名，签发人审批后加盖职业健康检查机构公章。总结报告中的基本信息包括受检单位名称、接触的放射因素类别、受检单位应检人数、实际受检人数、职业照射种类、职业健康检查种类、职业健康检查机构名称、检查时间及地点等信息。检查结果分析包括未见异常人员、发现的与放射危害因素相关的检查结果异常人员、其他疾病人员和疑似职业病的人员名单及处理建议等，并附个人职业健康检查结果一览表。

与放射危害因素相关的检查结果异常包括外周血淋巴细胞染色体畸变率和/或淋巴细胞微核率异常，血细胞分析中白细胞和血小板异常等，均应告知用人单位和劳动者复查的原因、项目、要求、时间及注意事项并出具复查通知书。对于复查人员应依据复查结果给出相应的适任性评价，形成复查报告。适任性评价见第一节。

三、个体报告要求

职业健康检查机构应对每一名进行职业健康检查的放射工作人员出具个体报告，个体报告的内容应包括被检人员的个人基本信息以及当次职业健康检查所有检查项目的详细结果、体检结论、医学处理意见和建议、适任性评价等内容。个人基本信息包括被检者姓名、性别、年龄、工龄、放射

工龄、工种、接触射线类型、职业照射类型、体检类型、既往病史、家族史等。个体报告应由主检医师综合审阅所有检查结果后给出适任性评价意见并签名，适任性评价见第一节。体检发现与放射危害因素相关的检查结果异常人员应要求复查，并注明复查时间、项目、要求及注意事项等。体检发现有疑似职业病的应提示被检者到相关的放射性疾病诊断机构进一步明确诊断，并按规定向放射工作单位所在地的卫生行政部门报告。个体体检结论报告应一式两份，一份给劳动者或受检者指定的人员，一份给用人单位。

根据职业健康检查结果，对劳动者个体的体检结论可分为以下 3 种。

（1）目前未见异常：本次职业健康检查各项检查指标均在正常范围内。

（2）与放射危害因素相关的检查结果异常：检查时发现外周血淋巴细胞染色体畸变率和（或）微核率异常，血细胞分析中白细胞和血小板异常等，需要复查，应明确复查的内容和时间。

（3）一般检查结果异常：除与放射危害因素相关的疾病之外的其他疾病或某些检查指标的异常。

四、报告时限要求

从事职业健康检查的医疗卫生机构应自体检工作结束之日起 30 个工作日内，为用人单位出具职业健康检查报告，并对报告内容负责。

（梁　莉　马　娅）

第三节　职业健康检查信息报送

一、职业健康检查数据管理系统

放射工作人员职业健康检查个案数据是放射工作人员职业健康风险评估的重要依据。目前，全国职业性放射性疾病监测项目通过全国放射卫生信息平台中的职业性放射性疾病监测项目子系统进行体检个案数据收集工作。辐射安全所负责制定并逐年完善体检个案数据采集 Excel 模板，采集信息包括放射工作人员基本信息、辐射相关的重要检查项目结果和体检结论等，并设置了数据验证条件来提高数据质量。各级监测项目承担单位负责收集汇总辖区内放射工作人员职业健康检查机构的个案电子数据，通过职业性放射性疾病监测项目子系统打包上传，辐射安全所整理并分析全国数据。

由于各职业健康检查机构的检查项目和检查方法并不统一，因此个案数据汇总和整理难度较大，且部分职业健康检查机构的数据质量较低，目前只能对上报的体检个案数据进行简单的描述性分析，无法开展深入的职业健康风险评估。为进一步规范放射工作人员职业健康机构的数据报送工作，在国家卫生健康委和中国疾控中心支持下，2023 年起，辐射安全所充分调研并积极协调，在职业病及健康危害因素监测信息系统上开发了放射工作人员职业健康检查数据管理子系统，该系统主要参考《放射工作人员职业健康管理办法》附件 3 中的“放射工作人员职业健康检查表”，报送内容包括放射工作人员基本信息、职业史（非放射工作职业史和放射工作职业史）、既往患病史、月经史、婚姻史、生育史、个人生活史、家族史、自觉症状、体格检查、眼科检查、实验室检查、器械检查、职业健康检查结果及处理意见等。该系统现已建成并投入使用（网址为 https：//10.249.6.18：8881/cdc/

login），放射工作人员职业健康检查个案数据将通过放射工作人员职业健康检查数据管理系统进行报送。

二、职业健康检查信息报送流程

放射工作人员职业健康检查数据管理系统的用户按照权限分为四类，分别为系统管理员、业务管理员、管理用户和报告用户，其中系统管理员、业务管理员和管理用户可分为国家级、省级和市级用户（放射卫生与职业卫生不同，未设县级用户）。

系统管理员是指国家、省、市三级疾病预防控制中心授权使用《中国疾病预防控制信息系统》，履行用户管理与服务职能的唯一责任人，负责新增用户（包括管理用户和报告用户）的审批。

业务管理员是指国家、省、市三级疾病预防控制机构，由各业务管理部门或单位指定负责管理该业务权限分配的唯一责任人，负责为用户分配不同角色（管理角色或报告角色）。

管理用户是指国家、省、市三级疾病预防控制机构各业务管理部门或单位，由本级业务管理员分配的具有不同权限和业务操作功能的同级用户，可查看、下载与审核本级报告用户的数据。

报告用户是指通过省级或市级疾病预防控制中心系统管理员审核和业务管理员授权的用户，一般为放射工作人员职业健康检查机构，报告用户申请流程如图 7–1 所示。

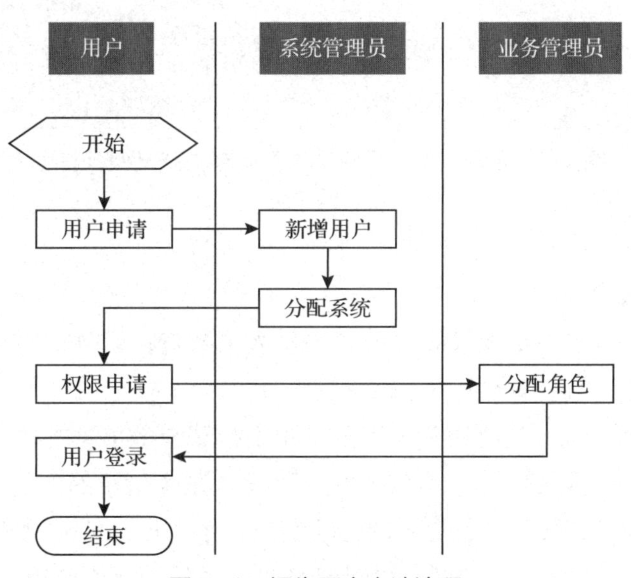

图 7–1　报告用户申请流程

报告用户在获得系统管理员分配的放射工作人员职业健康检查数据管理系统权限后，将可在职业病及健康危害因素监测信息系统中找到该系统的填报界面（见图 7–2）。

报告用户负责提交本机构的数据，所有数据提交后需经过地市、省和国家逐级审核。报告用户提交数据后，审核状态为市级待审核，此时只有用人单位所在地的地市级用户有审核权限。地市级审核通过后，审核状态为省级待审核，此时只有用人单位所在地的省级用户有审核权限。省级审核通过后，审核状态将直接显示为“国家审核通过”，此时国家级用户仍可以更改审核状态为“不通过”。

各级审核不通过的数据，报告用户都可以进行删除和修改操作。对于市级审核不通过的数据修改提交后审核状态将变更为市级待审核；对于省级审核不通过的数据修改提交后审核状态将变更为省级待审核；对于国家审核不通过的数据修改提交后审核状态将变更为省级待审核。对于省级或国家级审核不通过退回的数据，修改提交后需要逐级再次审核。

填报注意事项：系统中标“*”项均为必填项；被删除的放射工作人员职业健康检查数据将无法被恢复和查看。

业务规则：报告用户可以查看本单位填报的所有数据，可以修改、删除本机构添加的数据。管理用户可以查看辖区内机构填报的数据和用人单位所在地在本辖区内的所有数据。

图 7-2　放射工作人员职业健康检查数据管理系统界面

三、质量控制

（一）数据报送的质量控制

为了准确掌握每年参加职业健康检查的放射工作人员数量，区分初检和复检，系统设置了是否为复查一项，填报为“是”的个案数据将不被重复统计。

为了提高报送的数据质量，系统的关键字段采用下拉菜单的填报方式，包括：①体检类别（上岗前、在岗期间、离岗时、应急照射和事故照射）；②个人基本信息的性别和文化程度；③职业照射种类的照射源和职业分类及其代号；④全部的时间变量（年、月、日）；⑤吸烟史和饮酒史；⑥体格检查的营养和发育情况；⑦微核分析方法；⑧处理意见（适任性评价或检查结论）。下拉菜单中的选项可规范职业健康检查机构的数据，便于后期的深入分析，特别是卫生健康行政部门关注的检查人数和处理意见等项目，高质量的数据可以快速给出统计结果。

对于非下拉菜单的选项，系统将其分为了字符型、日期型和数值型三类，其中字符型根据不同内容设置了不同的长度，数值型根据不同内容分为了整数型和小数型两类。不同类型变量的设置，可为后期清洗数据和撰写工作报告节省一定的时间。

为了提高职业健康检查机构填报率，系统未设置过多的必填项目，仅要求必须填写是否复查、体检对象的个人基本资料（体检类别、姓名、工作单位、体检单位、检查日期、性别和出生日期）、职业照射种类（照射源和职业分类及其代号）、放射工作史（开始年、结束年和工作单位）、部分体检项目（白细胞计数和淋巴细胞百分比）和职业健康检查结果及处理意见，这些必填项目是统计卫生健康行政部门关心的指标的重要基础数据，如职业照射种类可分析不同工种体检结果异常的分布情况，职业健康检查结果及处理意见是统计体检异常率的重要依据。

对于无法统一的项目，采用开放的填报方式，但职业健康检查机构应注意填报的信息尽量完整规范，如眼科检查、甲状腺检查、染色体畸变率和淋巴细胞微核率等均为放射工作人员职业健康的重要指标，上述项目应为各级管理用户审核数据的主要关注内容。

（二）职业健康检查工作的质量控制

根据我国2024年度职业性放射性疾病监测结果，我国各省份放射工作人员职业健康检查机构数量差异较大，最少的只有1家，最多的有100余家，各职业健康检查机构间的重点检查项目的结果差异较大，如：在岗人员外周血淋巴细胞染色体畸变分析异常率（7个省份未发现异常，3个省份在2%及以上，最高为25.7%）、眼晶状体检查异常（后囊下）率（12个省份未发现异常，2个省份在1%及以上，最高为1.8%）、甲状腺彩超检查异常率（2个省份未发现异常，2个省份在50%及以上，最高为64.8%）。

检查项目异常率过高或过低均应引起重视，各级质控中心应认真分析上一年度辖区内职业健康检查机构的检查项目异常率，依托体检机构质量控制工作，对检查项目异常率奇高或奇低的机构重点进行检查，提高其工作质量。

目前我国仍有约四分之一的放射工作人员职业健康检查机构，在使用纸质版的体检表开展工作，纸质版的检查结果较难用于深入的分析，存在的体检质量问题较难发现，应加强这些职业健康检查机构的信息化建设，提高工作质量和效率。

（李小亮　邓　君）

第四节　职业性放射性疾病报告

一、职业性放射性疾病概述

职业性放射性疾病是指放射工作人员在职业活动中受到超剂量限值的电离辐射照射所致的损伤或疾病。我国目前实行的是法定职业病分类和目录制度，由国家卫生健康委、人力资源社会保障部、国家疾控局、全国总工会联合组织调整后的《职业病分类和目录》于2025年8月1日起实施，共12大类135种职业病（包括4项开放性条款），职业性放射性疾病涉及其中的13种，均配套了相应的诊断标准，共有14个（见表7-1）。

表7-1　现行有效的14个职业性放射性疾病诊断标准

编号	职业性放射性疾病病种	标准名称和编号
1	外照射急性放射病	《职业性外照射急性放射病诊断》（GBZ 104—2017）
2	外照射亚急性放射病	《外照射亚急性放射病诊断标准》（GBZ 99—2002）
3	外照射慢性放射病	《职业性外照射慢性放射病诊断》（GBZ 105—2017）
4	内照射放射病	《内照射放射病诊断标准》（GBZ 96—2011）
5	放射性皮肤疾病（含放射性皮肤癌）	《职业性放射性皮肤疾病诊断》（GBZ 106—2020）
6	放射性肿瘤（含矿工高氡暴露所致肺癌）	《职业性放射性肿瘤判断规范》（GBZ 97—2017）

续表

编号	职业性放射性疾病病种	标准名称和编号
7	放射性骨损伤	《外照射放射性骨损伤诊断》（GBZ 100—2010）
8	放射性甲状腺疾病	《职业性放射性甲状腺疾病诊断》（GBZ 101—2020）
9	放射性性腺疾病	《职业性放射性性腺疾病诊断》（GBZ 107—2015）
10	放射复合伤	《放冲复合伤诊断标准》（GBZ 102—2007）
11		《放烧复合伤诊断标准》（GBZ 103—2007）
12	放射性白内障	《职业性放射性白内障的诊断》（GBZ 95—2014）
13	铀及其化合物中毒	《急性铀中毒诊断标准》（GBZ 108—2002）
14	根据《职业性放射性疾病诊断标准（总则）》可以诊断的其他放射性损伤	《职业性放射性疾病诊断总则》（GBZ 112—2017）

截至 2024 年 12 月 31 日，全国备案（或有资质）的诊断机构为 101 家，全国 31 个省、自治区、直辖市和新疆生产建设兵团均设有诊断机构。2013—2024 年，全国诊断机构共报告职业性放射性疾病 197 例，其中山东（32 例）、河南（26 例）、黑龙江（23 例）和湖北（21 例）超过 20 例，辽宁、上海、广西、海南、西藏、宁夏和新疆生产建设兵团在 2013—2024 年未报告职业性放射性疾病。

二、职业性放射性疾病报告系统

为做好职业性放射性疾病的网络报告，使各诊断机构更加规范地上报职业性放射性疾病诊断病例（以下简称诊断病例），辐射安全所在 2014 年开发了放射工作人员职业健康管理系统——职业性放射性疾病报告系统，并逐步推广运行。2017 年，职业性放射性疾病报告系统作为子系统并入全国放射卫生信息平台，要求各诊断机构在填写 2017 年诊断病例个案的同时，在系统中补充上报过去 5 年的全部诊断病例信息。为进一步规范职业性放射性疾病诊断和报告工作，2022 年，辐射安全所在职业病及健康危害因素监测信息系统上开发了职业性放射性疾病管理子系统，并于 2023 年 7 月 7 日正式投入使用（网址为 https：//10.249.6.18：8880/portal），全国放射卫生信息平台中原职业性放射性疾病报告子系统同时关闭停用。

职业性放射性疾病管理子系统的开发主要基于《职业性放射性疾病诊断程序和要求》（GBZ 169—2020）的附录 C“职业性放射性疾病报告卡格式和填报说明”。填报内容包括个人基本信息、用人单位基本信息、受照情况、疾病诊断、诊断机构信息和报告机构信息六部分，其中姓名、性别、身份证号、放射工龄、用人单位名称、诊断疾病名称和职业类别等重要项目为必填内容，用人单位经济类型和行业规模等为非必填内容。

职业病及健康危害因素监测信息系统部署在中国疾病预防控制中心机房内，采用内网环境，需使用“VPN+ 数字证书”（国家 CDC 虚拟专网环境）的方式访问系统并进行操作。

三、职业性放射性疾病信息报送流程

职业性放射性疾病管理子系统与放射工作人员职业健康检查数据管理两个子系统同属于职业病及健康危害因素监测信息系统，其用户的分类和权限申请相同，具体内容参见本章第三节“职业健康检查信息报送流程”部分。

报告用户（一般为诊断机构）在获得系统管理员分配的职业性放射性疾病管理子系统权限后，

将可在职业病及健康危害因素监测信息系统中找到填报界面（见图 7–3）。报告用户负责提交本机构的数据，职业性放射性疾病数据不需审核，直接报送至国家级管理用户。

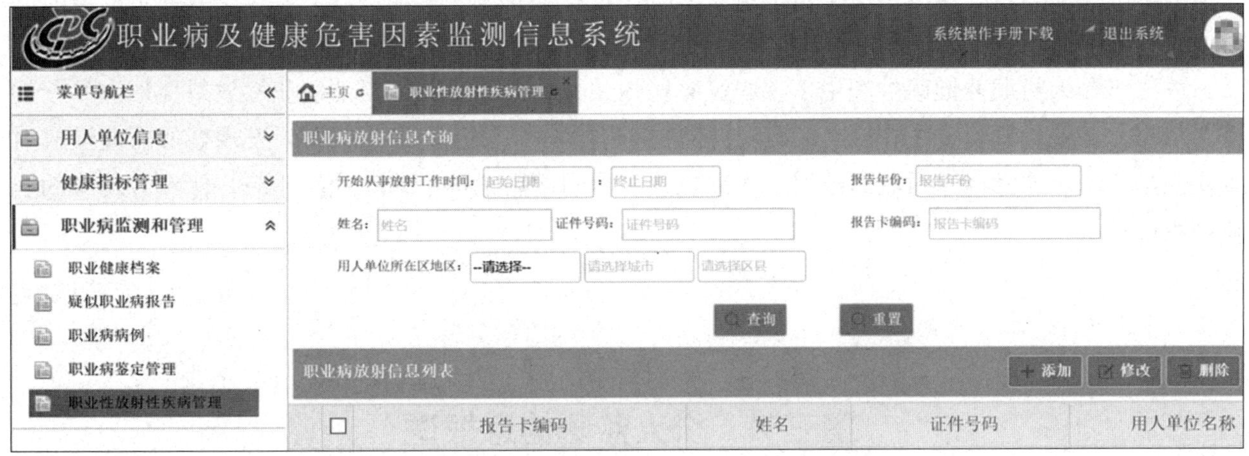

图 7–3　职业性放射性疾病管理子系统界面

四、质量控制

（一）数据报送的质量控制

为了提高报送的数据质量，系统的关键字段采用下拉菜单的填报方式，包括：①个人基本信息的性别、职业类别、急性照射 / 慢性照射和受照原因；②用人单位基本信息的经济类型、行业和企业规模；③疾病诊断的名称、分期、分度、目前情况和处理。下拉菜单的选项有助于指导诊断机构规范填写报告卡，以及管理用户对上报的数据进行深入分析。

为了便于职业性放射性疾病病例后期的医学随访以及管理用户撰写全国职业性放射性疾病病例年报，系统设计了多个必填项目，主要为病例和用人单位的基本信息，必填项的设置提高了数据的完整性，有助于其他相关工作的顺利开展。

对于无法统一的项目，采用开放的填报方式，但诊断机构应注意填报的信息尽量准确完整，如受照剂量是诊断部分职业性放射性疾病的重要依据，未达到标准规定的阈剂量，不能诊断为相应的职业性放射性疾病，受照史是描述病人受照过程的重要信息，通过受照史可以判断病人的职业类别、放射工龄以及诊断剂量等填写是否正确，主要诊断依据可判断诊断机构的诊断是否科学准确。

为了提高数据的一致性，减少报告用户的工作量，系统设计了部分自动生成并可修改的功能，包括出生日期由身份证号自动生成，放射工龄由诊断日期和工作开始日期自动生成，累积受照时间默认为放射工龄，诊断机构和报告机构名称默认为 key 的信息。

（二）诊断工作的质量控制

各省份诊断机构的数量和报告的诊断病例数差异较大，有些省份 2013—2024 年诊断病例超过 20 例，而有些省份 12 年来诊断病例数为零，提示各省份应进一步提高对职业性放射性疾病诊断工作的重视，重点提升新增诊断机构的技术能力和质量控制水平。

职业性放射性疾病管理子系统未对“诊断依据”做明确要求，报告用户填写的信息杂乱无序，诊断依据应为诊断病例的受照剂量、剂量率、检验结果、临床表现、放射性肿瘤归因于电离辐射的病因概率等内容。此外，应加强职业性放射性疾病诊断相关标准的培训和宣贯，提高诊断机构诊断医师和系统填报人员对诊断标准的理解力和执行力。

职业受照剂量是诊断职业性放射性疾病的重要依据，近年来诊断病例的受照剂量估算主要是根据工作量表数据采用归一化法进行估算，而非实际的个人剂量监测数据。用人单位应重视放射工作人员的职业健康管理，认真落实个人剂量监测工作，规范佩戴个人剂量计，通过个人剂量限值的约束，进一步降低职业性放射性疾病的发生。

放射工作人员职业健康检查中发现职业照射相关的异常结果，是申请职业性放射性疾病诊断的重要依据，职业健康检查机构应提高职业健康检查技术水平和检查质量，及时发现疑似职业性放射性疾病的人员，告知其暂时脱离放射工作岗位并尽快到诊断机构申请职业病诊断，保障劳动者的职业健康权益。

（李小亮　邓　君）

第五节　个人监测信息报送

一、个人剂量登记系统

（一）系统概述

个人监测是放射工作人员职业健康管理的重要内容，是保障放射工作人员职业健康的重要技术手段，是职业性放射性疾病诊断的重要依据。为了实现我国个人监测个案数据的登记和管理，辐射安全所争取IAEA合作项目支持，在国家卫生健康委的支持下，建立我国放射工作人员个人监测全国数据库，在充分调研国外个人剂量登记系统建设情况和国内相关工作机构需求的基础上，于2009年建立了覆盖医疗、工业、科研等相关领域的国家放射工作人员个人剂量监测登记系统（以下简称个人剂量登记系统），并逐步推广试运行。

个人剂量登记系统依据《放射工作人员职业健康管理办法》（卫生部令第55号）、《全国卫生资源与医疗服务统计调查制度》、《职业性外照射个人监测规范》（GBZ 128—2019）等法律法规和标准规范以及IAEA《外部辐射源引起的职业照射评估安全导则》（No.RS-G-1.3）、UNSCEAR等国际组织标准规范要求进行开发、升级与运行，采用统一数据记录格式和信息采集格式进行个人监测数据信息采集。个人剂量登记系统采集信息包括监测机构基本信息、监测仪器设备基本信息、放射工作单位基本信息、放射工作人员基本信息、放射工作人员外照射和内照射个例监测信息等。系统提供用人单位信息、放射工作人员信息Excel模板导入功能，同时提供三种个人监测数据录入方式（人工录入原始数据、人工录入剂量数据和Excel模板导入）。

个人剂量登记系统架构为脱机版+网络版。脱机版安装在各监测机构，提供监测信息录入与管理、编制监测报告与打印、监测信息查询和数据定制上传、数据导入导出等功能。通过一对多数据库设计，避免了用人单位和放射工作人员基本信息的重复录入。脱机版系统不受网络限制，用户可随时安装终端登录系统进行访问和监测数据填报。脱机版系统可为监测机构提供包括打印标签、出具检测报告以及上传数据的全流程功能，最大程度地为监测机构提供工作便利。

个人剂量登记系统网络版为个人监测中央数据库，提供数据网络直报、数据审核、数据综合查询、统计图表汇总、统计图表打印和离线存储、报告卡批量打印和数据导入导出等功能。网络版系统允许授权用户通过网页浏览方式便捷地实施各自权限范围内的数据查询与统计功能，提供了符合我国和国际要求的统计指标、统计报表和各类趋势图表。

（二）系统应用现状

为了进一步提高监测数据网络报送效率和质量以及信息数据的利用效率，更好地实现底层数据的互联互通与资源共享，辐射安全所建立了全国放射卫生信息平台（网址为 https：//rip.nirp.cn/），并于 2016 年 7 月将个人剂量登记系统整合至全国放射卫生信息平台，对用户进行统一管理。授权用户须通过登录全国放射卫生信息平台访问个人剂量登记系统网络版。

截至 2022 年底，放射工作人员个人剂量登记系统已成功连续运行 14 年（2009—2022 年），授权用户 469 个，包括 432 家监测机构、31 个省级卫生行政部门和辐射安全所；已累计采集来自约 11.8 万个用人单位 125 万名人员的 1 千万余条监测记录，主要覆盖医学应用、工业应用和其他应用（如科学研究、教育）等领域的放射工作人员个人监测信息（见图 7–4）。从 2009 年个人剂量登记系统启用以来，系统内登记的放射工作人员数、用人单位数和监测机构数均呈现显著的增长趋势，其年均增长率分别为 13.7%、13.5% 和 7.9%（截至 2022 年底）。

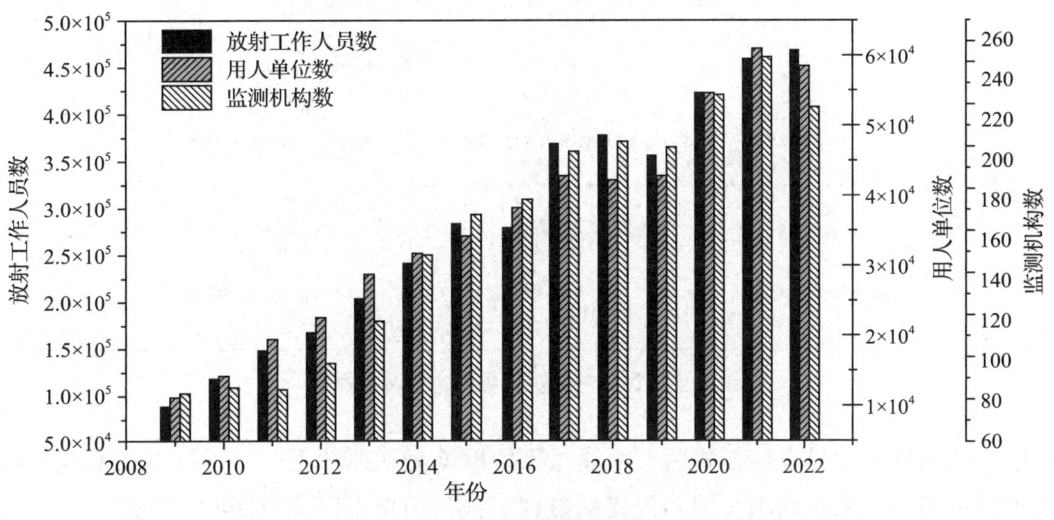

图 7–4 个人剂量登记系统应用现状

个人剂量登记系统的应用促进并规范了我国放射工作人员个人监测数据的登记、管理和分析利用，该系统所依托的全国放射卫生信息平台已于 2021 年成为卫生健康领域国家级重要信息系统之一。辐射安全所根据实际业务工作需要以及相关法律法规、标准规范的变化和新要求，不断对系统进行升级改造和功能优化，使系统能够满足国内标准要求并与国际要求接轨。

近年来，我国部分省份及地市开发了省级 / 地区个人剂量登记系统，有关职能部门如生态环境部也开发了功能相似的系统，不同地区间和部门间的数据交换与共享问题亟待解决。辐射安全所将尽快组织研究制定个人监测数据交换接口标准，推进与不同区域、不同层级、不同部门系统之间的数据交换，进一步实现数据互联互通和共享。

二、个人监测信息报送

个人剂量登记系统由全国放射卫生信息平台管理员进行用户管理，授权用户按照权限不同分为四类，分别为系统管理员、业务管理员、管理用户和报告用户。

系统管理员即辐射安全所，是履行系统整体管理与服务职能的唯一责任人，负责审核和管理所有用户账户，包括创建、停用、分配权限等。

业务管理员是指辐射安全所指定的负责管理个人剂量登记系统业务的唯一责任人，负责处理个人监测登记工作相关的流程。

管理用户是指省级卫生健康行政部门和省级疾病预防控制中心（或职防院、所），负责审核和管理本省的个人监测数据。

报告用户是指由系统管理员审核授权的各类监测机构，负责录入监测机构基本信息、监测仪器设备基本信息、放射工作单位基本信息、放射工作人员基本信息、放射工作人员外照射和内照射个例监测信息等。报告用户在获得系统管理员分配的个人剂量登记系统访问权限后，才能在全国放射卫生信息平台主页访问该系统（见图 7–5）。

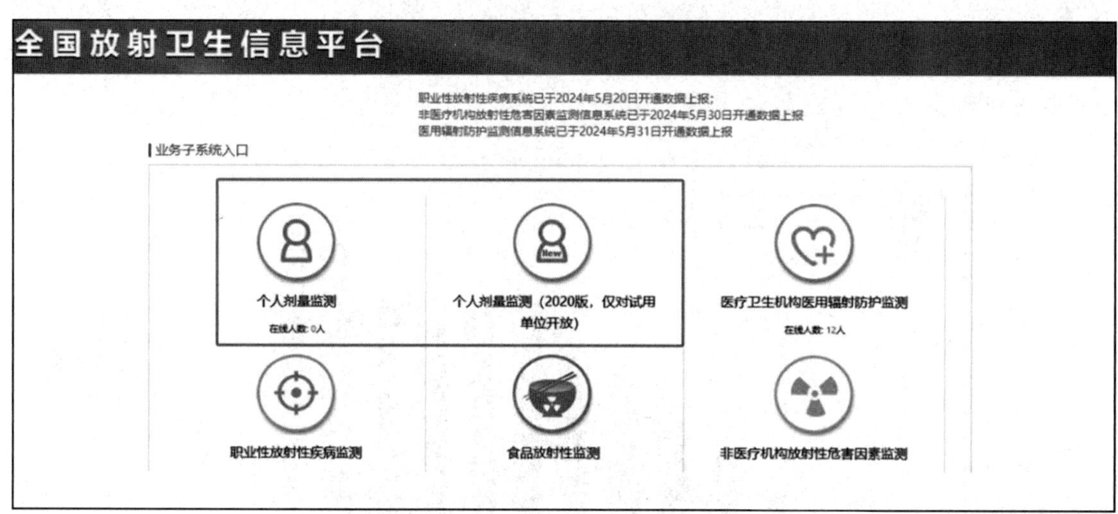

图 7–5　个人剂量登记系统访问入口界面

报告用户经系统管理员审核授权后，可通过系统网络版在线填报，或通过下载系统脱机版离线填报后上传到网络版。系统内填报但未提交的数据，报告用户可以进行修改和删除操作；系统内已提交的数据，无论是否完成审核，报告用户均不能再进行修改，需联系本省管理用户退回后才能进行编辑修改。管理用户审核后退回的数据，报告用户也可以进行修改和删除操作；管理用户审核通过的数据将归档，不可再进行任何操作。

报告用户应于每个监测周期结束后及时按照图 7–6 所示流程，将放射工作人员个人监测信息通过个人剂量登记系统报送；管理用户需督促数据报送并进行质量控制。辐射安全所负责汇总分析全国个人监测数据，撰写全国个人监测年度总结报告，提交至国家相关主管部门。

填报注意事项：系统中标“*”项均为必填项；用人单位信息被删除后，该单位下的所有人员信息和监测信息将被同步删除，且被删除数据无法查看和恢复。

业务权限：报告用户可以添加、修改、删除、查看、导出本单位填报的所有监测数据；省级卫生行政部门或其指定机构（管理用户）可以查询并管理本辖区内放射工作单位的监测数据；国家级用户（系统管理员和业务管理员）可以查询全国放射工作单位的监测数据。

三、质量控制

个人监测数据是职业性放射性疾病诊断的重要依据，只有准确、可靠的数据才能提供科学依据。

质量控制对于确保数据的准确性、完整性、一致性和可靠性至关重要。如果数据存在错误、误差或遗漏等质量问题，将无法获知放射工作人员真实的职业照射情况。

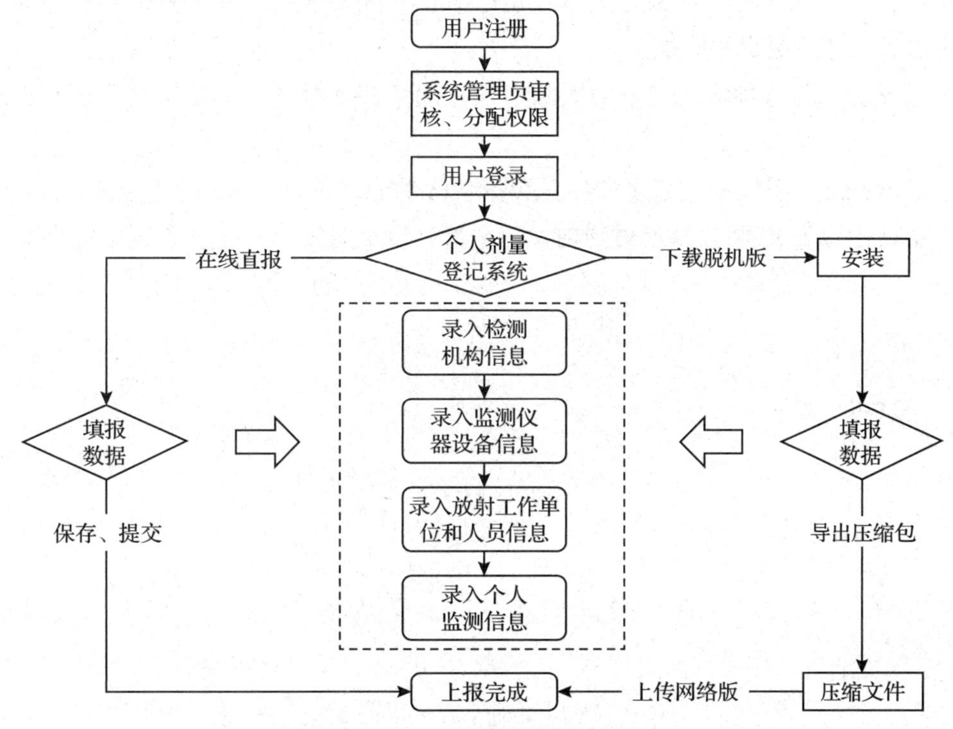

图 7-6 个人剂量监测信息报送流程

个人剂量登记系统每年采集的个人监测数据可达上百万条，数据来源于全国几百家监测机构，数据量庞大。监测过程中的失误或数据录入过程中的错误均会降低数据可靠性，对于此类问题的质量控制，主要依靠监测机构自身的质量控制和质量保证体系，各监测机构应进一步提高对放射工作人员个人剂量监测和登记质量控制工作的重视，不断提升质量控制工作水平。

辐射安全所每年组织全国个人监测的质量控制和技术培训，培训内容包括个人监测相关法律法规和标准规范的宣贯、个人监测基础理论知识和监测操作内容、个人剂量登记系统的使用以及质量控制等，旨在提高监测机构技术人员的能力水平，帮助系统填报人员正确理解系统的各项填报内容。因此，监测机构应积极组织本单位技术人员和系统填报人员参加培训，不断提高本单位的个人剂量技术服务能力和质量控制水平。

个人剂量登记系统在监测数据质量控制上也发挥了重要作用。系统从必填项设置、数据填报值范围及类型、字段之间的逻辑校验、审核流程逻辑、大剂量核查以及异常数据提醒等多个方面，建立了较为完善的数据报送质量控制机制。具体措施如下。

（1）必填项设置：系统严格定义了多项必填字段，包括但不限于监测对象的单位、姓名、个人剂量编号、监测起止日期、监测时间、监测类型、剂量值、监测机构等，以确保每一份监测报告都具备完整的基础信息。

（2）数据填报值范围及类型：系统对各类数据填报值设定了明确的范围和类型要求，如数值型、日期型等，并在数据录入时进行类型校验，以防止数据格式错误。

（3）字段之间的逻辑校验：系统实施了多层次的逻辑校验，在数据录入时，系统会立即检查字段之间的逻辑关系，如射线防护类型与所填报的读数类型做关联。

（4）审核流程逻辑：系统建立了严格的审核流程。监测数据在提交送审前，会经过系统自动初步校验以及审核人员二次审查。审核人员有权退回数据，并要求报告用户重新填报或修改。数据经过审核确认无误后，才可提交并归档。

（5）大剂量核查：通过预设的剂量值上限实现大剂量核查机制，自动筛选并识别出超过该阈值的数据记录。

（6）异常数据提醒：系统提供了多种异常数据提醒功能，一旦系统检测到数据异常（如缺失值、超出范围值、逻辑矛盾等），将立即通过弹窗发出提醒，以及时发现并处理数据中的异常情况。

（邓　君　李小亮）

08

第八章 医学随访

面对过量受照人员和既往诊断为职业病性放射性疾病的放射工作人员开展医学随访，为深入理解辐射对人类健康的长期影响提供了丰富的经验与数据。过量照射人员和既往诊断为职业病的放射工作人员的受照过程复杂，受照种类繁多，且多数为全身受到不均匀照射，对这些人员进行系统全面的医学随访，观察电离辐射的远后健康效应，包括染色体畸变分析/微核率检测、甲状腺、眼晶状体等辐射敏感器官相关检查、肿瘤等随机性效应以及子女的健康状况等，为核事故医学应急的救治提供临床资料，同时也为放射医学研究提供宝贵资料。

第一节 过量照射人员医学随访

一、过量照射

在放射实践活动中，由于事故或违规操作，工作人员会受到非预期剂量照射，这种剂量可能超过或不超过剂量限值。一旦怀疑有非预期照射，管理人员应立即开展调查，以确定受照人员的剂量。一旦剂量明确，受到了损伤或发生了放射性核素污染，则应告知职业健康服务机构进一步检查。

《过量照射人员医学检查与处理原则》（GBZ 215—2009）所定义的过量照射是指在应急或事故情况下，所受剂量超过年有效剂量当量限值并小于1Gy的照射。还可以以全身均匀照射100mSv为界划分轻度过量照射与明显过量照射。放射工作人员的个人年剂量限值在2003年4月1日前是50mSv，2003年4月1日《电离辐射防护与辐射源安全基本标准》（GB 18871—2002）实施之后，是连续五年的年平均有效剂量小于20mSv，任何一年中的有效剂量小于50mSv。必须说明，随着放射技术的进步和防护水平的提高，在现代工作条件下，放射工作人员在工作中接受的剂量是很小的，放射工作人员的年剂量水平显著降低。比如放射诊疗机构从事影像诊断的放射工作人员，其年剂量降低的重要原因有：早年的“管集屏”X射线透射机的停止使用，以及20世纪90年代以来普遍采用电视系统隔室操作，2002年实施《职业病防治法》后普遍实施建设项目防护设计审查、评价和验收，工程防护特别是屏蔽防护技术的显著提高。

核辐射技术在我国医疗和国民经济各个行业应用十分普遍，因为事故、应急救援等种种原因，仍然存在较高剂量照射的问题。据《中华人民共和国国家核安全局2019年年报》，我国在用放射源的数量为14.6万枚，射线装置数量19.8万台。国家卫生健康委2022年公开报告中显示，我国有50多万名放射工作人员在7.8万家放射诊疗机构工作，有18万名放射工作人员在1.5万个工业应用放射工作单位工作。另外还有核工业、核电站等工作人员。根据1991—1999年核工业系统以外的放射工作人员个人剂量监测资料，这期间受到过量照射（＞50mSv）的放射工作人员数为546人，占全部监测对象的 0.13%。2003—2014 年，个人剂量监测中超过调查水平（一般为 5mSv/ 监测周期数，一般为 4 个周期，也就是周期剂量超过 1.25mSv）的比例在 0.2%~1.6%。随着放射卫生工作监管的加强，个人剂量计佩戴越来越规范，近年来个人剂量监测数据呈明显的降低趋势，2020 年为 0.248%，年剂量大于 20mSv 的人数占比为 0.04%。还必须认识到，在核辐射事故卫生应急时，应急人员是可能受到较大剂量照射的，但有指导值限制。根据国际原子能机构《安全标准丛书》第 GSR Part 7 号规定，应急人员所受到的照射不超过 50mSv，以下情况除外：①为了抢救生命或防止严重损伤；②在为了防止发生严重确定性效应而采取行动以及为防止演变成可能对人类和环境产生重大影响的灾难性状况而采取行动时；③在为避免集体剂量而采取行动时。在采取拯救生命的行动时，应当尽一切努力使应急工作人员因外部贯穿辐射照射受到的个人剂量保持在 500mSv 以下，同时应当采取一切可能的手段防止其他类型的照射。然而，在估算应急工作人员的剂量时，应当评定外部和内部所有途径的照射，并予以求和。只有在对他人的预期利益明显超过应急人员自身健康风险的情况下，以及在应急人员自愿采取行动并理解和接受这种健康风险的情况下，才应当超过 500mSv 的值。

应对过量照射人员进行医学随访。总体来讲，过量照射人员分为以下三种情况。

（一）外照射

放射工作人员个人剂量监测到的多数过量照射情况都是不真实的，是由于不正确使用个人剂量计导致的，如果证实了这一点，就不需要采取进一步的行动。然而，一旦经评估接受了过量照射，就必须通知职业健康服务部门。调查应包括可获得各种剂量学的剂量估算。根据照射的类型和水平，卫生健康行政部门可能需要对工作人员进行体检。

（二）内照射

一些放射性核素可能通过呼吸道、消化道、皮肤、伤口被吸收，进入身体内部的放射性核素对周围组织或器官产生损害。通过反复测量体内、器官或体液中放射性核素含量，可获得更准确的剂量估算。对放射性核素内污染及时正确的医学处理是对内照射损伤的有效预防。应尽快清除初始污染部位的污染；阻止入体放射性核素的吸收；加速排出入体的放射性核素，减少其在组织和器官中的沉积。一旦发生吸入性内照射，放射工作人员应立即脱离工作场所，避免进一步摄入空气中的放射性核素。减少放射性核素摄取的一般程序是洗胃、使用催吐剂和泻药、胃碱化和伤口冲洗。高剂量内照射可能需要加速放射性核素促排的干预治疗。针对不同放射性核素促排药物不同，这些治疗措施可能包括使用螯合剂以促进超铀放射性核素的排泄，对摄入高剂量氚水进行大量饮水、利尿或透析，对吸入钚化合物进行肺灌洗。医疗处置过程并非没有风险，只有预期剂量超过干预相关的风险才可实施，许多医疗处置需要在专业的治疗中心进行。根据工作场所的具体危害，职业医师应做好给予螯合剂、稳定碘、吸收剂和吸附剂首次剂量的准备。

（三）体表污染

当工作人员受到外污染时，应尽快去污。皮肤大量沾染释放 β 射线的放射性核素，如不及时处理可能会导致放射性皮肤灼伤。热烧伤会使皮肤去污变复杂，烧伤的治疗和去污需要同时进行。在处理危及生命的损伤时，延迟去污具有正当性。受污染的伤员不会对穿着标准医疗服（如白大衣、手套和面罩）的医生和照护人员造成辐射危害。

二、医学随访检查项目与周期

（一）早期医学检查

对全身照射剂量>0.1Gy的人员，应纳入医学管理，及时对其进行相关的调查，并在当地医疗机构进行医学检查；对照射剂量>0.2Gy的人员，应按《过量照射人员医学检查与处理原则》（GBZ 215—2009）标准进行医学检查和观察。

1. 照射史

应记录包括受照射的时间、地点、照射时所处的体位、姿势与放射源的距离、停留时间、放射源或射线的种类和强度、受照方式、受照剂量和剂量率、有无复合伤、有无放射性核素外污染和内污染，以及有无屏蔽和防护措施等情况，如怀疑受到中子照射，则注意收集可用于估算受照剂量的材料。如怀疑受到过量内照射应作相应的内照射剂量估算

2. 医学史

询问并记录受照前、后的医学史，接触射线及其他理化毒物史，还包括婚姻史、生育史、家族病史。

3. 临床医学检查

观察受照后的精神状态及皮肤红斑、恶心、呕吐、腹泻等的出现时间、持续时间及程度等；注意有无复合伤及其他自觉症状。临床各科检查包括内、外、神经精神、皮肤、眼（特别注意眼晶状体）、耳鼻咽喉、口腔、妇产等科的一般检查及必要的特殊检查（根据受照者受照射的射线性质和具体病情，检查项目可适当加减）。

4. 实验室检查

血常规检查，记录受照后1~2天内的外周血淋巴细胞和中性粒细胞计数；必要时作骨髓检查。根据需要，可增加精液常规、免疫、内分泌、外周血淋巴细胞染色体畸变率和微核率等其他特殊项目检查。

对早期医学检查中的阳性结果，需进一步复查。

（二）远期医学检查

根据其受照情况和损伤程度按照《职业性外照射急性放射病的远期效应医学随访规范》（GBZ/T 163—2017）进行相应的远期效应的医学随访观察。其医学随访检查项目包括以下内容。

1. 一般检查

检查项目主要包括内、外、神经精神、皮肤、眼（特别注意晶状体）、耳鼻咽喉、口腔、妇产等科的一般常规检查及必要的特殊检查，根据受照者受照射的射线性质和具体情况，检查项目可适当加减。

2. 造血系统检查

外周血象检查，必要时作骨髓检查。

3. 甲状腺检查

应开展血清 T_3、T_4、TSH等甲状腺功能及抗体、甲状腺超声等检查。如出现放射性甲状腺等疾病，应按《职业性放射性甲状腺疾病诊断》（GBZ 101—2020）进行检查处理。

4. 眼晶状体检查

按《职业性放射性白内障的诊断》（GBZ 95—2014）检查要求进行眼晶状体检查和判断病情。

5. 生殖系统检查

受照女性出现放射性不孕症和放射性闭经，按《职业性放射性性腺疾病诊断》（GBZ 107—2015）进行检查诊断。了解受照射女性的生育情况，主要记录自然流产、手术流产、早产、死胎、畸胎、多胎、新生儿死亡和不育等情况。男性可出现精子数减少、活动力减低及畸形精子增加和生育能力减退等，应作精液常规和生育能力的检查。

6. 对子女的调查

记录照射后所生子女健康情况，注意其生长发育和智能发育情况，有无先天性畸形、遗传性疾病、染色体异常、痴呆等。

7. 其他检查

根据需要，可增加相关肿瘤标志物，免疫，内分泌，外周血淋巴细胞染色体畸变率、微核率和染色体稳定性畸变等特殊检查。

（三）医学随访检查周期

受照后 5 年以内需要每年作医学检查一次，受照后 5 年以上需每 2~3 年作医学检查一次。

三、医学随访的处理

（一）国内标准要求

过量受照人员可根据剂量，照射可分为三类：①剂量接近或略高于剂量限值；②剂量远高于剂量限值，但低于特定器官的确定性效应阈值；③剂量达到或超过确定性效应阈值。

根据国家的有关要求，用人单位要为过量照射人员提供随访性质的医学检查和远后效应医学随访，医学随访可依据《过量照射人员医学检查与处理原则》（GBZ 215—2009）和《职业性外照射急性放射病的远期效应医学随访规范》（GBZ/T 163—2017）标准执行。

（二）国际要求

根据 IAEA、ILO 与 WHO 共同编写的安全报告系列第 5 号《职业性受照人员的健康监护：职业医师指南》（*Health surveillance of persons occupationally exposed to ionizing radiation*：*Guidance for occupational physicians*）第 6.4 款的建议，对过量照射人员的处理原则如下。

1. 剂量接近或刚超过剂量限值

一般不需要特殊的临床观察或治疗，职业病医师要与过量照射人员交流（不管受照人员有无要求），告诉他们这样的照射不可能产生有害的健康效应。

2. 剂量远大于剂量限值但低于确定性效应的阈值

此时职业病医师要与受照人员讨论，确定是否需要进行生物学剂量（淋巴细胞计数与染色体畸变检测）分析以证实估计的照射剂量。在我国必须开展生物剂量估算确定其受照剂量大小。需要采集血液样本，进行检查与剂量评估。一般不需要采取更进一步的措施。

3. 剂量在确定性效应阈值附近或大于剂量阈值

此时可能需要采取治疗措施。首先对受照者进行临床检查，记录所发现的任何异常或症状。为了观察临床病程，需要进行血液学检查。如果照射十分严重，可能导致急性放射病，最根本的要迅速把受照者转运到专业的救治机构。职业病医师要协助调查并尽早采取对症治疗措施。如果发生危及生命的骨折和烧伤，在转运前要予以治疗。此类病人的长期临床治疗与管理，需要专业救治机构的专家进行。

如果达不到确定性效应水平的照射，不影响放射工作人员继续从事放射工作，医生要向放射工作人员提供随机性效应风险增加程度方面的建议。如果是放射工作人员自己的行为导致过量照射，管理者应考虑在返岗前对其接受职业健康检查，满足放射工作人员健康要求，并进行再培训。内污染后返岗可能要延迟，直到进行了充分的剂量评估后才可以。

如果身体局部受到了可能产生确定性效应的过量照射，例如在工业探伤中用手误操作了放射源，应告诉放射工作人员未来可能的风险，这种风险不仅包括能否继续从事放射工作，而且还包括在涉及寒冷和其他物理因素时从事手工作业时可能会加重损伤。

需要注意的是意外和应急照射的医疗记录要尽可能完整。应详细记录实施的检查、治疗和建议，保健物理人员进行的任何剂量重建和评估的副本也需要保存。应记录剂量并标记为意外照射或应急照射，尽快通知主管部门。如果过量照射可能产生远期有害效应，在工作人员同意的情况下，应详细告知工作人员的初级保健医师。事故情况调查应由管理部门开展，主管部门和相关方都应参与。职业健康服务机构参与此类调查，审查响应的适当性。在法律允许且工作人员书面同意情况下，为了防止发生进一步照射，医疗信息才可对外发布。

（苏垠平　崔诗悦）

第二节　职业性放射性疾病患者医学随访

一、职业性放射性疾病

人体受到远远高于剂量限值的照射时，特别是受照剂量大于组织反应的阈值剂量（例如 1Gy）就有可能发生各种组织反应，甚至导致放射性疾病。职业性放射性疾病是指放射工作人员在职业活动中受到超剂量限值的电离辐射照射所致的损伤或疾病。目前我国实行法定职业病名单制度，这是一个以保障为主、兼顾预防和统计报告的名单，主要是为了伤残等级鉴定和经济赔偿。

截至 2024 年 12 月 31 日，全国备案（或有资质）的职业性放射性疾病诊断机构（以下简称诊断机构）为 101 家，全国 31 个省（自治区、直辖市）和新疆生产建设兵团均设有诊断机构。2013 年至 2024 年，全国诊断机构共报告职业性放射性疾病 197 例，其中山东（32 例）、河南（26 例）、黑龙江（23 例）和湖北（21 例），均超过 20 例，辽宁、上海、广西、海南、西藏、青海和新疆生产建设兵团在 2013 年至 2024 年未报告职业性放射性疾病（见表 8–1），2013—2024 年的职业性放射性疾病职业类别和病种分布分别如图 8–1 和图 8–2 所示。在不同职业类别中，医学应用占比 71.6%（141 人），其次为工业应用 14.2%（28 人）；不同病种中放射性肿瘤占比最高 48.7%（96 人），其次为放射性白内障 18.8%（37 人）。

近年来，职业性放射性疾病诊断报告例数已从早年每年数百例减少到十例左右。《职业病防治法》和《放射工作人员职业健康管理办法》颁布实施以来，党和政府高度重视放射工作人员职业健康，不断加强职业性放射性疾病预防控制工作，用人单位职业病防治意识不断加强，放射防护措施不断完善，放射工作人员职业健康管理更加规范，放射工作人员年剂量不断降低。

尽管职业性放射性疾病发病例数总体呈显著下降趋势，但近几年“电子厂”中使用小型探伤机的工作人员诊断为急性放射性皮肤损伤的病例时有发生，2019 年报告 2 例、2022 年报告 2 例、

2023 年报告 1 例，这类病例的诊断提示非医疗机构用人单位的辐射防护监测和放射工作人员的职业健康管理，特别是针对工业探伤人员的辐射防护培训以及职业健康检查工作有待加强。

自 2019 年由国家卫生健康委职业健康司组织，中国疾控中心辐射安全所开展的职业性放射性疾病监测项目，其中包含对过量受照人员的医学随访，随访对象包括：既往职业性放射性疾病患者、事故受照人员及上一年度年剂量≥20mSv 放射工作人员。截至 2024 年，共随访既往被诊断为职业性放射性疾病的人员 126 人，医学应用 106 人，占比 84.1%，其次是工业应用 12 人，占比 9.5%，随访人员生存状态调查，有 4 人失访，3 人死亡，2 人死于肿瘤，1 名死于心功能衰竭。

表 8-1　各省（自治区、直辖市）和新疆生产建设兵团职业性放射性疾病报告情况

省份	2024 年诊断机构数	2024 年报告病例数	2013—2024 年报告病例数
北京	1	0	1
天津	2	0	1
河北	11	1	5
山西	1	0	1
内蒙古	9	0	3
辽宁	2	0	0
吉林	2	0	5
黑龙江	1	0	23
上海	2	0	0
江苏	17	0	14
浙江	4	0	5
安徽	2	0	4
福建	1	0	1
江西	1	0	2
山东	1	4	32
河南	1	0	26
湖北	3	0	21
湖南	2	0	2
广东	2	0	15
广西	1	0	0
海南	1	0	0
重庆	3	0	3
四川	4	1	4
贵州	2	0	1
云南	1	0	1
西藏	2	0	0
陕西	1	0	19

续表

省份	2024 年诊断机构数	2024 年报告病例数	2013—2024 年报告病例数
甘肃	2	0	4
青海	1	0	0
宁夏	4	1	1
新疆	3	0	3
新疆生产建设兵团	11	0	0
合计	101	7	197

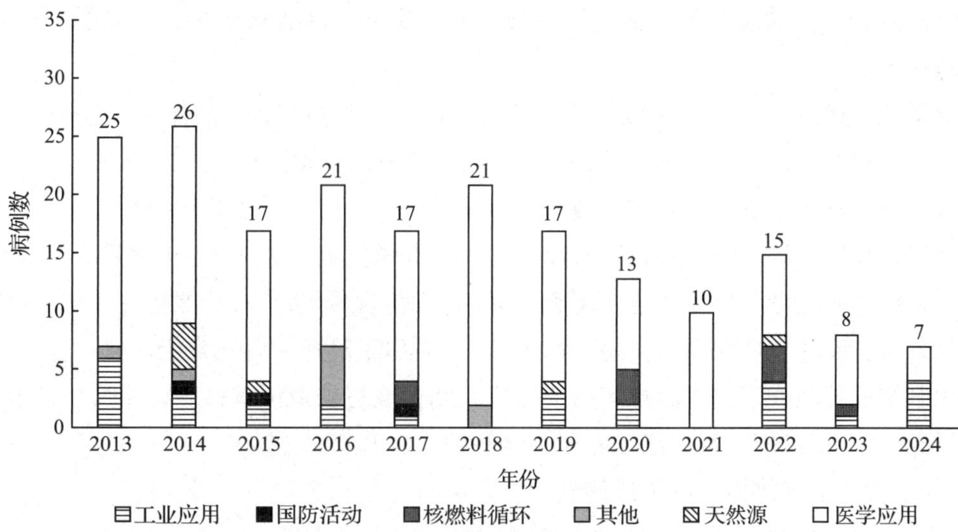

图 8-1 2013—2024 年我国职业性放射性疾病职业类别分布

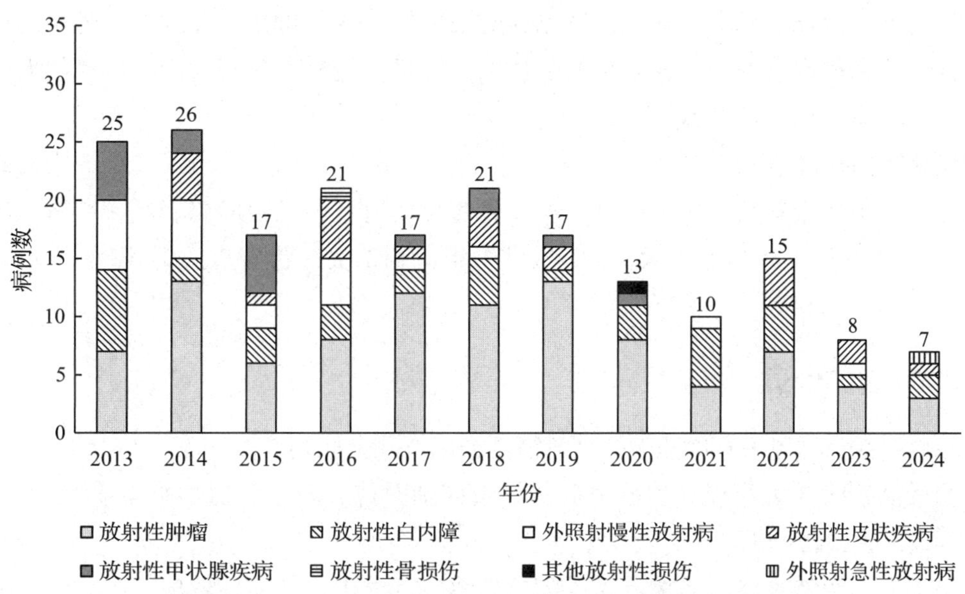

图 8-2 2013—2024 年我国职业性放射性疾病病种分布

二、医学随访的检查项目与周期

（一）医学随访的检查项目

1. 一般检查项目

采集病史与进行详细的体格检查。

2. 辅助检查项目

（1）造血系统：血细胞常规、网织红细胞计数、骨髓细胞形态、血清铁、凝血时间、纤维蛋白原定量、骨髓细胞组化、电镜、造血祖细胞培养。

（2）免疫系统：免疫球蛋白（Ig）定量、自身抗体、类风湿因子（RF）、T细胞亚群、自然杀伤细胞T淋巴细胞抗原受体。

（3）内分泌系统：甲状腺功能、肾上腺皮质功能、血糖、性激素水平、甲状腺超声检查、糖耐量试验、胰岛素定量。

（4）生殖系统：精液常规，性激素水平，卵巢功能，生殖系统超声肿瘤标志物AFP、CEA、PSA（男）、CA125、CA153（女）、CA199、CA242、CA224、NSE、SCC。

（5）眼科检查：常规检查、晶状体裂隙灯显微镜检查、眼底、眼晶状体照相。

（6）神经精神系统：脑电图、脑血管彩超、脑干神经诱发电位、肌电图、智商、认知能力分析。

（7）循环系统：心电图、心肌酶谱、超声心动图、颈动脉彩超、心功能检测。

（8）呼吸系统：胸片（应在染色体检查后拍片）、肺功能检查、血气分析。

（9）消化系统：肝功能、腹部超声有指征时胃、肠镜或胃肠道钡餐检查、甲肝、乙肝、丙肝。

（10）泌尿系统：尿常规、肾功能、泌尿系统超声、β_2微球蛋白。

（11）后代子女：常规体检、细胞遗传学检查。

（12）特殊检查：外周血淋巴细胞染色体畸变分析、微核率分析。

（13）其他检查：骨密度、磁共振检查。

需要注意的是，检查项目中人外周血淋巴细胞染色体畸变分析在急性放射病随访的第一年中应检测非稳定性畸变和稳定性畸变，在之后的随访中采用稳定性畸变分析。检查项目中人外周血淋巴细胞微核率分析应采用CB法进行培养和分析。

（二）医学随访的检查周期

外照射急性放射病康复后半年内检查1次；骨髓型放射病轻、中度患者每年检查1次；骨髓型放射病重度以上患者每半年检查1次，3年后可每年检查1次；骨髓型放射病轻、中、重度患者，10年后每2~3年检查1次。

三、医学随访的处理

对职业性放射性疾病患者开展医学处理时需遵循以下几个原则。

（1）按照受照剂量的大小或产生放射病的轻重区别对待。急性放射病患者需要进行终生随访；同时关注局部放射性损伤的随访。

（2）随访关注的生物学终点，重点关注随机性效应的发生，如遗传效应、肿瘤以及非癌症效应如放射性白内障及放射性甲状腺炎等。

（3）对于放射工作人员，由放射病诊断机构根据《职业性放射性肿瘤判断规范》（GBZ 97—

2017）、《职业性外照射急性放射病诊断》（GBZ 104—2017）和《职业性放射性性腺疾病诊断》（GBZ 107—2015）等进行医学诊断。

（4）随访机构、用人单位和医疗机构均应对随访档案进行保管。

（5）随访结果应告知随访对象。

随访结果异常需定期复查，必要时加强随访或进一步检查。有心理障碍的外照射急性放射病患者需给予相应的心理干预治疗。注意资料的积累归档与及时总结，建立个人健康档案。检查项目抓重点，其他项目根据患者具体情况而定。如观察到患者发生癌症（包括白血病），应参照《职业性放射性肿瘤判断规范》（GBZ 97—2017）对其作出辐射相关的判断。

（苏垠平　崔诗悦）

09 第九章　放射防护培训

放射防护培训是放射工作人员职业健康管理的重要内容。我国法律法规中明确规定了放射防护培训的类型、范围、内容、时间和监督检查要求等。同时，在我国有关的技术标准中，对放射防护培训具体内容和不同专业人员的侧重点、培训组织实施方式、档案管理等提出了更为具体、规范的要求和实施建议。众所周知，放射防护与安全、放射实践操作及监督管理等均是专业性、技术性很强的工作，放射工作人员不仅需要掌握专业技术，还需要有扎实的放射防护知识和技能，以有效地保护自身与其他职业人员和公众的健康与安全。因此，对放射工作人员进行放射防护培训是非常重要和必要的。

第一节　放射防护培训和考核的要求

一、我国有关法规标准的要求

（一）法律法规要求

1.《中华人民共和国职业病防治法》（2018 年第四次修正）

第三十四条规定，用人单位的主要负责人和职业卫生管理人员应当接受职业卫生培训。用人单位应当对劳动者进行上岗前的职业卫生培训和在岗期间的定期职业卫生培训，普及职业卫生知识，督促劳动者遵守职业病防治法律、法规、规章和操作规程，指导劳动者正确使用职业病防护设备和个人使用的职业病防护用品。劳动者应当学习和掌握相关的职业卫生知识，增强职业病防范意识，遵守职业病防治法律、法规、规章和操作规程，正确使用、维护职业病防护设备和个人使用的职业病防护用品，发现职业病危害事故隐患应当及时报告。

第三十九条规定的劳动者享有的职业卫生保护权利中，包括“获得职业卫生教育、培训”。

第四十条规定，工会组织应当督促并协助用人单位开展职业卫生宣传教育和培训。

第四十一条规定，用人单位按照职业病防治要求，用于职业卫生培训的费用按照国家有关规定，在生产成本中据实列支。

第七十条规定，未按照规定组织劳动者进行职业卫生培训，或者未对劳动者个人职业病防护采取指导、督促措施的，由卫生健康行政部门给予警告，责令限期改正；逾期不改正的，处 10 万元以下的罚款。

2.《中华人民共和国放射性污染防治法》（2003 年）

第十三条规定，核设施营运单位、核技术利用单位、铀（钍）矿和伴生放射性矿开发利用单位，应当对其工作人员进行放射性安全教育、培训，采取有效的防护安全措施。

3.《放射性同位素与射线装置安全和防护条例》(2019年修正)

第二十八条规定，生产、销售、使用放射性同位素和射线装置的单位，应当对直接从事生产、销售、使用活动的工作人员进行安全和防护知识教育培训，并进行考核；考核不合格的，不得上岗。

4.《核电厂核事故应急管理条例》(2011年修订)

第十六条规定，核电厂应当对职工进行核安全、辐射防护和核事故应急知识的专门教育。

第十七条规定，核电厂的核事故应急机构和省级人民政府指定的部门应当对核事故应急工作人员进行培训。

5.《突发公共卫生事件应急条例》(2011年修订)

第十一条中将“突发事件应急处理专业队伍的建设和培训”明确列入全国突发事件应急预案应当包括的主要内容。

第十八条规定，县级以上地方人民政府卫生健康行政部门，应当定期对医疗卫生机构和人员开展突发事件应急处理相关知识、技能的培训，定期组织医疗卫生机构进行突发事件应急演练，推广最新知识和先进技术。

6.《放射性物品运输安全管理条例》(2009年)

第三十二条规定，托运人和承运人应当对直接从事放射性物品运输的工作人员进行运输安全和应急响应知识的培训，并进行考核；考核不合格的，不得从事相关工作。

7.《放射工作人员职业健康管理办法》(2007年)

第五条中将“放射防护和有关法律知识培训考核合格”明确规定为放射工作人员应具备的基本条件之一。

第七条规定，放射工作人员上岗前应当接受放射防护和有关法律知识培训，考核合格方可参加相应的工作，培训时间不少于4天。

第八条规定，放射工作单位应当定期组织本单位的放射工作人员接受放射防护和有关法律知识培训，放射工作人员两次培训的时间间隔不超过2年，每次培训时间不少于2天。

第九条规定，放射工作单位应当建立并按照规定的期限妥善保存培训档案，培训档案应当包括每次培训的课程名称、培训时间、考试或考核成绩等资料。

第十条规定，放射防护及有关法律知识培训应当由符合省级卫生健康行政部门规定条件的单位承担，培训单位可会同放射工作单位共同制定培训计划，并按照培训计划和有关规范、标准实施和考核。放射工作单位应当将每次培训的情况及时记录在《放射工作人员证》中。

第三十三条中明确，人员培训及其档案管理情况是县级以上地方人民政府卫生健康行政部门对放射工作单位的放射工作人员职业健康管理监督检查的内容。

第三十七条规定，对未按照规定组织放射工作人员培训的放射工作单位，按照《职业病防治法》相关规定予以处罚。

8.《放射诊疗管理规定》(2016年修正)

第十九条规定，医疗机构应当配备专（兼）职的管理人员，负责放射诊疗工作的质量保证和安全防护，其主要职责中包括了组织本机构放射诊疗工作人员接受专业技术、放射防护知识及有关规定的培训。

第二十三条规定，医疗机构应当按照有关规定和标准，对放射诊疗工作人员定期进行专业及防护知识培训，并建立教育培训档案。

9.《工作场所职业卫生管理规定》（2020 年）

第九条规定了用人单位的主要负责人和职业卫生管理人员应当接受职业卫生培训的要求和培训应当包括的主要内容。

第十条规定，用人单位应当对劳动者进行上岗前的职业卫生培训和在岗期间的定期职业卫生培训，普及职业卫生知识，督促劳动者遵守职业病防治的法律、法规、规章、国家职业卫生标准和操作规程。用人单位应当对职业病危害严重的岗位的劳动者，进行专门的职业卫生培训，经培训合格后方可上岗作业。因变更工艺、技术、设备、材料，或者岗位调整导致劳动者接触的职业病危害因素发生变化的，用人单位应当重新对劳动者进行上岗前的职业卫生培训。

第十一条中明确，存在职业病危害的用人单位应当建立、健全职业病防治宣传教育培训制度。

第三十四条规定的用人单位应当建立健全的职业卫生档案资料中明确包括主要负责人、职业卫生管理人员和职业病危害严重工作岗位的劳动者等相关人员职业卫生培训资料。

第三十八条中明确，将用人单位主要负责人、职业卫生管理人员和职业病危害严重的工作岗位的劳动者职业卫生培训情况列入卫生健康主管部门的重点监督检查内容。

第四十七条和第四十八条中，规定了对违反相关培训规定的处罚规定。其中，用人单位未按照规定组织劳动者进行职业卫生培训的，责令限期改正，给予警告；逾期未改正的，处 10 万元以下的罚款。

（二）标准的要求

1.《电离辐射防护与辐射源安全基本标准》（GB 18871—2002）

GB 18871—2002 中对于放射防护培训规定如下。

（1）第 4.4.1 条安全文化素养中要求，保证“每个有关人员都经过适当培训并具有相应的资格”。

（2）第 6.1.5 条规定的工作人员的义务和责任中包括了“学习有关防护与安全知识，接受必要的防护与安全培训和指导，使自己能按本标准的要求进行工作”。

（3）第 6.7 条注册者、许可证持有者和用人单位的职业照射管理中，第 6.7.3 条规定，“应加强防护与安全培训和安全文化素养的培植，提高工作人员和有关人员对所制定的规则、程序和防护与安全规定的理解和执行的自觉性。应将所有培训记录妥善存档保管。”第 6.7.5 条规定，应向所有工作人员提供“适当的防护与安全培训与指导”。第 6.7.7 条规定，“应向可能受到应急计划影响的工作人员提供相应的信息、指导和培训”。

2.《医学放射工作人员放射防护培训规范》（GBZ/T 149—2015）

GBZ/T 149—2015 是用于医学放射工作人员的放射防护培训的专项标准，其规定了医学放射工作人员放射防护培训的要求。内容包括培训对象、培训目的、培训要求（包括上岗前的培训、在岗期间的培训和实习前的培训）、培训内容、培训方式、考核、培训工作的实施，并在 2 个资料性附录中分别提供了可供选择的放射防护培训内容提纲和各类医学应用的放射防护培训专题课程举例。

3.《放射诊断放射防护要求》（GBZ 130—2020）

GBZ 130—2020 在第 4.1 条管理要求中规定，医疗机构应对放射诊疗工作人员“定期进行专业及防护知识培训”；“制定人员培训准则和计划，对人员的专业技能、放射防护知识和有关法律知识进行培训，使之满足放射工作人员的工作岗位要求”；建立“教育培训档案”。

在该标准第 7 章 X 射线设备操作的防护安全要求中，第 7.1.1 条规定，“放射工作人员应熟练掌握业务技术，接受放射防护和有关法律知识培训，满足放射工作人员岗位要求。”

4.《核医学放射防护要求》（GBZ 120—2020）

GBZ 120—2020 在第 4.1 条管理要求中规定，开展核医学工作的医疗机构，“应针对实施诊疗时可能出现的故障或失误，制定应急预案，并进行应急培训和演练”；“制定人员培训计划，对人员的专业技能、放射防护知识和有关法律知识进行培训，使之满足放射工作人员的工作岗位要求”。

5.《放射治疗放射防护要求》（GBZ 121—2020）

GBZ 121—2020 在第 4.1 条管理要求中规定，开展放射治疗的医疗机构“应制定人员培训计划，对人员的专业技能、放射防护知识和有关法律知识进行培训，使之满足放射工作人员的工作岗位要求”。

6.《低能射线装置放射防护标准》（GBZ 115—2023）

GBZ 115—2023 的第 9 章是放射防护培训要求。其中：第 9.1 条规定，“操作、维护射线装置以及需要进入屏蔽室的工作人员应接受放射防护培训。”第 9.2 条规定，“使用单位应组织培训，培训结束时应对培训内容进行考核，并对每次培训地点、内容、参加培训的人员、考核结果等信息进行记录并存档。”第 9.3 条规定，“培训应至少包含以下内容：a）职业病防治的法律、法规、规章、国家放射卫生标准；b）放射防护基本知识，包括放射防护三原则、外照射防护的基本措施及接触放射性危害因素可能产生的症状、个人剂量限值与管理目标值等；c）放射防护的现况，包括主要放射性危害因素和程度、目前采取的主要防护措施、防护用品的使用方法、工作场所警示标志的意义、个人剂量计的使用与管理制度等；d）操作规程既包括正常工况下的操作规程，也包括特殊情况下所需采取的额外防护措施和意外照射发生时的处置方式和报告程序。”

7.《核电厂职业病危害预防控制标准》（GBZ/T 327—2022）

GBZ/T 327—2022 中，第 6.1.2 条规定的辐射防护大纲应规定的内容中包括了“提供足够而且合格的辐射防护人员，根据需要为其提供培训和定期的再培训，以保证其具有足够的实施辐射防护大纲的知识和技能；为在核电厂工作的所有涉及或可能涉及职业照射的人员，包括核电厂员工和承包商人员提供所需要的辐射防护培训”。第 7.1.5 条规定，“核电厂营运单位应通过应急培训、应急演习、应急设施设备和器材的管理、应急计划的评审与修订等措施，保持和提高应急响应能力。”第 8.2 条职业病防治管理制度中规定，核电厂营运单位应建立、健全“职业病防治宣传教育培训制度”。

第 8.6 条是职业卫生培训的要求，其中：第 8.6.1 条规定“核电厂营运单位应每年制定职业卫生培训计划。”第 8.6.2 条规定，“核电厂营运单位主要负责人和职业卫生管理人员应接受职业卫生培训，主要培训内容包括国家职业病防治法律、法规和规章，职业病危害防治基础知识，结合行业特点的职业卫生管理要求和措施等。”第 8.6.3 条规定，“核电厂营运单位应对接触职业病危害的劳动者进行职业卫生培训，主要培训内容包括国家职业病防治法律、法规和规章，职业病防治法规基本知识，职业卫生管理制度和岗位操作规程，所从事岗位的主要职业病危害因素和防护措施，个人劳动防护用品的使用、保管和维护，劳动者的职业卫生保护权利与义务等。”第 8.6.4 条规定，“因变更工艺、技术、设备、材料，或者岗位调整导致劳动者接触的职业病危害因素发生变化的，核电厂营运单位应重新对劳动者进行上岗前的职业卫生培训。”第 8.6.5 条规定，“对承包商工作人员的职业卫生培训参照以上要求执行。”

第 8.7.1 条规定的核电厂营运单位应定期对本单位的职业病防治工作进行综合评估的评估内容中

包括“职业卫生培训和职业健康监护及相应的管理档案建立情况”。

第8.8条档案管理中规定的核电厂营运单位应建立的职业卫生档案中包括“职业卫生教育培训档案”。

8.《稀土生产场所放射防护要求》(GBZ 139—2019)

GBZ 139—2019在第6.6.1条中规定，“工作人员应接受放射卫生防护知识培训”，并以资料性附录的形式提供了稀土生产场所工作人员放射卫生防护培训的主要内容。

9.《非铀矿山工作场所放射防护标准》(GBZ/T 256—2024)

GBZ/T 256—2024在第4.4条中规定，“用人单位应组织新上岗和在岗的矿工接受放射防护和有关法律知识培训。”

10.《核与放射卫生应急准备与响应通用标准》(WS/T 827—2023)

WS/T 827—2023在第7.1条中规定，“对可能参与实施应急响应的应急工作人员进行专门的技术培训和演练，未通过技术培训和演练的人员均不能参与实施应急响应行动。”

二、培训的方式、时间和周期

(一)培训方式

放射防护培训应根据培训对象的具体情况及其工作性质选择合适的培训方式，并采取灵活的教学方式和借助各种先进教学手段提高培训实效。培训方式一般有课堂教学、远程教学(计算机/网络辅助培训)、现场实习(或模拟机培训)、小组讨论和个人自学等。

课堂教学是最为常用的培训方式。采用课堂教学方式时，应认真控制和安排课堂教学时间以便及时有效地实现培训目标。可以借助于授课、讨论、角色扮演、评论和汇报会等培训方法来提高培训的有效性。必要时，可使用文字资料、幻灯片、音像资料、计算机、微缩模型(例如，核动力厂)和过程模拟手段(例如，过程模拟软件)等培训辅助器材和材料来支持课堂教学。

远程教学是目前常用的培训方式，随着互联网和移动终端的快速发展、网络的全面覆盖，通过网络平台开展远程教学培训的方式被越来越广泛地采用。远程教学可以通过在线视频直播授课、观看教学视频、阅读学习文档型资料等多种方式进行。

现场实习以实际操作为主，侧重放射防护技能培养。可通过虚拟现实(VR)或模拟实验室等技术手段模拟现场来完成培训，这尤其适用于一些不宜或无法进行实操练习的场景(例如，核电厂换料维修)。

小组讨论适于分专业进行，对于专业性强的部分也可按专业分组培训。

个人自学适于分散进行。由所在单位负责组织安排，选择合适的教材，提出统一要求，个人自由安排进度和增补学习内容。

(二)培训时间和周期

按照《放射工作人员职业健康管理办法》(2007年)和GBZ/T 149—2015的规定，放射工作人员放射防护培训分为上岗前培训和在岗期间培训。其中，上岗前培训的培训时间不少于4天；在岗期间定期培训，两次培训的时间间隔不超过2年，每次培训的时间不少于2天。

随着经济技术不断进步、远程培训日渐普及，对于培训时间要求采用培训学时数或课时数。例如，《职业卫生技术服务机构管理办法》规定职业卫生技术服务机构专业技术人员每年接受继续教育培训不少于8学时。采用学时数也赋予参训人员更多的自主性，更有利于培训工作开展。

三、培训的组织和实施

放射防护培训应当由符合省级卫生健康行政部门规定条件的单位承担，培训单位可会同放射工作单位共同制定培训计划，并按照培训计划、标准及相关规范性文件实施和考核。

应对培训计划、内容、课程等进行设计，通过培训使工作人员能够掌握与所从事工作和岗位相关、必要的放射防护与安全知识、措施和方法，增强放射防护与安全操作的意识，进而帮助用人单位提高放射防护管理水平，保障工作人员的职业健康权益。

在制定培训计划时，应考虑受训人员的类别和文化水平、其所承担的工作任务和工作条件等因素。培训计划包括：培训的目标、内容和要求，培训方式、培训材料和课程设计，考核方式等。应确保所有工作人员得到适当且最新的、与其职业照射（无论是正常照射、潜在照射或应急情况下的照射）有关的健康危险和采取防护与安全行动重要性的信息。还应包括本单位的操作规程、安全与警告系统和应急程序。其中，培训材料包括教学计划、讲义、教材、试题，以及有关的视频、图片等支持性材料。在使用前应根据培训目标和内容要求对培训材料进行审查和修改，有条件时也可进行小范围试用。

放射工作单位的主要负责人应对本单位的放射防护培训负责，组织并落实放射防护培训计划的制定与实施，并定期核查培训效果。

培训单位应负责督促并协助各有关单位做好放射防护培训工作，同时建立一支能够胜任放射防护培训的教学与考核任务的师资队伍。放射防护培训教学人员应熟知放射防护法律法规和标准，不仅要有较好的理论素质，而且要有较丰富的实践经验。

放射防护培训应有档案记录。培训档案的记录内容应当包括每次培训的教学人员和课程名称、培训时间和地点、参加人员简况、考试或考核的内容和成绩等资料。培训档案的保存时间依档案类别而定。

四、考核

为了检查培训计划是否有效进行、受训人员是否达到预期的培训效果，各种培训均应进行考核。新参加工作的人员，应经过当地卫生健康行政部门认可的放射防护培训，经考核合格后方能上岗。在岗的放射工作人员应至少每两年进行一次放射防护知识与技能的考核。考核方式一般分为笔试和实际操作两类。笔试可采用计算机辅助考试方式，实际操作可采用现场操作或模拟操作的方式考核。法律法规、放射防护知识等理论类内容可采用笔试方式考核；与岗位或作业相关的实践类内容可采用现场操作或模拟操作方式考核。每次培训情况及考核结果记录在《放射工作人员证》中。

（陈尔东　鞠金欣）

第二节　放射防护培训的内容

一、基础知识

放射防护培训的内容和深度应与培训对象的岗位、工作性质、所承担的职责和工作条件相适应。基础知识属于培训的通用内容，是所有放射工作人员都应该学习了解的。基础知识部分的内容应包括：电离辐射的定义、类型及其特点、与物质的相互作用；放射防护中常用的量及其单位；人体受到电离辐射照射的来源（包括天然来源和人工来源）及其水平；电离辐射的生物学效应、对健康的影响和可能造成的损伤；放射防护基本原则（实践的正当性、防护最优化、剂量限值）；外照射及其防护措施（时间、距离、屏蔽）；内照射及其防护措施；个人剂量限值；个人监测、场所监测的要求、常用方法和仪器；放射性废物处置；放射事故及应急准备与响应等；适用于职业病防治、放射工作人员职业健康管理的法律、行政法规、部门规章以及放射卫生标准和相关文件。

二、医学应用放射工作人员培训

对医学应用放射工作人员的放射防护培训中应强调受检者与患者的防护、医疗照射的正当性判断和最优化分析。根据放射工作人员实际从事的工作，培训内容可按医用X射线诊断、介入放射学、核医学和放射治疗等4个方面各有所侧重，包括质量保证、放射诊疗设备防护性能及检测，工作人员、患者和受检者的防护，个人防护用品和防护设施的使用，操作中的放射防护要求，事故预防及处理等。对于接触医用非密封放射性物质的工作人员，还应包括内照射防护和放射性废物处理的知识。除法规标准和基础知识等通用内容外，针对不同的实际工作内容，医学应用放射工作人员可开展的培训专题课程举例如下。

（一）医用X射线诊断

主要培训专题课程包括：医用X射线诊断设备工作原理，X射线诊断技术的发展，X射线诊断设备的防护性能及其检测方法，放射工作场所分区及放射防护要求，放射工作人员、患者和受检者的放射防护与安全，放射工作人员的职业健康管理要求，X射线诊断的质量保证，特殊类型X射线检查的防护，事故预防及处理等。

（二）介入放射学

主要培训专题课程包括：介入放射学的质量保证及其设备的工作原理，防护设备和防护用品、防护性能及其检测方法，附加防护设备与辅助防护用品，工作人员、受检者和患者的防护，防护监测，放射工作人员的职业健康管理要求，针对介入放射学中辐射剂量的过程优化，事故预防及处理。

（三）核医学

主要培训专题课程包括：核医学诊疗用放射源及设备（包括常用放射性核素及其药物形式、放射性核素的来源、放射性药物的基本特性、放射性核素发生器、γ相机、SPECT、PET、回旋加速器、粒籽源等），放射性物质的开瓶与分装，放射性物质的运输和保存，放射性废物处理，核医学工作场所的设计和放射防护要求（包括场所分级分区、布局、屏蔽、监测要求等），放射工作人员、受检者和患者的放射防护与安全，放射工作人员的职业健康管理要求，内照射剂量估算，核医学质量保证，核医学设备的工作原理、防护性能及其检测方法，污染的预防和清除，事故预防及处理。

（四）放射治疗

主要培训专题课程包括：放射治疗用放射源，放射治疗设备的工作原理和防护性能及其检测方法，放射治疗场所的分区及其放射防护要求、屏蔽要求、安全联锁及监测要求，放射工作人员的职业健康管理要求，放射治疗的质量保证，放射工作人员和患者的放射防护与安全，质量控制与质量保证，事故预防及处理。

三、工业应用放射工作人员培训

电离辐射工业应用包括了工业辐照、工业探伤、放射性测井、放射性同位素生产、加速器运行、发光涂料工业、低能射线装置应用（如离子注入、静电消除等），以及行李包、车辆、集装箱等射线安全检查系统等多个行业。涉及的工作场所、放射源及射线装置等的种类众多。因此，培训内容除法规标准和基础知识等通用内容外，针对不同工作类型及工作岗位，还应重点关注工作所使用的设备或放射源及有关的健康风险、操作规程和放射防护与安全要求及要点、职业健康管理要求、工作场所的放射防护管理要求、所涉及设备和放射源的安全管理要求、事故应急准备及处理等。除法规标准和基础知识外，下文就部分工业应用放射工作人员的培训专题课程进行举例。

（一）X 射线工业探伤

主要培训专题课程包括：X 射线探伤设备的结构组成和工作原理，X 射线探伤安全操作要求（包括固定探伤和移动探伤），X 射线探伤设备的放射防护和安全管理要求，探伤作业场所放射防护和安全管理要求，放射工作人员职业健康管理与个人剂量管理要求，辐射监测、管理要求（监管要求和内部管理要求），放射事故预防及处理等。

（二）γ 射线工业探伤

主要培训专题课程包括：γ 射线探伤装置的工作原理、分类、结构组成和剂量（率）监测，放射源的使用和运输，γ 射线探伤安全操作要求，固定探伤作业场所和移动探伤作业的放射防护与安全管理要求，放射工作人员职业健康管理与个人剂量管理要求，辐射监测、管理要求（监管要求和内部管理要求），γ 射线探伤装置常见故障及处理，放射事故预防及处理等。

（三）电子加速器辐照

主要培训专题课程包括：电子加速器辐照装置的结构组成、工作原理和分类，电子加速器辐照装置的安全联锁设计、潜在的健康危害，电子加速器辐照装置工作场所的分区（监督区和控制区）和放射防护与安全管理要求，电子加速器辐照装置的运行与维修通用规范及安全防护措施、操作与运行管理要求，日常维护和检查要求，放射工作人员职业健康管理与个人剂量管理要求，放射事故预防及处理等。

（四）γ 射线辐照

主要培训专题课程包括：γ 射线辐照装置的原理和主要应用，γ 射线辐照装置的分类和组成（例如，主要使用的放射源、屏蔽防护系统、安全联锁系统、剂量系统等）、潜在的健康危害，γ 射线辐照装置工作场所的分区（监督区和控制区）和放射防护与安全管理要求，辐照装置的操作与运行管理要求、日常管理要求，γ 射线辐照装置倒源和装源，γ 射线辐照装置退役管理要求，放射工作人员职业健康管理与个人剂量管理要求，放射事故预防及处理等。

（五）放射性测井

主要培训专题课程包括：放射性测井的概念、分类和工作原理，放射性测井使用的放射源（γ 辐射源、中子源等）、潜在的健康危害，放射源及非密封放射性物质的管理要求、放射源的屏蔽防护、贮存、运输和操作的放射防护与安全要求，放射性同位素示踪的放射防护与安全要求，现场测井作业的放射防护与安全管理要求、辐射监测，放射工作人员职业健康管理与个人剂量管理要求、放射事故预防与处理等。

四、核设施工作人员培训

对核设施工作人员的放射防护培训，除了法规标准和基础知识等通用内容外，还包括以下内容。

（1）辐射防护方法。例如，X射线、γ射线、中子、带电粒子外照射的防护；内照射的防护；个人防护措施及防护用品等。

（2）辐射源项及分布。例如，核电厂运行工况主要辐射源及分布；辐射防护的工程技术措施；放射性物质的运输和贮存；放射性废物的处理等。

（3）电离辐射监测原则与评价。例如，核电厂辐射监测系统与设备；工艺、流出物的辐射监测；个人剂量监测；体表污染监测与洗消；采样；常用的监测仪器（类型、用途、探测限等）和剂量计算等。

（4）放射防护管理体系。例如，核电厂放射防护组织机构和职责划分、放射防护管理目标值；放射防护大纲和规章制度；放射工作场所分区、应急计划与准备等。

（5）放射防护实际操作。例如，放射防护管理通用规定和操作；岗位或作业辐射防护仪表操作；出入控制和控制区管理；个人剂量监测和操作；防护服等用品的穿戴和使用；放射性去污等。

（6）放射工作人员职业健康管理。例如，放射工作人员的健康要求（包括对核动力厂操纵人员的专门要求）、职业健康监护要求等。

五、非铀矿等接触天然放射源工作人员培训

对于受到天然放射源职业照射工作人员（例如非铀矿工）的放射防护培训，除法规标准和基础知识等通用内容外，培训内容中应着重关注有关天然放射源（尤其是钍、氡及其子体）的健康危害与监测、放射防护方法措施（例如通风）、职业健康管理等，此外主要包括以下内容。

（1）电离辐射基础知识：包括但不限于铀、钍、氡及其子体（包括钍射气及其子体）、含铀钍粉尘以及放射性气溶胶的特点和健康危害。

（2）辐射监测及其结果的解释与评价：γ外照射剂量水平；含铀钍粉尘、放射性气溶胶活度浓度；氡及其子体（包括钍射气及其子体）活度浓度；表面污染。

（3）放射防护的基本原则、外照射、内照射防护的基本方法、生产场所控制粉尘的目的和方法、有关的导则和限值标准。

（4）通风系统的作用与目的、严格遵守通风要求与规范的意义、确保通风系统运行的必要性、及时报告通风系统损坏的意义。

（5）用人单位的应急计划、生产场所应急逃生通道的位置。

（6）放射性损伤的救援知识、放射性物质污染伤口的处理要点。

（7）放射工作人员职业健康管理。例如，放射工作人员的健康要求、职业健康监护要求等。

（陈尔东　鞠金欣）

10

第十章　职业健康监护相关档案管理

职业健康监护是以预防为目的，根据劳动者的职业接触史，通过定期或不定期的医学健康检查和健康相关资料的收集，连续性地监测劳动者的健康状况，分析劳动者健康变化与所接触的职业病危害因素的关系，并及时地将健康检查和资料分析结果报告给用人单位和劳动者本人，以便及时采取干预措施，保护劳动者健康。我国的职业健康监护主要包括职业健康检查和职业健康监护档案管理等内容。放射工作人员职业健康监护是指为保证放射工作人员上岗前及在岗期间都能适任其拟承担或所承担的工作任务而进行的医学检查及评价，其主要包括职业健康检查和职业健康监护档案管理等。

根据《中华人民共和国职业病防治法》《放射性同位素与射线装置安全和防护条例》要求，用人单位应当为劳动者建立职业健康监护档案，《职业健康检查管理办法》和《放射工作人员职业健康管理办法》要求职业健康检查机构应当建立职业健康检查档案。职业健康监护档案、职业健康检查档案的主体不同，档案保管的要求与内容、侧重点也有所区别。

第一节　体检机构的放射工作人员职业健康检查档案管理

一、放射工作人员职业健康检查档案管理要求

（一）部门规章要求

职业健康检查档案管理是职业健康检查工作的重要组成部分，放射工作人员职业健康检查档案管理不仅为职业性放射性疾病预防、评价、控制、治理、研究和开发职业性放射性疾病防治技术以及职业性放射性疾病诊断和鉴定提供重要依据，同时也是反映体检机构工作情况的重要载体，是卫生健康行政部门监督检查的主要内容之一。

《职业健康检查管理办法》第二十条规定，职业健康检查机构应当建立职业健康检查档案。职业健康检查档案保存时间应当自劳动者最后一次职业健康检查结束之日起不少于 15 年。

《职业健康检查管理办法》第二十一条明确规定，职业健康检查档案是卫生健康行政部门监督检查的主要内容之一。对于未按要求建立职业健康检查档案的，《职业健康检查管理办法》第二十七条规定，由县级以上地方卫生健康行政部门给予警告，责令限期改正；逾期不改的，处以三万元以下罚款。

（二）档案管理工作要求

职业健康检查机构应建立健全档案管理制度，指定档案管理负责部门，明确档案管理负责人，配备与工作量相匹配的专（兼）职档案管理人员。具体管理措施如下。

1. 建立职业健康检查档案管理制度

（1）职业健康检查档案归档制度：职业健康检查机构应建立职业健康检查档案归档制度，为用人单位建立职业健康检查档案，相关资料应在职业健康检查报告授权签字人签发后30个工作日内及时归档，任何部门或个人不得长期或私自保存应当归档的文件资料。

归档资料内容见本节“二、职业健康检查档案内容”。

归档资料要求：归档资料应为原件，完整、齐全，如原件无法归档的，必须在复印件上注明原件存放地。归档的职业健康检查报告应与出具的报告完全一致。书写必须使用碳素墨水、蓝黑墨水等符合档案要求的材料，不得使用铅笔、圆珠笔、彩笔、纯蓝墨水、红墨水、涂改液等。

归档资料装订：职业健康档案归档资料应装订成册，并编制目录，确保档案的完整性和准确性。应设立专门的档案室存放职业健康检查档案。

归档资料编号与检索：职业健康检查档案排列、编号、编目应规范有序，编制正确，符合资料归档要求，按时间、单位、件号排列装盒，以查找方便为原则。档案管理部门应根据需要编制各种检索工具，并充分运用计算机辅助档案管理手段，积极开展档案利用工作，提高利用效果，提高档案管理的现代化水平。

（2）职业健康检查档案查阅制度：职业健康检查机构应建立完善档案查阅制度，采取有效措施维护放射工作人员的职业健康隐私权和保密权；保证职业健康检查档案只能用于保护放射工作人员健康的目的，同时作好档案查阅登记记录。

档案查阅：已归档档案查阅，必须严格审批、办理登记手续。个人查阅档案不得离开档案室，并要在档案管理人员的监督下查阅档案。查阅档案时不得在档案上圈划、涂改造成污损，更不得拆散、剪裁、撕毁和抽走档案资料。对私自涂改、撕毁档案者，要对其追究相关责任。

档案借阅：档案借出工作应遵循依法合规、审慎原则，必须严格审批、办理登记手续。借出的档案要及时归还，不得转借他人，借出时间不得超过一周。需继续借用者要办理续借手续，确保档案的完整与安全。归还时要进行清点和检查，发现丢失和损坏要及时报管理部门及有关领导查处。

外单位借、调阅档案，需持单位介绍信，经分管领导签字批准后方予接待。放射工作人员持本人身份证、注明查阅目的的单位介绍信，可查阅本人职业健康检查档案。凡属查阅、摘抄、复印的档案资料须经批准、核对、签署意见、加盖体检机构公章后方可生效。

凡未经整理、登记完毕的档案材料，一律不得借出。

（3）保密制度：根据国家保密制度规定和保护劳动者隐私要求，做好档案保密工作，严格执行档案保存、借阅、复印、利用和统计等制度。

凡本机构人员因职业健康检查工作需要查阅档案，应在档案室查阅，并办理登记手续，如确需借出必须办理借阅手续，并及时归还。

凡本机构人员因科研、教学需要查阅职业健康检查档案的，需依法利用不包含能够识别或者推断受检者个人身份的职业健康检查档案信息，由医学研究人员向档案管理部门提出书面申请，并提供研究计划、说明书、承诺书、伦理审查等资料，经体检实施科室、管理部门、分管领导等审批后，提供限定范围内的借阅，阅后应当立即归还，不得泄露受检者、用人单位隐私。

外单位借、调阅档案、资料，需持单位介绍信，经分管领导签字批准后方予接待。开展卫生健康服务调查、公共卫生管理或因其他行政管理需要，经相应档案管理机构的上级卫生健康行政部门批准后，完善相关手续可按程序调阅。职业健康档案不得用于任何商业用途。

凡查阅或借阅档案资料者，均要注意安全保密，不得擅自复制转借他人或外单位，更不得涂改、损坏、裁剪、拆散、抽页等，违者按规定追究当事人的责任。

档案人员要做好保密工作，已划分密级的档案，在案卷上注明标记，不准私自摘录和随便利用机密内容的档案。凡查阅密级档案，其查阅和利用必须严格遵守国家保密法律法规。

（4）保存时间：职业健康检查机构的职业健康检查档案保存时间应当自劳动者最后一次职业健康检查结束之日起不少于15年。

职业健康检查机构发生分立、合并、解散、破产等情形的，职业健康检查档案应按照国家档案管理的有关规定移交保管。

2. 档案室的管理

职业健康检查机构应配置适宜、安全、符合国家有关规定的档案室存放职业健康检查档案资料。

档案室应坚固，严禁吸烟、燃火及堆放易燃品和其他无关物品。档案室必须配备防火、防盗、防水、防光、防尘、防有害生物、防潮以及温湿度调控等必要的设施设备，档案室应采用LED光源或其他无紫外辐射、红外辐射光源；窗户应加设窗帘，以防紫外线照射。档案室每月检查一次，发现问题及时处理。

档案室内的档案柜需统一编号，档案、资料要按分类顺序排列整齐。柜内案卷应保持排列整齐，不得随便移动案卷存放位置，案卷查阅后要及时放回原处。

档案室由档案管理人员负责管理，并负责每天检查门窗电源的开关情况。非档案工作人员不得进入档案库房。定期检查档案保管状况，对破损或变质的档案应及时修补、复制或作其他技术处理。

档案室根据需要和可能，配备适应档案现代化管理需要的设施设备。

3. 档案管理人员的工作要求

放射工作人员职业健康检查档案管理是一项长期的工作，需要有专（兼）职人员进行管理和维护。档案管理人员必须具有相关业务和档案专业的知识基础，能够帮助建立放射工作人员职业健康档案以及建立科学的管理系统、分析信息。具体要求如下。

（1）根据档案管理工作的各项方针、政策及法律法规，推动档案管理的标准化与规范化进程。

（2）监督、检查并指导各部门职业健康检查资料的形成、积累、整理及立卷归档工作，确保归档文件材料完整、准确、系统，符合质量要求，并妥善办理交接手续。

（3）进行档案的整理、分类、登记建卡、编号上架等工作，确保档案室管理科学，档案排列整齐、主次分明、标志清晰。

（4）积极开发档案信息资源，编制检索工具和参考资料，高效处理利用档案，以主动热情的态度提供优质服务。

（5）承担档案室的安全防护工作，定期进行安全防护检查，防止事故发生。对于损坏变质的档案材料，及时采取修补和复制措施。

（6）负责各类资料的借阅管理工作。

（7）负责档案统计工作及档案鉴定销毁的基础工作，对过期档案提出存毁处理意见。

（8）严格执行档案管理的各项规章制度，遵守保密制度和保密纪律，确保档案安全。

（9）积极学习档案业务知识，钻研档案理论，积极进行工作经验和学术交流。

4. 信息化建设

职业健康检查机构应加强档案信息化建设，积极推进电子档案管理信息系统建设。将档案信息化建设纳入信息化建设规划，加强办公自动化系统、业务系统归档功能建设，并与电子档案管理信息系统相互衔接，实现对电子档案的全过程管理。电子档案管理信息系统应当按照国家有关规定建设，并符合国家关于网络安全、数据安全以及保密等的规定。

5. 在档案管理工作中落实 PDCA 模式

PDCA 管理是针对工作的质量目标按规划、执行、检查与改进行动来进行活动，以确保目标达成，并进而促使品质持续改善。目前各职业健康检查机构的放射工作人员职业健康档案管理工作已经不同程度开展，但对于在工作中碰到管理上的问题应积极寻求改进，主管部门应向机构有关领导反映，向有关科室及人员反馈，落实改进内容，实现更高要求，更为科学地管理档案。

二、职业健康检查档案内容

（一）资质文件

包括职业健康检查机构备案凭证机构在卫生健康委员会网站上备案的信息公告（明确备案的职业健康检查类别、职业健康检查项目、有效期和外出开展职业健康检查工作区域范围等信息）。

（二）管理制度及相关实施记录

包括职业健康检查质量管理体系文件、规章制度、工作规范、岗位职责、内外质控计划、实施方案和记录、年度质控工作总结等。

（三）人员相关文件

包括人员清单、任命证书、人员的资格证书、执业证书、培训证明等。

（四）设施设备相关文件

包括相关设施设备购置证明文件和清单、仪器定期检定校准记录、仪器操作规程、期间核查和维护程序及记录等。

（五）放射工作人员职业健康检查相关资料

1. 职业健康检查委托协议书

内容应包括编号、委托单位、用人单位责任人姓名、单位地址、联系电话、委托检查类别、接触职业病危害因素种类、放射工作人员总数、应检人数、实际委托检查人数、检查时间和地点、委托方和被委托方的责任和义务、委托方和被委托方盖章及经办人签字、委托日期等。人数少于 50 人的可由用人单位出具的介绍信代替。

2. 用人单位提供的相关材料

包括用人单位的基本情况信息（用人单位的营业执照、企业名称、社会统一信用代码、行业类别、经济类型、企业规模等）；工作场所职业病危害因素种类及其接触人员名册（姓名、性别、身份证号、年龄、工龄、工种、接触危害因素种类、接触时间、体检类别、个人剂量监测情况等）；工作场所职业病危害因素定期检测资料等。

3. 监护计划

应针对用人单位提供的相关材料，制定相应的职业健康检查方案，包括体检方案及其法规标准依据文件等。

4. 其他重要文件

包括用人单位的职业健康检查总结报告、异常结果的复查报告、告知书或通知书。

（六）检出疑似职业性放射性疾病、不应从事放射工作情形相关处置记录

包括疑似职业病、不应从事放射工作情形及异常结果的报告及告知等情况记录；引导疑似职业病患者进入职业病诊断工作程序的记录等。

（七）其他资料

行政部门要求的其他资料等。

（聂云峰　李　祈）

第二节　用人单位的职业健康监护档案管理

一、职业健康监护档案管理要求

职业健康监护档案是健康监护全过程的客观记录资料，是系统地观察放射工作人员健康状况的变化，评价个体和群体健康损害的依据，其特征是资料的完整性、连续性。职业健康监护档案包括劳动者个人职业健康监护档案和用人单位职业健康监护管理档案。

（一）用人单位职业健康监护档案管理的法律依据

《中华人民共和国职业病防治法》《放射性同位素与射线装置安全和防护条例》和《用人单位职业健康监护监督管理办法》（国家安监总局令第 49 号）明确规定用人单位要建立职业健康监护档案。部门规章《放射工作人员职业健康管理办法》（卫生部令第 55 号）等对用人单位建立职业健康监护档案的管理提出了具体要求。国家职业卫生标准《职业健康监护技术规范》（GBZ 188）和《放射工作人员健康要求及监护规范》（GBZ 98—2020）对用人单位如何管理职业健康监护档案列出了详细的技术条款。国家标准《电离辐射防护与辐射源安全基本标准》（GB 18871—2002）对保存职业照射记录提出了相关要求。同时，职业健康监护档案管理还应符合《中华人民共和国档案法》、《中华人民共和国档案法实施办法》（国家档案局令第 5 号）等法规文件的规定。

（二）用人单位档案管理的具体要求

职业健康监护档案是职业病诊断鉴定的重要依据之一，是区分健康损害责任的主要证据，是法院审理健康权益案件的物证。作为职业健康监护的责任主体，用人单位应当重视职业健康监护档案的管理，必须为本单位的放射工作人员（受聘用全职、兼职或临时从事放射工作的任何人员）建立职业健康监护档案，对职业健康监护档案负有妥善保管的责任。

用人单位应当建立科学的、严格的档案管理制度，设立档案室或指定专门的区域存放职业健康监护档案，并指定专门机构和专（兼）职人员负责档案管理。随着职业健康监护信息数据库的研发使用和不断完善，用人单位应配置信息化设施设备及软件系统，逐步以电子档案管理替代纸质档案管理，同时对原有纸质版职业健康监护档案扫描进行电子化储存，逐步实现档案管理信息化、服务网络化，不断提高职业健康监护档案的现代化管理水平和服务质量。

职业健康监护档案分为劳动者职业健康监护档案、用人单位职业健康监护档案和职业健康检查机构职业健康监护档案。用人单位需要收集职业健康监护管理档案、劳动者个人职业健康监护档案以及职业健康检查报告。根据《放射工作人员职业健康管理办法》(卫生部令第55号),放射工作人员个人剂量监测档案应当作为职业健康管理档案的重要内容。根据《职业健康监护技术规范》(GBZ 188),职业健康检查报告又分为职业健康检查总结报告、职业健康检查个体结论报告及职业健康监护评价报告。这里要注意,如果用人单位职业健康监护资料数量不多且情况简单,可不必委托职业健康检查机构出具职业健康监护评价报告。

用人单位应为放射工作人员建立并终生保存职业健康监护档案。收集健康监护档案资料要注意资料的完整性和连续性,要收集每年的职业健康监护资料,按年度进行归档,及时编号登记保管。如果某项档案材料较多或者与其他档案有交叉的,可在档案中注明其保存卷宗或地点;用人单位要严格档案的日常管理,防止遗失。根据《用人单位职业健康监护监督管理办法》(国家安监总局令第49号),用人单位发生分立、合并、解散、破产时,其职业健康监护档案应当依照国家有关规定实施移交保管。作为用人单位职业健康监护档案之一的职业照射记录,IAEA 2014年出版的《国际辐射防护和辐射源安全基本安全标准》建议:保存期为工作人员的整个工作年限以及工作年限之后至少到该工作人员达到75岁或可能达到75岁,以及工作人员受职业照射的工作终止后至少30年。

用人单位应当建立完善档案查阅制度,作好档案查阅登记记录。用人单位应保证职业健康监护档案只能用于保护放射工作人员职业健康的目的,在管理档案时应采取有效措施维护放射工作人员的职业健康隐私权和保密权。

职业卫生监管部门查阅或者复印职业健康监护档案材料时,用人单位应当予以积极配合,如实反映情况,提供必要的材料,不得拒绝、阻碍、隐瞒。

劳动者或劳动者委托代理人有权查阅劳动者个人的职业健康监护档案,用人单位不得找任何理由拒绝提供档案材料,也不得提供虚假的档案材料。劳动者在离开用人单位时,有权向用人单位索取本人的职业健康监护档案的复印件,用人单位要如实地、无偿地提供给劳动者,不得拒绝。用人单位不能为了逃避责任,对劳动者个人职业健康监护档案进行隐瞒、伪造、篡改、损毁,提供虚假的职业健康监护档案;也不能当劳动者索取本人职业健康监护档案复印件时,向劳动者提出不合理的要求或附加条件,甚至索要费用,进而刁难劳动者。为了确认所提供的个人职业健康监护档案的效力,用人单位还应当在所提供的个人健康监护档案复印件上签字、盖章。

劳动者在申请职业病诊断、鉴定时,用人单位应如实提供职业病诊断、鉴定所需的劳动者职业病危害接触史、工作场所职业病危害因素检测结果及个人职业健康监护档案等资料。经卫生健康行政部门督促,用人单位仍不提供资料,或者不如实提供资料,或者提供资料不全的,卫生健康行政部门可视其为未按照规定建立健全职业卫生档案和劳动者职业健康监护档案或者未按照规定安排职业病患者、疑似职业病患者进行诊治,依据《职业病防治法》相关条款项规定情形处理;职业病诊断与鉴定机构应当根据当事人提供的自述材料、相关人员证明材料,卫生监督机构或取得资质的职业卫生技术服务机构提供的有关材料,按照《职业病防治法》相关规定作出诊断或鉴定结论。由于职业健康监护档案的资料来源主要是职业健康检查机构,职业健康检查机构也有义务提供职业病诊断与鉴定有关的健康检查资料。

二、职业健康监护档案内容

用人单位应建立劳动者职业健康监护档案及用人单位职业健康监护管理档案。

（一）劳动者职业健康监护档案

1. 个人基本信息

（1）个人资料：姓名、性别、出生年月、身份证号码、联系电话、现工作单位、婚姻情况、文化程度、家庭（通信）地址等；

（2）生活史：包括吸烟史、饮酒史、女性月经与生育史等；

（3）家族史：包括父母、兄弟、姐妹、子女的健康状况，配偶的工作及是否从事放射工作的情况，是否患有遗传性疾病；

（4）既往史：包括既往的患病史、手术史、传染病史、药物及其他过敏史、外伤史等。

2. 职业史

应按时间顺序列明劳动者全部工作经历，如既往工作过的用人单位名称、起始时间、部门、工种及其变动情况、防护设施、个人防护情况等信息；应包括放射史及非放射史（见表 10–1）。

表 10–1　劳动者个人信息卡

档案号：

<table>
<tr><td>姓名</td><td colspan="2"></td><td colspan="2">性别</td><td colspan="3"></td><td rowspan="5">照片</td></tr>
<tr><td>籍贯</td><td colspan="2"></td><td colspan="2">婚姻</td><td colspan="3"></td></tr>
<tr><td>文化程度</td><td colspan="2"></td><td colspan="2">嗜好</td><td colspan="3"></td></tr>
<tr><td>参加工作时间</td><td colspan="7"></td></tr>
<tr><td>身份证号</td><td colspan="7"></td></tr>
<tr><td colspan="9">职业史及职业病危害接触史</td></tr>
<tr><td colspan="2">起止时间</td><td colspan="2">工作单位</td><td colspan="2">工种</td><td colspan="2">接触职业病危害因素</td><td>防护措施</td></tr>
<tr><td colspan="2">年　月　日至
年　月　日</td><td colspan="2"></td><td colspan="2"></td><td colspan="2"></td><td></td></tr>
<tr><td colspan="2">年　月　日至
年　月　日</td><td colspan="2"></td><td colspan="2"></td><td colspan="2"></td><td></td></tr>
<tr><td colspan="9">既往病史</td></tr>
<tr><td>疾病名称</td><td colspan="3">诊断时间</td><td colspan="3">诊断医院</td><td>治疗结果</td><td>备注</td></tr>
<tr><td></td><td colspan="3">年　月　日</td><td colspan="3"></td><td></td><td></td></tr>
<tr><td></td><td colspan="3">年　月　日</td><td colspan="3"></td><td></td><td></td></tr>
<tr><td colspan="9">职业病诊断</td></tr>
<tr><td>职业病名称</td><td colspan="3">诊断时间</td><td colspan="3">诊断医院</td><td>诊断级别</td><td>备注</td></tr>
<tr><td></td><td colspan="3">年　月　日</td><td colspan="3"></td><td></td><td></td></tr>
<tr><td></td><td colspan="3">年　月　日</td><td colspan="3"></td><td></td><td></td></tr>
</table>

3. 过量照射、应急照射和事故照射史

若劳动者有应急照射和事故照射史，应把照射史、病史等相关记录、职业健康检查结果、医学随访结果等一并纳入归档。过量照射应补充职业性外照射个人监测剂量调查登记表。

职业性外照射个人监测剂量调查登记表至少包含以下要素：

（1）剂量调查登记表；

（2）用人单位（盖章）、编号；

（3）人员姓名、职业类别、本次测量剂量值、剂量计佩戴起止日期；

（4）个人剂量计佩戴位置：胸部、头部、手部、其他部位；

（5）评价结论，检测报告专用章，用章日期；

（6）确定在佩戴个人剂量计期间，是否发生过个人剂量计曾经被打开、个人剂量计曾经被水浸泡、个人剂量计曾经被留置于放射工作场所内、曾经佩戴个人剂量计接受过放射性检查、曾经佩戴个人剂量计扶持接受放射性检查的受检者 / 患者、曾经维修含源装置、铅围裙内外剂量计混淆佩戴等情况；如果是正常佩戴，是否发生过佩戴期间工作量较前期明显增加，或其他情况；

（7）本人及负责人签字，签字日期；

（8）处理意见（检测单位填写），签字及签字日期。

4. 历次职业健康检查结果及处理情况

放射工作人员职业健康检查种类包括上岗前、在岗期间、离岗时、应急照射和事故照射后的健康检查。用人单位应根据“一人一档”的原则，为每位放射工作人员建立放射工作人员职业健康监护档案；在放射工作人员接触放射工作之前完成上岗前职业健康检查，归入档案，并根据在岗情况，及时补充在岗期间、离岗时的检查结果。处理情况包括调离、暂时脱离工作岗位、复查、职业病诊断结果等处理、安置情况及检查、诊断结果。

5. 职业性放射性疾病相关诊疗资料

如有劳动者存在职业性放射性疾病，应把诊断证明书、鉴定结果、病历、处置情况等资料纳入档案。

6. 告知书与培训考核资料

放射工作人员对其接触的职业病危害因素有知情权，需经培训考核上岗，应留存其劳动合同告知书和教育培训考核资料。

7. 职业病危害因素检测结果

劳动者所在作业场所或岗位的职业病危害因素检测结果。

8. 其他资料

如女性放射工作人员的怀孕声明、哺乳期声明等，工伤鉴定意见或结论。

（二）用人单位职业健康监护管理档案

1. 法规标准

即国家关于放射工作人员职业病防治的相关法律、法规以及相关行业标准。

2. 单位放射卫生概况

（1）用人单位的基本信息，包含生产过程、工艺流程、使用的原材料和产品信息；

（2）涉及放射危害的场所和工种岗位的介绍，包括放射源种类、辐射强度、人员分布等；

（3）用人单位的放射卫生规划、目标以及管理制度、工作总结。

3. 放射卫生管理组织架构与相关流程

（1）放射卫生管理组织机构设置与各岗位人员职责；

（2）放射卫生管理制度、程序文件、作业指导书和其他内部文件。

4. 放射防护措施与个人剂量监测

（1）放射防护设施、个人防护用品的配备和维护记录等；

（2）工作场所职业病危害因素定期监测报告；

（3）放射工作人员放射防护培训记录；

（4）放射工作人员个人剂量监测结果。

5. 放射工作人员职业健康检查

（1）放射工作人员的职业健康监护制度和年度职业健康检查计划、检查频次及检查项目；

（2）委托协议、职业健康检查机构的备案凭证；

（3）职业健康检查机构出具的职业健康检查总结报告和评价报告等。

6. 对职业性放射性疾病、疑似放射损伤等的相关处置记录

记录用人单位落实职业健康检查报告意见、建议和干预措施的情况，包括对职业性放射性疾病患者、存在不应从事放射工作情形的人员和存在职业相关健康损害放射工作人员的复查、调岗、诊断、治疗等处置记录，留存职业病诊断证明书、职业病报告卡、诊断鉴定证明书和劳动能力鉴定结果等材料。

7. 职业健康监护档案借阅登记和复印记录

放射工作人员有权查阅、复印本人的职业健康监护档案，用人单位应如实、无偿提供，并在所提供复印件上盖章确认，留存相应记录。

8. 各类汇总资料

如放射工作人员培训记录、职业健康检查结果一览表、职业病患者及疑似职业病患者一览表、职业病危害因素接触情况、职业健康监护档案汇总表（见表10–2）等。

表10–2　职业健康监护档案汇总表

部门 / 车间	档案编号	姓名	性别	建档时间	人员调离情况			备注
					调离时间	是否提供档案复印件	劳动者签字	

9. 职业病危害事故报告与处理记录表

表格应记录单位名称、法定代表人、事故报告人、联系电话等基本信息；以及记录事故基本情况，包括发生时间、发生场所、相关涉及岗位及工作内容、危害接触人数、发病人数、送医院治疗人数、死亡人数、可能产生职业病的有害因素名称；并简述事故经过，包括事件起因、患者主要临床表现、救援过程和处理情况，记录对事故原因和性质的初步认定意见和事件报告情况。

10. 其他资料

行政部门的要求的其他相关资料。

（张华东　李　炜）

11 第十一章　个人监测和评价

个人监测是指利用工作人员佩戴剂量计进行的测量，或对其体内或排泄物中放射性核素的种类和活度进行的测量，以及利用个人空气采样器对吸入放射性核素的种类和活度进行的测量，并对测量结果的解释。个人监测的目的：确认良好的工作实践和工程标准；提供有关工作场所情况的信息，并提供方法以证实放射工作场所情况是否得到了令人满意的控制，以及操作的变化是否改善或恶化了放射工作的情况；评估放射工作人员的实际暴露情况以表明符合监管的要求；通过分析积累收集到的个人、群体的数据来评估和改进操作程序；提供可用于使放射工作人员了解他们是如何、何时、何地受到照射的信息，以及促使他们减少受照的信息；在事故照射情况下，提供评估剂量的资料；用于代价利益分析；法律和诉讼用途，作为对医学记录的重要补充；用于受照射人群的流行病学研究。

个人监测具有十分重要的意义，它是辐射防护三项基本原则的重要体现，是放射工作人员职业健康管理的重要内容，是保障放射工作人员职业健康的重要技术手段，是诊断职业性放射性疾病的重要依据。

第一节　监测原则与监测类型

一、监测原则

个人监测分为外照射个人监测与内照射个人监测。外照射个人监测是利用工作人员佩戴剂量计对个人剂量当量进行的测量，以及对测量结果的解释。内照射个人监测是对体内或排泄物中放射性核素的种类和活度进行测量，以及利用个人空气采样器对吸入放射性核素的种类和活度进行的测量，并对测量结果的解释。

西方工业化国家从 20 世纪 40 年代末至 50 年代初就开始普遍实行放射工作人员个人剂量监测。我国放射工作人员个人剂量监测始于 1959 年的核工业系统。1985 年，原卫生部印发《关于发布〈放射工作人员个人剂量监测规定〉的通知》(〔85〕卫防字第 71 号)，我国开始在非核工业领域普遍施行放射工作人员个人剂量监测制度。

我国的法规中对放射工作人员个人监测做了明确的要求。《职业病防治法》第二十五条规定，保证接触放射线的工作人员佩戴个人剂量计。其精神是全部放射工作人员应接受个人监测。《放射工作人员职业健康管理办法》(卫生部令第 55 号)第十一条规定，放射工作单位应当按照本办法和国家有关标准、规范的要求，安排本单位的放射工作人员接受个人剂量监测。《电离辐射防护与辐射源安全基本标准》(GB 18871—2002)按照辐射工作场所分区(控制区和监督区)以及预期的年剂量来要求。该标准规定，任何在控制区工作的工作人员，或有时进入控制区工作并可能受到显著职业照射的工作人员，均应进行个人监测。对在监督区或只偶尔进入控制区工作的工作人员，如果预计其职业照射剂量大于 1mSv/a，则应尽可能进行个人监测。如果可能，对所有受到职业照射的人员均应进行个人监测。但对于受照剂量始终不可能大于 1mSv/a 的工作人员，一般可不进行个人监测。但从实践来看，放射工作人员都应接受个人监测，其执行成本不高，可以提供年剂量始终小于 1mSv 的证据，有利于澄清用人单位的法律责任。

GB 18871—2002 中要求应对可能受到放射性物质体内污染的工作人员（包括使用呼吸防护用具的人员）安排相应的内照射监测，以证明所实施的防护措施的有效性，并在必要时为内照射评价提供所需要的摄入量或待积当量剂量数据。对于在辐射控制区内工作并可能有放射性核素摄入的职业人员，应进行常规个人监测；如果放射性核素年摄入量产生的待积有效剂量不可能超过 1mSv 时，可适当减少个人监测频度，但应进行工作场所监测。按照《职业性内照射个人监测规范》（GBZ 129—2016）标准规定，一般应对下述工作人员进行常规内照射个人监测：①操作大量气态和挥发性物质，如在大规模生产过程中产生的氚及其化合物；②钚和其他超铀元素的处理；③钍矿的开采、选冶和处理以及钍及其化合物的应用；④高品位铀矿石的采矿、选冶和处理；⑤天然铀和低浓缩铀的处理及反应堆燃料的生产；⑥放射性同位素生产和集中分装；⑦在氡浓度超过行动水平的铀矿和其他工作场所工作；⑧使用 ^{131}I 进行甲状腺肿瘤治疗；⑨可引起裂变和活化产物照射的反应堆维修。

二、监测类型

个人监测依据监测目的分为常规监测、任务相关监测和特殊监测。

1. 常规监测

为确定工作条件是否适合继续进行操作，在预定场所按预先规定的时间间隔所进行的监测。

2. 任务相关监测

为特定操作提供有关操作和管理方面的即时决策而进行的个人监测。例如，在进入核电厂、大型辐照场等工作场所的控制区时，除佩戴常规个人剂量计外，还应佩戴报警式个人剂量计。

3. 特殊监测

为了说明某一特定问题，而在一个有限期内进行的个人监测。实质上它是调研性的，通常适用于工作场所没有足够的信息证明控制是充分的情况下的监测。伤口监测与医学应急监测属于特殊监测。

IAEA 安全标准丛书 No. GSG-7《职业辐射防护》（*Occupational Radiation Protection*）将监测类型分为四类，除上述三类外还有“确认性监测”，用于检查制定辐射防护计划时所做的假设或检查防护措施的有效性。进行确认性监测以检查对暴露条件的假设，并证明不需要常规或与任务相关的个人监测（特别是年剂量低于记录水平）。通常，在这种情况下，会执行工作场所监测和偶尔的个人监测。后者对于监测长期滞留在体内的放射性核素很有用，因为这些偶尔的测量可以证明体内没有放射性核素。此外，可以通过确认性监测来测试和证明保护措施的有效性。

《职业性内照射个人监测规范》（GBZ 129—2016）中有关特殊监测和任务相关监测的规定见表 11-1。

表 11-1 GBZ 129—2016 中有关特殊监测和任务相关监测的规定

标准条款	标准内容
6.1	特殊监测和任务相关监测与实际发生或怀疑发生的特殊事件有关，监测时应明确摄入时刻和污染物物理化学状态的资料
6.2	在已知或怀疑有摄入时、发生事故或异常事件后，应进行特殊监测。当常规排泄物监测测量结果超过导出调查水平，以及临时采集的鼻腔分泌物、鼻拭等样品和其他监测结果发现异常时也应进行特殊监测
6.3	对因工作需要短时期进入放射性污染地区或空气中放射性活度浓度水平高的场所的人员，以及参加事故干预行动可能受到内污染的人员应进行任务相关监测
6.4	进行伤口特殊监测时，应确定伤口部位放射性物质的活度。如已作切除手术，则应测量切除组织和留在伤口部位的放射性物质。然后根据需要再做直接测量、尿和粪便监测
6.5	如果已采用阻吸收或促排药物，则不能直接采用此标准中第 8 章推荐的一般方法推算摄入量。此时应制定特殊监测计划，对该污染物在事故摄入者体内的分布、滞留和排泄进行追踪监测，并依据个例情况估计该摄入者的待积有效剂量

（郭　文　王　进）

第二节　外照射个人监测

一、监测全身、眼晶状体、肢端或皮肤的实用量

用于评价的防护量是借助于可测量的实用量来评估的，在正常的工作条件下，实用量通常是合理高估但不低估相应的防护量。

职业性外照射个人剂量评价的防护量分别是全身的年有效剂量、眼晶状体的年当量剂量以及四肢（手和足）或皮肤的年当量剂量。

职业性外照射个人监测所要测量的实用量是个人剂量当量，其定义为人体某一指定点下面适当深度 d 处的软组织内的剂量当量，其 SI 单位是焦耳每千克，符号为 J/kg，专用单位是希沃特，符号为 Sv。它是通过佩戴在人体特定部位上的剂量计的测量来实现的，剂量计是在相应体模上进行校准的。

有效剂量评价监测的实用量主要是 $H_p(10)$（d=10mm），眼晶状体当量剂量评价监测的实用量主要是 $H_p(3)$（d=3mm），肢端或皮肤当量剂量评价监测的实用量主要是 $H_p(0.07)$（d=0.07mm），利用 $H_p(10)$ 测定结果，通常足以评估工作人员所受的照射。然而，如果辐射场含有大量的弱贯穿辐射（如 β 粒子或能量低于 15keV 的光子），弱贯穿辐射的剂量贡献＞10% 时，则还应监测 $H_p(0.07)$，以评价相应的当量剂量。

对放射工作人员进行眼晶状体剂量监测，使用 $H_p(3)$ 比使用 $H_p(0.07)$ 或 $H_p(10)$ 更能准确地反映眼晶状体接受的剂量。应使用 $H_p(3)$ 评价介入放射学职业人员眼晶状体当量剂量。

二、监测周期

《职业性外照射个人监测规范》（GBZ 128—2019）规定，常规监测的周期应综合考虑放射工作人员的工作性质、所受剂量的大小、剂量变化程度及剂量计的性能等诸多因素。常规监测周期一般为 1 个月，最长不应超过 3 个月。我国个人剂量常规监测周期通常为 3 个月，个别为 2 个月。

任务相关监测和特殊监测应根据辐射监测实践的需要进行。

三、热释光等个人剂量监测系统与基本要求

（一）热释光等个人剂量监测系统

开展X、γ、β射线外照射个人监测所需的仪器设备和配套设备包括热释光剂量仪或其他测读装置、热释光剂量计（元件）或其他剂量计元件、退火装置或其他测读附属装置、数据处理计算机系统、剂量计元件照射系统（可共享）。

外照射个人监测主要是针对X、γ、β射线的监测。我国主要以热释光测量系统为主，有少数机构使用光致发光等测量系统。

热释光剂量测量的原理：晶体受到电离辐射照射时，将部分辐射能量以某种方式长时间存储在晶体中，当加热晶体时，这种能量以可见光的形式释放出来，其强度与辐射剂量成正比。

热释光探测器的形状有粉、片、管、棒等；尺寸有 Φ4.5mm × 0.8mm、4mm × 4mm × 0.8mm 等；成分有 LiF（Mg，Cu，P）、LiF（Mg，Ti）、$CaSO_4$ 等；其特点是能量响应好、灵敏度高、量程宽、精度高、重量轻、体积小、受环境因素影响小、可测量多种射线等。

热释光探测器在使用前要进行退火处理，退火的目的是消除探测器的本底剂量和残余剂量（包括测量后残余或放置一段时间后产生的剂量）；恢复探测器的初始灵敏度，使深陷阱中的电子释放出来，以消除辐照敏化引起的灵敏度增高的现象；恢复探测器发光曲线的形状。

热释光剂量计是由一个或多个热释光探测器组成的无源器件。探测器通常安装在适合使用的盒内，以便于人体佩戴或置于环境中用来评价它所处位置或附近的剂量当量。热释光剂量计包括普通剂量计和鉴别式剂量计，根据佩戴位置可分为胸章剂量计、头箍剂量计、腕部剂量计、指环剂量计等。常见热释光剂量计多为被动累积式个人剂量计（见表 11-2）。

表 11-2 常见的被动累积式个人剂量计

剂量计	探测器主要材料	监测射线	测量特性
热释光剂量计（TLD）	LiF（Mg，Cu，P）、LiF（Mg，Ti）、$CaSO_4$	X、γ、β	单次测量、反复使用
光致发光剂量计（OSL）	Al_2O_3 : C	X、γ、β	多次测量、反复使用
固体核径迹剂量计（SSNTD）	CR39	n	多次测量、单次使用
反照率中子剂量计（Albedo）	^{6}LiF 和 ^{7}LiF	n、γ	单次测量、反复使用

热释光剂量测量读出器是热释光剂量测量系统的一部分，主要由光探测系统、有关电子学和加热系统组成，它与热释光剂量计等组成热释光剂量测量系统。

对于如中子测井等需要开展中子个人剂量监测的场合，有反照率法和固体核径迹探测法，其中固体核径迹探测法一般采用径迹蚀刻测量系统，包括中子个人剂量监测元件（径迹片）、显微镜或其他测读装置、水浴锅及其他蚀刻装置、数据处理计算机系统；而反照率法需要采用热释光剂量测量系统，包括热释光剂量测量读出仪、中子个人剂量监测用热释光剂量计、退火装置、数据处理计算机系统。需满足 GBZ/T 148—2002 等标准要求并依据其进行监测。

（二）基本要求

X、γ、β射线外照射个人剂量监测系统应满足 GBZ 128—2019“附录 A 外照射个人剂量监测系统主要性能要求”中有关剂量计、读出器性能要求和退火要求。

《个人和环境监测用热释光剂量测量系统》(GB/T 10264—2014)要求读出器和剂量计上应清晰可见地显示下列信息(仅当剂量计上有足够空间的情况):①剂量测量系统分配给读出器和剂量计的标识;②被测量及其测量范围;③剂量计适用的辐射类型(如光子和/或β射线);④粒子的额定能量范围;⑤仅在剂量计上显示:参考点和参考取向(或在手册中给出);⑥仅在剂量计上显示:如果剂量计设计上不允许用户在两个取向上使用,那么剂量计应在两个取向上满足GB/T 10264—2014的要求或明确说明剂量计在错误取向上使用可能产生错误结果;⑦仅在剂量计上显示:用户可读的识别码应始终在剂量计上。

四、不同场所(职业)个人监测剂量计的选择与佩戴

(一)不同场所(职业)个人监测剂量计的选择

在仅有光子辐射,而且光子能量≥15keV时,宜使用常规光子个人剂量计监测 H_p(10)。

对于强贯穿辐射和弱贯穿辐射的混合辐射场,弱贯穿辐射的剂量贡献≤10%时,一般可只监测 H_p(10);弱贯穿辐射的剂量贡献>10%时,宜使用能识别两者的鉴别式个人剂量计,或用躯体剂量计和局部剂量计分别测量 H_p(10)和 H_p(0.07)。

对于中子和γ射线混合辐射场,当中子剂量与γ剂量的比值不超过10%,可只用光子剂量计测定光子剂量,然后根据光子剂量监测结果和两者粗略比值计算总剂量;当中子剂量与γ剂量的比值超过10%,原则上应分别测定中子和光子的个人剂量当量,然后计算总剂量。其中,中子剂量可使用固体核径迹剂量计、反照率剂量计等进行测量。

在进入辐照装置、工业探伤、放射治疗等强辐射工作场所时,从事有可能发生临界事故的操作或应急操作时,在预期外照射剂量有可能超过剂量限值的情况下,工作人员除应佩戴常规监测个人剂量计外,还应佩戴报警式个人剂量计或事故剂量计,以避免放射事故和人员伤亡事故的发生。

(二)不同场所(职业)个人监测剂量计的佩戴

对于比较均匀的辐射场,当辐射主要来自前方时,剂量计应佩戴在人体躯干前方中部位置,一般在左胸前或锁骨对应的领口位置;当辐射主要来自人体背面时(如运输放射源的司机),剂量计应佩戴在背部中间。

对于如介入放射学、核医学放射药物分装与注射等全身受照不均匀的工作情况,应在铅围裙外锁骨对应的领口位置佩戴剂量计。建议采用双剂量计监测方法(在铅围裙内躯干上再佩戴另一个剂量计),且宜在身体可能受到较大照射的部位,如眼、手(脚)腕、手指等部位佩戴局部剂量计(如头箍剂量计、腕部剂量计、指环剂量计等),测量 H_p(3)和 H_p(0.07)。

五、监测计划与实施

(一)监测计划

开展外照射个人监测,需根据监测目的与职业类别制订监测计划(参见GBZ 128—2019)。主要包括确定监测类型(常规监测、任务相关监测和特殊监测)、确定监测周期、根据职业类型选择剂量计、确定数据读出设备、确定佩戴方式等。

(二)监测实施

外照射个人监测通常包括如下流程。

1. 剂量计准备与发放

剂量计与放射工作人员相对应，在监测前按照使用手册对探测器（或剂量计）进行退火处理，按照监测周期发放剂量计。

2. 工作人员佩戴和换发剂量计

依据 GBZ 128—2019 的要求佩戴剂量计。监测周期结束，由个人剂量监测技术服务机构回收个人剂量计，并在回收前或回收后将下个监测周期的个人剂量计（注意相邻的监测周期可使用不同颜色个人剂量计）发给受监测单位。

3. 监测并出具报告

回收的个人剂量计在规定的时间内完成测量，对异常数据进行调查，在 1 个月内出具检测报告，按 GBZ 128—2019 第 8 章相关要求上报数据。

六、外照射个人监测质量控制

（一）质量保证的一般要求

GBZ 128—2019 规定，对相关人员进行技术培训，由合格的人员进行监测工作；选用符合要求、工作正常的剂量计、设备和仪器，定期检定 / 校准和维护使用的设备和仪器；定期比对选用的测量方法；按 GBZ 128—2019 的要求记录和保存监测数据、进行剂量评价；积极参与实验室间的相互比对。

（二）监测系统的质量控制

GBZ 128—2019 规定，个人剂量监测系统应满足该标准的基本性能要求；在监测实施过程中能提供本底信息的对照剂量计；对探测器进行适当筛选，以控制分散性；剂量测量系统的质量控制按《外照射个人剂量系统性能检验规范》（GBZ 207—2016）的要求进行。

（三）实施监测过程的质量保证

GBZ 128—2019 规定，在个人监测实施过程中制定和严格遵守剂量计发放、佩戴、运输、回收和保存等环节的操作规程；非工作期间个人剂量计避免受到任何人工辐射的照射；如果采用双剂量计监测时，采取相应措施以保证两个剂量计正确佩戴。

GBZ 128—2019 规定，按以下要求进行数据处理：使用适宜的统计学方法，以尽量减少数据处理过程中可能产生和积累的测量误差；注意测量数据有效数字的正确表示，数据有效数字的位数恰当反映该测量值的准确度；在现场用复查的方法，或使用适宜的统计学方法剔除异常数据；在剔除异常数据的同时，检查和分析其产生原因，并记录在案。

（王恺怡　高　品）

第三节　内照射个人监测

一、监测的量

内照射个人监测的量是摄入量，由其计算待积有效剂量并进行评价。摄入量是在给定时段或由于特定事件进入体内的某种放射性核素的活度。

直接测量可给出全身、器官或组织中的放射性核素的测量结果；间接测量所给出生物样的放射性核素的测量结果。测量结果应结合摄入途径、摄入时间、放射性核素的辐射特性和生物动力学行为等进一步估算放射性核素的摄入量。利用空气采样方法估算吸入模式下的核素摄入量时，当测量结果是估算期内的累积放射性活度时，则可将其直接视为此时的摄入量。

二、监测周期

对接受内照射个人监测的人员，应根据具体情况确定常规监测的周期。根据 GBZ 129—2016 要求，空气中存在 ^{131}I 的工作场所，至少每个月用直接测量方法监测甲状腺一次；其他有职业内照射的情况可 3~6 个月监测一次。确定内照射常规监测周期应主要考虑探测方法的灵敏度、限定的年剂量（2mSv/a，为年剂量限值 20mSv/a 的 1/10）、摄入量的不确定度等因素。用确定的监测周期进行监测时，不应漏掉大于 5% 年剂量限值相应的摄入量的监测。

常规监测通常假定摄入发生在每个监测周期中间，由此假定所造成的摄入量低估不应大于 3 倍。

任务相关监测与特殊监测见本章第一节。

三、内照射个人监测方法与测量设备

（一）内照射个人监测方法

1. 体外直接测量法

对人体或器官的体外直接测量提供了一种快速方便的监测体内放射性核素活度的方法，只有当被检测核素发出的射线能穿透人体时此方法才适用。原则上此方法可用来检测发射 X 或 γ 射线的放射核素，正电子发射的核素由于湮没辐射的存在也可以被检测到，发射高能 β 射线的核素可借由韧致辐射而被探测到，部分 α 放射性核素亦可以通过其产生的特征 X 射线来检测。许多测量全身或身体各部位放射性核素的设备由一个或多个高效探测器组成，这些探测器安装在屏蔽良好的低本底环境中，常用的探测器类型为闪烁体探测器如 NaI（Tl）或半导体探测器如高纯锗。

在使用 γ 射线光谱法检测人体内的放射性核素时，相对于无生命样品的检测需要考虑更多额外的因素。人体作为样品质量大，大小、形状、成分不规则且多变，此外，放射性核素的空间分布情况复杂导致不能准确地校准，并且由于人体的不可侵犯性，这种困难是难以规避的。人体内沉积的放射性核素的含量和位置可能随时间发生变化；也不能在受控条件下储存，以防止两次测量之间的污染。在测量过程中，被测者也无法像普通样品一样保持完全的静止。因此，真正重复的分析是不可能的，这限制了直接测量法通过延长测量周期来补偿低样品活度的可能性。

2. 间接测量法

对于不发射 γ 射线或只发射低能光子的放射性核素，采用间接测量监测可能是更为适合的，通常测量的是人体的尿样和粪样，因此也称为排泄物监测。对于发射高能 β、γ 射线的辐射体，也可采用排泄物监测技术。一般采用尿样分析进行排泄物监测，对主要通过粪排泄或需要评价吸入 S 类物质自肺部的廓清时要求分析粪样。

在一些特殊调查中也可分析其他生物样品，例如，可分析鼻腔分泌物或鼻拭样；怀疑有高水平污染时，可分析血样；在有 ^{14}C、^{226}Ra 和 ^{228}Th 的内污染情况下，可采用呼出气活度监测技术；在极毒放射性核素（如超铀元素）污染伤口的情况下，应对已切除的组织样品进行制样和（或）原样测量。

粪样监测常用于特殊调查，尤其是已知吸入或怀疑吸入 M 或 S 类物质 * 后的调查，由于核素日粪排量涨落较大，因此，应连续收集几天的粪样。尿样收集中的注意事项同样适用于粪样。

生物样品中 γ 辐射体可用闪烁探测器或半导体探测器直接测定。对 α 和 β 辐射体应先化学分离，然后采用合适的测量技术。可将样品中总 α 或总 β 活度的测量，作为一项简单的筛选技术，但它不能用来定量估算摄入量或待积有效剂量，除非已知放射性核素的组成。

3. 空气采样分析法

当放射性核素用体内活度直接测量或排泄物监测技术进行测量引起某些困难时，如对于不发射强贯穿辐射且在排泄物中浓度很低的铀和钚的大多数同位素，可用空气采样分析法进行监测，使用的仪器为个人空气采样器（personal air sampler，PAS）或固定空气采样器（static air sampler，SAS），但是根据空气样品的测量结果估算摄入量带有很大不确定度。

PAS 的采样头应处于呼吸带内，采样速率最好能代表职业人员的典型吸气速率（约 $1.2m^3/h$）。可在取样周期终了时用非破坏性技术测量滤膜上放射性，以及时发现不正常的高水平照射。然后将滤膜保留并合并较长时间积累的滤膜，用放射化学分离提取方法和高灵敏度的测量技术进行测量。

在缺乏个人监测资料时，可利用 PAS 和 SAS 测量结果的比值来解释 SAS 的测量结果。当利用 SAS 的测量结果估算个人剂量时，应仔细评价照射条件及工作实践。

（二）内照射个人监测测量设备

开展内照射个人监测应具有的测量设备包括体外测量谱仪（可共享），低本底 α、β 测量仪，低本底 α 能谱仪（可共享），低本底液闪测量仪（可共享），样品灰化等处理装置以及内照射监测必需的其他仪器。

四、监测计划与实施

监测计划包括采用的监测方法（例如测量体内活动、排泄物样本和工作场所的暴露监测）、使用的测量技术、常规监测的监测间隔以及特殊监测的测量或样本采集时间。

如果长期摄入（包括重复的小急性摄入）或工作过程中未检测到的意外或非意外摄入，并且这些摄入产生的年度待积有效剂量可能超过预定的记录水平，则实施常规监测计划。在实施过程中，必须确保常规监测方案能够检测出所有可能超过这一水平的年度暴露。同时，应定期审查方案设计所依据的假设（当然在对工作程序或工作环境进行重大修改之后）。

在疑似摄入之后，或在可能伴随摄入量增加的某项任务的特殊事件（例如，工作条件变化）之后，应执行特殊和与任务相关的监测计划。在这些情况下，更高的潜在暴露需要额外的测量，以提供更准确的剂量评估。这些监测中应用的测量技术与常规监测相同；有时，使用额外的测量（如急性摄入 ^{226}Ra 或 ^{239}Pu 后的肺部测量）或筛查技术，例如鼻腔样本的测量。在许多情况下，会应用不同技术的组合，并且测量频率会根据场景进行调整。

五、内照射个人监测质量控制

内照射个人监测质量保证的一般要求与外照射个人剂量监测一致。内照射个人监测质量控制还包括体内、体外和工作场所监测的仪器、校准和程序的性能检查，探测限测定和不确定度的验证，

* 编者注：ICRP 和 IAEA 将放射性物质按吸收速度分为 F（快速）、M（中速）、S（慢速）3 类。

对生物样品的体外放射性生物测定程序进行性能检查、计算检查，使用参考放射性材料进行设备校准（可追溯放射性核素参考标准）。

（张建峰　陈　维）

第四节　监测结果和剂量评估

一、调查水平

调查水平是指诸如有效剂量、摄入量或单位面积或体积的污染水平等量的规定值，达到或超过此值时应进行调查。

GBZ 128—2019 建议的外照射个人监测年调查水平为有效剂量 5mSv，单周期的调查水平为 5mSv/（年监测周期数）。

对于内照射个人监测，在常规监测中，一般是以年剂量限值的十分之一（0.002Sv/a）为基础推导每一监测周期的调查水平，称为导出调查水平（DIL）（GBZ 129—2016）：

$$DIL = \frac{0.002}{Ne(\tau)_j} \tag{11-1}$$

式中：

DIL—— 导出（每个周期的）调查水平，单位为贝可（Bq）；

N—— 一年的监测次数；

$e(\tau)_j$—— j 类核素有效剂量系数，单位为希沃特每贝可（Sv/Bq）。

二、小于最低探测水平的监测结果

最低探测水平（MDL）是用于评价测量仪器探测能力的统计量值，在给定的置信度下，一种测量方法能够探测出的区别于本底值的最小量值。外照射个人监测 MDL 的确定方法如下：用同周期监测的放置于无附加辐射场的天然本底环境中的 10 个剂量计（或探测器）测量值实验标准差的 3 倍表示。

内照射个人监测应有足够的最低可探测活度（MDA），在一定的置信水平（通常取 95%）下，可探测出的最小活度的净信号，用下式计算：

$$MDA \approx 2t_{1-\alpha}S_{\mathrm{b}} \tag{11-2}$$

式中：

S_{b}——本底测量值的标准偏差；

$t_{1-\alpha}$——检测量的 t 分布的单边临界值。

当工作人员的个人监测结果小于 MDL（MDA）值时，为便于职业照射统计，在相应的剂量档案中记录为 MDL（MDA）值的一半。

三、异常结果调查

当工作人员职业外照射个人监测结果超过调查水平时，按 GBZ 128—2019 附录 C 中 C.4 所示的内容进行调查，确认放射工作人员是否为实际受照剂量，处理意见根据调查结果填写，非实际受照情况下，赋予名义剂量。如果调查显示的异常结果属于工作人员的真实受照，则认为该结果有效并出具在检测报告中。同时，可以通过现场调查查明原因，避免异常结果再次产生。

当内照射个人监测结果超过调查水平时，应对其受照情况进行复查（复查项目至少应包括监测日期、异常情况概述、辐射场复查结果、复查结论、复查人员签名），并将复查结果附在其相应的个人监测记录中。

四、名义剂量的确定

GBZ 128—2019 规定，当剂量计丢失、损坏、因故得不到读数或所得读数不能正确反映工作人员所接受的剂量时，应确定其名义剂量，并将名义剂量及其确定方法记入监测记录，并根据具体情况合理选择确定名义剂量的方法，具体方法如下：

（1）用同时间佩戴的即时剂量计记录的即时剂量估算剂量；

（2）用同时间场所监测的结果推算剂量；

（3）用同一监测周期内从事相同工作的工作人员接受的平均剂量；

（4）用工作人员前年度受到的平均剂量（即名义剂量）：名义剂量 = 前年度剂量 × 监测周期（d）/365；

佩戴周期超过 3 个月的剂量计的剂量用名义剂量给出，并给出适当说明；报告中可给出实际结果，但必须说明此结果不符合 GBZ 128—2019。

五、外照射个人监测剂量评估

常规监测中，当放射工作人员的年受照剂量低于相应限值时，职业性外照射个人监测得到的个人剂量当量可直接视为有效剂量。当接近相关年剂量限值时，如果需要可按下式估算有效剂量：

$$E=C_{\mathrm{pE}}H_{\mathrm{p}}(d) \tag{11-3}$$

式中：

E——有效剂量中外照射分量，单位为毫希沃特（mSv）；

$H_{\mathrm{p}}(d)$——职业性外照射个人监测得到的个人剂量当量，单位为毫希沃特（mSv）；

C_{pE}——个人剂量当量到有效剂量的转换系数（见 GBZ 128—2019），对中子，其值可参考 GBZ/T 261—2015。

当在铅围裙外锁骨对应领口位置佩戴单剂量计时，采用下式估算有效剂量：

$$E=0.1H_{\mathrm{o}} \tag{11-4}$$

式中：

E——有效剂量中外照射分量，单位为毫希沃特（mSv）；

H_{o}——铅围裙外锁骨对应的领口位置佩戴的个人剂量计测得的 $H_{\mathrm{p}}(10)$，单位为毫希沃特（mSv）。

当佩戴铅围裙内、外两个剂量计时，宜采用下式估算有效剂量：

$$E=\alpha H_{\mathrm{u}}+\beta H_{\mathrm{o}} \tag{11-5}$$

式中：

E——有效剂量中外照射分量，单位为毫希沃特（mSv）；

α——系数，有甲状腺屏蔽时，取 0.79，无屏蔽时，取 0.84；

H_u——铅围裙内佩戴的个人剂量计测得的 $H_p(10)$，单位为毫希沃特（mSv）；

β——系数，有甲状腺屏蔽时，取 0.051，无屏蔽时取 0.100；

H_o——铅围裙外锁骨对应的衣领位置佩戴的个人剂量计测得的 $H_p(10)$，单位为毫希沃特（mSv）。

当人员接受的剂量可能接近或超过剂量限值时，如果需要，也可用模体模拟测量的方法，估算出主要受照器官或组织的当量剂量，再按下式估算有效剂量：

$$E=\sum_{T} W_T \cdot H_T \quad (11\text{-}6)$$

式中：

E——有效剂量中外照射分量，单位为毫希沃特（mSv）；

W_T——受照器官或组织 T 的组织权重因子；

H_T——主要受照器官或组织 T 的当量剂量，单位为毫希沃特（mSv）。

六、内照射个人监测剂量估算

常规个人监测摄入量 I 计算公式：

$$I=M/m(T/2) \quad (11\text{-}7)$$

式中：

I——放射性核素摄入量，单位是贝可（Bq）；

M——监测周期 T 末所测得的体内或器官内放射性核素的活度，单位为贝可（Bq），或日排泄量，单位为贝可每天（Bq/d）；

$m(T/2)$——摄入单位活度后 $T/2$ 天时体内或器官内核素的活度，或日排泄量的预期值。其值参见 GBZ 129—2016 附录 D。

特殊和任务相关监测摄入量 I 计算公式：

$$I=M/m(t) \quad (11\text{-}8)$$

式中：

I——放射性核素摄入量，单位是贝可（Bq）；

M——摄入后 t 天时测得的体内或器官内放射性核素的活度，单位为贝可（Bq），或日排泄量，单位为贝可每天（Bq/d）；

$m(t)$——摄入单位活度后 t 天时体内或器官放射性核素的活度，或日排泄量的预期值。其值参见 GBZ 129—2016 附录 C。

当放射性核素摄入量产生的待积有效剂量接近或超过年剂量限值时，一般需要受照个体和污染物的有关数据，包括放射性核素的理化状态、粒子大小、核素在受照个体内的滞留特性、鼻腔分泌物及皮肤污染水平、空气活度浓度和表面污染水平等。然后综合分析利用这些数据，给出合理的摄入量估计值。

待积有效剂量计算公式：

$$E(\tau)=I_{jp}e_{jp}(\tau) \quad (11\text{-}9)$$

式中：

$E(\tau)$——待积有效剂量，单位为希沃特（Sv）；τ 为摄入放射性物质后在体内的累计时间，未对 τ 加以规定时，对成人 τ 取 50 年，对儿童 τ 取 70 年；

I_{jp}——放射性核素 j 通过 p 类途径（食入、吸入等）摄入的摄入量，单位为贝可（Bq）；

$e_{jp}(\tau)$——每单位放射性核素 j 通过 p 类途径的摄入量引起的待积有效剂量，单位为希沃特每贝可（Sv/Bq）。其值参见 GBZ 129—2016。

七、记录和检测报告

（一）外照射个人监测记录和报告要求

1. 记录要求

记录的一般要求应包括预处理、测量、校准、个人监测结果、质量保证和剂量评价等内容；必要时应包括工作场所监测的结果；清楚、扼要、准确地记录完整监测过程；采用多种方式备份监测记录，妥善保存原始记录数据，以便于在剂量估算方法变化时，对剂量数据的复核；准许放射工作人员查询本人职业照射记录，职业健康管理人员查询相关职业照射记录及有关资料。

GBZ 128—2019 规定，外照射个人监测结果记录在统一的表格上，职业照射的分类见 GBZ 128—2019 附录 C 的表 C.1；常规监测结果的记录和评价报告要素见 GBZ 128—2019 附录 C 的 C.2 和 C.3；剂量调查登记表见 GBZ 128—2019 附录 C 的 C.4。

2. 报告要求

GBZ 128—2019 规定，个人剂量监测技术服务机构在完成一个监测周期的监测任务后，应在 1 个月内出具检测 / 检验报告，报告至少包含如下要素：①个人剂量监测技术服务机构名称；②检测报告，样品受理编号，检测报告页码；③检测项目、检测方法、用人单位、委托单位、检测 / 评价依据、检测类别 / 目的、检测仪器名称 / 型号 / 编号、探测器；④检测结果（包括编号、姓名、性别、职业类别、剂量计佩戴起始日期、佩戴天数、监测的量）；⑤签发人及签发日期；存档版还应包含检测人、校核人、审核人、签发人、签字日期；⑥本周期的调查水平、最低探测水平。

职业性外照射个人监测结果按规定逐级报告审管部门或其授权机构。监测中发现异常情况应及时报告。个人剂量监测技术服务机构负责检测结果的复核和解释，放射工作单位应在接到复核调查表后 2 周内反馈处理意见。监测结果确属超剂量照射或未能按时反馈处理意见的，个人监测技术服务机构应按照相关法规要求上报至审管部门。

（二）内照射监测记录和报告要求

1. 记录要求

记录包括监测计划、样品收集和处理、测量、校准、个人监测结果、质量保证和评价方法等内容，有时可能还要包括工作场所监测的结果；清楚、扼要、准确地记录开始监测起至监测结果评价止的整个监测全过程中的每一操作情况；特别注意记录重要的原始测量数据，以便将来剂量估算方法有变动时，可根据它们重新估算剂量；准许工作人员本人和医学监护主管人员查询职业照射记录及有关资料。

内照射常规监测结果应按 GBZ 129—2016 附录 G 中表 G.1 的格式记录，特殊和任务相关监测结果应按附录 G 中表 G.2 的格式进行记录。

2. 报告要求

GBZ 129—2016 规定，负责个人监测的单位在完成一个周期的监测任务后，应将监测结果及时送交被监测单位。凡待积有效剂量超过 5mSv 的，还应将结果递送给被监测人员本人。负责职业内照射个人监测的单位，应按 GBZ 128—2019 的类似要求按规定逐级报告审管部门。

（丁艳秋　张建峰）

第五节　个人监测剂量评价与档案管理

一、剂量评价一般原则

按照 GB 18871—2002 的规定，对职业照射用年有效剂量评价。

当放射工作人员的年个人剂量当量小于 20mSv 时，一般只需将个人剂量当量 H_p（10）视为有效剂量进行评价，否则，估算人员的有效剂量（见本章第四节）；当人员的眼晶状体、皮肤和四肢的剂量有可能超过相应的年当量剂量限值时，给出年有效剂量的同时估算其年当量剂量。

二、个人监测剂量评价

（一）剂量限值

按照 GB 18871—2002 的规定，应对任何工作人员的职业照射水平进行控制，使之不超过下述限值：①由审管部门决定的连续 5 年的年平均有效剂量（但不可作任何追溯性平均），20mSv；②任何一年中的有效剂量，50mSv；③眼晶状体的年当量剂量，150mSv；④四肢（手和足）或皮肤的年当量剂量，500mSv。

在 IAEA 和欧盟的基本安全标准中，已将眼晶状体的年当量剂量限值修改为连续 5 年的年平均当量剂量为 20mSv，任何一年中的当量剂量不超过 50mSv，与有效剂量限值一样。

（二）遵守剂量限值情况的确认

剂量限值适用于在规定时间内外照射引起的剂量和在同一期间内摄入所致的待积剂量的和；计算待积剂量的期限，对成年人的摄入一般应为 50 年，对儿童的摄入则应算至 70 岁。

为确认是否遵守剂量限值，应利用规定期间内贯穿辐射所致外照射个人剂量当量与同一期间内摄入的放射性物质所致的待积当量剂量或待积有效剂量的和。

GB 18871—2002 的规定，应采用下列方法之一来确定是否符合有效剂量的剂量限值要求。

（1）将总有效剂量与相应的剂量限值进行比较，这里，总有效剂量 E_T 按下式计算：

$$E_T=H_p(d)+\sum_j e(g)_{j,\mathrm{ing}}I_{j,\mathrm{ing}}+\sum_j e(g)_{j,\mathrm{inh}}I_{j,\mathrm{inh}} \quad (11\text{-}10)$$

式中：

$H_p(d)$——该年内贯穿辐射照射所致的个人剂量当量，是该年各监测周期结果之和；

$e(g)_{j,\mathrm{ing}}$ 和 $e(g)_{j,\mathrm{inh}}$——同一期间内 g 年龄组食入和吸入单位摄入量放射性核素 j 后的待积有效剂量；

$I_{j,\text{ing}}$ 和 $I_{j,\text{inh}}$——同一期间内食入和吸入放射性核素 j 的摄入量。

（2）检验是否满足下列条件：

$$\frac{H_p}{DL}+\sum_j \frac{I_{j,\text{ing}}}{I_{j,\text{ing,L}}}+\sum_j \frac{I_{j,\text{inh}}}{I_{j,\text{inh,L}}}\leqslant 1 \tag{11-11}$$

式中：

DL——相应的有效剂量的年剂量限值；

$I_{j,\text{ing,L}}$ 和 $I_{j,\text{inh,L}}$——食入和吸入放射性核素 j 的年摄入量限值（ALI）（即通过有关途径摄入的放射性核素 j 的量所导致的待积有效剂量等于有效剂量的剂量限值）。

（三）职业性外照射年剂量检测评价报告

当只有外照射时，按照 GBZ 128—2019 出具职业性外照射年剂量检测评价报告，至少包含以下要素：①检测单位名称；②年剂量检测评价报告，报告编号、报告页码；③检测项目、检测方法、用人单位、委托单位、检测 / 评价依据、检测室名称、检测类别 / 目的、检测仪器名称 / 型号 / 编号、探测器、监测起止日期；④评价结论，检测报告专用章、用章日期；⑤检测结果，包含编号、姓名、性别、职业类别、本年度监测次数、监测的量；⑥检测人、校核人、审核人、签发人、签字日期。

应根据遵守剂量限值情况的确认情况给出评价结论。

（四）甲状腺 ^{131}I 的监测

近年来，对甲状腺 ^{131}I 的监测，取得了一些结果。孙刚涛等人采取整群抽样的方法，抽取湖北省 24 家医院中 ^{131}I 治疗场所的 162 名工作人员，利用便携式 γ 谱仪体外测量甲状腺 ^{131}I 活度，并估算待积有效剂量。结果显示，13 家医院检出甲状腺 ^{131}I 活度高出仪器探测下限，占比 54.17%；2 家医院检出率最高为 62.50% 和 61.90%，其检出率与其余 11 家医院检出率的差异有统计学意义（$P<0.0001$）；共有 34 人甲状腺 ^{131}I 检出，检出率 20.99%，平均活度为 179.09 ± 138.71（6.02~589.74）Bq；检出率最高的为保洁人员与护士，分别为 35.71% 和 33.33%，各岗位间检出率差异无统计学意义（$P>0.08$）；34 人待积有效剂量均值为 0.68 ± 0.52（0.02~2.22）mSv/a。结论是 ^{131}I 使用量和场所通风可能是影响内照射水平的重要因素，应加强核医学人员防护知识培训与工作流程管理。

三、个人剂量监测档案管理

放射工作单位应建立并终生保存个人剂量监测档案，并允许放射工作人员查阅、复印本人的个人剂量监测档案。

个人剂量监测档案应当包括常规监测的方法和结果等相关资料；应急或者事故中受到照射的剂量和调查报告等相关资料。

档案管理其他要求参见本书第十章。

（苏垠平　邓　君）

12 第十二章　医学应用放射工作人员职业健康检查

随着经济发展和社会进步，我国核能发展迅速，核辐射技术在国民经济各个领域应用越来越普遍，尤其是医疗辐照在诊断与治疗方面已经被广泛应用，根据 UNSCEAR 2006 年报告，医疗照射已经成为最大的人工辐照来源。截至 2023 年底，我国放射诊疗的医疗卫生机构有 7.5 万家，工业领域放射单位 1.6 万家，总数 9.1 万家，全国放射工作人员近百万人，医疗卫生机构放射工作人员约为 53 万人。医疗卫生机构放射工作人员中，以隔室操作为主的诊断放射学工作人员数量最大，可占全部放射工作人员总数的 60% 以上；在非密封源工作场所工作，受到外照射和内照射的核医学工作人员有 1 万余人；局部可能受到较大照射的介入放射工作人员分散在有关科室，数量较大；从事放射治疗的工作人员有 5 万余名。

20 世纪 80、90 年代，我国医院放射工作人员人均年有效剂量约为 2mSv，据全国放射病诊断组统计，至 1992 年 28 个省（自治区）和直辖市共诊断职业性放射性疾病 419 例，其中医疗卫生人员 338 例，达到 81%，以从事医用 X 线工作者为主。随着防护措施不断加强，20 世纪 90 年代医院放射工作人员人均年有效剂量降低到了约 1mSv，到目前为止我国医院放射工作人员个人剂量监测率达到 95% 以上，不仅监测率高，个人剂量也显著降低，2023 年医院放射工作人员的年有效剂量较 2000 年下降了 70%，人均年有效剂量 0.3~0.5mSv，人均年有效剂量下降到了国家规定的年有效剂量限值的 1.5%，我国放射工作人员的职业健康得到了有效保障。与此同时，近年来开展的职业性放射性疾病监测和放射工作人员职业健康检查数据分析提示，医学应用放射工作人员中也存在外周血淋巴细胞染色体非稳定畸变和眼晶状体混浊风险升高等情况，主要见于从事介入放射学、正骨以及核医学等工作人员。

第一节　医学应用主要电离辐射危害

在过去的 100 多年里，电离辐射技术的应用在医学诊断和治疗上作出了重要贡献，使医学发生了巨大变革，为促进医学的进步和人类的健康作出了重要贡献。根据《职业性外照射个人监测规范》（GBZ 128—2019）标准中职业照射的职业分类，将医学应用分为诊断放射学（2A）、牙科放射学（2B）、核医学（2C）、放射治疗学（2D）、介入放射学（2E）、其他应用（2F）。医学应用中的放射工作人员占比较多的为从事诊断放射学、介入放射学、核医学及放射治疗学的人员。

一、诊断放射学

X 射线影像放射诊断学（X-ray diagnosis）是指应用 X 射线能够穿透人体的特征，在透视荧光装置、X 射线胶片或计算机上显示正常或异常的影像，然后结合医学知识加以分析作出疾病诊断的一门学科。

20 世纪初，在医用 X 射线诊断设备上实现了透视和记录人体解剖结构影像（摄影）进行疾病的检查诊断。传统放射学主要采用透视和摄影这两种最基本方法进行放射诊断。在传统放射学的历史中，先后出现了许多技术革新，例如，根据人体组织器官的密度和厚度差异研发出了钡剂和碘剂等造影剂；为了解决影像重叠问题，开展了断（体）层 X 射线摄影检查；在影像接收器方面研发出影像增强器以及摄影胶片的各种片屏组合增感屏等，其目的是提高影像的灵敏度，减少受检者的受照剂量。促使医学诊断又一次革命的是 20 世纪 70 年代诞生了 X 射线计算机断（体）层成像（X-ray computerized tomoscanner，X-CT）扫描机，X-CT 在短短 30 多年间经历了 5 代更新，随后问世的多排（层）螺旋 CT 又迅猛发展，加上数字减影血管造影（digital subtraction angiography，DSA）、计算机 X 线摄影（computed radiography，CR）、全数字化 X 线摄影（digital radiography，DR）以及双 X 射线源 CT 等新设备、新技术和新方法接连涌现，显著地提高了临床医学中的放射诊断质量。

钼靶摄影技术为乳腺检查的重要手段，是利用钼金属制成的特殊靶面，通过 X 射线照射产生影像的一种放射科检查技术。钼靶摄影装置是一种特殊的 X 线机，其中 X 线球管的管电压较低，为 20~40kV，阳极靶面由钼构成（部分高档乳腺机为钼铑合金），在较低千伏的 X 线的轰击下可以产生波长恒定、波长较长、穿透力较低、强度大、单色性强、对比度高的标识射线，对软组织的细微密度差别分辨率高。配备线吸收率低、对比度高、清晰度好的专用增感屏和感光胶片，在特殊的检查机架上对乳腺组织进行多向摄影，可以获得良好的乳腺图像，清晰显示乳腺的腺体、导管、纤维间隔、皮肤、皮下组织、血管结构和病变的肿块、细微钙化等。乳腺钼靶 X 线照射辐射量一般≤3.0mGy，大致相当于骨盆正位片的 1/3，腰椎侧位片的 1/10，或者头颅 CT 的 1/16。尽管如此，有生育需求的妇女在接受乳腺 X 线摄影检查后需避孕 3 个月。

在射线为人类造福的同时，人类也付出了很大的代价。由于早期对射线的认知有限，人们不知道其应用可能带来的危害和潜在危害，许多人受到了过量的照射，不少放射科技师、医生、研究人员和患者献出了宝贵的生命。目前放射诊断是隔室操作，从事放射诊断学的工作人员职业照射水平是相对比较低的，从个人剂量监测结果看也得到支持。

随着医学影像技术的应用，在 X 射线透视影像引导下对骨折、关节脱位等骨伤患者的诊断、治疗技术越来越普及，方法和种类也越来越多。临床骨科复位治疗方法有三种类型：① X 射线透视影像引导手法闭合复位；②夹板外固定或手法复位结合经皮内固定；③ X 射线透视下开放式手术（operation under roentger-oscopy，OUR）。这三种方法中有两种涉及医学影像学技术，骨科医生直接暴露于有用线束的照射中，职业照射的水平可能较高。

在术中，骨科复位人员受到 X 射线有用线束、漏射线和散射线照射的剂量较大。我国放射诊断指导水平每次摄影入射体表剂量值为：腰椎（前后位）10mGy、侧位 30mGy，腰骶关节 40mGy，髋关节（前后位）10mGy；而胸片（后前位）0.4mGy，腹部、胆囊、尿路造影（前后位）也仅 10mGy。很明显，骨科复位医师接受的辐射剂量明显高于常规 X 射线诊断工作者。Sander 等估算，骨科医师完成 7614 例 X 射线辅助手术所接受的剂量可达到人体损伤的剂量阈值；ICRP 认为，345 例手术即可导致医师的受照剂量达到损伤皮肤的最低限值；Charles 等发现距离管球 91cm 的护士，在每次 X 射线为 69kV 电压、曝光 5min 的条件下，累计参与 5000 例手术可达手部皮肤损伤的最低剂量阈值。

骨科闭合复位需要借助 X 射线影像的引导，操作者双手常常要暴露在照射野内，靠“手感”来进行精细操作，手部、眼晶状体和甲状腺等敏感器官距离有用线束较近，受照剂量大，个体防护困难。国内已有骨科医师因长期行手法复位致再生障碍性贫血和白血病而死亡的报道。骨科复位中对操作人员的危害主要是手部皮肤放射性损伤，可引起急、慢性放射性皮肤损伤和放射皮肤癌。

由于骨科复位等操作人员职业照射的特点，因此操作人员需要按章操作，穿戴好铅防护服、铅帽、铅围脖、铅眼镜、铅手套等防护用品，特别需要落实眼晶状体、手部等位置的防护。在条件成熟时，可探索这类工作人员参照介入放射工作人员开展双剂量监测、眼晶状体剂量监测等。

二、放射治疗

由于电离辐射对细胞有损伤作用，利用射线照射来治疗恶性肿瘤是肿瘤治疗的重要手段之一，各种远距离与近距离放射治疗设备和各种辅助治疗设备迅速增加。一般肿瘤放射治疗的处方吸收剂量高达几十戈瑞（Gy），如何加强肿瘤放射治疗的防护，实现放射治疗的最优化与质量保证，已经成为肿瘤放射治疗学的重要研究课题。

虽然放射治疗过程中使用很高的辐射剂量，但职业照射水平是比较低的。治疗时，工作人员不留在治疗室，经过校准的射束不会造成对工作人员剂量的照射。然而，在将一个密闭源插植到某一特定器官进行近距离放射治疗时，由于很难提供屏蔽，可能使操作者（例如放疗科医生、外科医生、妇科医生和护士）的手部和面部受到照射，通常是工作人员受照的最主要来源。在接收或准备粒子源、装卸源以及在治疗过程中均可能受到照射。有些受照也会发生在 ^{60}Co 远距离治疗装置，来源于 ^{60}Co 源在关闭位置时的辐射泄露和使用时穿过屏蔽层的辐射。来自直线加速器、电子感生加速器和电子回旋加速器的受照类型取决于射束的类型（光子或电子）和射束能量，能量低于 10MeV 时，受照仅来源于穿过屏蔽层的照射；超过 10MeV 时，光核反应会产生中子和活化产物。治疗结束后马上进入治疗室的人员会受到残余放射性的照射，但受照剂量比较低。英国的一项调查显示，年有效剂量超过 1mSv 的放射治疗技师、医师和其他辅助人员的人数很少，而在近距离治疗中，手术室和病房护士年有效剂量超过 5mSv。

粒子植入放射治疗（implanted treatment of seed sources）是指将规定的放射性粒子植入肿瘤组织内来杀灭肿瘤细胞的治疗，临床中也称近距离治疗。由于粒子植入具有精度高、创伤小和疗效肯定等优势，临床应用广泛。粒子植入工作中要用到定位模板、植入针、施源器或植入枪等，有些植入操作要在 X 射线影像学引导下进行，需要参照其他床边操作人员一样关注粒子操作人员的防护，工作人员在使用放射性粒子植入治疗过程中如不遵守操作规程、不注意辐射防护，有可能受到外照射的损害。^{125}I 粒子等在植入过程中，还需关注到可能出现粒子丢失在手术现场等情况，需要加强粒子源的管理。对植入放射性粒子的患者加强宣教，可避免患者周围环境及接触的人员受到辐射伤害。

近年来，在放射治疗领域，质子、重离子治疗、硼中子俘获治疗技术（boron neutron capture therapy，BNCT）、闪速放疗技术（FLASH 放疗）等新型放射治疗技术发展和应用极为迅猛，工作人员所受到的辐射源项可能有别于传统的放射治疗，比如可能涉及人体内感生放射性和中子活化等，带来了新的防护问题，也将是今后该领域包括职业健康检查研究的新方向。

三、核医学

反应堆和加速器的问世引发了人工制备放射性核素新时代的到来。随着放射性核素标记和示踪技术用于人体脏器的显像及功能测定，放射性核素与医学相结合产生了核医学学科。核医学既有各种核素显像和功能测定的诊断检查，又有以不断发展的放射性核素标记药物的靶向治疗（俗称“生物导弹”）。20 世纪 40 年代，放射性核素制剂在临床上开始使用；50 年代先后研制出扫描机和 γ 照相机；60 年代 ^{99m}Tc 发生器和 ^{99m}Tc 标记显像剂相继用于临床；70 年代电子计算机的应用把核医学推进到定量与动态核医学的新阶段，单光子发射计算机断层显像装置（single photon emission computerized tomography，SPECT）问世，使许多功能性的疾病可以通过单光子发射计算机断层显像得以诊断。20 世纪 90 年代，分子核医学崛起，开创了核医学的新篇章。正电子发射断层扫描（positronemission tomography，PET）技术运用人工生产的正电子发射体的核素标记生理性化合物或代谢底物如氨基酸、受体的配体及水分子等，可以显示人体脏器或组织的代谢活性及受体的功能和分布。PET 的出现使得医学影像技术达到了一个崭新的水平，它能够在无创伤地、动态地、定量地评价活体组织或器官的基础上，并在生理状态下及疾病过程中根据细胞代谢活动的生理、生化改变，获得分子水平的影像信息，为疾病的早期诊断开创了新纪元。

核医学的不断发展同样要求加强与之相适应的放射防护和安全，尤其是核医学中既有外照射又有复杂的内照射放射防护问题，需要重视和加强。

在进行临床核医学操作时，受照剂量的大小取决于所采取的防护措施，包括在注射时使用注射器屏蔽。在实施注射及给患者进行照相机定位时，工作人员必须接近患者。通常，照相过程对工作人员的剂量贡献最大。工作人员的内照射一般比外照射低得多，在放射性药物的生产、分装和注射时应采取防止吸入和食入的防护措施。

因此，根据目前核医学的工作性质和特点，防护方面除了要遵守常规的要求外，还需要重点关注以下几个方面的问题：一是核医学工作因涉及开放性同位素的使用，需要关注放射源、放射性药物的规范使用与安全；二是如前所述，在做好外照射防护的同时，需要遵守内照射防护的相关要求；三是核医学科患者使用放射性同位素后，实际上是一个移动的放射源，会影响周围环境，因此需要关注用药后患者的管理；四是核医学科需要关注放射性废物（固体废物、废液、废气）的管理和处置。目前核医学放射工作人员个人平均年有效剂量为 1~2mSv。

以下列举了核医学常用放射性核素及其危害。

1. 放射性碘（^{131}I）

^{131}I 是碘的同位素，其半衰期为 8.1 天。它能放出 β 射线和 γ 射线，进入人体后主要集中在人的甲状腺，形成内照射。只有在核爆炸和核电站发生严重事故时，^{131}I 才可能大量释放到环境中。

2. 放射性锶（^{90}Sr 和 ^{89}Sr）

^{90}Sr 和 ^{89}Sr 是天然锶的人工同位素，半衰期分别为 28 年和 50.4 天。它们进入人体后在全身分布，主要集中在骨骼中。

3. 放射性铯（^{137}Cs）

^{137}Cs 是天然 ^{133}Cs 的人工同位素，半衰期为 30 年。它进入人体后主要沉积在肌肉组织中。

四、介入放射学

从单一的 X 射线诊断到影像医学，近代医学放射学不仅在疾病诊断上显现出独特的优势，而且随着生物医学、材料科学以及导管、导丝和各种检查技术的发展，医学放射学已跨越了诊断范畴并延伸到了介入治疗。

介入放射学（interventional radiology）一词由 Margulis 于 1967 年首次提出，是 20 世纪 70 年代后

期迅速发展起来的一门边缘性学科。它是在医学影像设备的引导下，以影像诊断学和临床诊断学为基础，结合临床治疗学原理，利用导管、导丝等器材对各种疾病进行诊断及治疗的一系列技术。介入放射学可以通过血管造影，采集病理学、生理学、细胞学、生化学等检查资料，通过药物灌注、血管栓塞或扩张成形及体腔引流等微创伤的方法来进行疾病的诊断和治疗。介入诊断和治疗的领域日益扩大，几乎涉及各个临床学科，尤其是在心血管、脑血管、外周血管以及肿瘤等方面，其诊治优势越来越凸显。但介入放射学属于近源操作，患者和有关工作人员所受的X射线照射剂量较大，已成为辐射防护学较难的课题之一。

介入放射学的检查对象通常为重症患者，其操作越来越复杂，因此可能需要较多的医护人员留在操作室内参与救治，以便满足患者不同的临床救治要求。不仅如此，医护工作人员需站在患者身边，而该处的剂量率及散射射线水平均较高。介入设备应根据临床需要专门设计，否则，铅防护屏会由于影响临床操作而很难安置。有些透视设备的球管在床上、影像增强器在床下，使得患者附近的剂量率较高，医护人员受照剂量也较大。这种结构的设备不适合介入操作，不鼓励使用。

有些介入治疗操作需长时间透视，使得高散射剂量率的问题更趋复杂。其结果是，与医学应用中的其他职业受照人员，如放射诊断中从事常规X射线工作者相比，介入操作人员的受照剂量更高。

介入放射工作人员的受照剂量与患者的受照剂量相关，即患者剂量越大，工作人员的受照剂量也越大。放射工作人员的受照剂量受多种因素影响，如设备设计、曝光参数、临床治疗方案等，在某种程度上也受临床操作技术熟练程度的影响。同其他透视操作一样，介入工作人员需穿戴适当的个人防护用品。防护用品应该是专门剪裁设计的，使其重量均匀分布于肩部，或使铅围裙悬挂于骨盆处，以免全部重量均加在脊柱上。有证据表明，0.35mm铅当量围裙可以使使用者受到保护，此外，更多地保护辐射敏感器官，要比一视同仁地防护所有器官更好。所以，戴铅围脖可使甲状腺受到更多的保护，连同0.35mm铅当量围裙一起使用，可得到1.5~3倍的保护。同时，介入放射工作人员应该获得医用物理学专家或相关人员所提供的关于放射防护方面的建议。

综上，由于介入放射学操作人员直接处在辐射场内的工作特性，其防护有其特点。首先，操作人员的技术水平和熟练程度与受照剂量关系很大，因此，提高操作者的技术水平，在术前熟悉技术方案对降低受照剂量就特别有意义；其次，操作者需要穿戴好各类防护用品，如防护服、铅眼镜、铅围脖等。同时要加强内、外照射剂量，眼晶状体剂量，手部皮肤剂量等的监测。

（梁　莉　李　祈）

第二节　医学应用放射工作人员职业健康检查要点

根据《职业病防治法》《职业健康检查管理办法》《放射工作人员职业健康管理办法》和《放射工作人员健康要求及监护规范》的相关要求，放射工作人员的职业健康检查包括上岗前、在岗期间、离岗时职业健康检查。

一、上岗前职业健康检查

拟从事放射工作的人员在上岗前，应当进行上岗前职业健康检查，并进行适任性评价。符合放射工作人员健康标准的，方可参加相应的放射工作。对需要复查确定其放射工作适任性的，应当及时复查。

放射工作人员无论何种原因转岗放射工作岗位，如果最后一次在岗期间职业健康检查在转岗前3个月内，可视为上岗前检查；放射工作人员脱离放射工作2年以上（含2年）重新从事介入放射学、临床核医学放射工作岗位，按上岗前职业健康检查处理。

医疗机构不应安排未经上岗前职业健康检查或者不符合放射工作人员健康标准的人员从事放射工作。

放射工作人员上岗前职业健康检查项目见GBZ 98—2020的附录A，需要复查时可根据复查要求增加相应的检查项目。对于即将从事介入放射学的放射工作人员，需重点关注眼晶状体、皮肤情况；对于即将从事临床核医学的放射工作人员，需重点关注甲状腺功能和（或）器质性改变。

上岗前职业健康检查中，对受检者的放射工作适任性意见，由主检医师提出下列意见之一：①可从事放射工作；②不可从事放射工作。

二、在岗期间职业健康检查

放射工作人员在岗期间职业健康检查的周期为1年，必要时，可适当增加检查次数；在岗期间因需要而暂时到外单位从事放射岗位工作，应按在岗期间接受职业健康检查。

放射工作人员在岗期间职业健康检查项目见GBZ 98—2020的附录A。对于从事介入放射学的放射工作人员，包括从事X射线影像下正骨的工作人员，需重点关注手部皮肤放射性损伤、眼晶状体放射性损伤情况；对于从事临床核医学的放射工作人员，可根据放射性核素的理化性质和代谢特点进行相关的器官功能检查和核素测定，例如开展甲状腺超声检查和内照射个人监测。如发现与放射性危害因素相关的检查异常，包括外周血淋巴细胞染色体畸变率和（或）淋巴细胞微核率异常，血细胞分析中白细胞和血小板异常等，均需提供复查结果，依据复查结果给出适任性评价，受检人员在等待复查期间暂时脱离放射工作。

对于检查结果出现单项或多项异常，需要复查确定的，应明确复查的内容和时间。异常项目复查时，可选择同一职业健康检查机构或已在卫生健康行政部门备案的其他职业健康检查机构；首次复查结果仍异常的，主检医师应提出相应的适任性意见；首次复查结果符合放射工作人员健康要求的，需再复查1次，2次间隔时间不得少于1周，复查结果仍符合健康要求的，主检医师应提出可返回原放射工作岗位的建议；若第2次复查结果为异常，主检医师应提出相应的适任性意见。

在岗期间检查结果中如出现异常，可与上岗前进行对照、比较，以便判断放射工作人员对其工作的适任性。

在岗期间职业健康检查中，对受检者的放射工作适任性意见，由主检医师提出下列意见之一：①可继续原放射工作；②在一定限制条件下可从事放射工作（例如，不可从事涉及非密封源操作的放射工作）；③暂时脱离放射工作；④不可继续从事放射工作。对于暂时脱离放射工作的人员，自本次职业健康检查工作结束之日起，以3~6个月为复查周期，经复查符合放射工作人员健康标准的，主检医师应提出可返回原放射工作岗位的建议。

医疗卫生机构对职业健康检查机构认定不可继续从事放射工作的人员，应及时调离原放射工作岗位，并安排其他合适的工作岗位；对需要复查的放射工作人员，应当及时复查。

三、离、转岗时职业健康检查

放射工作人员无论何种原因，脱离放射工作岗位时，医疗机构应当及时安排其进行离岗时的职业健康检查，以评价其停止放射工作时的健康状况。如果最后一次在岗期间职业健康检查在离岗前3个月内，可视为离岗时检查，但应按离岗时检查项目补充未检项目。

放射工作人员离开此前工作岗位转岗其他放射工作岗位时，医疗机构应当及时安排其进行转岗时的职业健康检查，以评价其转岗时的健康状况。如果最后一次在岗期间职业健康检查在转岗前3个月内，可视为转岗时检查；超过转岗前3个月（不含3个月）且不到2年（不含2年），按转岗职业健康检查处理；超过2年（含2年），按上岗前职业健康检查处理。

离、转岗时职业健康检查项目见GBZ 98—2020的附录A，需要复查时可根据复查要求增加相应的检查项目。

离、转岗时职业健康检查结果中出现职业相关的异常，如白细胞数、血小板数低于正常参考区间、甲状腺功能2项及以上异常或辐射敏感器官异常等情况，建议其到相关医疗机构进一步检查。

离、转岗时职业健康检查中，对受检者的放射工作适任性意见，由主检医师提出下列意见之一：①可以离、转岗；②转相关医疗机构进一步检查。

四、异常照射的医学检查和随访

应急照射或事故照射的职业健康检查中涉及的各项医学常规检查方法和要求按GBZ 98—2020的相应规定执行。

对受到过量照射的介入放射学、临床核医学放射工作人员，应按GBZ 215—2009的规定进行医学随访观察。

五、体检异常结果鉴别

放射工作人员健康体检中，如出现检验结果异常时，在判断是否由疾病引起之前，首先排除可能干扰检验结果的其他非疾病因素，如受检者当时的生理特征（如性别、年龄、运动等）、精神状态、环境、饮食、用药情况等。

（一）生理因素

生理因素可分两大类，一类为不可控制的，如年龄、性别影响；另一类为可控制的，如情绪、运动、居住环境、季节和昼夜时差变化等影响。

1. 年龄

成人期（即女性从青春期至停经，男性从青春期至中年期），在此年龄段绝大多数检验结果比较稳定。老年人的各种组织、器官功能减低，有些测量值偏低或偏高，如造血功能减退使红细胞计数减少；血胰岛素浓度虽不受年龄的影响，但对葡萄糖的反应性下降；女性停经后，雌激素分泌减低；由于肾功能减退，老年人血肌酐清除率减低，而尿素浓度随年龄而增加。

2. 性别

男女由于生理上的天然不同，有些检测项目的参考值差异明显，主要反映在青春期后。例如，红细胞计数、血红蛋白、红细胞容积等男性高于女性；红细胞沉降率（ESR），简称血沉，女性高于男性，故在参考值范围也分别列出。另外男性的血清碱性磷酸酶、转氨酶、肌酸激酶等活力均高于女性，这与男性的肌力比女性强有关。

3. 运动

运动能影响许多项目的测定结果，如运动后，可使血清中肌酸激酶（CK）、乳酸脱氢酶（LDH）、丙氨酸氨基转移酶（ALT）、天冬氨酸氨基转移酶（AST）活度增高，血糖增高等，其中 ALT 及 CK 最显著。

4. 情绪

情绪紧张和激动可使皮质激素、血糖、白细胞计数和中性粒细胞升高。

5. 居住环境

居住高原的人，由于空气中氧气不足，刺激造血增加，故红细胞和血红蛋白浓度均增高。

（二）饮食因素

多数血液生化检验要求在采血前禁食 8~12h，因为食物的种类多种多样，进食习惯各有不同，因此进食后可对多种检验项目的检测结果产生较大的影响，如进食后可使血糖、血脂、碱性磷酸酶等增高。在测定血肌酐时还应禁肉食三天，因肉食可使血肌酐升高；饮酒影响血糖增高，甘油三酯增高，可持续 12h 以上；吸烟主要通过烟中尼古丁的作用，使血脂增高、白细胞和红细胞计数增高、精子计数减少、异常精子比例增高等。

（三）药物因素

药物对检验可造成复杂的影响。药物不仅能改变某些物质在体内的代谢，同时也可干扰测定过程中的化学反应，如维生素 C 可使血糖、AST、胆红素、肌酐、尿酸偏高，使胆固醇、乳酸脱氢酶、甘油三酯等偏低；口服避孕药可使甘油三酯增高等。所以在采血前，应充分了解各种药物对各种检验结果的影响，必要时应停药检查。

由上可见，能影响检验结果的因素是多方面的。年龄、性别、居住环境、日间周期变化等因素一般不能随意控制。因此，根据不同人群、时间、地点给出相应的参考值或参考范围非常重要。运动、饮食、药物和生活习惯（吸烟、饮酒）等一般可以通过适当调整加以控制，以减少对检验结果的干扰，提高疾病诊断准确性。要求医务人员和受检人员共同努力，互相配合，才能获得真实、可靠的检验结果。

（四）器械检查

器械检查包括胸部 X 射线检查、心电图、腹部 B 超等检查。器械检查结果为身体健康状况的准确评价提供重要的信息。

（梁　莉　魏伟奇）

13 第十三章　工业应用放射工作人员职业健康检查

核技术工业应用是指密封放射源、非密封放射源和射线装置的应用，伴随核技术的发展，已广泛应用于工业、医疗、农业、环保、资源勘探、材料和公共安全等领域，自20世纪中叶起，各国竞相发展核技术应用研究，发达国家核技术工业应用产业商业模式逐渐成熟并形成庞大的规模。我国核技术工业应用的发展始于20世纪80年代，受到国家的高度重视，逐步形成专业化、市场化、规模化发展态势。2023年5月24日，中国核能行业协会在2023核技术工业应用国际产业大会上发布的《中国核技术应用产业发展报告（2023）》显示，预计2025年，我国核技术工业应用产值可达万亿元市场规模。

我国目前大约有80万传统意义上的接受人工源职业照射的放射工作人员，其中60%~70%的放射工作人员从事医学应用，约10%从事燃料循环，约10%从事工业应用，其他放射工作人员（包括国防活动、教育和研究等）约为10%。近年来，随着核技术工业应用的快速发展，我国核技术工业应用放射工作人员数量逐年增加，放射工作人员职业健康问题也受到越来越多的关注。我国在法律层面提出了对劳动者健康及其相关权益保护包括对放射工作人员的职业健康保护的要求，职业健康检查是用人单位的义务和劳动者的权利，也是防治职业病的重要内容之一。工业应用放射工作单位应安排本单位的放射工作人员接受职业健康检查，了解主要电离辐射危害，制定并落实本单位工业应用放射工作人员职业健康检查相关制度，对保护放射工作人员的职业健康具有重要的意义。

近年来开展的职业性放射性疾病监测和放射工作人员职业健康检查数据分析提示，工业应用放射工作人员中，主要是受照剂量较为明显的工业探伤和油田测井等放射工作人员存在外周血淋巴细胞染色体非稳定畸变和眼晶状体混浊风险升高等。韩国等对工业探伤工作人员的补充职业健康检查表明，生物剂量估算对确定放射工作人员职业健康损害具有重要意义。

第一节　工业应用主要电离辐射危害

一、主要工业应用职业照射的分类及行业分布

核技术的工业应用十分广泛，主要包括以下几个方向：①利用射线的穿透特性，对物质进行非接触、非破坏性、连续和在线检测，并易于实现生产过程的自动控制；②利用物质在射线照射下发射出来的能谱特性，来确定物质的成分和结构；③利用放射性核素作为一种灵敏的示踪物质对工业过程中物料运动进行动态跟踪，取得它们的空间、时间与数量分布信息；④利用辐射成像技术，对

工件、行李包裹、集装箱等进行扫描检查，达到直接、实时测量与控制；⑤利用辐射优化高分子结构，改良材料的特性。

核技术工业应用途径主要包括工业探伤（如固定式 X/γ 射线探伤、移动式 X/γ 射线探伤、电子直线加速器探伤）、含密封源仪表应用（如料位计、密度计、湿度计、核子秤、测厚仪、测井源、螺旋管道测量仪等）、油气田测井（如 γ 测井仪、中子发生器测井、非密封放射性物质测井）、辐照加工（如 γ 射线辐照加工、加速器辐照加工）、非医用加速器工业辐照、安全检查（如货物 / 车辆辐射检查系统、X 射线行李包检测系统、便携式 X 射线检查系统）、低能射线装置应用（如 X 射线衍射仪、X 射线荧光分析仪、离子注入装置、电子束焊机、静电消除器、电子显微镜和测厚、称重、测孔径、测密度用的射线装置）、非密封放射性物质应用等多个方面。按照《职业性外照射个人监测规范》（GBZ 128—2019）附录 C 及相关资料，将主要工业应用职业照射进行分类及行业分布情况进行整理，见表 13–1。

表 13–1　工业应用职业照射的分类及行业分布

序号	工业应用职业照射的分类	行业分布
1	工业辐照（3A）	应用领域非常广泛，主要用于医疗用品、中西药与化妆品的辐射灭菌消毒，食品辐照保鲜，辐射化工应用等行业
2	工业探伤（3B）	广泛应用于航空航天、兵器、船舶制造、汽车、机械制造、冶金、金属加工业、钢结构、铁路交通和高校的实验室等行业
3	发光涂料（3C）	适用于建筑装潢、公共场所安全通道警示标志，高速公路、铁路、机场等交通设施中各种行车导航指示，人造景观，文化艺术品装饰和应急照明等
4	放射性同位素生产（3D）	适用于古生物年龄的测定、航天器、灭菌消毒、核子秤、测厚仪、料位计、放射性静电消除器、火灾报警器、放射性测井、辐射育种、辐射保鲜，农药、化肥的放射性同位素标记、示踪，花卉新品种的培植，放射性同位素生产等行业；广泛应用于研究、工农业以及一些消费品生产中的过程控制和产品质量控制
5	测井（3E）	适用于油气田中使用放射源、非密封放射性物质及中子发生器进行油气田测井实践的行业
6	加速器运行（3F）	适用于海关大型集装箱检测、货物 / 车辆辐射检查、无损检测、食品的灭菌保鲜、辐照育种等行业
7	其他应用（3G）	低能射线装置应用（如 X 射线衍射仪、X 射线荧光分析仪、离子注入装置、电子束焊机、静电消除器、电子显微镜和测厚、称重、测孔径、测密度用的射线装置）；非密封放射性物质在工业探漏、化工、冶金、油气田测井、水文地质等领域得到广泛应用

二、主要工业应用中的电离辐射危害

（一）工业探伤的电离辐射危害

工业探伤是利用某种射线来检查物体内部缺陷的一种方法，包括 γ 射线探伤和 X 射线探伤。射线能不同程度地透过“探伤对象”，对照相胶片产生感光作用。利用这种性能，当射线通过被检查的“对象”时，因物体内部缺陷对射线的吸收能力不同，使射线落在胶片上的强度不一样，胶片感光程度也不一样，这样就能准确、可靠、非破坏性地显示缺陷的形状、位置和大小。

1. 工业探伤分类

按照射线种类分为X、γ射线探伤。X射线探伤机按照X射线发射的方向和窗口范围可分为定向式和周向式，按安装形式可分为固定式和移动式；γ射线探伤机按照源容器的可移动性可分为便携式γ探伤机（P类）、移动式γ探伤机（M类）、固定式γ探伤机（F类），常用γ射线探伤源有^{60}Co、^{137}Cs、^{192}Ir。

2. 工业探伤应用范围

工业X、γ射线探伤技术广泛用于焊缝和铸件的检测，能有效检出气孔、夹渣、疏松等缺陷，可通过底片直接地观察到"探伤对象"缺陷的性质、形状大小、位置等，便于对缺陷定位、定量、定性，对"探伤对象"进行合理性判断。常用于航天、航空、军事、科研、冶金、机械、石油、电力、地质、考古等行业。

3. 工业探伤产生的放射性职业病危害因素

射线探伤技术应用最广泛的是X、γ射线工业探伤，在探伤过程中主要的职业危害因素为X、γ和β射线等。对于X射线机和放射源的射线探伤作业，主要的放射性职业病危害因素为X射线探伤设备和放射源产生的电离辐射（X射线或γ射线）。

常用的X射线探伤机管电压一般为160~450kV，500kV以上的X射线一般由加速器产生。X射线探伤机采用X射线发生器产生X射线，只有在开机时才会存在辐射危害。而γ射线探伤装置上所带的γ射线源是放射性同位素，其生产、运输、安装、调试、运行和放置等各个环节都必须考虑放射防护。

（二）含密封源仪表应用的电离辐射危害

含密封源仪表是指带有密封放射源和核辐射探测器并用于检测不同物理量的检测仪表，也称为放射性同位素仪表。含密封源仪表主要是根据不同物质对射线的吸收、反散射和射线与物质相互作用而产生的电离激发作用而设计的，主要由密封放射源、辐射探测器、电子学信号变换电路和显示装置等组成。

1. 含密封源仪表主要放射源

主要有α放射源、β放射源、γ放射源和中子源，通常活度较小，放置于屏蔽体内。α放射源，如^{210}Po、^{239}Pu、^{238}Pu、^{241}Am、^{226}Ra等可用于α射线厚度计、静电消除器、火灾报警器、同位素避雷针等。β放射源仪表，包括^{85}Kr、^{3}H、^{14}C、^{9}Sr–^{9}Y、^{147}Pm、^{204}T1等可用于测量较薄的纸张、纺织品、塑料薄膜、金属箔、橡胶等材料的厚度。含γ源仪表包括^{60}Co、^{137}Cs、^{192}Ir、^{170}Tm、^{241}Am、^{238}Pu和^{55}Fe等，主要用于非接触式密度、料位的测量，主要对密度较大、厚度较厚的物品厚度进行测量。含中子源仪表，包括^{226}Ra–Be中子源、^{241}Am–Be中子源、^{210}Po–Be中子源以及^{252}Cf自发裂变中子源等，可应用于同位素中子源、加速器中子源和反应堆中子源，主要用于水分、灰分以及元素分析测量。

2. 含密封源仪表主要用途

主要用于测量工业生产中的相关物理量，如密度、厚度、料位、流量、水分等。目前，含密封源仪表已被广泛应用于研究、工农业以及一些消费品生产中的过程控制和产品质量控制。

3. 含密封源仪表的分类分型

含密封源仪表根据不同的分类方式（原则）可以分为不同的类型。

（1）按照基本原理和作用方式分类：①强度测量仪表，包括核子密度计、核子测厚仪、核子料位计、核子水分计、核子秤等；②能谱分析仪表，包括X射线荧光分析仪、在线活化分析等仪器仪表；③数字图像处理仪表，主要用于无损检测，常用的主要是各种探伤设备等；④其他类型的仪表，主要是利用辐射所产生的电离效应实现检测，如放射性同位素火灾报警装置，放射性避雷针、静电消除器等。

（2）按照与物质发生相互作用的类型分类：①透射式仪表，透射式厚度计、透射式密度计和透射式液位计等；②散射式仪表，散射式厚度计和散射式密度计等；③电离式仪表，气体压力计、气体流量计、气体成分分析仪等；④同位素 X 荧光式仪表，同位素 X 荧光分析仪、同位素 X 荧光镀层厚度计。

4. 含密封源仪表产生的主要放射性职业病危害因素

含密封源仪表产生的主要放射性职业病危害因素有 α 射线、β 射线、γ 射线和中子。

（三）油气田测井的电离辐射危害

放射性测井，指的是根据岩石和介质的核物理性质，研究钻井地质剖面，寻找油气藏和油气井工程等的地球物理方法。在油气井中放射性测井的方法，分为 γ 测井、中子测井和放射性示踪测井。

1. γ 测井

通过测量由 γ 源放出并经过岩层散射和吸收而回到探测器的 γ 射线强度，用来研究岩层的密度、孔隙度等岩层性质的方法。常使用的 γ 放射源有 ^{137}Cs、^{60}Co 等。

γ 测井存在的放射性职业病危害因素为在操作、贮存、运输等过程中 γ 放射源产生的 γ 射线。

2. 中子测井

指的是利用中子源连续发射快中子，与地层物质的原子核相碰撞而损失能量，通过测量减速后的中子强度研究地层状况的方法。常用的中子辐射源有中子发生器和 ^{241}Am–Be、^{252}Cf 中子源等。

中子测井存在的放射性职业病危害因素有：在测井操作、贮存、运输等过程中，中子源放出的中子，以及活化产物放出的 γ 射线和 β 射线；在测试及刻度操作、测井操作等过程中，中子发生器放出的中子，以及活化产物放出的 γ 射线和 β 射线。

3. 放射性示踪测井

用注入油井的非密封放射性物质作为示踪剂确定流体在井管内或地层孔隙间的运动状态及其分布规律和井身工程质量参数的方法。常用于放射性示踪剂的非密封放射性同位素有 ^{131}Ba、^{131}I、^{65}Zn、^{110}Ag、^{113}In、^{125}I、^{51}Cr 等，这些放射性同位素主要放出 γ 射线。

放射性示踪测井存在的放射性职业病危害因素有：在实验室操作、测井操作、贮存、运输、废物处理等过程中，非密封放射性同位素放出的 γ 射线和 β 射线，以及带来的放射性表面污染和放射性气溶胶。

（四）辐照装置的电离辐射危害

γ 辐照装置是指利用 γ 辐照（射线）通过安全可靠的辐射加工工艺对物品和材料进行加工的装置，主要应用 ^{60}Co 放射源。

1. γ 辐照装置的分类

γ 辐照装置分为以下 4 种类型。

（1）固定源室湿法贮源 γ 辐照装置：此类辐照装置是一种可以控制人员进入的辐照装置，在不使用时，其放射源被放在水井内，源是被充分屏蔽的；使用时，源被提升到辐照空间，此时，借助于入口控制系统，使人员不能进入该辐照空间。

（2）固定源室干法贮源γ辐照装置：此类辐照装置是一种可以控制人员进入的辐照装置，其放射源装在由紧密材料（例如铅金属）构成的干容器（或干井）内。在不使用时，源是充分被屏蔽的；使用时，被提升到辐照空间，此时，借用于入口控制系统，使人员不能进入该辐照空间。

（3）自屏蔽式γ辐照装置：此类辐照装置的放射源完全封闭在一个用固体材料制成的干容器内，并且处于屏蔽状态。辐照室的结构和体积设计成使人员不可能接近放射源，也不可能进入正在进行辐照的空间。

（4）水下γ辐照装置：此类辐照装置的放射源贮存在充满水的水井内不移动，因而始终处于屏蔽状态，被辐照的物品移动到水下接受照射。这实际上是限制了人员接近放射源，也不可能进入正在进行辐照的空间。

γ辐照装置因其具有穿透性强、可在常温下进行、节能、无残毒、无废物、易于控制等特点，因而在传统行业改造、功能材料开发、实现微细加工及“三废”处理中都具有重要作用，产生了重大的经济效益和社会效益。辐照应用领域非常广泛，主要包括工业、农业、医学、环境等各个方面，包括针对医疗用品、中西药与化妆品的辐射灭菌消毒，食品辐照保鲜，辐射化工应用，如高聚合物的辐射交联、聚合和降解，辐照育种、抑制发芽、病虫害防治、低剂量辐照增产等。

2. γ辐照装置的放射性危害因素来源

（1）正常运行期间的放射性危害因素来源：①初始辐射，也称初级辐射，是由辐照装置中^{60}Co放射源产生的原初γ射线直接透射到辐照室屏蔽墙（顶）外的辐射；②散射辐射，γ射线通过辐照物体或墙体的散射再经迷路多次散射到达出入口外的辐射；③杂散辐射，γ射线通过进排风口、穿墙管线、进出水管等处，经多次散射在孔口、出口处的辐射；④天空反散射，透射到辐照室顶外的射线与顶上方的空气作用，发生反散射，至周围地面区域的辐射，或至周围建筑楼层的辐射，后者又专称“侧散射”。

（2）其他放射性危害因素来源：①维修和换源时的放射性危害因素，维修时放射源转移到维修贮源位置，泄漏出贮源设施的杂散辐射；增装源和退役源时源运输容器外围的泄漏辐射，可能还带有某种程度的放射性污染；倒源过程中水井上表面处的透射辐射等。②贮源井水和水处理系统的放射性危害因素，当有放射源破损泄漏时，可能会造成一定程度的贮源井水的污染，乃至导致水处理设施的污染，这些污染还会扩散到相应的工作场所地表、操作工具等，形成^{60}Co放射性表面污染，扩散到空气中还会形成空气污染，对相关场所的工作人员造成意外的内照射。所产生的放射性职业病危害因素包括γ射线和放射性表面污染（^{60}Co放射性表面污染）。

（五）非医用加速器放射工作场所中的电离辐射危害

加速器装置是产生、加速、引出和应用带电粒子束流的机器。工业辐照所用的辐射源包括γ辐射源、电子束辐射源和X射线辐射源，其中电子束辐射源所用的电子束来自电子加速器，电子直线加速器作为辐照源较为常用。

工业电子直线加速器是一种产生大剂量高能X射线的装置，是集光、机、电为一体的大型工业设备，产生的X射线具有能量高、穿透力强、剂量率大、焦点小等特点。加速器作为电子束辐射源，产生的剂量率要比^{60}Co辐射源高出3到4个数量级，方向集中，能量利用率高，照射时间短，生产效率高。适用于大批量的医疗用品的辐射消毒、食品保藏、电子元器件改性和材料改性等方面。工业电子直线加速器放射性职业病危害因素主要为X射线。

海关大型集装箱检测用加速器是海关大型集装箱在线检测系统的高能X射线源，它所产生的高能 X 射线穿透集装箱，并由大型阵列探测器记录检测的信息，经图像处理后在监控室的屏幕上显示集装箱内部情况的射线投影图像。检查人员根据图像并对照报关单可判断其内部是否混有违禁物品或存在异常情况，以采取相应措施。海关大型集装箱检测用加速器放射性职业病危害因素主要为 X 射线。

货物或车辆辐射检查系统是指由带有光子或中子辐射源和辐射探测器等装置及辅助设施组成，利用辐射成像原理获得集装货物及车辆等被检物透视图像的检查系统。检查系统适用于对集装箱或航空托盘、运输货车、货运列车及其所载的货物进行检查。检查系统主要由辐射源系统、探测器系统、控制系统、图像分析系统、安全设施、辐射防护设施和应急设施等部分组成。检查系统分为 X 射线检查系统、γ 射线检查系统和中子检查系统（γ 射线检查系统使用的放射源通常是 ^{60}Co，中子检查系统多利用“氘 – 氘”和“氘 – 氚”反应中子发生器）。货物或车辆辐射检查系统涉及的放射性职业病危害因素根据辐射源类型不同主要分为 X 射线、γ 射线和中子。

无损检测就是在不损伤和不破坏材料、制品或构件的情况下，就能检测出它们内部的情况，判别内部有无缺陷。在工业射线照相探伤中产生更高能量射线一般采用加速器。适合工业射线照相探伤的加速器主要是电子感应加速器、电子直线加速器和电子回旋加速器，其中电子直线加速器的性能更适合于工业射线照相探伤。较为常用的是驻波电子直线加速器，其射线能量高（一般为 2、4、6、9MeV 能量）、剂量大、焦点小，具有检测精度高、扫描速度快等特点。这种加速器可用作射线照相、射线图像透视检查、计算机断层检查（即工业 CT）的高能 X 射线源，是对大型结构件、高压容器等进行无损检测（NDT）的重要装备，例如检测压力容器的焊缝、大型铸件的夹杂、气孔、产品内部缺陷等。工业射线照相探伤（无损检测）放射性职业病危害因素主要为 X 射线。

（六）X 射线行李包检测系统的电离辐射危害

行李包检测仪利用 X 射线特性（即穿透性、背散射效应和荧光效应）透过被检物体不同组织结构或被检物散射后，到达探测器的 X 射线能量差别输出不同电流信号，经图像处理单元产生图像，通过对监视器上显示的 X 射线透视物体的图像来分辨物体的类型。数字图像不仅可以方便地将图像“冻结”在荧光屏上，而且可以进行各种各样的图像后期处理。行李包检测仪的放射性职业病危害因素主要为 X 射线。

X 射线行李包检查系统广泛应用于民用航空、海关口岸、交通运输、邮政物流等重要的安全检查以及国家举办的一些重大活动和体育赛事等。目前在用的 X 射线行李包检查系统管电压一般处于 130~160KeV，管电流一般为 1.0mA。原环境保护部于 2017 年发布公告，对符合条件的柜式 X 射线行李包检查装置的使用单位进行豁免管理。根据 X 射线行李包检查系统卫生防护标准要求，其在使用时的放射防护要求如下：系统工作时，不允许身体的任何部位通过通道口和窗口进入射线束内；系统使用中遇紧急情况，应该按紧急停止按钮，使系统停止运行；系统使用中发现该系统的通电指示灯和 X 射线发射指示灯不能正常工作，应该立即停机修复；系统的安全联锁和电气性能应定期维修保养和检验，防止事故的发生；系统通道口处铅胶帘应保持完整，对破损铅帘应及时更换；系统维修时，应首先切断电源；在恢复安全联锁后，通过强制按钮进行调试。

（七）低能射线装置应用中的电离辐射危害

低能射线装置包括能量从豁免值至 1MeV 的 X 射线衍射仪、X 射线荧光分析仪、离子注入装置、电子束焊机、静电消除器、电子显微镜和测厚、称重、测孔径、测密度用的射线装置。

低能射线装置的放射性职业病危害因素主要为 X 射线。

（八）非密封放射性物质放射工作场所中的电离辐射危害

非密封放射性物质是非永久密封在包壳里或者紧密地固结在覆盖层里的放射性物质。非密封放射性物质以液态或粉末状直接应用于工业、农业、科研和医疗等领域，如放射性同位素生产企业为医学诊断和治疗而生产的 ^{131}I、$^{99}Tc^{m}$、^{18}F、^{125}I、^{89}Sr、^{90}Sr、^{90}Y、^{153}Sm、^{188}Re、^{32}P 等放射性同位素就属于非密封放射性物质。放射性同位素的生产主要来自核反应堆、加速器生产，以及从乏燃料和天然放射性矿物中提取。

在工业中，非密封放射性物质作为放射性示踪剂，在工业探漏、化工、冶金、油气田测井、水文地质等领域得到广泛应用，如使用 ^{99m}Tc、^{82}Br、^{113m}In、^{131}I、^{127}Xe、^{133}Xe 等泄漏探测和流体测量。另外，还有利用放射性同位素的其他特性的其他应用领域，如使用放射性发光涂料（^{3}H、^{147}Pm）的夜光仪表和钟表；在汽灯纱罩掺入钍元素（^{232}Th）以提高汽灯亮度。

存在的放射性职业病危害因素有：对非密封放射性物质进行标记、分装、使用，样品采集、测量及废物处理等过程中，放射性示踪剂放出的 γ 射线和 β 射线等，以及带来的放射性表面污染和放射性气溶胶。对非密封放射性物质操作、废物处理等过程中，存在的 γ 射线和 α、β 射线等，以及带来的放射性表面污染和放射性气溶胶，^{131}I、^{18}F、^{125}I、^{90}Sr、^{90}Y、^{153}Sm、^{188}Re、^{32}P、^{82}Br、^{133}Xe、^{3}H、^{147}Pm 主要是 β 衰变，^{99m}Tc、^{113m}In 主要是同质异能跃迁衰变（IT），^{232}Th 是天然 α 衰变核素。

（九）主要工业应用放射工作人员接触的放射性职业病危害因素汇总

1. 工业探伤

工业探伤主要的放射性职业病危害因素为 X、γ 和 β 射线等。

2. 含密封源仪表

含密封源仪表产生的主要放射性职业病危害因素是其产生的 α 射线、β 射线、γ 射线和中子，X 射线分析仪产生的主要放射性职业病危害因素是 X 射线。

3. 同位素测井

同位素测井产生的主要放射性职业病危害因素是 γ 测井产生的 γ 射线，中子测井中子发生器放出的中子以及活化产物放出的 γ 射线和 β 射线，放射性示踪测井产生的放射性职业病危害因素是非密封放射性同位素放出的 γ 射线和 β 射线，以及带来的放射性表面污染和放射性气溶胶。

4. γ 辐照装置

γ 辐照装置产生的放射性职业病危害因素是 γ 射线、放射性表面污染。

5. 非医用加速器工业辐照

非医用加速器工业辐照所用的辐射源包括 γ 辐射源、电子束辐射源和 X 射线辐射源，工业电子直线加速器、海关大型集装箱检测用加速器、工业射线照相探伤的加速器产生的放射性职业病危害因素是高能 X 射线，货物或车辆辐射检查系统涉及的放射性职业病危害因素根据辐射源类型不同主要分为 X 射线、γ 射线和中子。

6. 行包检测仪

行包检测仪的放射性职业病危害因素主要为 X 射线。

7. 低能射线装置

低能射线装置的放射性职业病危害因素主要为 X 射线。

8. 非密封放射性物质应用

非密封放射性物质的放射性职业病危害因素主要为 γ 射线和 α、β 射线以及带来的放射性表面污染和放射性气溶胶等。

（陈　彬　梁德君）

第二节　工业应用放射工作人员职业健康检查要点

一、工业应用放射工作人员的健康要求

根据工业应用放射工作人员的部分工作场所不固定、流动性大、防护级别高、危险性大的特点，应具备在正常、异常或紧急情况下，都能准确无误地履行其职责的健康条件。

（一）健康要求

（1）神志清晰，精神状态良好，无认知功能障碍，语言表达和书写能力未见异常。

（2）内科、外科和皮肤科检查未见明显异常，不影响正常工作。

（3）裸眼视力或矫正视力不应低于4.9，无红绿色盲；耳语或秒表测试无听力障碍。

（4）造血功能未见明显异常，参考血细胞分析（静脉血仪器检测）结果，白细胞和血小板计数不低于参考区间下限值。

（5）甲状腺功能未见明显异常。

（6）外周血淋巴细胞染色体畸变率和微核率在正常参考值范围内。

（二）不应从事放射工作的指征

（1）严重的视、听障碍。

（2）严重和反复发作的疾病，使之丧失部分工作能力，如：严重造血系统疾病、恶性肿瘤、慢性心肺疾患导致心肺功能明显下降、未能控制的癫痫和暴露部位的严重皮肤疾病等。

（3）未完全康复的放射性疾病。

（4）影响自身和他人的严重四肢运动障碍。

二、职业健康检查项目的确定及检查方法

（一）职业健康检查项目

职业健康检查项目与“放射工作人员职业健康检查表”的内容按照国家卫生健康行政部门的有关规定执行，其中职业健康检查项目的确定应遵循考虑放射因素名称、职业照射种类，并包含辐射敏感器官等原则；满足国家法律法规的最低要求和健康检查的一般要求，其内容参考《放射工作人员健康要求及监护规范》（GBZ 98—2020）附录A。根据需要，主检医师可以向用人单位建议增加部分选检项目和其他检查项目。

（二）职业健康检查方法

放射工作人员职业健康检查项目中包括基本信息资料、常规医学检查部分和特殊医学检查部分，基本信息资料和常规医学检查方法要求按《职业健康监护技术规范》（GBZ 188）的相应规定执行，应详细记录既往病史、职业接触史（部门、工种、起始时间、操作方式、工作量、职业照射种类和放射因素名称），如有受照史和其他职业史也应记录，其中受照史应包括医疗照射，剂量资料记录在职业健康检查表中；特殊医学检查项目包括细胞遗传学检查和眼科检查，其中细胞遗传学检查包括

外周血淋巴细胞染色体畸变分析和淋巴细胞微核率试验，技术要求应符合《放射工作人员职业健康检查外周血淋巴细胞染色体畸变检测与评价》（GBZ/T 248—2014）和《放射工作人员职业健康检查外周血淋巴细胞微核检测方法与受照剂量估算标准》（GBZ/T 328—2023）的相应规定，眼科检查应符合《职业性放射性白内障的诊断》（GBZ 95—2014）的相应规定。

三、工业应用放射工作人员职业健康检查及适任性评价

（一）上岗前职业健康检查

1. 检查项目

（1）必检项目：医学史、职业史调查；内科、皮肤科常规检查；眼科检查（色觉、视力、晶状体裂隙灯显微镜检查、玻璃体、眼底）；血常规和白细胞分类；尿常规；肝功能；肾功能检查；外周血淋巴细胞染色体畸变分析；胸部X线检查；心电图；腹部B超。

（2）选检项目：耳鼻喉科；甲状腺功能；肺功能（放射性矿山工作人员，接受内照射、需要穿戴呼吸防护装置的人员）。

从事同位素测井应用、非密封放射性物质应用、辐照装置应用的放射工作人员可能接触放射性表面污染和放射性气溶胶，其辅助检查项目应增加肺功能。

2. 适任性评价

依据上岗前职业健康检查结果，由主检医师对受检者提出下列之一的适任性意见：①可从事放射工作；②在一定限制条件下可从事放射工作（例如，不可从事需采取呼吸防护措施的放射工作，不可从事涉及非密封源操作的放射工作）；③不宜从事放射工作。

（二）在岗期间职业健康检查

1. 检查项目

（1）必检项目：医学史、职业史调查；内科、外科、皮肤科常规检查；眼科检查（色觉、视力、晶状体裂隙灯显微镜检查、玻璃体、眼底）；血常规和白细胞分类；尿常规；肝功能；肾功能检查；外周血淋巴细胞微核试验；胸部X线检查。

（2）选检项目：心电图；腹部B超、甲状腺功能；血清睾酮；外周血淋巴细胞染色体畸变分析；痰细胞学检查或肺功能检查（放射性矿山工作人员，接受内照射、需要穿戴呼吸防护装置的人员）；使用全身计数器进行体内放射性核素滞留量的检测（从事非密封源操作的人员）。

从事同位素测井应用、非密封放射性物质应用、辐照装置应用的放射工作人员可能接触放射性表面污染和放射性气溶胶，辅助检查项目增加肺功能和使用全身计数器进行体内放射性核素滞留量的检测。主检医师根据放射工作人员职业接触史中的放射因素名称和职业照射种类增加必要的检查项目，例如，疑有内污染可能，可根据放射性核素的理化性质和代谢特点进行相关的器官功能检查和核素测定，长期吸烟而且在粉尘或放射性气体、微粒暴露环境作业的放射工作人员可增加胸部X射线摄影检查次数；对同时接触其他危害因素或超过相关限值的工作人员安排特殊检查和评价，也可酌情增加检查频度。

应该充分注意，外周血淋巴细胞染色体畸变分析和眼晶状体检查在早期发现职业性放射性健康风险方面的重要作用。韩国学者报告，由于工业探伤工作人员为了保住自己的工作经常不佩戴TLD个人剂量计，TLD的记录剂量从未超过法定限值，无法第一时间确认过量照射事件。细胞遗传学生物剂量估算方法能够及时估算吸收剂量，可以弥补工人不规范佩戴TLD剂量计的问题。国内学者报

告，眼晶状体混浊检查也可以及早提示放射工作人员出现的健康风险。

2. 检查结果处理

在岗期间检查结果中如出现异常，可与上岗前进行对照、比较，以便判断放射工作人员对其工作的适任性，对需要复查和医学观察的放射工作人员，应及时予以安排，并指导放射工作人员采取适当的防护措施。

3. 适任性评价

依据在岗期间职业健康检查，由主检医师对受检者提出下列之一的适任性意见：①可继续原放射工作；②在一定限制条件下可从事放射工作（例如，不可从事需采取呼吸防护措施的放射工作，不可从事涉及非密封源操作的放射工作）；③暂时脱离放射工作；④不宜继续原放射工作。

对于暂时脱离放射工作的人员，经复查符合放射工作人员健康要求，主检医师应提出可返回原放射工作岗位的建议。

（三）离岗时职业健康检查

1. 检查项目

（1）必检项目：医学史、职业史调查；内科、皮肤科常规检查；眼科检查（色觉、视力、晶状体裂隙灯显微镜检查、玻璃体、眼底）；血常规和白细胞分类；尿常规；肝功能；肾功能检查；外周血淋巴细胞染色体畸变分析；胸部X线检查；心电图；腹部B超。

（2）选检项目：耳鼻喉科；甲状腺功能；肺功能（放射性矿山工作人员，接受内照射、需要穿戴呼吸防护装置的人员）；使用全身计数器进行体内放射性核素滞留量的检测（从事非密封源操作的人员）。

从事同位素测井应用、非密封放射性物质应用、辐照装置应用的放射工作人员可能接触放射性表面污染和放射性气溶胶，辅助检查项目增加肺功能和使用全身计数器进行体内放射性核素滞留量的检测。需要复查时可根据复查要求增加相应的检查项目。

2. 检查结果处理

离岗时职业健康检查结果中出现职业相关的异常（如白细胞数、血小板计数低于正常参考区间、甲状腺功能2项及以上异常或辐射敏感器官异常等）情况时，建议其到相关医疗机构进一步检查。

3. 检查结论

依据在离岗时职业健康检查，由主检医师对受检者提出下列之一的意见：①可以离岗；②转相关医疗机构进一步检查。

（四）应急照射或事故照射的健康检查

对受到应急照射或事故照射的放射工作人员，放射工作单位应及时组织健康检查并进行必要的医学处理。应急照射或事故照射职业健康检查的基本项目如下。

（1）必检项目：应急/事故照射史、医学史、职业史调查；详细的内科、外科、眼科、皮肤科、神经科检查；血常规和白细胞分类（连续取样）；尿常规；外周血淋巴细胞染色体畸变分析；外周血淋巴细胞微核试验；胸部X线摄影（在留取细胞遗传学检查所需血样后）；心电图。

（2）选检项目：根据受照和损伤的具体情况，参照《外照射事故受照人员的医学处理和治疗方案》（GB/T 18199—2000）、《过量照射人员医学检查与处理原则》（GBZ 215—2009）、《职业性放射性疾病诊断总则》（GBZ 112—2017）、《职业性外照射急性放射病诊断》（GBZ 104—2017）、《内照射放射病诊断标准》（GBZ 96—2011）、《核与放射卫生应急准备与响应通用标准》（WS/T

827—2023）、《职业性放射性皮肤疾病诊断》（GBZ 106—2020）等有关标准进行必要的检查和医学处理。

职业健康检查机构可根据受照和损伤的具体情况，参照《内照射放射病诊断标准》（GBZ 96—2011）、《外照射亚急性放射病诊断标准》（GBZ 99—2002）、《外照射放射性骨损伤诊断》（GBZ 100—2010）、《职业性放射性甲状腺疾病的诊断》（GBZ 101—2020）、《职业性外照射急性放射病诊断》（GBZ 104—2017）、《职业性放射性皮肤疾病诊断》（GBZ 106—2020）、《职业性放射性疾病诊断总则》（GBZ 112—2017）、《过量照射人员医学检查与处理原则》（GBZ 215—2009）、《人体体表放射性核素污染处理标准》（GBZ/T 216—2024）、《放射性核素摄入量及内照射剂量估算规范》（GB/T 16148—2009）、《放射性核素内污染人员医学处理规范》（WS/T 583—2017）、《外照射事故受照人员的医学处理和治疗方案》（GB/T 18199—2000）、《电离辐射所致眼晶状体剂量估算方法》（GBZ/T 301—2017），选择增加必要的检查项目，如发现异常，可参照《电离辐射所致皮肤剂量估算方法》（GBZ/T 244—2017）、《外照射辐射事故中受照人员器官剂量重建规范》（GBZ/T 261—2015）、《电离辐射所致眼晶状体剂量估算方法》（GBZ/T 301—2017）、《放射工作人员职业健康检查外周血淋巴细胞微核检测方法与受照剂量估算标准》（GBZ/T 328—2023）、《染色体畸变估算生物剂量方法》（GB/T 28236—2011）估算受照剂量，实施适当的医学处理。

（五）医学随访观察

对受到过量照射的放射工作人员，应按《过量照射人员医学检查与处理原则》（GBZ 215—2009）的规定进行医学随访观察。

对确诊的职业性放射性疾病患者，应分别按照《职业性放射性白内障的诊断》（GBZ 95—2014）、《内照射放射病诊断标准》（GBZ 96—2011）、《职业性放射性肿瘤判断规范》（GBZ 97—2017）、《外照射亚急性放射病诊断标准》（GBZ 99—2002）、《外照射放射性骨损伤诊断》（GBZ 100—2010）、《职业性放射性甲状腺疾病的诊断》（GBZ 101—2020）、《职业性外照射急性放射病诊断》（GBZ 104—2017）、《职业性外照射慢性放射性诊断》（GBZ 105—2017）、《职业性放射性皮肤疾病诊断》（GBZ 106—2020）、《职业性放射性性腺疾病诊断》（GBZ 107—2015）、《外照射事故受照人员的医学处理和治疗方案》（GB/T 18199—2000）、《过量照射人员医学检查与处理原则》（GBZ 215—2009）的规定进行医学随访观察。

（陈　彬　梁德君）

14

第十四章　铀生产企业放射工作人员职业健康检查

当代的核工业主要由核燃料工业、反应堆工业、核动力工业、放射性同位素生产以及辐射工业等部分组成。核工业最显著的特点是从原料到产品以及“三废”都有放射性。核工业也是一种包含较大潜在危害的工业，因此在发展核工业的同时，必须十分重视核工业从业人员的职业健康防护和环境保护问题。

天然铀和天然钍是最基本的核燃料。天然铀在核工业中得到了广泛应用，而天然钍的利用尚处于小规模试验阶段。所谓天然铀，是指丰度为 99.28% 的 ^{238}U、0.714% 的 ^{235}U 以及 0.0056% 的 ^{234}U 的混合体。

天然铀在地壳中的平均含量为（2.5~3）$\times 10^{-4}$%，它与砷、钨、钼的含量大致近似，比锑、汞、银、铋和金的平均含量都高；所以天然铀不是稀有元素，但是天然铀的分布极为分散。多数学者认为，海水中天然铀含量为（0.3~3.7）$\times 10^{-6}$g/L，如果海水总体积按 1.3×10^{18} m^3 计，那么海水中所含天然铀的总量约为 30 亿吨。

自然界的铀常以氧化物或铀酰盐的形式存在。现已经发现的铀矿物有 200 多种，目前开采的铀矿物有沥青铀矿、铀石、铀黑、晶质铀矿、钛铀矿、钒钙铀矿、钙铀云母矿和铜铀云母矿等。

铀生产企业主要包括铀矿地质普查与勘探、铀矿开采与水冶、铀浓缩与转换及核燃料元件加工和生产的厂矿。现代的大部分核动力堆和研究用的反应堆均用浓缩铀作燃料。

第一节　铀生产过程中的主要电离辐射危害

一、铀的生产过程

铀的生产过程可以概括为 7 个阶段，包括铀矿勘探、铀矿开采，选矿，铀矿石水冶，铀的精制，浓缩铀的生产，金属铀和燃料元件的制备。整个核燃料循环还包括反应堆动力生产、乏燃料处理，如图 14–1 所示。

（一）铀矿勘探

铀矿勘探是在铀矿地质普查的基础上用钻探或硐探技术手段对铀矿床进行全面工业评价的工作，主要的评价指标是铀矿品位和矿床金属储量。铀矿品位是指矿石中铀的含量。品位分三个等级，即品位在 0.3% 以上者为富铀矿，品位在 0.1%~0.3% 者为中等铀矿，品位在 0.05%~0.1% 者为贫铀矿。凡是平均品位在 0.05% 以上的铀矿床都有工业开采价值。金属铀储量大于 5000 吨者为大型铀矿；储量在 1000~5000 吨者为中型铀矿；储量在 100~1000 吨者为小型铀矿；小于 100 吨者为铀矿点。

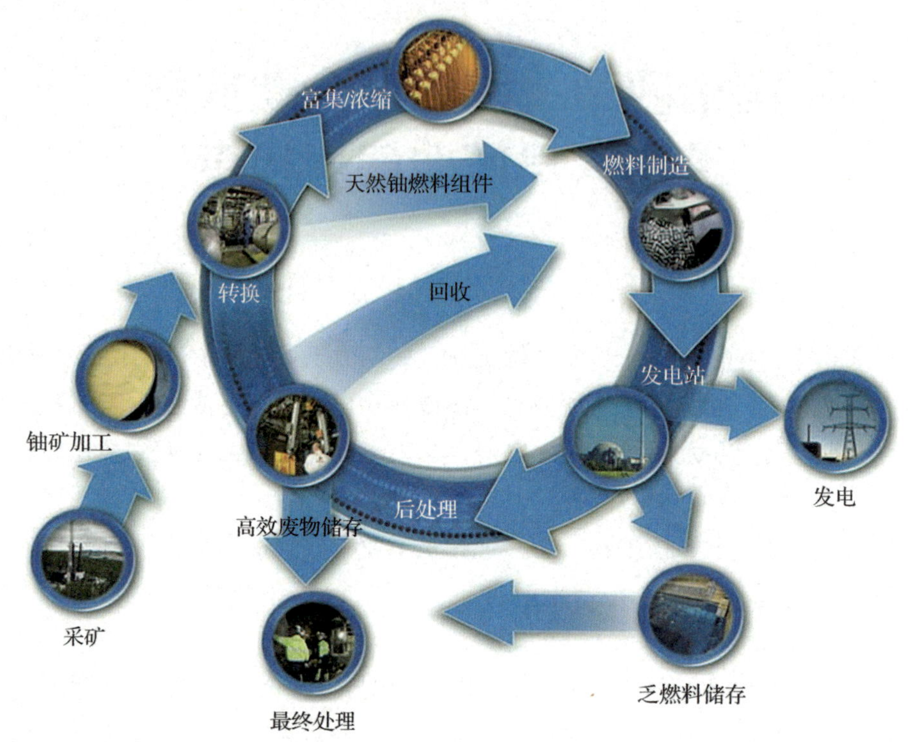

图 14-1　核燃料循环示意图

（二）铀矿开采

铀矿开采包括以下三种方式。

1. 露天开采

对埋藏较浅的矿床采用露天开采方式。先剥去表土或覆盖岩层，然后进行开采。这种开采，机械化程度高，劳动条件较好。

2. 地下开采

对埋藏较深的矿床采用地下开采方式。先开拓，即由地面到矿床之间开凿井筒、平巷，建立运输、通风、排水系统；接着就是为开采矿石做准备工作，沿着矿体或穿过矿体开凿运输、通风、行人的井巷和划分采场等；最后是回采，包括凿岩、崩矿、运输、支护、采空区处理等工艺过程。地下采矿时劳动条件较差，机械化程度也较低。

3. 化学采矿

把某些化学溶剂灌注到内生的或松散的矿体内，浸出矿石中的铀，再回收浸出液并送到地面处理，这就是化学采矿。它适用于从贫矿、老采空区或不允许进入的采区回收铀。

（三）选矿

放射性选矿是基于对铀矿石释放出的 γ 射线测量，采用机械方法分离铀矿石和废矿石，以提高待处理铀矿石的平均品位。选出的精矿石送到水冶厂完成下道工序。

（四）铀矿石水冶

回采矿石的运输、贮存、破碎、筛分和磨矿等工序均属矿石准备。磨好的矿浆或矿粉被送到浸出工段，浸出其中的铀。用硫酸从矿浆或矿粉中浸出铀，得到含硫酸铀酰的浸出液送到下一工序去提取铀。如果铀矿石中含有过多的碳酸盐，通常就不采用硫酸而是采用碳酸钠和碳酸氢钠溶液作浸出液，得到含三碳酸铀酰钠的浸出液可直接送到沉淀工序处理。在浸出铀的过程，铀矿石中的镭及其衰变子体几乎不被浸出，仍留在矿砂中。因此，堆放尾矿砂的地方，γ 射线辐射较强，这里空气中氡及其衰变子体的浓度也比较高。浸出液中铀的浓度仍然很低，来自矿石中的铁、铝、磷、钙、硼等杂质的浓度却很高。为了把这些杂质成分与铀分离开，通常用离子交换法和溶剂萃取法提取浸出液中的铀。铀化学浓缩物沉淀，把氨水或氢氧化钠溶液加到铀取工段的最终产品中，得到重铀酸铵或重铀酸钠沉淀物，通常把这两种盐称为铀化学浓缩物，俗称黄饼。

（五）铀的精制

把铀化学浓缩物提纯和制备氧化铀的工艺过程称为铀的精制。精制铀的方法很多，视原料种类和对精制产品纯度的要求不同而定。精制后得到的产品种类也各异，视与后面工厂的衔接要求而定。

（六）浓缩铀的生产

浓缩天然铀中 ^{235}U 的方法很多，有气体扩散法、离心法和喷嘴法等，应用到生产上的方法是气体扩散法。用气体扩散法生产 ^{235}U，大体上分三步：①原料 UF_6 生产；② ^{235}U 浓缩；③浓缩铀产品（$^{235}UF_6$）还原。

原料 UF_6 生产有湿法和干法两种方法。UF_6 在常温、常压下呈白色晶体，在常温下其升华点为 56.4℃；UF_6 气体的热稳定性好。此外，在天然氟中只有 ^{19}F 一种稳定同位素。这些条件对铀同位素的气体扩散分离极为有利，使得分离功可集中用到铀的同位素分离上。所以，UF_6 最适合作为生产浓缩铀的原料。但是，UF_6 气体一旦泄漏到工作场所，遇到潮湿空气立即水解发白烟，其水解产物 HF 和 UO_2F_2 对人的皮肤和呼吸道黏膜均有强烈的腐蚀作用。

（七）金属铀和燃料元件的制备

1. 金属铀的制备

从铀精制厂来的氧化铀，需经过下列三个制备阶段才成为金属铀：①氢气把六价的铀（如 UO_3）还原为四价的铀（UO_2）；②把二氧化铀（UO_2）氢氟化为四氟化铀（UF_4）；③把 UF_4 还原成金属铀。把 UF_4 滤饼进行干燥煅烧形成绿盐，加入钙或镁还原，精炼制造成金属铀锭。制备高浓缩金属铀时，因所用原料是 90% 以上浓度的 ^{235}U，所以应严格控制投料量，细心操作，以避免临界事故。

2. 燃料元件的制备

将金属铀制备得到的精铀锭轧成铀棒，制成一定尺寸的燃料元件芯体并镀镍，再在外面包上铝镁或锆合金包壳，焊接密封成为燃料元件。如果包壳密封不好，元件在反应堆中经过中子辐照后所产生的裂变产物就会泄露出来，污染反应堆一回路，或者因铀棒与反应堆的冷却剂发生化学反应导致元件变形，堵塞冷却剂流道，最终可引起元件烧结事故。

综上所述，不难看出天然铀或浓缩铀的生产过程比较复杂。整个生产过程中存在的职业病危害因素也是各种各样的，有铀及其衰变产物、氡及其子体、矽尘、噪声、振动、硫酸、氢氧化钠、氨、氧化钙、三硝基甲苯（TNT）、一氧化碳等。归纳为放射因素和非放射性有害因素两大类，本章主要关注放射有害因素对人体健康的影响。

二、铀的毒理学特性

^{238}U 衰变子代有 17 种，释放出 α、β、γ 射线，最后变成铅的稳定同位素（^{206}Pb）。在核燃料生

产中接触天然铀的机会最多，少部分工人接触 ^{235}U。在铀生产过程中的职业危害是铀的各种化合物气溶胶吸入人体后而导致铀内污染。氟化铀酰、硝酸铀酰、醋酸铀酰是可溶性铀化合物，溶于血浆的速度最快，其次为四氯化铀，难溶性铀化合物为 UO_2、U_3O_8、UO、UF_4。可溶性铀化合物被人体吸收后进入血循环，铀有 40% 与血浆蛋白结合成络合物，60% 与重碳酸盐形成络合离子，二者很快形成平衡：

$$UO_2^{2+} + 3CO_3^{2-} \rightleftharpoons [UO_2(CO_3)_3]^{4-}（三碳酸铀酰复离子） \quad (14-1)$$

铀与蛋白结合后，不易扩散，当血中 $[UO_2(CO_3)_3]^{4-}$ 减少时，可使铀－蛋白重新释放而与碳酸盐结合。$[UO_2(CO_3)_3]^{4-}$ 扩散快，可被肾小球滤过，排出也快。吸入可溶性铀化合物 40h 内大部分从肾脏排出，约有 30% 在骨中沉积。

铀的排泄有以下两个时相。

1. 快组分的排出

快组分的排出包括铀自体内无关排出（未被吸收部分）及未与组织结合部分，这两部分对人无害，排出快，可溶性铀化合物有 50%~90% 于 24h 内从尿排出，半排出期 1~2 天。

2. 慢组分的排出

进入人体内的铀有 10%~50% 在体内与组织结合，排出较慢，半排出期 70~140 天，每天排出体内存留量的 0.5%~1%，主要来自骨内存留。

难溶性铀化合物吸入后的行径与粒子分散度关系很大，小的粒子主要沉积于肺，转移至支气管淋巴结，排出无一定的规律性。半排期 120~3000 天，文献报告很不一致。1969 年 Ronen 报告 1 例吸入大量难溶性铀尘患者，对其发现观察 2 年，患者尿铀时高时低，最高达 4000μg/L，未发现肾功能改变，如图 14–2 所示。

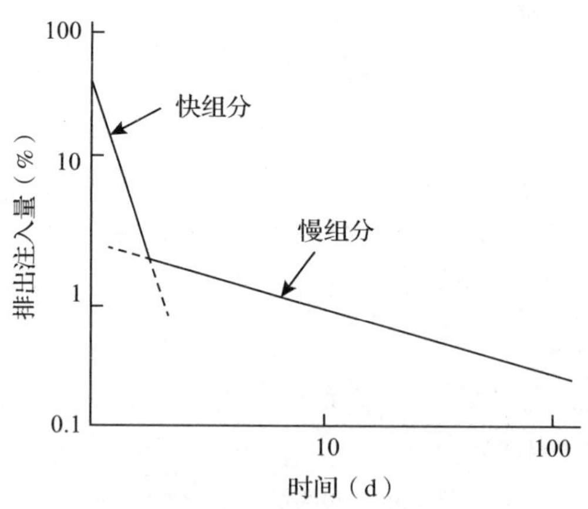

图 14–2　尿铀排泄曲线

在铀矿体中，铀及其衰变产物通常处于放射性平衡状态，即在铀矿体中含有一定数量的铀、镭、氡和钋等 α 辐射体。^{222}Rn 是铀系中唯一的气体核素，在铀矿山的 α 粒子内照射危害方面，氡的短寿命子体（从 ^{218}Po 到 ^{214}Po 的核素）最值得重视，氡对机体的危害主要来自其短寿命子体，氡与子体达到平衡以后给予机体的辐射剂量有 99% 系子体的贡献，1% 是氡本身的贡献。然而，在铀的生产过程中，仅在铀矿勘探、铀矿石开采、矿石准备、浸出铀和尾矿处理以及在矿石分析实验室中，才有可能遇到有危害浓度的氡及其子体。

根据铀矿工人尿、骨、血中的 ^{210}Pb、^{210}Po 的含量监测发现，骨和血中的 ^{210}Pb 成线性关系；血、头发（胡须）中的 ^{210}Pb、^{210}Po 与空气中的氡及其子体的浓度有较好的相关性，尿中 ^{210}Po 含量也与空气中氡及其子体的浓度有一定的关系。因此，学者们认为 ^{210}Pb、^{210}Po 含量可作为监测氡及其子体浓度的手段，或者作为判断累积暴露水平的指标。

三、铀对人体健康的影响

铀及其化合物作为一种化学毒物可导致机体的损伤，天然铀的毒性主要作用于肾脏，其化学毒性远大于电离辐射的危害。肾脏最大安全浓度为 2~3μg/g 肾，相当于尿铀 100μg/24h。易溶性铀化合物主要是对肾小管上皮的损伤，难溶性铀进入人体后在肺部滞留较久，当体内的四价铀氧化成六价的铀酰离子后方才吸收入血，入血后聚集于肾，引起近曲小管的损害。肾功能损伤多出现在尿铀排泄高峰期（2~6 个月）后，与尿铀浓度无确切的对应关系。难溶性铀引起的肾功能损伤持续时间长，恢复缓慢。肝脏功能的变化出现晚于肾脏，且受损的程度较轻。

（一）铀的肾脏损伤

铀是毒性很强的一种化学毒物，其化学毒性首先是对肾脏的损伤。关于铀致肾损伤的机制，当斯（Dounce）认为铀在肾脏大量沉积，关键在于肾小管对原尿中 HCO_3^- 的重吸收。铀入血后形成的 $[UO_2(CO_3)_3]^{4-}$ 能通过半透膜，起了铀携带者的作用。它将局部的铀络合后通过肾小球滤过进入原尿。一方面，由于水被重吸收，使原尿浓缩，铀的浓度也升高；另一方面，HCO_3^- 被重吸收，使 $[UO_2(CO_3)_3]^{4-}$ 解离，UO_2^{2+} 离子在肾小管上皮细胞沉积下来，铀与肾小管上皮细胞亲铀基团结合，抑制了酶的活性或损伤了细胞膜，造成了上皮细胞损伤。肾小管上皮细胞损伤后，氨基酸不能重吸收，使尿中氨基酸排泄增加，故临床上检查尿中氨基酸氮，氨基酸氮升高表示肾近曲管损伤。除氨基酸排泄增多外，尿中酶的活性也增加，如磷酸酶、过氧化氢酶等。为了证实铀致肾损伤部位在近曲管，而不是在肾小球，琼斯（Jones. E. S）做了肾的组织自显影，发现铀沉积于近曲管上皮细胞，随上皮细胞坏死脱落，α 径迹位于亨氏袢部位、远曲管、集合管，以及尿中蛋白管型上，而肾小球无 α 径迹。

（二）铀内污染和铀中毒

铀化合物进入人体造成内污染，临床报告急性铀中毒病例甚少，我国尚未发现吸入性急性铀中毒病例，只见到一例大面积化学烧伤合并大量可溶性铀吸收造成急性铀中毒，临床出现急性肾功能衰竭等症状。至于慢性铀中毒，国外存在争论，早年苏联曾报告过急性铀中毒致死的案例，认为存在慢性铀中毒的情况。我国几十年来的实践中，尚未见到慢性铀中毒病例。20 世纪 60 年代初曾诊断过慢性铀中毒病例，也曾制订过慢性铀中毒的诊断依据和分度标准。

1. 急性铀中毒的临床分期

急性铀中毒是以肾损伤为特征的全身性损伤，其临床经过可分以下三期。

（1）潜伏期：表现有乏力、食欲降低，数小时至数天。

（2）症状明显期：出现头痛、头晕、恶心呕吐，体重减轻，肾损伤症状如糖尿、蛋白尿、管型，尿量由多变少，出现尿闭，尿素氮排出量增加，尿过氧化氢酶增高，肾功衰竭导致酸中毒，血中非蛋白氮增高几倍至数十倍。吸入 UF_6 气体系 UF_6 水解后的 UO_2F_2 离子，铀及氟的复合作用，可有上呼吸道黏膜的刺激症状，重者可有肺水肿。

（3）恢复期：经过治疗，可度过肾功能衰竭阶段，病情逐渐好转。

2. 急性铀中毒的诊断实验室指标

（1）尿量：可有一过性多尿，随之尿少，甚至尿闭。

（2）比重：尿量增加比重不增加，肾脏浓缩功能可能有障碍。

（3）尿蛋白定量：是较为敏感的指标之一，正常人24h尿蛋白不超过75mg。急性铀中毒时升高。

（4）尿过氧化氢酶：由于肾曲管损伤，尿中过氧化氢酶增高。

（5）尿氨基酸态氮与肌酐比值（AAN/Cr）：是肾曲管的损伤指标，AAN/Cr代表了尿素氮的排泄速率，其比值升高，表示氨基酸氮排泄增加。但AAN/Cr受饮食、运动的影响，故在检查时应控制条件。正常人尿中氨基酸氮排出均值为34.8mg%。AAN/Cr为0.11~0.50。急性中毒时，尿中氨基酸氮排泄量增加。

（6）血尿素氮：血尿素氮增高表示肾功能损伤严重，但并非敏感的损伤指标。

（7）其他化验指标：如血象，可供参考。

（8）尿铀测定：尿铀升高表示有外源性铀进入体内，但不能作为诊断的唯一依据。临床曾见到尿铀值很高（可达数毫克），但无任何症状。急性铀中毒的诊断是综合性诊断。尿铀正常值在1×10^{-6}g/L以下。

尿铀值测定可估算体负荷、肺负荷，如前所述。ICRP认为可用尿铀值估计空气中的最大容许浓度，其根据是进入体内可溶性铀有2/3在24h内排出。把250μg/L定为尿铀监测的上限值，超过此值说明空气中铀尘浓度超标。这样的估计若从群体考虑可能是有意义的，实践证明尿铀与空气铀是平行的。

如某车间工人尿铀值在某一班后普遍升高，可能暗示空气中铀尘升高，应查明原因，注意防护。估算方法示例如下，采用“标准人”数据：空气中天然铀最大容许浓度210μg/m^3；6h吸入空气量10m^3；吸入粒子在肺中滞留及吸收系数0.25；每天尿量1.4L；班后的尿铀值$=210\times10\times0.25\times2/3\times1/1.4=250$μg/L。

慢性铀中毒临床尚未见到典型的病例。

（三）铀的辐射损伤

^{238}U衰变子代可释放出α、β、γ射线，铀矿石中的镭及其衰变子体存在于矿砂中，γ射线辐射较强，在铀矿体中含有一定数量的铀、镭、氡和钋等α辐射体，具有内照射危害，铀进入体内的量及内照射剂量的估算，利用尿铀值估算体负荷量、肺负荷量的方法：

1. 滞留分数与排出分数方程

单次摄入可溶性铀，通过滞留分数方程与排出分数方程计算：

滞留分数方程　$R(t)=0.2t^{-0.5}$　　$t>1$天　　（14–2）

排出分数方程　$Y(t)=0.8$　　$t=1$天

$Y(t)=0.1^{-1.5}$　　$t>1$天　　（14–3）

2. 利用体负荷与尿铀比值求体负荷

根据静脉注射资料，Fish给出了静注可溶性铀化合物时的体负荷与尿铀的比值，见表14–1。

表 14-1　静注可溶性铀化合物时体负荷与尿铀比值

从注射至收集尿样的时间（d）	原有沉积量/尿铀/d	原有沉积量/尿铀/L	现有体负荷/尿铀/d	现有体负荷/尿铀/L
0	~2	~2	~2	~2
2	24	34	7	10
3	60	84	13	18
4	93	130	18	25
7	230	330	38	53
10	420	590	60	84
14	710	990	93	130
21	1300	1900	160	220
30	2300	3200	250	350

单次吸入难溶性铀化合物后，可利用肺负荷与尿铀比值（见表 14-2）求肺负荷。

表 14-2　急性吸入难溶性铀化合物时肺负荷与尿铀比值

从吸入至收集尿样的时间（d）	原有沉积量/尿铀/d	原有沉积量/尿铀/L	现有肺负荷/尿铀/d	现有肺负荷/尿铀/L
0~4	90	130	90	130
7	100	140	90	130
10	110	150	93	130
14	120	170	97	140
21	150	210	100	150
30	190	270	100	160

（数据来源：孙世则. 放射损伤临床［M］. 北京：原子能出版社，1983.）

萨克斯比（Saxby）对慢性吸入难溶性铀化合物，给出了其肺负荷与尿铀比值，即近期时为 500，数年以后为 2000。

我国与 ICRP 关于天然铀的重量与放射性活度的换算方法不同：ICRP 认为，1Ci 天然铀 = 3.02×10^6g，1μCi 天然铀 = 3.02g；我国认为，1Ci 天然铀 = 1.49×10^6g，1μCi 天然铀 =1.49g，1g 天然铀 = 0.68μCi。

铀对人体的辐射损伤的远期主要表现为致癌效应。铀矿中的氡及其子体主要是以慢性吸入的方式对人产生辐射危害，用 α 潜能值和工作水平（WL）来评价辐射效应。氡及其子体经由呼吸道进入井下作业的工人体内，附着在肺泡及支气管内膜上，可致呼吸道炎症、肺硬化、肺气肿等，若长期滞留在肺内则导致肺癌。铀矿工发生肺癌的平均时间约为 17 年，沉积在骨骼可产生骨肉瘤。

（张惠生）

第二节　铀生产企业放射工作人员职业健康检查要点

一、化学毒性职业健康检查要点

现行《职业健康监护技术规范》(GBZ 188)中虽未包括铀及其化合物的职业健康监护，但在2024年新修订的《职业病分类和目录》中，职业性放射性疾病包括铀及其化合物中毒，并有配套的诊断标准。根据GBZ 188中的4.4.4条，可通过专家评估后确定铀及其化合物的职业健康监护。由于天然铀的毒性主要作用于肾脏，对肝脏功能也会有不同程度的损害，因此职业健康检查的重点，应观察这些器官的功能及可能受到的影响。

(一)职业史

包括既往和目前接触职业病有害因素的作业史。要特别注意不同的接触史和不同的时段应分开记录，特别注意接触时间(起始时间、终止时间)、工种、岗位、接触的职业病危害因素名称的准确性，防护措施及个人防护用品，现职业史以单位提供的资料为准。

在该岗位上是否有过泄漏事故、应急情况发生，有害因素的检测数据是否超标等。

(二)临床表现

1. 症状询问

重点询问近段时间排尿情况(有无尿量减少、尿血)、腰痛、呛咳、恶心、呕吐等症状，并详细记录持续时间，有无伴随症状等。

2. 体格检查

全面体格检查，但针对靶器官的检查要有所侧重，比如有无肾区叩痛、皮肤改变、眼结膜有无充血、咽部有无红肿等。

(三)既往病史

既往罹患过何种疾病，与职业有害因素可能相关的要详细记录，在做体检结果评价时可以作为参考。

(四)辅助检查

1. 尿常规检查

包含尿比重、尿pH值、尿蛋白、管型、尿糖、尿酮体、尿潜血、尿白细胞、红细胞等，尿中有细胞需进一步做镜检。有条件可开展尿过氧化氢酶、尿碱性磷酸酶试验。

2. 尿铀测定

对于可能急性中毒患者一般采取24h的全部尿样，如果受条件限制，则至少取8h的尿样，即所谓的“交班”样品。对于工人的职业健康检查，可以留取一次晨尿检验，尿量在50mL以上。盛尿样的容器须干燥、干净，否则会影响检测数值。每个实验室有自己的尿铀正常范围，需要注意的是，尿铀只能作为铀进入机体的接触指标，没有发病的阈值，且影响因素较多。核工业部放射防护曾规定，从事铀作业人员的尿铀值以5μg/L为调查水平，20μg/L为医学观察水平，360μg/L为医学长期观察水平。

3. 肾功能指标

包括血清尿素氮、肌酐、二氧化碳结合力、血β_2-微球蛋白、血尿酸、电解质等。原尿酚红排泄试验（PSP）、血浆非蛋白氮（NPN）、尿氨基酸态氮与肌酐比值（AAN/Cr）、尿稀释浓缩试验等肾功能指标现已不常用。

4. 肝功能检查

铀对肝脏有一定的损伤作用，因此肝功也属于必检项目，包含谷丙转氨酶、谷草转氨酶、谷酰转肽酶、白蛋白、球蛋白、白球比、总胆红素、直接胆红素、间接胆红素、血糖等。

5. 其他

心电图属于必检项目，免疫功能检查（细胞免疫、体液免疫）可以根据体检人员情况选检。

对于核燃料元件公司接触氟化物的员工，按照《职业健康监护技术规范》（GBZ 188）中5.18氟及其无机化合物的要求进行职业健康监护。

我国目前尚无慢性铀中毒的报道，铀对人体主要具有急性毒性作用。因此，对铀职业健康监护进行专家评估时，除了根据GBZ 98—2020外，也可参照GBZ 188对仅报告急性毒性的化学有害因素，制定上岗前、在岗期间（推荐性）和应急健康检查。铀作业人员通常要同时接受放射工作人员职业健康检查，因此在体检项目设置时可以将铀、电离辐射的体检项目结合，如上岗前体检中放射体检已经包含了肾功能，则铀作业上岗前体检不需再查肾功能，下结论时应对是否能从事放射作业、铀作业分别予以判定。职业健康检查机构可根据铀生产企业的原辅材料、工艺流程、接害强度等，通过专家评估确定体检项目。

二、电离辐射职业健康检查

（一）铀的电离辐射对人体健康影响

在核工业生产中，铀矿开采、铀矿水冶和铀的浓缩和转化过程可能产生的辐射危害相对较小，这是因为所开采和加工的是天然铀。天然铀由三种同位素组成：^{234}U、^{235}U、^{238}U，三种同位素均为α辐射体，它们的放射性活度分别占天然铀放射性活度的49.495%、2.26%和48.245%。^{235}U辐射强度较大，浓缩铀是指^{235}U含量在2%以上，而高浓缩铀中^{235}U含量大于90%。随着铀的浓缩，其放射性活度在增加，其主要贡献是^{234}U，因此辐射效应也在增加，晚期主要表现为致癌效应。在骨骼沉积部位可产生骨肉瘤，吸入时可引发肺癌。

铀在衰变过程中生成一系列放射性α、β、γ射线的子体，其中以氡（^{222}Rn）、镭（^{226}Ra）和钋（^{210}Po）较具代表性。铀矿井下工人所患肺癌的一个主要原因是铀的衰变产物氡及其子体长期沉积在肺部、气管及支气管黏膜上皮，并持续释放电离辐射所诱发。

（二）电离辐射职业健康检查要点

职业史的记录、临床表现与铀的化学毒性职业健康检查是基本一致的，特殊之处在于以下几点。

1. 血常规

对于铀浓缩公司员工，血常规是必检项目，包含白细胞、白细胞分类、红细胞、血红蛋白、血小板等。

2. 外周血淋巴细胞染色体畸变分析

外周血淋巴细胞染色体畸变率作为生物剂量估算的指标，特异性强，是铀浓缩公司员工的必检项目，可用于生物剂量估算的主要观察指标是非稳定性畸变，包含双着丝粒体、多着丝粒体、着丝粒环、无着丝粒断片、无着丝粒环、微小体。

3. 外周血淋巴细胞微核及微核率检查

此项检查特异性较染色体差，可以与淋巴细胞染色体畸变分析联合检查，以判断受照情况。

4. 眼科检查

包括视力、色觉、裂隙灯显微镜检查、玻璃体及眼底检查。晶状体后极部后囊下皮质内细胞对射线敏感，要重点关注；视力、眼底等检查的目的是鉴别诊断，排除高度近视、糖尿病等代谢性疾病引起的晶状体混浊。

5. 胸部 X 线检查

对于铀矿工人尤其是井下作业人员，胸部 X 线检查是必检项目，必要时联合胸部 CT 检查，以期早期发现肺部病变。对于早期在铀矿井下工作过的工人，目前处于较高危年龄，须引起体检医生的高度警惕。

6. 其他

甲状腺功能、淋巴细胞亚群、肺功能、腹部 B 超等项目可根据受检人员的具体情况选检。

三、铀生产企业放射工作人员职业健康检查项目及评价

（一）职业健康检查项目确定

参考《放射工作人员健康要求及监护规范》（GBZ 98—2020）附录 A、《职业健康监护技术规范》（GBZ 188）及《急性铀中毒诊断标准》（GBZ 108—2002），经过专家评估，在不同类型的职业健康检查中，必检项目及选检项目均有所不同，见表 14–3。

（二）工作适任性评价

在进行适任性评价时着重考虑化学毒性和电离辐射危害，铀矿井下工人与核燃料元件厂、铀浓缩厂侧重点不同，铀矿工人考虑化学毒性及氡子体所致肺癌远期效应，而核燃料元件厂和铀浓缩公司两种危害均要考虑，致癌效应不是考虑的重点。

1. 上岗前

根据上岗前职业健康检查结果，由主检医师提出下列之一的适任性意见：①可从事铀作业；②不宜从事铀作业。按照 GBZ 98—2020 的适任性意见，只有“可从事放射作业”和“不宜从事放射作业”两种。对于铀的化学毒性，应并列提出：“可从事铀作业”或“不宜从事铀作业”。在岗期间意见可参考上岗前。

2. 在岗期间

根据在岗期间职业健康检查，由主检医师提出下列之一的适任性意见：①可继续从事铀作业；②暂时脱离铀作业；③不宜继续原铀作业。对于暂时脱离铀作业人员，经复查符合铀作业工作人员健康要求，主检医师应提出可返回原铀作业岗位的建议。

3. 离岗时

根据离岗时职业健康检查，由主检医师对受检者提出下列之一的意见：①可以离岗；②转相关医疗机构进一步检查。

表 14-3　铀生产企业放射工作人员职业健康检查项目（推荐）

上岗前检查项目	在岗期间检查项目	离岗时检查项目	应急 / 事故检查项目
1. 必检项目 医学史、职业史调查；内科、皮肤科常规检查；耳鼻喉科；眼科检查（色觉、视力、晶状体裂隙灯显微镜检查、玻璃体、眼底）；血常规和白细胞分类；尿常规（尿比重、pH 值、管型、尿蛋白、尿中细胞镜检）；肝功能；肾功能；外周血淋巴细胞染色体畸变分析；外周血淋巴细胞微核试验；胸部 X 线检查；心电图；腹部 B 超；肺功能（铀矿山井下作业人员）	1. 必检项目 医学史、职业史调查；内科、皮肤科常规检查；耳鼻喉科；眼科检查（色觉、视力、晶状体裂隙灯显微镜检查、玻璃体、眼底）；血常规和白细胞分类；尿常规（尿比重、pH 值、管型、尿蛋白、尿中细胞镜检）；肝功能；肾功能；外周血淋巴细胞染色体畸变分析；外周血淋巴细胞微核试验；胸部 X 线检查；尿铀测定、尿氟测定（核燃料元件厂、铀浓缩公司员工）；痰细胞学检查和（或）肺功能（铀矿山井下作业人员）	1. 必检项目 医学史、职业史调查；内科、皮肤科常规检查；耳鼻喉科；眼科检查（色觉、视力、晶状体裂隙灯显微镜检查、玻璃体、眼底）；血常规和白细胞分类；尿常规（尿比重、pH 值、管型、尿蛋白、尿中细胞镜检）；尿铀测定、尿氟测定（核燃料元件厂、铀浓缩公司员工）；肝功能；肾功能；外周血淋巴细胞染色体畸变分析；外周血淋巴细胞微核试验；胸部 X 线检查；心电图；腹部 B 超；肺功能（铀矿山井下作业人员）	1. 必检项目 医学史、应急 / 事故照射史、职业史调查；详细的内科、外科、皮肤科、耳鼻喉科、神经科检查；血常规和白细胞分类（连续取样）；尿常规（尿比重、pH 值、管型、尿蛋白、尿中细胞镜检）；尿铀测定、尿氟测定（核燃料元件厂、铀浓缩公司员工）；肝功能；甲状腺功能；肾功能；外周血淋巴细胞染色体畸变分析；外周血淋巴细胞微核试验；胸部 X 线检查（留取血样后）；心电图；腹部 B 超；肺功能（铀矿山井下作业人员）
2. 选检项目 尿铀测定、尿氟测定（核燃料元件厂、铀浓缩公司员工）；β_2- 微球蛋白；甲状腺功能；胸部 CT 检查	2. 选检项目 β_2- 微球蛋白；甲状腺功能；心电图；腹部 B 超	2. 选检项目 β_2- 微球蛋白；甲状腺功能	2. 选检项目 根据应急或事故的具体情况选择：免疫功能；β_2- 微球蛋白；电解质；凝血功能；淋巴细胞亚群

（李　丽）

15

第十五章　核燃料制造放射工作人员职业健康检查

核燃料制造的主要放射元素为铀和钚，需要明确其物理化学特征，知晓其对人体损伤的机理。这些元素主要危害的肺、骨骼等靶器官及造血系统等，在职业健康检查的基础上应该关注和适当增加早癌筛查项目，并密切关注相关功能性检测如甲状腺功能和眼健康等。

第一节　核燃料制造行业常见电离辐射危害

一、核燃料制造行业背景

核燃料加工是核能产业链中至关重要的环节，它涉及从原料的开采到核反应堆使用的最终产品的完整生产流程。首先从铀矿的勘探和开采开始，铀矿石经过破碎和化学处理，提取出铀化合物，形成所谓的“黄饼”。这些黄饼随后被转化为六氟化铀，这是铀浓缩过程的原料。在铀浓缩阶段，使用离心机等设备将六氟化铀中的 ^{235}U 同位素含量提高至适合核反应堆使用的 3% 至 5% 的丰度。接下来，浓缩后的六氟化铀被转化为二氧化铀（UO_2）粉末，这些粉末被压制成核燃料芯块，并通过高温烧结形成坚固的陶瓷体。这些陶瓷芯块被装入金属包壳中，形成燃料棒。最终，这些燃料棒被组装成燃料组件，这些组件随后被用于核反应堆中，通过核裂变过程产生能量。整个生产过程需要严格的质量控制和安全措施，以确保核燃料的安全性和可靠性。

目前我国核燃料生产、加工、贮存设施主要有化工转换干法生产线、粉末冶金生产线、燃料元件组装生产线、IDR 工艺研究及装置生产线、核燃料元件生产线扩建技改工程，其主要的产品形式有二氧化铀粉末、二氧化铀芯块、重水堆 / 压水堆核燃料元件等。在这一过程中，受聘于相关单位，可能受到电离辐射职业照射的工作人员，都属于核燃料制造业的放射工作人员，应纳入职业健康监护。

核燃料加工技术的进步对于提升核能的安全性和经济性，促进核能产业的可持续发展具有重要意义。随着核能技术的不断发展，铀和钚作为核燃料的重要成分，在能源领域发挥着越来越重要的作用。然而，这些放射性元素在给人类带来巨大能源的同时，也带来了潜在的健康和环境风险。特别是在核燃料加工过程中，铀和钚的处理和储存不当可能导致严重的健康损伤和病理效应。

二、铀和钚的物理化学性能与应用原理

（一）铀的物理化学性能与应用原理

铀（Uranium，U）是一种银白色的放射性金属元素，原子序数为 92，具有较高的密度和硬度，

它在常温下呈致密金属状态，新切面会迅速形成一层黑色氧化膜。铀的化学性质活泼，能以 +3、+4、+5、+6 等多种氧化态存在，其中 +4 和 +6 价态最为常见。铀可以形成多种化合物，如二氧化铀（UO_2）、三氧化铀（UO_3）、六氟化铀（UF_6）等，这些化合物在核燃料加工和核能生产中有重要应用。铀的放射性来自其不稳定的同位素，尤其是 ^{238}U 和 ^{235}U，这些同位素通过 α 衰变和 β 衰变释放能量，并最终衰变为更稳定的元素。铀的放射性衰变不仅释放能量，还产生辐射，这使得铀在医疗、工业和科研领域有着广泛的应用。铀的半衰期相对较长，^{238}U 约为 4.51 亿年，^{235}U 约为 7 亿年。

作为核燃料，铀的应用原理基于其放射性同位素的核裂变特性。在核反应堆中，^{235}U 或 ^{238}U 在某些情况下吸收一个中子后，会发生裂变，分裂成两个较小的原子核，并释放出 2 到 3 个额外的中子以及大量的能量。这些新释放的中子可以继续引发更多的裂变，形成链式反应，持续释放能量（见图 15-1）。这种能量主要以热能的形式表现，随后可以用来产生蒸气，进而驱动涡轮发电机产生电力。铀的这些物理化学和放射性特性使其在核武器制造、核能发电、核医学和科学研究中具有重要应用。特别是 ^{235}U，由于其在快中子作用下容易发生裂变，是核反应堆中常用的可裂变材料。

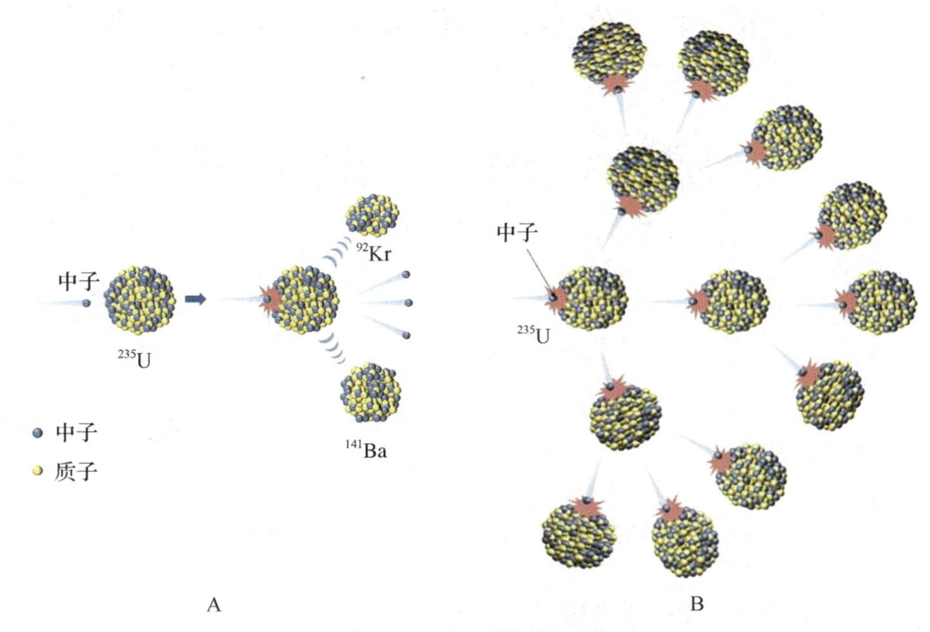

图 15-1　铀的核裂变反应

A. ^{235}U 发生的核裂变反应；B. ^{235}U 核裂变引发的链式反应

（二）钚的物理化学性能与应用原理

钚（Plutonium，Pu）是一种人工合成的放射性元素，原子序数为 94，是元素周期表中的最后一个锕系元素，钚在室温下是一种银灰色的金属，具有金属光泽。钚是一种非常活泼的金属，容易与氧气、水、卤素等反应，钚可以形成多种化合物，钚的化合物包括氧化物（如 PuO_2）、氟化物（如 PuF_3、PuF_4）、氯化物（如 $PuCl_3$、$PuCl_4$）等，这些化合物在核燃料再处理和核科学研究中有重要应用。钚有多个放射性同位素，其中 ^{239}Pu 是最常见的，也是核能发电和核武器中使用的主要同位素，钚的放射性衰变包括 α 衰变和自发裂变，其中 α 衰变是主要的衰变方式（见图 15-2）。^{239}Pu 在没有外来中子的情况下也能发生自发裂变，释放出能量和中子，钚的放射性衰变过程中会释放能量，这些能量主要以热能和辐射的形式表现。^{239}Pu 的半衰期约为 24110 年，相对较长。

钚作为核燃料的应用原理主要基于其放射性同位素的核裂变特性。^{239}Pu 是钚中最常用的可裂变同位素，它可以在核反应堆中有效地进行链式反应。当 ^{239}Pu 原子核吸收一个慢速中子时，它变成 ^{240}Pu 并处于激发态，这个激发态的原子核不稳定，会迅速分裂成两个较小的原子核，同时释放出 2 到 3 个中子和大量的能量。在核反应堆中，这些新释放的中子可以被其他 ^{239}Pu 原子核俘获，引起更多的裂变事件，如果控制得当，这种中子的产生和俘获可以形成自持的链式反应，持续释放能量。钚的核裂变过程释放的能量主要以热能的形式表现，这部分热能可以被用来加热水，产生蒸汽，进而驱动涡轮发电机产生电力。钚通常不是直接开采得到的，而是作为铀燃料在核反应堆中辐照后的副产品，或通过 ^{238}U 捕获中子后经过两次 β 衰变生成 ^{239}Pu。钚的这些特性使其在核能领域具有重要应用，尤其是作为核反应堆的燃料和核武器的材料。

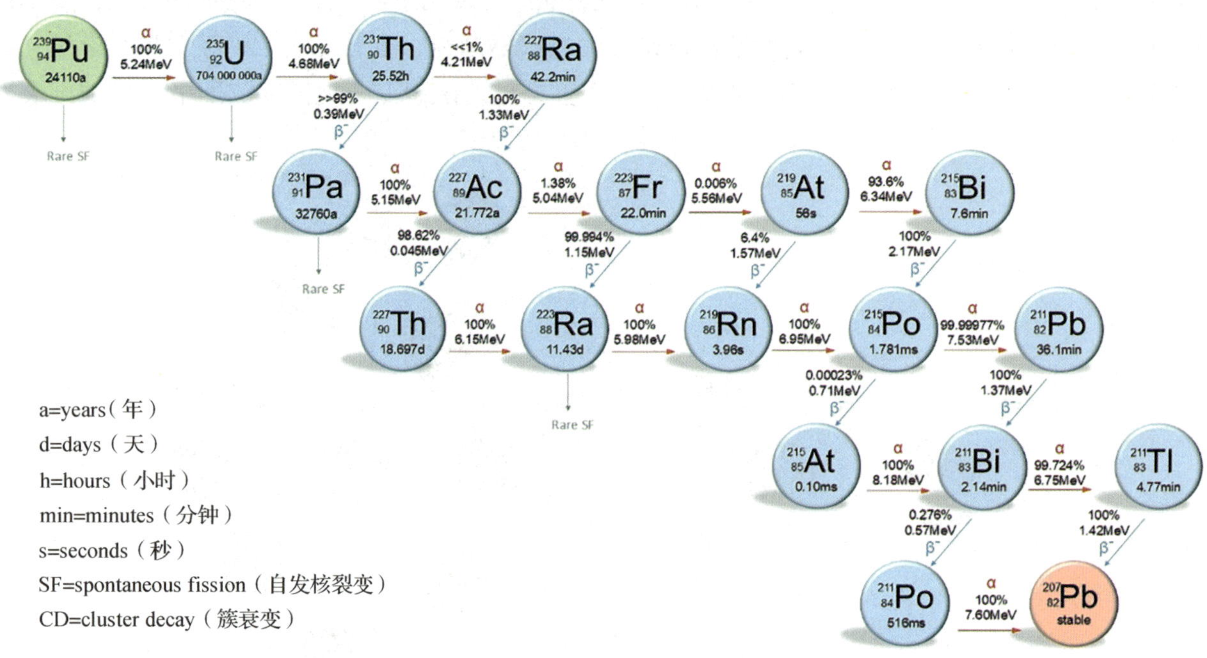

图 15-2 ^{239}Pu 的放射性衰变模式、衰变能量以及衰变产物示意图

三、铀和钚对机体的损伤机理与效应

（一）铀对机体的损伤机理与效应

铀可以通过呼吸道、胃肠道、皮肤和伤口，以及眼结膜等途径进入人体。在生产条件下，铀化合物主要以气溶胶粒子形式经呼吸道进入人体。铀吸收入血后，主要分布在血浆中，并可迅速分布到各器官组织。早期骨中铀含量最高，肾脏次之，其后依次为肝脏、脾脏等，晚期骨骼中铀滞留量的比例明显升高。食入或吸入的部分铀都可由肠道排出体外，人体吸收的铀主要经尿排出。铀及其化合物对机体的作用，表现为化学损害和辐射损害。六价铀进入体内后主要沉积在肾和骨中，四价铀主要沉积在肝和骨中。在急性中毒时铀的化学毒性（对人体的危害）要超过其放射性对机体的效应。

肾脏是铀化合物进入体内早期的主要滞留器官。铀可以在肾脏中积聚并引起肾小管或肾小球的损伤，使肾功能出现衰竭甚至可能危及生命。铀进入人体也会对肝脏造成损伤，铀中毒时，肝细胞可出现变性坏死，并伴有不同程度肝功能变化。铀中毒也会导致骨髓和血液发生明显的变化，中毒早期，骨髓细胞明显增生，尤其是粒细胞和巨核细胞增生更为明显，出现核左移；急性铀中毒后，开始白细胞升高，随后波动下降，中性粒细胞和酸性粒细胞分类升高，红细胞和血红蛋白下降。铀中毒会导致一系列生物化学变化，如尿蛋白、尿过氧化氢酶升高，尿氨基酸氮与肌酐比值升高，碱性磷酸酶升高，血浆非蛋白氮增加，酸中毒等。而对于辐射造成的损害，只有在吸入四价铀化合物并在肺内沉积大量难溶性铀颗粒时，才有可能使局部肺组织的辐射剂量达到引起辐射损害的水平。浓缩铀可诱发精子畸形，主要呈现双头和无钩精子。浓缩铀诱发精原细胞染色体畸变，则以染色体断裂为主。铀对初级精母细胞可产生染色体断裂和易位，出现多价体，并可致精子 DNA 链断裂，其断裂片段可随铀摄入量的加大而增多。浓缩铀可引起遗传物质的损伤，使胎鼠呈现显性致死突变和骨骼畸形增多。长期接触铀可能增加患癌症的风险。铀的放射性毒性与肺癌、骨癌、白血病等恶性肿瘤的发生有关。

铀损伤发生后，应进行准确的临床诊断与及时治疗，临床诊断依据铀化合物的急性暴露史、摄入途径、估算的肾内最大铀含量以及临床表现和实验室检查结果。实验室检查包括尿液检查、肾功能检查、肝功能检查等，以评估肾脏和其他可能受损器官的功能状态。治疗原则包括事故后尽快撤离现场、收集尿样进行尿铀检测、估算肾内铀含量、进行促排治疗、改善肾功能、补液利尿、纠正酸中毒等。促排治疗使用的药物包括碳酸氢钠、喹胺酸、氨烷基次膦酸型络合剂和氨羧类络合剂等，以增加铀的排出并减少体内积累。

铀的化学毒性主要取决于它们的溶解性，而铀化合物中其他成分对机体也有不同程度的毒性作用。在铀的开采、冶炼及使用过程中，铀会释放到环境中，然后通过多种途径进入人体，对机体造成辐射损伤和化学损伤。了解这些损伤原理、效应、病理学特征和引起的疾病，对于评估铀暴露的健康风险、制定预防措施和治疗策略具有重要意义。

（二）钚对机体的损伤机理与效应

钚可以经胃肠道、呼吸道、皮肤及伤口等途径进入人体。尤其是其可溶性化合物，可以穿透完整皮肤侵入人体内，难溶性化合物则很难经皮肤吸收。钚在体内的分布特点与钙类似，主要分布在含钙较多的组织，如骨骼和牙齿，它在血液中以离子状态循环，大部分选择性地滞留于骨骼中。而在细胞水平上，钚具有铁离子的部分化学性质，可能通过细胞吸收营养矿物质的通道被细胞吸收，但只有当携带铁离子的蛋白质输送器两端与铁离子键接的叶片能够合拢时，细胞才会吸收钚，且另一端还必须链接铁离子。钚对机体的损伤原理与效应主要体现在化学毒性和放射性损伤上。

由于钚主要滞留在骨骼，这可能会导致骨骼造血组织的破坏，可能诱发再生障碍性贫血、骨质疏松和自发性骨折，以及白内障等，钚也可能导致骨组织肉瘤和白血病等随机性效应。钚的放射性同位素衰变时释放的 α 粒子可以通过内照射对人体造成损伤，尤其是对细胞 DNA 的持续损伤后的突变可能导致癌变，而钚损伤的远期效应包括可能增加患癌症的风险，尤其是骨癌和肺癌等。

钚暴露的诊断通常基于职业史和环境监测数据。生物监测，如尿液或血液中的钚含量测定，可以提供暴露水平的证据。目前没有特定的解毒剂可以用于治疗钚暴露，治疗通常包括支持性护理，如补液、营养支持和对症治疗。在严重暴露情况下，可能需要使用螯合剂来减少体内钚的沉积。由于钚的放射性，核能工业和相关工作人员需要采取严格的安全措施，包括穿戴个人防护装备和使用辐射监测设备。了解钚对机体的损伤原理、病理学特征和引起的疾病，对于评估钚暴露的健康风险、制定预防措施和治疗策略具有重要意义。然而，具体的临床诊断和治疗方法可能需要根据个体的具体情况和暴露水平来确定。

（张舒羽）

第二节　核燃料制造放射工作人员职业健康检查要点

一、核燃料制造放射工作人员范围

核燃料循环指的是核燃料从铀矿勘探开采开始，经冶炼纯化转化、同位素分离、燃料元件制造，到反应堆中发电、核燃料（乏燃料）后处理回收利用、废物处置的整套过程。核燃料是可在核反应堆中通过核裂变或核聚变产生实用核能的材料。理论上核燃料主要包括钍、铀、钚等裂变燃料，以及氘、氚等聚变燃料。目前所有的核动力燃料主要是铀和钚。

职业健康检查是通过医学手段和方法，针对劳动者所接触的职业病危害因素可能产生的健康影响和健康损害进行临床医学检查，了解受检者健康状况，早期发现职业病、职业禁忌证和可能的其他疾病和健康损害的医疗行为。电离辐射与其他职业病危害因素细微不同之处在于，基于目前个人剂量监测数据提示，放射工作人员个人剂量监测数值远低于确定效应（有害组织反应）的阈值之下。涉及核研究及核应用单位所设定的管理目标值远低于国家标准的规定值。结合核燃料制造企业生产工艺及原材料的特殊性，除外照射外，还需要重点关注粉尘吸入、气溶胶等引起的内照射影响。因此，核燃料制造业放射工作人员职业健康检查目标疾病应以关注低剂量电离辐射的健康效应为主，尤其不能忽视辐射诱发的癌症和遗传性疾病。

二、核燃料制造放射工作人员健康要求

核燃料制造企业管理严格，一旦出现人因差错，将产生严重后果，因此放射工作人员健康条件首先能满足在任何正常、异常或紧急情况下，都能准确无误地履行其职责。

（一）健康的基本要求

健康基本要求应符合《放射工作人员健康要求和监护规范》（GBZ 98—2020）的规定，具体包括以下六点。

（1）神志清晰，精神状态良好，无认知功能障碍，语言表达和书写能力未见异常。

（2）内科、外科和皮肤科检查未见明显异常，不影响正常工作。

（3）裸眼视力或矫正视力不应低于4.9，无红绿色盲；耳语或秒表测试无听力障碍。

（4）造血功能未见明显异常，参考血细胞分析（静脉血仪器检测）结果，白细胞和血小板计数不低于参考值。

（5）甲状腺功能未见明显异常。

（6）外周血淋巴细胞染色体畸变率和微核率在正常参考值范围内。

（二）身体健康

1. 视觉

眼晶状体是人体辐射敏感性较高的组织之一。电离辐射可能导致眼晶状体的混浊进而引起白内障，白内障是世界范围内致盲的首要原因。放射性白内障也在职业性放射性疾病诊断中居于前列。

有研究提示，放射性白内障的发生与阈值无关。因此在检查中应重点注意晶状体疾病的筛查，同时伴明显视力障碍的其他类型白内障、视网膜病变、高度近视、青光眼及其他严重眼病也需关注。色觉异常人员在从事特定岗位作业时，需进行相应限制。

2. 听觉

应无明显的听力障碍，可进行正常交流，在检查过程中可以耳语检查结果表示，特殊岗位可进行纯音听力检查。

3. 皮肤及黏膜

皮肤是身体主要的器官之一，其主要功能之一是物理屏障。严重、广泛的皮肤疾病，如银屑病、皮肤溃疡，或其他全身性疾病导致的皮肤损伤可能会影响个人防护装备的穿戴，应作为不适任其核燃料制造业放射工作岗位的指征。

4. 造血系统

超过一定剂量的电离辐射可导致白细胞和血小板的降低，进而导致免疫系统的受损和远期效应。因此血常规检查是放射工作人员职业健康检查中一项重要的检查项目。上岗前体检中白细胞和血小板计数不能低于参考区间的下限（WBC：$4.0 \times 10^9/L$，PLT：$100 \times 10^9/L$），患有明确的血液系统疾病者，不建议从事放射工作。对于放射工龄长、社会责任重大的放射工作人员，主要指标未达临床病理状态，可限定从事放射工作条件。

5. 内分泌系统

内分泌系统是一个由多个小器官整合而成的系统，由中央内分泌腺（下丘脑、松果体和垂体）和外周内分泌腺（甲状腺、甲状旁腺、肾上腺）组成。肿瘤放疗后的患者可观察到对内分泌系统的损伤，放射性碘的内照射更是导致甲状腺结节发生率增加的原因，外照射也可能导致甲状腺功能的异常。因此甲状腺功能应当作为上岗前与在岗期间的检查项目之一。血清 TSH 是判断体检者甲状腺功能状态最敏感的指标，甲状腺激素能反映甲状腺的功能状态。故伴有甲状腺功能检测指标 2 项以上异常者（其中一项为 TSH 异常），建议不宜从事核燃料制造放射工作或暂时脱离放射工作。

6. 呼吸及心血管系统

需佩戴呼吸防护设备的，用力肺活量（FVC）或第一秒用力呼气容积（FEV_1）未见异常者，能够胜任较强的体力活动。患有支气管哮喘、慢性阻塞性肺疾病、肺间质性疾病等导致肺功能下降者也不宜从事需佩戴呼吸防护设备的核燃料制造放射工作。

有影响体力持续性发挥的心血管疾病，如严重的冠心病、心脏瓣膜疾病、心肌病等导致心功能明显下降者，心肺器官移植者等也不宜从事核燃料制造相关工作。

7. 其他

消化系统、骨骼肌肉系统等均无明显异常，详见本书第三章第一节。

（三）心理健康

核燃料制造企业从业人员需要情绪稳定、抗压能力强；无酗酒、吸毒、药物滥用等不良嗜好；无严重的疑病、抑郁、焦虑，无任何可能导致突然丧失警觉性、判断力，认知能力受损的心理问题。

三、核燃料制造放射工作人员职业健康检查内容

放射工作人员职业健康检查分上岗前、在岗期间、离岗时、应急 / 事故照射后的检查。主检医师应当根据受检者的职业照射种类、接触情况和职业健康检查类别确定检查项目和周期。检查项目

包括但不限于以下内容。

（一）职业史

包括非放射工作职业史和放射工作职业史。包括起止时间、工作单位、部门、工种、放射线种类、每日工作时数或工作量、有无累计受照射剂量监测、有无过量照射史等及其他需备注的情况。

（二）既往经历

包括个人生活史、既往病史、职业病史、家族史、生育史、月经史等。

（三）自觉症状询问

需结合受照情况有重点地询问。

（四）常规医学检查项目

内科、外科、皮肤科、耳鼻喉科常规检查、实验室检查（血常规、尿常规、肝功能、肾功能、甲状腺功能、血糖等），还有心电图、腹部超声、甲状腺超声、胸部X射线、肺功能等检查。

（五）特殊检查项目

1. 眼科检查

建议按照《职业性放射性白内障的诊断》（GBZ 95—2014）要求进行眼科检查，有如下注意事项：

（1）使用国际标准视力表检查远近视力，远视力不足4.9者，需要检查矫正视力；40岁以上者需要检查近视力；

（2）按照解剖顺序，依次检查外眼，借助裂隙灯显微镜检查角膜、前房、虹膜及晶状体；

（3）眼压正常情况下，用短效散瞳眼药滴眼，使双眼瞳孔充分散大后，用裂隙灯显微镜分别检查双眼晶状体，记录病变特征，并按GBZ 95—2014要求标示病变部位及范围，如图15-3所示。

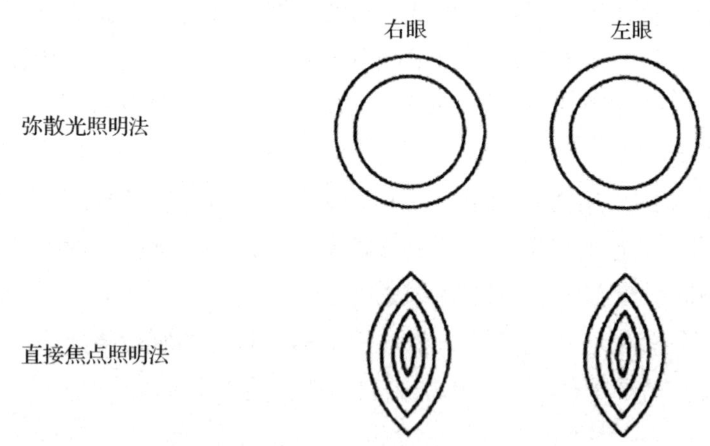

图15-3 裂隙灯显微镜检查双眼晶状体病变部位及范围记录示意图

2. 细胞遗传学检查

包括外周血淋巴细胞染色体畸变分析和微核试验。

四、体检结果评价

（一）上岗前

放射工作人员上岗前应进行上岗前职业健康检查，符合放射工作人员健康要求的，方可参加相应的放射工作。不能满足健康要求时，应注意以下几种情况：

（1）短期内可恢复或通过一般医疗手段可纠正的异常结果，建议复查；

（2）某些方面短期内不能好转，可根据具体职业照射类别和接触情况，出具限制性处理意见，如反复发作的皮肤病、发作时出现皮肤表皮溃疡，影响个人防护设备的佩戴时，不宜从事涉及非密封源操作的工作；

（3）出现不应从事放射工作的指征时，如红绿色盲、高度近视无法矫正、严重的听力障碍等，则不能上岗。

适任性评价意见如下：①可从事放射工作；②在一定限制条件下可从事放射工作；③不宜从事放射工作。

（二）在岗期间

放射工作人员在岗期间适任性评价主要依据放射工作人员健康要求和不应从事放射工作的指征。做适任性评价时需结合放射工作人员职业照射类别和岗位情况进行综合分析。

对影响工作适任性评价的异常结果，建议复查，复查时间根据检查项目的不同而有差异。白细胞（或）血小板计数低于参考区间下限值，可建议1~2周后复查；如复查仍异常，可出具暂时脱离放射工作的建议，再次复查如果符合放射工作人员健康要求，主检医师应提出可返回原放射工作岗位的建议。如发现染色体畸变异常，需在3~6个月复查；若未做染色体畸变分析仅检查淋巴细胞微核率且查见增高，需建议进一步进行染色体畸变分析。

对于特殊岗位，除了解工作量和辐射防护用品使用信息外，还需关注辐射敏感器官的检查，出具更具针对性的建议。

适任性评价意见如下：①可继续原放射工作；②在一定限制条件下可从事放射工作；③暂时脱离放射工作；④不宜继续原放射工作。

（三）离岗时

离岗时只针对即将退休或脱离放射工作的职业人员，白细胞计数、血小板计数低于参考区间，甲状腺功能2项及以上异常或辐射敏感器官异常情况；如出现多年的、从后极后囊部开始的眼晶状体混浊，伴有细胞遗传学异常情况的，建议至备案放射性疾病诊断资质的医疗机构就诊。如需复查，可根据复查要求增加相应的检查项目。

适任性评价意见如下：①可以离岗；②转相关医疗机构进一步检查（白细胞、血小板计数低于正常参考区间；甲状腺功能2项以上异常或辐射敏感器官异常等）。

五、职业健康监护记录保存

放射工作单位应为放射工作人员建立并终生保存职业健康监护档案。放射工作人员职业健康监护档案应有专人负责管理，妥善保存；应采取有效措施维护放射工作人员的职业健康隐私权和保密权，其中个人剂量监测数据需定期向上级主管部门报告。核燃料制造相关工作人员体检及档案管理流程如图15-4所示。

六、值得关注的其他问题

（一）关注眼健康

除对眼晶状体的损伤外，电离辐射对视神经、视网膜等的损害也值得关注。传统的记录方式存在局限性，引入新的检查和记录方法也很必要。

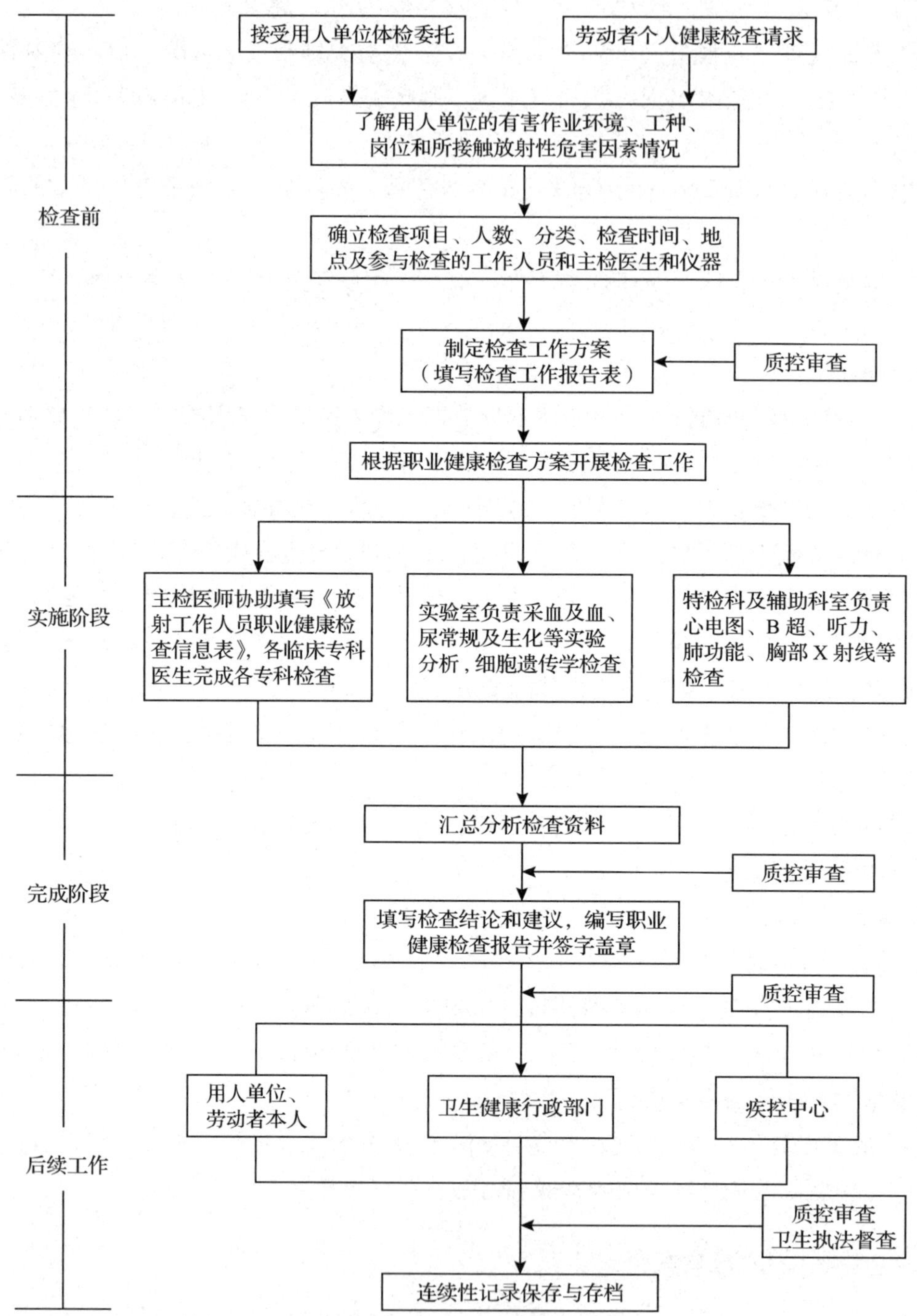

图 15-4　核燃料制造相关工作人员体检及档案管理流程图

（二）关注心理健康

心理是一个人出生后所表现出来的大脑生理活动功能，它产生的各种心理现象是宇宙间最复杂、最奥妙的现象之一，是动物心理发展到最高阶段的产物。这种复杂的心理现象所进行的一系列的有规律的活动，称为心理活动。因此，心理是脑机能的反映，脑是心理功能的基础，对人的心理健康评估，实际上是对人脑生理活动功能的评估。

各类群体中心理疾病的患病率也在逐年上升，已成为影响人们生活质量、危害身心健康和增加社会不安定因素的重要问题之一。正因为如此，对心理的健康管理在整个健康管理工作中尤为重要。健康心理评估也是职业健康评估不可缺少的内容之一。

目前使用的基本量表有症状自评量表（SCL–90），参见《精神科评定量表手册》；卡特尔 16 种人格特质测试（16PF），参见《行为医学量表手册》；抑郁自评量表（SDS），参见《精神科评定量表手册》；焦虑自评量表（SAS），参见《明尼苏达多相人格测验（第二版）中文（简体字）版用户手册》；选查量表有 MILLONI 临床多轴问卷（MCMI）、明尼苏达多相人格测试（MMPI）、艾森克人格问卷（EPQ）。实际使用中量表的选择由临床心理师或治疗师决定，若经多种测试后仍不能判断其心理和精神状态，由精神科医师根据需要综合选择多种测试，结合面谈作出进一步判断。

（三）甲状腺功能检查

甲状腺功能检测有助于早期发现甲状腺疾病。血清 TSH 是判断体检者甲状腺功能状态最敏感的指标，甲状腺激素能反应甲状腺的功能状态，相关的实验室检测指标包括：游离 T_4（free thyroxine，FT_4）、游离 T_3（free triiodothyronine，FT_3）、总 T_4（total thyroxine，TT_4）、总 T_3（total triiodothyronine，TT_3）。核燃料制造业放射工作人员职业健康检查中，建议至少检测甲状腺功能三项，包括 TSH、T_4、T_3。免疫分析法是目前 T_4 和 T_3 最常用的检测方法。血清 TSH 是一种由腺垂体合成和分泌的糖蛋白激素，TSH 检测是筛查甲状腺功能异常的一线指标，目前认为检测 TSH 能比甲状腺激素（T_4、T_3）更敏感地检查出甲状腺功能异常，FT_4 还未检测到异常时，TSH 已经发生改变。目前广泛使用第三代免疫检测方法，功能灵敏度是选择 TSH 检测方法最重要的性能标准，应选择功能灵敏度<0.01mU/L 的 TSH 检测方法。

（黄　徽）

16 第十六章　核电站放射工作人员职业健康检查

核电站放射工作人员尤其是操纵人员是核电站的关键岗位人群。本章从核电站辐射源项和相关职业病危害因素分析入手，注重理论与实践相结合，较为深入地介绍了核电站放射工作人员和操纵人员的职业健康检查与工作适任性评价相关问题，旨在通过规范化的流程和标准及时发现放射工作人员和操纵人员的健康问题，并采取有效的防护及管理措施，降低职业健康风险，保障其身心健康，从而保障核电站的安全稳定运行。本章还针对核电站运营承包商人员职业健康监护的特殊性等问题进行了深入探讨。

第一节　核电站辐射源项与相关职业病危害因素

一、辐射源项分析

（一）正常工况下的辐射源项

核电站的主要辐射源项包括核燃料、乏燃料、腐蚀活化产物、放射性“三废”以及日常使用的射线装置及放射源，正常运行过程中工作人员接触较多的是腐蚀活化产物，造成工作人员的集体剂量占比为90%左右。

1. 新核燃料

新核燃料中的放射性核素主要为^{235}U、^{238}U，铀的辐射特性以α衰变为主，兼有一定的自发裂变，其子核具有β衰变、γ退激。α粒子穿透能力比较弱，新核燃料中^{235}U、^{238}U被燃料元件所包覆，α粒子无法穿透燃料元件的包覆层，其主要的辐射危害为铀的子核衰变产生的β射线及γ射线。

2. 反应中的核燃料及乏燃料

^{235}U吸收热中子后会发生裂变核反应，在裂变过程会释放能量同时产生裂变碎片，裂变碎片有300多种放射性同位素。以常见的可裂变物质同位素而言，裂变所产生的两个原子的质量比一般约为3∶2，一个质量数在86~107（如氪、铷、锶、钇、锆、铌、钼、锝、钌、铑、钯、银、镉等），另一个质量数在131~148（如锡、锑、碲、碘、氙、铯、钡、镧、铈、镨、钕、钷、钐、铕等），这些裂变产物很多都是具有较强放射性活度的核素，会发生进一步的放射性衰变，衰变过程中释放出β、γ射线。

3. 腐蚀活化产物

反应堆正常运行时，冷却剂中杂质、堆芯内的部件以及一回路相关管道设备中含有的Fe、Ni、

Cr、Co、Ag等元素杂质，经堆芯辐照活化转化为^{58}Co、^{60}Co、^{51}Cr、^{59}Fe、^{54}Mn等放射性核素，并随一回路流动，在一回路相关管路中沉积，在活化腐蚀产物中占比较大的是^{58}Co及^{60}Co。

4. 放射性“三废”

放射性“三废”是指核电站运行过程中产生的固体放射性废物（包括废树脂、废活性炭、废过滤器芯、布、纸、塑料等）、放射性废液（包括放射性废油、放射性废水）以及放射性废气。

5. 日常使用的放射源及射线装置

核电站在反应堆启动时需要使用中子源组件进行点火，中子源组件分为一次中子源组件和二次中子源组件，一次中子源组件用于初始堆芯的启动，二次中子源组件用于后续循环的堆芯再启动。

在日常运行过程中会使用放射源进行仪表刻度、使用放射源或X射线探伤机进行管道探伤，同时还会使用安检仪等射线装置，此部分源项对核电厂工作人员年受照剂量的贡献相对较小。

（二）大修期间的辐射源项

核电站大修期间，现场部分管道表面的剂量率较高，对检修人员的职业照射贡献较大；同时受照活化了的被更换部件也是职业照射的主要来源。

管道中的辐射源项是职业照射的最主要来源，不同管道中的辐射源项则是决定职业照射水平的核心要素。主冷却剂系统中，^{58}Co为主要的沉积核素，次要核素有^{60}Co、^{54}Mn、^{59}Fe、^{51}Cr、^{95}Zr、^{95}Nb、^{65}Zn等；主系统其他管道内壁沉积的核素中，^{58}Co的表面活度在10^5~$10^6Bq/cm^2$的量级范围，^{60}Co和^{54}Mn的沉积量基本上在10^3~$10^4Bq/cm^2$量级。余排系统中沉积的主要核素有^{58}Co、^{95}Zr、^{95}Nb、^{54}Mn、^{59}Fe和^{60}Co等。该系统中，^{58}Co沉积的表面活度在$10^4Bq/cm^2$左右，比主系统沉积活度小一个量级。^{58}Co在余排连接管中沉积最多、余排泵上游管道中最少；^{60}Co则正好相反。化容控制系统管道内壁沉积的主要核素是^{58}Co。在树脂床后管道、容控箱下游管道和上充泵出口管道中，^{59}Fe的含量也较多，其他核素有^{60}Co、^{51}Cr、^{95}Zr、^{95}Nb、^{54}Mn、^{65}Zn等。此外在树脂床后管道中测到了微量的^{124}Sb，在床后过滤器下游管道中发现了微量的^{110m}Ag。化容系统各管道沉积^{58}Co的表面活度比^{60}Co要大2个量级左右。

受照活化的被更换部件来源于正常工况下的长期受照，因此其辐射源项与正常工况下的基本一致。

（三）应急状态下的辐射源项

当包含放射性废液的管道泄漏，会发生放射性物质表面沾污，人员在进行事故处置时会接触管道内泄漏的放射性物质及管道内沉积的放射性物质，主要以活化产物为主。

二、相关职业病危害因素

（一）反应堆厂房的职业病危害因素及其分布

反应堆厂房内存在的主要职业病危害因素为电离辐射，部分场所存在高温、噪声等物理因素的危害。

1. 电离辐射

电离辐射主要包括中子、γ射线、带电粒子、放射性气溶胶及放射性气体等。

（1）中子：包括瞬发中子、缓发中子、活化产物中子和光核反应中子。瞬发中子是核裂变反应产生的中子，只在反应堆运行时存在，停堆后即消失，主要存在于反应堆厂房内；缓发中子是裂变产物衰变时放出的中子；活化产物中子是活化产物衰变时产生的中子；光核反应中子是高能γ射线（γ，n）反应产生的中子。

（2）γ射线：包括瞬发γ射线、缓发γ射线及其他γ辐射源。瞬发γ射线是核裂变反应产生的γ射线，只在反应堆运行时存在，停堆后即消失，主要存在于反应堆厂房内；缓发γ射线是裂变产物在衰变过程中发出的γ射线；其他γ辐射源包括热中子俘获γ射线、快中子非弹性γ射线、核反应产物的γ射线、活化产物的γ射线、湮没辐射和轫致辐射等，这些γ辐射无论数量还是携带的总能量都不大，但俘获γ射线和非弹性散射γ射线可在屏蔽体内产生，且俘获γ射线的能量为6~8MeV。

（3）带电粒子：反应堆运行产生的放射性物质衰变过程中会发射各种带电粒子，如α射线和β射线。正常运行情况下，带电粒子辐射通常被包容在各种屏障体内，因其穿透能力很弱，一般不会对人员造成外照射危害，但当造成表面污染或放射性核素被摄入体内时，会对人体组织和器官造成一定的内照射危害。

（4）放射性气溶胶：反应堆运行产生的放射性气溶胶主要是微量的放射性核素从管道中泄漏，与空气中的灰尘等物质形成气溶胶。放射性气溶胶中的放射性核素主要有^{58}Co、^{60}Co、^{137}Cs、^{134}Cs等。当放射性气溶胶被吸入体内时，会对人体组织和器官造成一定的内照射危害。

（5）放射性气体：反应堆运行产生的放射性气体一般考虑为一回路冷却剂裂变产物，即氚以及Kr、Xe等惰性气体等。另外，部分地下空间建筑材料中的镭会释放氡及其子体。

2. 其他物理因素

反应堆厂房内主要产生的物理因素为高温和噪声等，高温主要存在于一回路相关管道，噪声主要由泵以及相关风机运行产生，反应堆正常运行时，反应堆厂房一般无人员滞留。

（二）辅助厂房的职业病危害因素及其分布

核辅助厂房内主要职业病危害因素为放射性因素，除此之外，还有部分场所存在高温、噪声、化学试剂等职业病危害因素。

核辅助厂房内放射性因素主要来自一回路中的腐蚀活化产物在一回路相关设备及管路中的沉积，甚至产生热点，腐蚀活化产物产生的主要职业病危害因素为γ射线。如果一回路管路存在泄漏，可能造成周边环境的沾污，也可能造成周边工作人员的表面污染沾污。

核辅助厂房内部分蒸发器相关传热及热交换管道存在高温的危害，送排风机房内噪声较大，部分场所使用化学试剂，可能存在化学因素。

（三）不同场所职业病危害分布示例

不同场所的职业病危害类型不同和关注重点不同，表16-1以压水堆为例，给出了典型工作场所的典型职业病危害类型。

表16-1　压水堆典型工作场所的职业病危害类型

系统单元	场所名称	主要职业病危害因素
核岛	反应堆厂房	中子、γ射线，放射性气体、放射性气溶胶、放射性表面污染，噪声、高温等
	核辅助厂房	中子、γ射线，放射性气体、放射性气溶胶、放射性表面污染等放射性因素，噪声、高温等物理因素，硼酸、氢氧化锂、过氧化氢、联氨等化学因素

续表

系统单元	场所名称	主要职业病危害因素
常规岛	汽轮机厂房	噪声、高温
	常规岛电气厂房	工频电场、噪声
	凝结水精处理间	盐酸、氢氧化钠、氨、联氨等
辅助设施	主开关站	工频电场
	除盐水生产车间	噪声、盐酸、氢氧化钠
	联合泵房	噪声、高温
	海水淡化厂房	盐酸、氢氧化钠、氯、噪声
	潜在放射性含油废水处理站	γ 射线，放射性表面污染，噪声
	非放射性含油废水处理站	噪声
	制氯站	氯、噪声、盐酸、氢氧化钠
	实验室（仪器刻度、放射性样品分析等）	γ 射线、β 射线、X 射线、放射性表面污染
	空压机房	噪声、高温
	保护区出入口（安检仪）	X 射线
	核岛废液贮存罐厂房	γ 射线，放射性表面污染

（刘澜涛）

第二节 核电站放射工作人员职业健康检查及工作适任性评价

一、核电站放射工作人员职业健康检查依据和目的

（一）核电站放射工作人员职业健康检查依据

根据国家《职业病防治法》《放射工作人员职业健康管理办法》《职业健康检查管理办法》的相关规定，包括核电站放射工作人员在内的中华人民共和国境内的放射工作人员必须接受定期的职业健康检查，包括上岗前、在岗期间、离岗时、应急照射 / 事故照射后的职业健康检查；中华人民共和国国家标准、国家职业卫生标准及核行业标准中制定了一系列关于核电站放射工作人员职业健康检查的标准和规范，如《职业健康监护技术规范》（GBZ 188）、《放射工作人员健康要求及监护规范》（GBZ 98—2020）、《核动力厂操纵人员健康标准》（GBZ/T 164—2022）、《核电厂放射工作人员健康监护》（NB/T 20014—2010）、《过量照射人员医学检查与处理原则》（GBZ 215—2009）等；同时，核电站也制定了相关管理规定，保障放射工作人员的健康和核电站的安全运行。

（二）核电站放射工作人员职业健康检查目的

核电站职业卫生管理部门通过开展职业健康检查、工作适任性评价、职业健康医学随访和干预，旨在确保放射工作人员在整个就业期间的健康状态与其工作岗位的需求相适应；保障职业安全；保护放射工作人员的身心健康、及时发现和诊断可能存在的职业健康问题；对异常照射情况下的人员进行医学干预；为职业相关性疾病、职业病诊断、劳动能力鉴定、职业损伤法律纠纷等提供基本的

健康资料。这不仅保护了核电站放射工作人员的健康，有助于及时发现并诊断其可能存在的职业健康问题，而且有助于保障核电站的安全运行。

二、核电站放射工作人员职业健康检查要点

核电站放射工作人员职业健康检查项目与《放射工作人员职业健康检查表》的内容按照国家卫生健康行政部门的有关规定执行，其中职业健康检查项目的确定应遵循考虑放射因素名称、职业照射种类，并包含辐射敏感器官等原则；满足国家法律法规的最低要求和健康检查的一般要求；根据需要，主检医师可以向用人单位建议增加部分选检项目和其他检查项目。

核电站放射工作人员职业健康检查项目包括基本信息资料、常规医学检查部分和特殊医学检查部分。基本信息资料和常规医学检查方法要求按 GBZ 188 的相应规定执行，应详细记录既往病史、职业接触史（部门、工种、起始时间、操作方式、工作量、职业照射种类和放射因素名称等），如有受照史和其他职业史也应记录，其中受照史应包括医疗治疗照射，剂量资料记录在职业健康检查表中；特殊医学检查项目包括细胞遗传学检查和眼科检查，其中细胞遗传学检查包括外周血淋巴细胞染色体畸变分析和淋巴细胞微核试验，技术要求应符合 GBZ/T 248—2014 和 GBZ/T 328—2023 的相应规定，眼科检查应符合 GBZ 95—2014 的相应规定。特别说明，尽管项目的设定主要参考 GBZ 98—2020、GBZ 188 和 GBZ/T 164—2022，然而核电站放射工作人员在岗期间的项目中，外周血淋巴细胞染色体畸变分析可考虑由选检项目变为必检项目。

（一）上岗前职业健康检查项目

1. 必检项目

医学史、职业史调查；内科、皮肤科常规检查；眼科检查（色觉、视力、晶状体裂隙灯显微镜检查、玻璃体、眼底）；血常规和白细胞分类；尿常规；肝功能；肾功能检查；外周血淋巴细胞染色体畸变分析；胸部 X 线检查；心电图；腹部 B 超（见表 16–2）。

2. 选检项目

耳鼻喉科；视野；心理测试；甲状腺功能；肺功能。根据需要，职业健康检查医师可临时增加选检项目（见表 16–2）。

（二）在岗期间职业健康检查项目

1. 必检项目

医学史、职业史调查；内科、外科、皮肤科常规检查；眼科检查（色觉、视力、晶状体裂隙灯显微镜检查、玻璃体、眼底）；血常规和白细胞分类；尿常规；肝功能；肾功能检查；外周血淋巴细胞微核试验；胸部 X 线检查（见表 16–2）。

2. 选检项目

心电图；腹部 B 超、甲状腺功能；血清睾酮；外周血淋巴细胞染色体畸变分析；痰细胞学检查和（或）肺功能检查；用全身计数器进行体内放射性核素滞留量的检测。职业健康检查医师根据核电站放射工作人员职业接触史中的放射因素名称和职业照射种类，可增加必要的检查项目。例如，疑有内污染可能，可根据放射性核素的理化性质和代谢特点进行相关的器官功能检查和核素测定，长期吸烟而且在粉尘和（或）放射性气体、微粒暴露环境作业的放射工作人员可增加胸部 X 射线摄影检查频率；对同时接触其他职业病危害因素或超过相关限值的工作人员安排特殊检查和评价，也可酌情增加检查频度（见表 16–2）。

表 16–2　核电站放射工作人员职业健康检查项目

上岗前检查项目	在岗期间检查项目	离岗时检查项目	应急 / 事故照射检查项目
1. 必检项目 医学史、职业史调查；内科、皮肤科常规检查；眼科检查（色觉、视力、晶状体裂隙灯显微镜检查、玻璃体、眼底）；血常规和白细胞分类；尿常规；肝功能；肾功能检查；外周血淋巴细胞染色体畸变分析；胸部 X 线检查；心电图；腹部 B 超	1. 必检项目 医学史、职业史调查；内科、外科、皮肤科常规检查；眼科检查（色觉、视力、晶状体裂隙灯显微镜检查、玻璃体、眼底）；血常规和白细胞分类；尿常规；肝功能；肾功能检查；外周血淋巴细胞微核分析；胸部 X 线检查	1. 必检项目 医学史、职业史调查；内科、皮肤科常规检查；眼科检查（色觉、视力、晶状体裂隙灯显微镜检查、玻璃体、眼底）；血常规和白细胞分类；尿常规；肝功能；肾功能检查；外周血淋巴细胞染色体畸变分析；胸部 X 线检查；心电图；腹部 B 超	1. 必检项目 应急 / 事故照射史、医学史、职业史调查；详细的内科、外科、眼科、皮肤科、神经科检查；血常规和白细胞分类（连续取样）；尿常规；外周血淋巴细胞染色体畸变分析；外周血淋巴细胞微核分析；胸部 X 线摄影（在留取细胞遗传学检查所需血样后）；心电图
2. 选检项目 * 耳鼻喉科、视野（核电厂放射工作人员）；心理测试（如核电厂操纵员和高级操纵员）；甲状腺功能；肺功能（放射性矿山工作人员，接受内照射、需要穿戴呼吸防护装置的人员）	2. 选检项目 * 心电图；腹部 B 超、甲状腺功能；血清睾酮；外周血淋巴细胞染色体畸变分析；痰细胞学检查和 / 或肺功能检查（放射性矿山工作人员，接受内照射、需要穿戴呼吸防护装置的人员）；使用全身计数器进行体内放射性核素滞留量的检测（从事非密封源操作的人员）	2. 选检项目 * 耳鼻喉科、视野（核电厂放射工作人员）；心理测试（核电厂操纵员和高级操纵员）；甲状腺功能；肺功能（放射性矿山工作人员，接受内照射、需要穿戴呼吸防护装置的人员）；使用全身计数器进行体内放射性核素滞留量的检测（从事非密封源操作的人员）	2. 选检项目 * 根据受照和损伤的具体情况，参照 GB/T 18199—2000、GBZ 215—2009、GBZ 112—2002、GBZ 104—2017、GBZ 96—2011、GBZ 106—2020 有关标准进行必要的检查和医学处理

注：* 根据职业受照的性质、类型和工作人员健康损害状况选检。

在岗期间检查结果中如出现异常，可与上岗前进行对照、比较，以便判断放射工作人员对其工作的适任性，对需要复查和医学观察的放射工作人员，应及时予以安排，并指导放射工作人员采取适当的防护措施。

（三）离岗时职业健康检查项目

1. 必检项目

医学史、职业史调查；内科、皮肤科常规检查；眼科检查（色觉、视力、晶体裂隙灯检查、玻璃体、眼底）；血常规和白细胞分类；尿常规；肝功能；肾功能检查；外周血淋巴细胞染色体畸变分析；胸部 X 线检查；心电图；腹部 B 超（见表 16–2）。

2. 选检项目

耳鼻喉科；视野；心理测试；甲状腺功能；肺功能；使用全身计数器进行体内放射性核素滞留量的检测。需要复查时，可根据复查要求增加相应的检查项目（见表 16–2）。

离岗时职业健康检查结果中，若出现职业相关的异常如白细胞数、血小板数低于正常参考区间、甲状腺功能 2 项及以上异常或辐射敏感器官异常等情况，建议其到具有放射类职业病诊断资质的医疗机构进一步检查。

依据在离岗时职业健康检查结果，由职业健康检查医师对受检者提出下列之一的意见：①可以离岗；②转相关医疗机构进一步检查。

（四）应急照射/事故照射职业健康检查项目

对受到应急照射或事故照射的放射工作人员，放射工作单位应及时组织健康检查并进行必要的医学处理。

1. 必检项目

应急/事故照射史、医学史、职业史调查；详细的内科、外科、眼科、皮肤科、神经科检查；血常规和白细胞分类（连续取样）；尿常规；外周血淋巴细胞染色体畸变分析；外周血淋巴细胞微核试验；胸部X线摄影（在留取细胞遗传学检查所需血样后）；心电图（见表16–2）。

2. 选检项目

根据受照和损伤的具体情况，参照有关标准进行必要的检查和医学处理（见表16–2）。

三、核电站放射工作人员工作适任性评价

（一）上岗前适任性评价

依据上岗前职业健康检查结果，由职业健康检查医师对受检者提出下列之一的适任性意见。

（1）可从事放射工作：健康检查结果满足核电站放射工作人员的基本健康要求；

（2）在一定限制条件下可从事放射工作（例如，不可从事需采取呼吸防护措施的放射工作，不可从事涉及非密封源操作的放射工作）；

（3）不宜从事放射工作：健康检查发现患有NB/T 20014—2010中“取消从事核电厂放射工作资格的指征”中的任何一项。

（二）在岗期间适任性评价

依据在岗期间职业健康检查，由职业健康检查医师对受检者提出下列之一的适任性意见。

（1）可继续原放射工作：满足核电站放射工作人员的基本健康要求；未受过量照射；

（2）在一定限制条件下可从事放射工作（例如，不可从事需采取呼吸防护措施的放射工作，不可从事涉及非密封源操作的放射工作）；

（3）暂时脱离放射工作：受到异常照射，有效剂量大于管理限值；健康检查发现健康状况有明显下降的趋势；患有各种可治愈的传染病；患有一般性疾病，目前需要休息治疗；对于暂时脱离核电站放射工作的人员，经复查符合核电站放射工作人员健康要求，职业健康检查医师应提出可返回原放射工作岗位的建议；

（4）不宜继续原放射工作：遭受大剂量照射，或健康状况明显下降；健康检查发现患有NB/T 20014—2010中“取消从事核电厂放射工作资格的指征”中的任何一项；

（5）暂时能从事放射工作：在作出“不宜从事放射工作”或“脱离放射工作”的结论时，根据受照射情况、工作需要、年龄、技术专长、健康状况等进行综合分析评价，特别是对于从事放射工作多年并有技术专长或受过系统专业培训的放射工作人员，在取消其从事放射工作的资格时，要仔细地权衡这一决定对社会、企业和个人的影响，经过分析评价后，在作出“可从事放射工作”的结论前，列为“暂时能从事放射工作”。对此类人员，要定期随访，严密观察，不能因这个结论给工业安全和核安全造成影响，或给患者的健康带来不良后果。

（刘玉龙）

第三节　核电站操纵人员职业健康检查及工作适任性评价

一、核电站操纵人员职业健康检查依据和目的

核电站操纵人员的职业健康检查旨在评估其身体健康和心理状况，确保其胜任岗位工作。其依据如下。

（1）国家法律法规：根据国家《职业病防治法》《放射工作人员职业健康管理办法》《职业健康检查管理办法》等的规定，核电站操纵人员需要接受定期的职业健康检查；

（2）国家标准、国家职业卫生标准及核行业标准和规范：例如《职业健康监护技术规范》（GBZ 188）、《放射工作人员健康要求及监护规范》（GBZ 98—2020）、《核动力厂操纵人员健康标准》（GBZ/T 164—2022）、《核电厂放射工作人员健康监护》（NB/T 20014—2010）、《过量照射人员医学检查与处理原则》（GBZ 215—2009）等；

（3）核电站内部管理规定：核电站为了保障员工的健康和核电的安全运行，须制定内部管理规定，其中包括职业健康检查的要求和管理等。

核电站操纵人员工作环境特殊，是核电站的关键岗位，存在职业相关的健康问题和风险。职业健康检查可以及早发现和降低职业健康风险，评估操纵人员的身体健康和心理状况，识别和评估工作环境对操纵人员健康可能造成的危害，并采取相应的防护和控制措施，降低职业危害的发生概率，保障操纵人员的身心健康，提高其工作效率和安全意识，从而保障核电站的安全稳定运行。

二、核电站操纵人员职业健康检查要点

核电站操纵人员职业健康检查按照 GBZ 98—2020、GBZ/T 164—2022 要求，在上岗前、在岗期间、离岗时及应急照射 / 事故照射后进行健康检查；核电站操纵人员在岗期间的健康检查 1 年 1 次；在持有许可执照期间，如果个人出现生理或心理上的健康问题，职业健康检查医师应及时进行部分或全部检查，以便作出健康评估；核电站操纵人员医学证明的有效期限为 1 年。

（一）上岗前检查项目

1. 必检项目

医学史、职业史调查；内科、外科、皮肤科常规检查；眼科检查（立体视觉、色觉、视力、晶状体裂隙灯显微镜检查、玻璃体、眼底、视野）；耳鼻喉科检查；血细胞分析；尿常规；肝功能；肾功能；血糖、糖化血红蛋白；甲状腺功能；外周血淋巴细胞染色体畸变分析；外周血淋巴细胞微核分析；胸部 X 线检查；心电图；腹部 B 超；肺功能检查；心理测试（见表 16–3）。

2. 选检项目

纯音听力检查；脑电图；甲状腺 B 超；血清性激素水平检测（见表 16–3）。

（二）在岗期间检查项目

1. 必检项目

医学史、职业史调查；内科、外科、皮肤科常规检查；眼科检查（立体视觉、色觉、视力、晶状体裂隙灯显微镜检查、玻璃体、眼底、视野）；耳鼻喉科检查；血细胞分析；尿常规；肝功能；肾功能；血糖、糖化血红蛋白；甲状腺功能；外周血淋巴细胞染色体畸变分析；外周血淋巴细胞微核

分析；胸部 X 线检查；心电图；腹部 B 超；心理测试（见表 16–3）。

2. 选检项目

纯音听力检查；肺功能检查；使用全身计数器进行体内放射性核素滞留量的检测（见表 16–3）。

（三）应急 / 事故照射检查项目

1. 必检项目

应急 / 事故照射史、医学史、职业史调查；详细的内科、外科、眼科、耳鼻喉科、皮肤科检查；血细胞分析（连续取样）；尿常规；外周血淋巴细胞染色体畸变分析；外周血淋巴细胞微核分析；胸部 X 线检查（在留取细胞遗传学检查所需血样后）；心电图；腹部 B 超；心理测试（见表 16–3）。

2. 选检项目

根据受照和损伤的具体情况，参照有关标准进行必要的检查和医学处理（见表 16–3）。

表 16–3　核电站操纵人员健康检查项目

上岗前检查项目	在岗期间检查项目	应急 / 事故照射检查项目
1. 必检项目 医学史、职业史调查；内科、外科、皮肤科常规检查；眼科检查（立体视觉、色觉、视力、晶状体裂隙灯显微镜检查、玻璃体、眼底、视野）；耳鼻喉科检查；血细胞分析；尿常规；肝功能；肾功能；血糖、糖化血红蛋白；甲状腺功能；外周血淋巴细胞染色体畸变分析；外周血淋巴细胞微核分析；胸部 X 线检查；心电图；腹部 B 超；肺功能检查；心理测试	1. 必检项目 医学史、职业史调查；内科、外科、皮肤科常规检查；眼科检查（立体视觉、色觉、视力、晶状体裂隙灯显微镜检查、玻璃体、眼底、视野）；耳鼻喉科检查；血细胞分析；尿常规；肝功能；肾功能；血糖、糖化血红蛋白；甲状腺功能；外周血淋巴细胞染色体畸变分析；外周血淋巴细胞微核分析；胸部 X 线检查；心电图；腹部 B 超；心理测试	1. 必检项目 应急 / 事故照射史、医学史、职业史调查；详细的内科、外科、眼科、耳鼻喉科、皮肤科检查；血细胞分析（连续取样）；尿常规；外周血淋巴细胞染色体畸变分析；外周血淋巴细胞微核分析；胸部 X 线检查（在留取细胞遗传学检查所需血样后）；心电图；腹部 B 超；心理测试
2. 选检项目 纯音听力检查；脑电图；甲状腺 B 超；血清性激素水平检测	2. 选检项目 纯音听力检查；肺功能检查；使用全身计数器进行体内放射性核素滞留量的检测（从事非密封源操作的人员）	2. 选检项目 根据受照和损伤的具体情况，参照 GB/T 18199—2000、GBZ 215—2009、GBZ 112—2002、GBZ 104—2017、GBZ 96—2011、GBZ 106—2020 有关标准进行必要的检查和医学处理

三、核电站操纵人员心理健康测评

心理健康测评在美国、俄罗斯等国家的核电行业已广泛应用。国内在航空航天等高风险高压力行业应用心理素质测量技术选拔心理素质过硬的航天员和飞行员。IAEA、美国能源部和核管会等部门均通过相关技术报告和规范性文件对操纵人员的胜任素质和心理健康提出要求。在国内核电领域，行业主管部门和各核电厂也越来越重视操纵人员精神心理状况异常的问题，希望通过心理健康测评选拔更适合从事核电厂运行岗位工作的操纵人员，以降低人因失误概率。核电系统的安全运行与人的因素密切相关。近年来，随着核电行业的快速发展，大量人员需求对主控室核心岗位任职者的选拔提出了全新的挑战。主控室操纵员作为核电站的核心技术人员，其是否胜任岗位要求，与核电站的安全具有更为紧密与直接的关系。因此，有效地选拔合格操纵人员有助于降低人因事故的发生，保障核电站的安全运行。

操纵人员应反应敏捷，情绪稳定，抗压能力强；没有嗜赌、酗酒、吸毒、药物滥用等不良嗜好；细心、遇事冷静、适度敏感，严格按操作规程办事，沟通及决策能力强；无严重的疑病、抑郁、焦虑，不掩饰工作中存在的问题；无任何可能导致突然能力丧失以及警觉性、判断力、认知能力受损的心理问题。

推荐的心理健康测试量表及其评分标准和获取渠道包括基本量表和选查量表。

（1）基本量表：①症状自评量表（SCL–90）；②卡特尔16种人格特质测试（16PF）；③抑郁自评量表（SDS）；④焦虑自评量表（SAS）。

（2）选查量表：① MILLON临床多轴问卷（MCMI）；②明尼苏达多相人格测验（MMPI）；③艾森克人格问卷（EPQ）。

如果对操纵人员进行多种测试后仍不能判断其心理和精神状态，则职业健康检查医师可会同临床心理医师，根据需要综合选择多种测试方法，结合面谈作出进一步的判断。

当核电站操纵人员出现任何能引起警觉、判断或运动能力损害的心理和精神情况，任何有临床意义的情绪、人格或行为异常，如焦虑、抑郁、认知障碍表现及药物滥用、严重的神经衰弱等现象，可能对核动力厂安全构成潜在威胁时，是不适任操纵人员岗位的指征；职业健康检查医师应充分分析和评价上述精神心理状况异常问题，如有必要，应请临床心理医师会诊，评估其精神心理状况及预后，并采取适当的心理干预措施，经综合评估后可给予有条件限制的操纵人员资格。

四、核电站操纵人员工作适任性评价

职业健康检查医师可对核电站操纵人员可以提出下列之一的适任性意见：①符合操纵人员岗位健康要求，建议发放执照；②不符合操纵人员岗位健康要求，建议不发放执照；③符合有条件限制的操纵人员岗位健康要求，建议发放有条件限制的执照。具体限制内容由操纵人员所在核电站指定的负责人和职业健康检查医师共同拟定。

（刘玉龙）

第四节 核电站运营承包商人员的职业健康监护

一、核电站运营承包商职业健康监护的特殊性

（一）核电站运营承包商的承包形式

1. 项目承包模式

核电站业主通过招标的方式，招聘一家项目管理承包商，以项目的形式承包某项工作，对项目全过程进行管理。这种模式下，项目承包商与业主签订合同，对项目进行计划、组织、协调和控制，负责项目的实施。

项目承包模式的工作场所在核电站，项目管理承包商负责该项目的生产技术，工艺流程，原材料、辅材料，成品、半成品，废物处置，劳动过程管理等，项目人员隶属于项目承包商，项目承包商是用人单位。

2. 人事派遣模式

人事派遣即企业将核电站非核心部分某些项目工作的全部或部分委托人事派遣单位管理，派遣工作计划、组织、协调和控制由核电站负责，人事派遣单位实施；人事派遣单位负责派遣人员的管理。

人事派遣模式的工作场所在核电站，派遣人员隶属于人事派遣单位，人事派遣单位是用人单位。

3. 劳务派遣模式

劳务派遣是指由劳务派遣机构与派遣劳工订立劳动合同，把劳动者派向其他用工单位，再由其用工单位向派遣机构支付一笔服务费用的一种用工形式。

劳务派遣模式的工作场所在核电站，劳务派遣人员纳入核电站管理，核电站是用人单位。

（二）不同承包形式的职业健康监护工作的主体责任

《职业病防治法》第四条规定，劳动者依法享有职业卫生保护的权利。用人单位应当为劳动者创造符合国家职业卫生标准和卫生要求的工作环境和条件，并采取措施保障劳动者获得职业卫生保护。用人单位应当建立、健全劳动者职业健康监护制度，依法落实职业健康监护工作。

职业健康监护的主体责任是用人单位，其主要负责人对本单位职业健康监护工作全面负责，要依法保障劳动者的健康权益，依法对劳动者进行职业健康监护。核电站不同的承包形式，用人单位不同，职业健康监护的主体责任也不同。

1. 项目承包模式

对于项目承包模式，项目承包商是用人单位。在核电站承包项目的承包商，要对承包项目从事接触职业病危害作业的劳动者的职业健康监护负有全部责任，应依法建立、健全劳动者职业健康监护制度，落实职业健康监护工作。对劳动者进行上岗前、在岗期间、离岗时、应急的职业健康检查，建立职业健康监护档案管理。

2. 人事派遣模式

对于人事派遣模式，人事派遣承包商是用人单位。在核电站承包人事派遣的承包商，要对从事接触职业病危害作业的人事派遣人员的职业健康监护负有全部责任，依法建立、健全职业健康监护制度，落实职业健康监护工作。对人事派遣人员进行上岗前、在岗期间、离岗时、应急的职业健康检查，建立职业健康监护档案管理。

3. 劳务派遣模式

对于劳务派遣模式，核电站是用人单位。核电站要对从事接触职业病危害作业的劳务派遣人员的职业健康监护负有全部责任，依法建立、健全职业健康监护制度，落实职业健康监护工作。对劳务派遣人员进行上岗前、在岗期间、离岗时、应急的职业健康检查，建立职业健康监护档案管理。

（三）产生职业病危害因素项目的承包商资格

《职业病防治法》第三十一条规定，任何单位和个人不得将产生职业病危害的作业转移给不具备职业病防护条件的单位和个人。不具备职业病防护条件的单位和个人不得接受产生职业病危害的作业。核电站业主把产生职业危害因素的项目承包给项目承包商、人事派遣承包商时，必须审查承包商的职业病防护条件和能力，只有具备职业病防护条件的单位和个人，才能进行项目承包和人事派遣承包。项目承包商、人事派遣承包商承接核电站的承包项目时，一定要了解在实施项目的全过程中，项目人员可能接触的职业危害因素，创造相应的职业病防护条件，建立职业病防护的技术和能力，依法控制职业病危害因素，保护项目承包人员和人事派遣人员的健康权益，对劳动者进行职业健康监护。

项目承包商和人事派遣承包商要落实职业病防治管理措施，设置或者指定职业卫生管理机构或组织，配备专职或者兼职的职业卫生管理人员，负责本单位的职业病防治工作；要制定职业病防治计划，制定职业卫生方案，并组织实施；要建立、健全职业卫生管理制度和操作规程，职业卫生档案和劳动者健康监护档案以及工作场所职业病危害因素监测及评价制度；还要制定职业病危害事故应急救援预案，并定期进行演练。

（四）承包商的职业健康监护责任

如果将存在职业危害的项目或作业外包给承包商，核电站和承包商签订合同时，必须明确双方的职业健康监护责任和义务。

核电站一定要明确承包商必须具备的职业病防护条件。要求承包商承诺前期预防，明确承包项目或作业外包工作场所的职业危害控制水平；提供工作场所职业危害防护、应急救援所需设施、设备，并承担定期维护和保养。按照国家法规、标准要求进行工作场所职业危害自主检测、定期检测和状态检测。对核电站相关工作场所，由核电站负责的职业危害检测结果要通知承包商；应按照国家法规要求进行职业危害告知，明确工作场所职业危害告知的内容。项目承包商和人事派遣承包商劳动者有可能接触职业危害时，合同要明确职业危害个人检测和个人防护的内容，明确项目承包商和人事派遣承包商负责项目承包劳动者和人事派遣承包劳动者的职业健康监护；核电站要提供核电站负责的职业病危害因素定期检测、评价结果；项目承包商和人事派遣承包商负责项目承包劳动者和人事派遣承包劳动者的上岗前、在岗期间、离岗时、应急的职业健康检查和职业健康监护档案管理。

项目承包商要承诺从源头上控制和消除职业病危害因素的内容，配备相应的职业危害因素防护及应急救援设施和设备；要设置职业卫生管理机构和配备人员，承担职业卫生培训责任，按照法规要求进行承包商负责人、职业卫生管理人员和员工培训；还要建立健全职业卫生管理制度，进行职业病危害因素申报和职业健康监护，不断完善职业卫生档案。

承包商的职业健康监护经费是履行职业健康监护责任和义务的基础，签订项目承包合同时，职业健康监护经费要单列，以便核电站运营承包商能够依法保护劳动者健康及其相关权益，做好职业健康监护工作。

二、核电站运营承包商职业健康监护实施

（一）核电站运营承包商职业健康监护的目的

核电站运营承包商的劳动者在核电站工作期间，既有可能接触放射性职业病危害因素，也有可能接触非放射性职业病危害因素。放射性职业病危害因素接触和非放射性职业病危害因素接触，其职业健康监护的目的略有差异。

《职业健康监护技术规范》（GBZ 188）指出，劳动者健康监护是以预防为目的，根据劳动者的职业接触史，通过定期或不定期的医学健康检查和健康相关资料的收集，连续性地监测劳动者的健康状况，分析劳动者健康变化与所接触的职业病危害因素的相关性，并及时地将健康检查资料、分析结果及相关建议告知用人单位和劳动者，以便及时采取干预措施，保护劳动者健康的监护行为。劳动者健康监护主要包括上岗前、在岗期间、离岗时、应急健康检查和劳动者健康监护档案管理等内容。职业健康检查是通过医学手段和方法，针对劳动者所接触的职业病危害因素可能产生的健康影响和健康损害进行临床医学检查，了解受检者健康状况，早期发现职业病、职业禁忌证和可能的其

他疾病和健康损害的医疗行为。职业健康检查是劳动者健康监护的重要内容和主要的资料来源。职业健康检查包括上岗前、在岗期间和离岗时健康检查。规定劳动者健康监护的目的是早期发现职业病、职业健康损害和职业禁忌证；跟踪观察职业病及职业健康损害的发生、发展规律及分布情况；评价职业健康损害与工作场所中职业病危害因素的相关性及危害程度；识别新的职业病危害因素和高危人群；进行目标干预，包括改善工作环境条件，改革生产工艺，采用有效的防护设施和个人防护用品，对职业病患者及疑似职业病和有职业禁忌证人员的处理与安置等；评价预防和干预措施的效果；为制定或修订职业卫生政策和职业病防治对策服务。

《核电厂放射工作人员健康监护》（NB/T 20014—2010）规定，核电厂放射工作人员健康监护的目的是通过职业健康检查、工作适任性评价、职业健康随访和医学干预，保证放射工作人员从开始就业直到以后的工作时期内的健康状况，与其所从事的工作岗位的需要相适应，从而保障核安全、职业安全，保护放射工作人员的身体健康，为异常照射情况下的医学干预，确认职业相关性疾病、职业病诊断、劳动能力鉴定、职业损伤法律纠纷等提供基本的健康资料。

从以上两个标准规范可以看出，放射工作人员和非放射工作人员职业健康监护的目的略有不同。放射工作人员关注的是工作适任性，非放射工作人员关注的是职业病和职业禁忌证。

核电站运营承包商的劳动者在核电站工作期间，要根据接触放射性职业病危害因素和非放射性职业病危害因素的识别、调查和监测情况进行相应的职业健康监护。

（二）健康监护的职业病危害因素的界定

核电站运营承包商的劳动者在核电站工作期间健康监护的职业病危害因素的界定包括放射性职业病危害因素和非放射性职业病危害因素的界定。核电站运营承包商的劳动者在核电站办理了放射工作人员许可证，就认为是放射工作人员。非放射性职业健康监护的职业病危害因素的界定要遵循GBZ 188的规定。

GBZ 188规定了开展劳动者健康监护的职业病危害因素的界定原则。接触的职业病危害因素，有确定的慢性毒性作用，并能引起慢性职业病或慢性健康损害；或有确定的致癌性，在暴露人群中所引起的职业性肿瘤有一定的发病率；对人的慢性毒性作用和健康损害或致癌作用尚不能肯定，但有动物实验或流行病学调查的证据，有可靠的技术方法，通过系统的健康监护可以提供明确的证据；有一定数量的暴露人群。符合以上条件的，实行强制性健康监护。接触的职业病危害因素，对人体只有急性健康损害并有确定的职业禁忌证的，上岗前执行强制性健康检查，在岗期间执行推荐性健康检查。

核电站的运营承包商，无论是项目承包模式、人事派遣承包模式，还是劳务派遣承包模式，劳动者都有可能既接触放射性职业危害因素，又接触非放射性职业危害因素。因此，健康监护职业病危害因素的界定，要根据GBZ 188规定的界定原则，进行职业病危害因素识别、调查和监测。职业病危害因素识别时，要考虑承包项目涉及的核电站现场的职业危害因素，包括正常运行情况下、大修工况情况下和事故工况情况下可能存在的职业病危害因素，承包项目产生的职业危害因素，环境因素产生的职业危害因素，以及承包项目现场其他承包商引入的职业危害因素。职业病危害因素识别要全面，包括生产工艺、原辅材料、产品、副产品、废物、劳动过程及自然环境等途径产生的职业病危害因素。

（三）健康监护人群的界定

核电站运营承包商的劳动者在核电站工作期间健康监护的人群的界定包括放射工作人员和非放

射性职业病危害因素接触人员的界定，特别是两者兼有的人员。核电站运营承包商的劳动者在核电站办理了放射工作人员许可证，就认为是放射工作人员。非放射性职业健康监护的人员的界定要遵循 GBZ 188 的规定。

GBZ 188 规定了开展劳动者健康监护人群的界定原则。接触需要开展强制性健康监护的职业病危害因素的人群，都应接受劳动者健康监护。在岗期间定期健康检查为推荐性的，原则上可根据用人单位的安排接受健康监护。虽不是直接从事接触需要开展健康监护的职业病危害因素的作业，但在工作场所中受到与直接接触人员同样的或几乎同样的接触，应视同职业性接触，需和直接接触人员一样接受健康监护。根据不同职业病危害因素暴露和发病的特点及剂量－效应关系，主要根据工作场所有害因素的浓度或强度以及个体累计暴露的时间长度和工种，确定需要开展健康监护的人群。

核电站的运营承包商，无论是项目承包模式、人事派遣承包模式，还是劳务派遣承包模式，劳动者都有可能既接触放射性职业危害因素，又接触非放射性职业危害因素。因此，核电站运营承包商的劳动者健康监护人群的界定要考虑放射性和非放射性，在核电站办理了放射工作人员许可证，就界定为放射性工作人员。非放射性工作人员要根据职业病危害因素识别、调查和监测的结果来确定。

（四）职业健康检查文件、资料的提供

核电站运营承包商作为用人单位，在委托职业健康检查机构对从事接触职业病危害作业的劳动者进行职业健康检查时，应当如实提供用人单位的基本情况，工作场所职业病危害因素种类及其接触人员名册，职业病危害因素定期检测、评价结果。

核电站运营承包商的工作场所，既有核电站产生的职业危害因素，又有承包项目产生的职业病危害因素，在提供职业病危害因素种类的资料时，以上情况都要包括在内。放射性职业病危害因素要根据源项分析情况提供相应资料，非放射性职业病危害因素根据识别、调查情况提供相应资料。

职业病危害因素定期检测、评价结果，承包项目在核电站的场所，这些固有的职业病危害因素，定期检查和评价由核电站负责，核电站应定期地提供给承包商。承包项目引入的职业病危害因素，根据合同约定进行检测和评价。

（五）职业健康检查要点

核电站运营承包商承接核电站项目，人员进入核电站前要进行上岗前的职业健康检查，进入核电站后新招聘的员工也要进行上岗前的职业健康检查。检查项目和内容按照健康监护的职业病危害因素的界定原则及其相关要求进行。

核电站运营承包商在核电站承包项目一年以上，要进行定期职业健康检查。需要复查的，应当根据复查要求增加相应的检查项目。

核电站运营承包商对准备脱离所从事的职业病危害作业或者岗位的劳动者，应当在劳动者离岗前 30 日内组织劳动者进行离岗时的职业健康检查。劳动者离岗前 90 日内的在岗期间的职业健康检查可以视为离岗时的职业健康检查。

（六）工作适任性评价和职业健康检查结论

核电站运营承包商的劳动者如果只是放射性工作人员，只需要进行工作适任性评价；如果还接触其他职业病危害因素，则应出具相应的职业健康检查结论。

根据 GBZ 188 的规定，接触非放射性职业病危害因素的劳动者个体健康检查结论可以大致分为以下几种情况。

1. 目前未见异常

本次职业健康检查各项检查指标均在正常范围内。

2. 疑似职业病

检查发现疑似职业病或可能患有职业病，需要提交职业病诊断机构进一步明确诊断者。

3. 职业禁忌证

检查发现有职业禁忌的患者，需写明具体疾病名称。

4. 其他疾病或异常

除目标疾病之外的其他疾病或某些检查指标的异常。

此外，根据 GBZ 188，职业健康检查的项目和周期应按照标准执行，且检查机构需要依据相关技术规范和用人单位提交的资料来明确检查的项目和周期。特别强调，核电站放射工作人员工作适任性评价根据 GBZ 98—2020、NB/T 20014—2010 和 GBZ/T 164—2022 进行。

上岗前适任性评价的结论为可从事放射工作、在一定限制条件下可从事放射工作（例如，不可从事需采取呼吸防护措施的放射工作，不可从事涉及非密封源操作的放射工作）、不宜从事放射工作。

在岗期间适任性评价的结论为可继续原放射工作、在一定限制条件下可从事放射工作（例如，不可从事需采取呼吸防护措施的放射工作，不可从事涉及非密封源操作的放射工作）、暂时脱离放射工作、不宜继续原放射工作、暂时能从事放射工作。

在作出“不宜从事放射工作”或“脱离放射工作”的结论时，根据受照射情况、工作需要、年龄、技术专长、健康状况等进行综合分析评价，特别是对于从事放射工作多年并有技术专长或受过系统专业培训的放射工作人员，在取消其从事放射工作的资格时，要仔细地权衡这一决定对社会、企业和个人的影响。经过分析评价后，在作出“可从事放射工作”的结论前，列为“暂时能从事放射工作”，对此类人员，要定期随访，严密观察，不因这个结论给核安全、职业安全造成影响，或给患者的健康带来不良后果。

（问清华）

17

第十七章　乏燃料后处理放射工作人员职业健康检查

近年来，核能的和平利用被成功发展，其中，乏燃料后处理是核燃料循环中重要的一环，是实现核能可持续发展的重要途径。1983 年，我国提出“发展核电必须相应发展后处理”的技术路线，以便实现核燃料的闭路循环，核电事业的蓬勃发展带动了后处理事业的发展。目前，我国动力堆乏燃料中间试验厂已经运行多年，动力堆乏燃料处置技术基本成熟，大型的后处理厂基本建成，而后还会筹建更大规模的乏燃料后处理工厂。

第一节　乏燃料后处理主要电离辐射危害

一、乏燃料后处理的工艺

（一）乏燃料后处理的目的

乏燃料后处理的主要目的是提取新生成的核燃料（如钚、镎等），回收未被利用、未被转换的核燃料（如钚、铀），提取有用的裂变产物，以及使放射性废物最小化。

（二）乏燃料后处理的过程

乏燃料后处理涉及的一系列过程中，目前常用的流程为普雷克斯（Purex）流程（如图 17–1 所示）。主要有冷却（贮存）、首端处理、化学分离、产品的最终纯化和转化、放射性“三废”（废气、废液、废物）的处理和贮存、放射性样品的分析等过程。

乏燃料的冷却就是通过贮存，使短半衰期核素衰变。乏燃料的比活度很高，现代轻水堆燃料组件在停堆后一天仍有 1000~1500TBq/kg（U）的比活度。这样强的放射性很难处理，而且过高的辐射水平也给组件的操作及运输带来困难。为了排除衰变热量，冷却是在特殊设计的贮存水池中进行。

乏燃料元件的首端处理包括燃料组件的解体、包壳的脱除和燃料芯体的溶解。其目的是尽量去除燃料芯体以外的部分，即包壳材料及其他非燃料构件，使它们进入不到化学分离过程中去，以免影响化学反应，并且尽可能不进入高放废液，以减少废物处理量。此外也便于用同一化工流程来处理各种不同形式的燃料组件。燃料元件一般采用机械切割。包壳脱除有化学脱壳法、机械脱壳法以及机械化学结合法。

化学分离是后处理的主要工艺阶段，又称为净化或去污过程，其主要任务是把裂变产物从铀 – 钚燃料中清除出去，并使铀、钚相互分离。目前应用比较广泛的是溶剂萃取法。该方法是利用水溶液中的硝酸铀酰和硝酸钚很容易溶解于某些同水不相溶的有机溶剂中，而在其中同时存在的裂变产物的硝酸盐却很不容易溶解，因而不进入有机相而留在水相这一特性，通过一定手段，将水溶液中的硝酸铀酰和硝酸钚萃取到有机溶剂中，实现与裂变产物的分离。

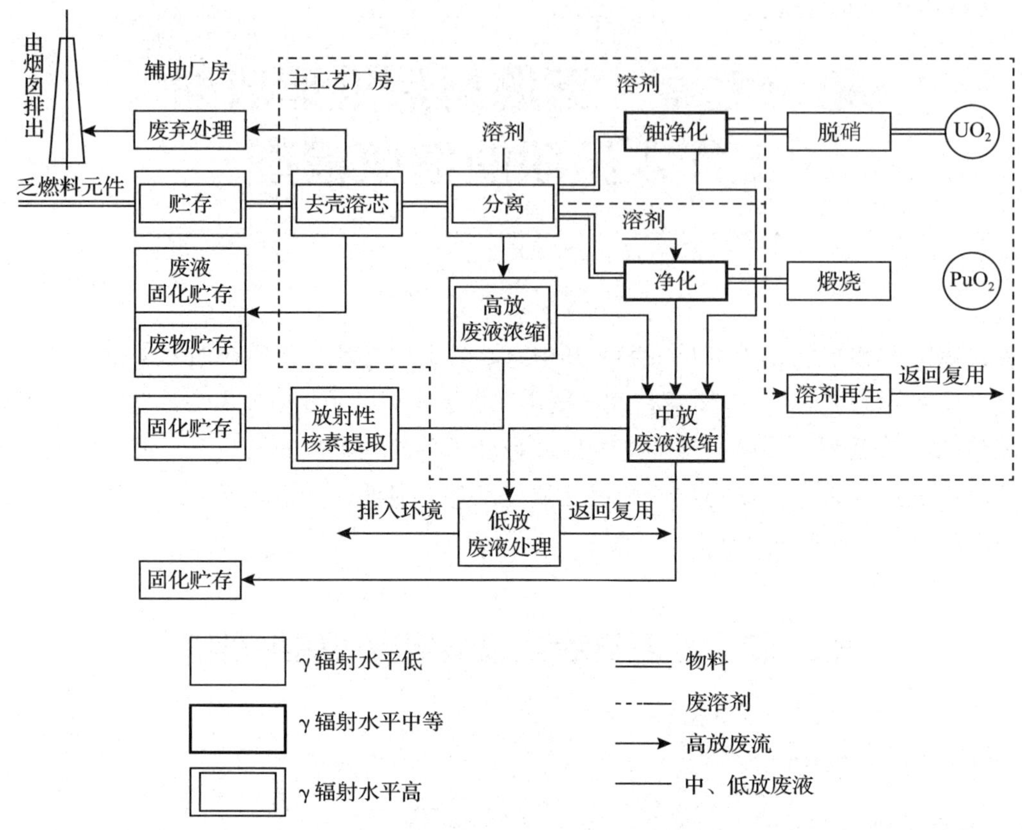

图 17-1　普雷克斯（Purex）工艺流程示意图

（图片来源：李德平，潘自强．辐射防护手册（第三分册）辐射安全［M］．北京：原子能出版社，1990）

二、乏燃料后处理厂的职业危害

乏燃料后处理厂采用的 Purex 流程，是利用物理化学条件下铀、钚化合物在水相、有机相的分配系数的不同，通过一系列萃取和反萃工艺过程，实现溶解液的去污、净化和分离。后处理厂化学分离系统具有化工厂的危害特征，同时因为其处理放射性物质，存在放射性危害，比通常的化工厂存在的职业病危害更为复杂。后处理厂运行过程中存在的职业病危害包括非电离辐射职业病危害和电离辐射职业病危害。

（一）非电离辐射职业病危害

非电离辐射职业病危害因素包括化学毒物危害、噪声危害、高温危害等。化学毒物危害包括硝酸、氢氧化钠、磷酸三丁酯（TBP）、煤油、水合肼、亚硝酸钠和亚硝气等，化学毒物危害主要存在于工艺中的化学分离系统内，为保护工作人员的健康，从设计、防护措施及个人防护方面采取了三道密封屏障，完善的送、排风系统和个人防护措施等，能够有效降低设施内腐蚀性物质对工作人员的职业病危害的可能性。

噪声的来源主要是厂房内的生产系统和风机，后处理厂房墙体和屋面板采用厚的钢筋混凝土建造，因此厂房内的噪声不会对厂房外的人员工作场所和厂外周围环境构成干扰；长时间存在噪声较大的房间，只设巡检岗位，减少工作人员在高噪声场所内的停留时间。

高温来源于后处理厂化学分离系统热力设备和热力管道外表面，对于生产操作和维护人员比较集中的地方，应设有充分的通风及空调设施，且不允许热力管道从中通过，因此高温对员工健康的影响是比较低的。

（二）电离辐射职业病危害

1. 乏燃料后处理厂辐射源特点

一是放射性强。特别是在首端、化学分离以及后端的高放废液部分，辐射水平很高。因此，在外照射的防护方面要求很高，通常采用重混凝土来进行屏蔽，同时采用远距离操作、控制和监测的方法，采取周密而可靠的措施保护操作人员的安全。

二是毒性大。因为放射性乏燃料，尤其是钚，是剧毒物质，应严格防止其进入人体。在铀钚分离之前，钚高度分散在其他强放射性物质中，因此既需要密封，又需要屏蔽。对于净化和浓集后的钚，虽不需要厚重的屏蔽，但在后续的操作中要防止钚泄漏而产生内照射，操作应在有特殊通风和保持负压的密封设备中进行。

三是有发生临界事故的危险，也是后处理厂的特点之一。含有富集铀、钚的溶液，在工艺过程中的许多情况下可能聚集到临界质量，发生临界事故。为防止发生临界事故，首先要保证厂内有一套完备的易裂变物质存留量的监测手段，其次一些自动的控制方法也是非常有效的。

2. 乏燃料后处理厂的电离辐射分布及水平

后处理厂辐射源的空间分布与工艺流程和厂房布置的关系非常密切。乏燃料未经去壳溶芯前，其放射性组分一般只随冷却时间变化；但在铀芯溶解后，各核素在处理过程中的去向主要由工艺流程和操作条件决定。因此，不同工艺设备内放射性核素的组分可能相差悬殊。

在正常运行情况下，全部放射性物质均处于密封容器或管道之内，逸出的可能性很小，只有经过净化的废气及达标的低放废水才被允许排入环境。从工艺流程来看，γ 辐射水平可以分为高、中、低 3 类，放射性强的工艺有乏燃料的贮存、溶解、化学分离、高放废液以及高放固化体贮存等部分，经过铀钚分离后，大部分的裂变产物已被去除，因此，铀钚的净化部分 γ 辐射水平不高，产生的废液属中放。但铀钚两线的放射性气溶胶值得注意，特别是钚线尾端的 α 气溶胶。

三、乏燃料后处理生产过程中的辐射危害

后处理生产过程中职业病危害因素的种类主要由工艺流程和操作条件决定。下面以我国目前采用的 Purex 流程为例，说明主要生产过程的辐射危害因素。

（一）乏燃料准备水池

乏燃料后处理厂一般都有乏燃料准备水池，它提供乏燃料组件进入后处理厂前的准备场地，即在此用提升机将乏燃料组件从水下提升到切割热室下面，再转到机械切割首端热室。包壳完整的元件对池水的污染很轻。若包壳破损，水与元件中一些易溶裂变产物（如铯、铷、溴、碘等）接触，能使池水污染。泄漏出来的气态和挥发性核素会进入水池上方的空气中。准备池中的水既是屏蔽层，也是冷却剂，要注意因池水不断蒸发和意外泄漏而低于安全水位。

（二）首端处理

首端处理是指乏燃料组件的解体、包壳的去除和燃料芯体的溶解。它包括机械切割和化学溶解。

机械切割是将乏燃料组件成束切割成短段，由于乏燃料组件放射性极强，所以其全部操作只能是远距离操作，维修工作也是遥控进行。切割元件时，部分放射性气体和挥发性核素会释放出来，

还会产生放射性的锆屑和微粒。铀、钚及锆屑具有自燃和爆炸危险，应定期从切割机旁和溶解器内将它们清除。此外，干式切割时产生的气溶胶会污染热室，所以热室须具备很好的气密性（一般要求3级），并且要求热室与相邻区域存在明显的负压梯度，以保证气溶胶不溢出热室。

化学溶解的功能是溶解燃料棒短段中的铀芯，再将溶解液澄清、过滤、调节价态，送到化学分离工段。溶解铀芯时，元件中的 ^{85}Kr、^{133}Xe、^{131}I、部分 ^{3}H 和 ^{129}I 及少量放射性雾滴将进入工艺尾气系统，各种核素的释放率见表17–1；此外，还释放一定数量的 ^{14}C；惰性气体在水中的溶解度很小，且随温度升高而降低；^{85}Kr 和 ^{133}Xe 在铀芯溶解时几乎全部释放；元件溶解时，^{3}H 大部分留在液相中；20%~90% 的碘在溶解元件时进入尾气系统，经净化后，绝大部分碘返回废液中，或吸附在除碘器上，排入环境中的份额取决于净化效果。需指出，由于 ^{131}I 的放射性半衰期很短，在处理“冷却”时间较长的元件时，^{131}I 的危害可忽略不计。然而，发生误投“热料”事故时，尾气中释放的 ^{131}I 便是造成环境污染的重要核素。

首端处理时产生的废气、废液和废物均有很强的 β–γ 放射性，设备检修或发生事故时都会形成强 γ 辐射场，必须妥善处理。

表17–1　元件切断和溶解时气态放射性核素的释放率

处理对象	工艺流程	放射性核素	释放量（%）		留在水相中（%）
			切断	溶解	
轻水堆原件	Purex	碘	0~1	90	＜5
		惰性气体	1~5	95~99	0
		氚	1~10	1~2	88~98

（资料来源：李德平，潘自强．辐射防护手册（第三分册）辐射安全［M］．北京：原子能出版社，1990）

（三）铀钚分离和净化

铀芯溶解后的料液比活度很高，β–γ 比活度达数10TBq/L，其中含有难溶的颗粒状裂变产物（主要是钌）、锆屑和其他杂质，经过滤后进入化学分离和净化。

盛有或接触这些强放射性溶液的设备、管道和仪表通常放在密闭的、用厚混凝土屏蔽的设备室内，远距离控制和操作。在正常运行情况下，不会产生放射性污染和过量照射。但是，若工艺参数波动、分离和净化效果不好，大量 β、γ 放射性核素可能向屏蔽能力很差的后续工序转移，导致严重污染和意外照射。

料液中裂变产物及超铀核素的含量很高，因此，必须从设备的设计和维修上、从日常操作和管理上采取严格的措施，防止污染的产生和转移。

在化学处理过程中，由于吹气、鼓泡、蒸发等操作，排出气体中通常夹带放射性雾滴。夹带量的大小与操作条件、溶液成分和气流速度等因素有关。

不同元素从溶液中释放出来的份额不同。碘在化学处理过程中容易从沸腾的硝酸体系中蒸发出来。在Purex流程中，磷酸三丁酯的辐解产物会与碘形成多种有机碘。有机碘比元素碘更易挥发。钌在高酸溶液中易氧化成 RuO_4，其沸点只有80℃。RuO_4 的挥发性很强，即使在10℃以下也能形成0.01μm以下的气溶胶。若系统密封不严或净化失效，可能使空气污染。

化工过程产生的污染物和沉积，会影响设备和仪表的正常运行，降低净化效果，堵塞阀门管道；

若在设备底部沉积，会形成局部辐射水平很高的“热”点。磷酸三丁酯（TBP）的辐解产物磷酸二丁酯（DBP）和磷酸一丁酯（MBP）能与钚、钍、锆等元素形成溶解度很低的化合物。例如，DBP、MBP 与锆生成的磷酸锆沉淀是非常难溶的磷酸盐之一。工艺过程中产生的污染物和沉积物浓集了大量裂变产物成为极强的辐射源，辐照水平可达 10^6~10^7mSv/h。若强放射性溶液散布在地面上，就会形成强 γ 辐射场，这将是重要的外照射源。含钚料液在化学处理过程中被逐渐浓集，内照射危害也随之增加。此外，还应密切注意防止临界事故的发生。

（四）铀、钚的最终纯化和转化

经再次净化后，料液中含裂变产物越来越少，内照射成为该工序的主要辐射危害。正常运行时，回收铀的主要设备无须用厚混凝土屏蔽，但是，在开车、停车期间或事故情况下，要严防净化不合格的料液进入。回收的硝酸铀酰中含有微量超铀元素，它们的比活度比铀高很多。硝酸铀酰溶液经脱硝处理后转化为粉末状氧化物，出料时容易污染空气。脱硝过程中若混入有机溶剂，可形成 TBP-$UO_2(NO_3)_2$。它在加热后迅速分解，具有爆炸危险。

进入最终纯化阶段的硝酸钚溶液，含钚量由每升几克浓缩到几十克，甚至几百克，此时，临界安全成了首要问题。在转化成二氧化钚过程中，沉淀、焙烧等操作形成大量固体微粒。若密封不良、负压不够，或在出料、运进物品及更换手套时，容易使厂房空气污染。钚气溶胶粒子的大小与形成条件有关，表 17-2 给出了我国后处理厂房不同生产岗位的钚气溶胶粒度特征。

表 17-2 不同生产岗位的钚气溶胶粒度特征

生产岗位	样品数	平均 AMAD（标准差）	σ_g	粒谱特征
硝酸钚	15	2.91（0.45）	1.71~2.22	对数正态分布
草酸钚	10	2.29（0.84）	1.96~2.24	对数正态分布
二氧化钚	12	3.88（1.12）	1.78~2.86	大粒子较多

（资料来源：王玉民．中国核学会辐射防护学会第一次学术交流论文选编［C］. 北京：原子能出版社，1982）

在手套箱内操作几百克钚时，手部会受到相当高的照射。这种照射主要来自钚及其子体的 β、γ 和 X 射线，夹杂的裂变产物，钚的自发裂变及其和轻核反应产生的中子。

（五）放射性“三废”的处理

大约 99.9% 的裂变产物在分离循环后进入高放废液，经浓缩后其 β-γ 比活度高达 40~400TBq/L，并含有少量铀、钚和其他超铀元素。经若干年衰变后进行固化，然后贮存和最终处置。

在废液蒸发浓缩过程中，由于起泡和夹带会使二次蒸汽冷凝液的放射性水平升高。氚、碘和其他挥发性元素容易气化。氚通常随二次冷凝液排入环境，留在浓缩物内的份额占 3%~5%。钌的挥发量随溶液酸度、蒸发程度和蒸发时间的增加而增加。为降低废液的硝酸浓度，通常需加入甲酸或甲醛脱硝。甲醛蒸气与空气混合能形成爆炸性气体，爆炸限为 7%~73%（体积）。高酸（大于 6mol/L HNO_3）浓缩物易促使钡和锶沉淀，低酸（小于 1mol/L HNO_3）浓缩物易促使钌和锆沉淀；沉淀物在局部积累，不但给去污、检修增加困难，甚至堵塞阀门、管道，酿成重大事故。高放废液蒸发器的腐蚀可以引起内漏污染和加热蒸汽。

高放溶液在处理、贮存过程中，由于辐解不断产生氢气，具有着火及爆炸危险。辐解氢的产率与辐射源的类型、放射性浓度及水相中溶质的浓度有关。衰变热可能使贮存的高放废液自沸。沉积在罐底的固体残渣可能由过热引起蒸汽的急剧释放，导致空气污染。采用水冷系统时，要采取有效的隔离措施，保证排入环境的冷却水不被污染。将酸性高、中放废液用碱中和贮存在碳钢罐内是不安全的。美国泄漏罐的数量约占贮罐总数的10%，使放射性废液渗入地下。泄漏的主要原因，一是温度变化产生的结构应力使贮罐的钢覆面损伤，二是焊接产生的应力使局部腐蚀速率加快，三是电化学作用引起点腐蚀，且多发生在液位长期不变的气–液交界处。因此，对贮罐的设计、材质、施工、检验和运行管理严格要求，可以防止贮罐泄漏污染环境；完善的监测手段和足够的备用贮罐，可以确保在泄漏的初期即可发现并能及时将废液转移到安全贮罐中去。

将放射性废液转化成固体后贮存，可大大减少对环境的影响。高放废液宜用玻璃固化，进行固化处理、高温煅烧及熔炼时，挥发性元素（主要是钌）易进入气相，不挥发的裂变产物也有少量由雾沫夹带进入尾气。低、中放废液通常用水泥固化或沥青固化。注意，沥青有着火的危险。在一定条件下，沥青与硝酸盐产生不可控的放热反应，能引起燃烧甚至爆炸。处理放射性浓度高的废液，不但γ辐射强，还容易造成空气和表面污染。

后处理厂排出废气中的放射性主要来自元件切断和溶解，其次来自强放蒸发和钚的纯化。一旦设备泄漏，便会使设备室内的空气污染。排出废气中的放射性核素包括^{3}H、^{14}C、^{85}Kr、^{90}Sr、^{129}I、^{131}I、^{134}Cs、^{137}Cs、^{238}Pu、^{239}Pu、^{240}Pu、^{241}Pu、^{241}Am、^{242}Cm和^{244}Cm等。气溶胶粒子通常用高效过滤器滞留。碘可用附银的多孔物质吸附。但银（或银盐）与氨或叠氮酸混合，生成叠氮酸银，能在摩擦、撞击时爆炸。惰性气体氪，一般不考虑回收，在利用活性炭在低温条件下吸附氪时，要防止碳氢化物和氧化氮在设备中积累可能引起的爆炸；采用低温蒸馏法去氪时，应防止微量可燃气体（如一氧化碳、甲烷）与氧和氪一同积累。因为辐照形成的臭氧与这些可燃气体混合容易爆炸。

放射性固体废物包括废弃的阀门、仪表、设备、各种过滤器、离子交换树脂及劳保用品等。可燃废物通常送专用焚烧炉焚烧以减少所占体积。废物焚烧时，大约70%的放射性核素留在炉灰内，进入废气中的主要是钌，约占尾气放射性活度的95%，其次是铯，约占5%。装料、出灰时容易使空气污染，若混有易爆物质（如未完全燃烧的碳氢化物气体），还可能引起爆炸。不可燃废物一般分类贮存。料液过滤器累积的放射性可产生高达$10^{6}R/h$的照射，更换及运输时必须采用屏蔽容器，并防止滴、漏造成污染。废锆包壳不但放射性强，而且有着火的可能性。锆屑能在空气中自燃并引起爆炸，必须专门处理。

（六）清洗去污和设备检修

由于腐蚀、磨损、老化及辐射损伤等原因，设备、仪表、管件等需定期检修或更换。设备室内的辐射水平很高，除非使用遥控设备远距离进行检修，不然，必须将工艺设备内的溶液全部倒空，经过去污清洗，使外照射降到能接近的水平，才能直接检修。料液放射性浓度很高的工艺设备，内部倒空后再简单清洗，辐射水平即可降2~3个量级，但仍无法接近。料液放射性浓度较低的设备，倒空后，其表面的辐射水平下降不多；即使注满清水，其辐射水平也只比原来低一半左右。因此，必须采用有效的去污方法，反复进行清洗。一般情况下，形状简单、内表面光滑的容器（如供料槽、接收槽等）较易去污；反之，则比较困难。设备室内布置的阀门、管道、仪表和工艺设备很多，可能有无法排净、无法去污的死角。沉积物产生的“热”点，会使局部的辐射水平很高。在这种情况下直接检修，应采取临时屏蔽措施。检修时，不能只按全身γ外照射剂量控制，由于操作姿势受所处位置和操作要求的限制，有时局部受照剂量可能很高。若拆开密闭的工艺设备和管道，还会受到β粒子的直接照射。在距离很近（例如10cm内）时，裂变产物的β剂量率比γ剂量率高2~3个量级，由于β粒子在组织中的射程较短，表层组织所受β剂量最大，容易引起烧伤。因此，必须重视

对 β 外照射的防护。

检修强、中放系统的设备（如元件运输容器、剪切机、溶解器、蒸发器及相应的泵、阀等）时，外照射是主要危害。检修钚线和铀线的设备时，空气污染和表面污染严重，内照射是主要危险。若有易燃、易爆物质（如氢、氨、煤油及有机溶剂），检修动火（切割、焊接）前，应先分析化验。在Purex 流程中，可能产生叠氮酸和叠氮酸盐。叠氮酸盐若沉积在不常开关的阀门、管道内，检修时一旦受到撞击，将会发生爆炸。铀二循环萃残液（2DW）蒸发尾气系统内，叠氮酸盐达到爆炸浓度的可能性较大，应特别引起注意。此外，检修某些设备时还有化学中毒的危险。

（缑喜成　吕　夏）

第二节　乏燃料后处理放射工作人员个人监测和评价

职业照射个人剂量数据是辐射防护评价的基础，也是改善辐射监控措施，提高辐射防护器具效能的重要依据。

我国后处理厂的个人剂量监测始于 1968 年。几十年来积累了大量监测数据，从监测方法、数据统计到剂量评价工作，不断改进、不断完善，逐步实现规范化。因此，监测质量不断提高，监测数据更加可靠。个人监测与评价以外照射为主。内照射个人监测的方法和评价以及管理制度方面，与外照射监测相比，仍然存在一些问题，需要不断改进和完善。

一、外照射个人剂量监测

外照射个人剂量监测，以 γ 外照射监测为主。在 20 世纪 70 至 80 年代使用胶片剂量计，90 年代以后基本用热释光剂量计。佩戴在左胸前代表个人剂量当量 $H_p(10)$，监测周期为 1 个月。剂量计集中存放在清洁区域，工作人员进入现场时统一发放。

表 17–3 给出了我国乏燃料后处理厂外照射个人剂量及其分布。由表可知，1968—1987 年我国生产堆后处理厂工作人员外照射共监测 28363 人・年，所致总集体剂量为 432.82 人・Sv，年均集体剂量为 21.64 人・Sv，年人均剂量为 18.9mSv，小于 50mSv 的人数占 93%。最高年份为 1971 年，其人均剂量为 107mSv，超过 50mSv 的人数占被监测人数的 76.6%，而小于或等于 5mSv 的人数仅占 3.2%，其原因是生产堆后处理厂处于投产初期，缺乏运行经验，生产工艺运行不稳定，设备检修频繁，工作现场污染较严重，辐射安全管理制度不够完善。此后，采取一系列有效的监控措施稳定生产、加强管理、改进工艺、预防事故发生，使得集体剂量和年人均剂量都有明显降低。在最后阶段（1985—1987 年）正处于退役前较正常的运行期，此期间工作人员的年人均剂量为 4.85mSv，小于目标管理值（5mSv）。并且小于 5mSv 的人数占被监测人数的 70.3%，这和国际上通常水平（70%~90%）相当。

从事后处理工作人员的剂量分布与其他职业一样是不均匀的。总体分析可知：各岗位的年人均剂量随年度的增长呈现大幅度下降趋势；废液处理、生产管理、各种设备维修人员剂量均大于主工艺化工人员剂量。以废液处理岗位人员年均剂量最高，其次是维修和车间管理人员；维修人员中以机械维修剂量最高，在机械维修的排序中焊工＞管工＞钳工；辐射防护专业人员也承受了相当高的剂量。

表 17-3 后处理厂外照射个人剂量及其分布

年份	监测人数	集体剂量 人·Sv	年人均剂量 mSv	≤5mSv		5~15mSv		15~25mSv		25~50mSv		＞50mSv	
				人数	%	人数	%	人数	%	人数	%	人数	%
1968	539	2.81	5.21	379	70.3	122	22.6	22	4.1	15	2.78	1	0.18
1969	530	15.4	29.1	115	21.7	154	29.1	93	17.5	70	13.2	98	18.5
1970	809	54.9	67.9	29	3.6	71	8.8	51	6.3	171	21.1	487	60.2
1971	1802	116	107	35	3.2	66	6.1	45	4.2	107	9.9	827	76.6
1972	1103	37.6	34.1	157	14.2	175	15.9	201	18.2	381	34.5	189	17.1
1973	1105	12.73	11.5	402	36.3	473	42.8	128	11.6	79	7.15	23	2.08
1974	1131	13.28	11.7	341	30.2	526	46.5	145	12.8	92	8.13	27	2.39
1975	886	18.63	21.0	96	10.8	177	31.3	254	28.7	208	23.5	51	5.76
1976	1616	19.41	12.0	603	37.3	711	44.0	151	9.34	102	6.31	49	3.03
1977	1730	19.24	11.1	657	38.0	756	43.7	134	7.75	123	7.11	60	3.47
1978	1821	19.21	10.5	506	27.8	953	52.3	218	12.0	118	6.48	26	1.43
1979	1907	18.78	9.85	670	35.1	927	48.6	184	9.6	96	5.0	30	1.6
1980	1934	21.67	11.2	789	40.8	809	41.8	154	8.0	113	5.8	69	3.6
1981	1942	19.99	10.3	944	48.6	634	32.6	158	8.1	142	7.3	64	3.3
1982	1912	10.96	5.73	1259	65.8	483	25.3	107	5.6	57	3.0	6	0.31
1983	1886	6.72	3.56	1448	76.8	407	21.6	27	1.4	4	0.12	0	0
1984	1830	4.84	2.64	1607	87.8	210	11.5	9	0.49	4	0.22	0	0
1985	1650	8.14	4.93	1036	62.8	553	33.5	43	2.61	18	1.09	0	0
1986	1527	6.63	4.34	1175	76.9	311	20.4	28	1.83	6	0.39	7	0.46
1987	1423	5.89	4.14	1012	71.1	368	25.9	31	2.18	10	0.70	2	0.14
总计	28363	432.82	18.9	13260	46.8	8986	31.7	2183	7.7	1916	6.8	2016	7.0

（资料来源：潘自强 . 中国核工业辐射水平与效应［M］. 北京：原子能出版社，1996）

二、内照射个人剂量监测

乏燃料后处理时，燃料组件剪切使得包容在包壳内的放射性物质释放出来，而在处理这些含有放射性溶液或气体的过程中，难免因管道、设备室或取样工作箱等的密封问题导致放射性物质逸出，这些逸出的放射性物质可以通过以下 3 种途径进入工作人员体内造成内照射：①吸入放射性物质；②食入放射性物质；③从伤口或皮肤渗入。一般说来，按照后处理厂的防护规定，不存在食入放射性物质造成内照射的问题。常规作业造成人员内照射的可能性较小，在进行设备的检修或紧急抢险时，造成人员内照射的危险会增大。

在乏燃料后处理中，外照射在职业照射中起主要作用。在某些操作中，特别是涉及钚及锕系元素的作业，内照射可能起主要作用。通过对 1986—1989 年后处理厂从事钚作业人员的尿钚监测结果，钚的内照射是比较大的，见表 17-4。

表 17-4　1986—1989 年尿钚检测结果

年度	监测人数	平均值 mBq/d	≤1/2IL		(1/2~1) IL		>1IL	
			人数	%	人数	%	人数	%
1986	314	1.95	139	44.3	80	25.5	95	30.2
1987	567	2.33	276	48.7	131	23.1	160	28.2
1989	368	1.22	204	55.4	94	25.6	70	19.0
总计	1249	1.91	619	49.5	305	24.7	325	25.8

注：IL 为尿钚的调查水平。

（资料来源：潘自强，程建平. 电离辐射防护和辐射源安全 [M]. 北京：原子能出版社，2007）

某年用全身计数器对主工艺岗位，废液处理岗位以及维修岗位工作人员体内裂变产物进行了 690 人次的直接测量，其结果见表 17-5。

表 17-5　工作人员体内裂变产物直接测量结果

监测核素	^{95}Zr–^{95}Nb	^{144}Ce	^{137}Cs	^{106}Ru
平均体内积存量 /Bq	5.17×10^2	5.65×10^2	8.41×10^2	5.69×10^2

（资料来源：潘自强，程建平. 电离辐射防护和辐射源安全 [M]. 北京：原子能出版社，2007）

总的来说，我国乏燃料后处理厂从 1968—1987 年职业照射所致总集体剂量为 432.82 人·Sv，工作人员的年人均剂量为 18.9mSv。年集体剂量和年人均剂量自 1970 年以来，随着年份的增长一直呈下降趋势。从年人均剂量分析，已从投产初期的上百毫希沃特下降到 20 世纪 70 年代末期的几十毫希沃特，到 80 年代中后期已下降到 5mSv 左右，已和国际上的剂量水平相当。下降幅度之大和 80 年代后期切实加强辐射安全管理工作，采取有效监控措施，进一步改善工艺条件，改善防护条件密切相关。后处理厂的职业照射总体上分析以外照射为主，但有些工序的内照射防护是不可忽视的。从降低职业照射剂量的途径分析，应从外照射入手，改进工艺、加强管理仍然是必要的；采取措施降低三废处理和维修工作人员的剂量也是当务之急。

三、动力堆乏燃料中间试验厂剂量监测情况

2010 年 12 月 21 日，我国动力堆乏燃料中间试验厂（以下简称“中试厂”）取得热调试成功。中试厂放射性厂房的所有辐射源均进行屏蔽。在乏燃料元件运输过程中，元件上面有足够厚的水层。后处理工艺流程中所需要的设备及管道，均布置在设备室内。各设备室四周墙和顶板都为足够厚度的钢筋混凝土防护墙，衬以不锈钢覆面。剪切热室和维修室的窥视窗由铅玻璃加含氢油组成。

中试厂 100% 热试期间主要工作场所 γ 剂量率监测结果为：绿区主要工作场所 γ 剂量率在 0.09~1.56μSv/h，最高的场所为首端元件切割热室操作间；橙区主要工作场所 γ 剂量率在 0.41~6.07μSv/h，最高的场所为第二检修厅地面，均满足各相应场所剂量率控制值。

中试厂 100% 热试期间主要工作场所放射性气溶胶浓度监测结果符合相应场所放射性气溶胶控制的要求。

从 2010 年中试厂各岗位人员个人剂量统计结果可以得知，放射工作人员所受外照射剂量大部分低于 1.0mSv/a，只有部分工艺人员以及维修人员个人剂量超过了 1.0mSv/a，这是由热试期间以及热试

后整改过程工艺人员和维修人员频繁进入橙区进行巡检、设备检修等工作造成的。整体的个人剂量监测结果低于中试厂个人剂量管理目标值 15mSv/a。

（缑喜成　吕　夏）

第三节　乏燃料后处理放射工作人员职业健康检查要点

乏燃料后处理放射工作人员的职业健康检查在于评价工作人员的健康，帮助确认工作人员的健康状态，建立健康监护档案，在发生污染或过量照射时提供咨询、诊断或治疗服务。

一、乏燃料后处理放射工作人员职业健康检查依据和目的

（一）乏燃料后处理放射工作人员职业健康检查依据

根据《职业病防治法》《放射工作人员职业健康管理办法》《职业健康监护管理办法》的相关规定，放射工作人员必须接受上岗前、在岗期间、离岗时、应急照射和事故照射后的职业健康检查。乏燃料后处理的放射工作人员接触的职业危害因素不仅有电离辐射，还有化学因素、噪声、高温等，因此职业健康检查过程中要按照《放射工作人员健康要求及监护规范》（GBZ 98—2020）和《职业健康监护技术规范》（GBZ 188）的要求进行。由于目前还没有关于乏燃料后处理放射工作人员健康要求的国家标准和行业标准，因此涉及乏燃料后处理厂的操纵员职业健康检查时，可以参考《核动力厂操纵人员健康标准》（GBZ/T 164—2022）的要求。

（二）乏燃料后处理放射工作人员职业健康检查目的

乏燃料后处理含有铀、钚及大量裂变产物，后处理厂放射性危害具有放射性强、半衰期长、毒性大、酸性强、腐蚀性大的特点。职业健康检查工作是保障乏燃料后处理放射工作人员的健康，和预防放射性职业病发生的重要措施，在职业健康监护工作中，职业健康检查又是其中的重要环节，只有做好了职业健康检查，才能更好地发现乏燃料后处理放射工作人员出现的健康状况，及早地提出适任性评价，保障他们的健康。

二、乏燃料后处理放射工作人员职业健康检查要点

乏燃料后处理厂放射工作人员职业健康检查分为上岗前、在岗期间、离岗时的检查。职业健康检查项目分为必检项目和选检项目。必检项目依据《放射工作人员健康要求及监护规范》（GBZ 98—2020）中附录 A，以及《职业健康监护技术规范》（GBZ 188）的要求进行；选检项目根据所从事的具体的放射工作，接触放射线或放射性同位素的类型、方式及靶器官的不同而确定，还可以根据本单位职工常见病、多发病的历年检出率等来选择一些可选项目，并有所侧重。

1. 上岗前职业健康检查

上岗前职业健康检查的主要目的是检出不适合从事放射工作岗位的人，同时积累本底健康资料以作为事故或应急照射的医学干预、职业病诊断等辐射危险评价的重要参考资料，厘清责任也是主要的目的之一。

上岗前职业健康检查必检项目在 GBZ 98—2020 的附录 A 中有详细的规定，其中包括医学史、职业史、个人病史、女性婚育史、吸烟饮酒史、家族史、自觉症状、内科、皮肤科常规检查、眼科检

查（色觉、视力、晶状体裂隙灯显微镜检查、玻璃体、眼底）、实验室检查（包括血常规和白细胞分类、尿常规、肝功能、肾功能）、外周血淋巴细胞染色体畸变分析、胸部 X 线检查、心电图、腹部 B 超。选检项目有耳鼻喉科、视野、心理测试、甲状腺功能、肺功能。

对于上岗前职业健康检查，建议将选检项目中的耳鼻喉科常规检查、甲状腺功能以及甲状腺彩超，作为上岗前职业健康检查的必检项目进行，以对应 GBZ 98—2020 中放射工作人员的健康要求。近年来，放射工作人员的眼睛晶状体改变越来越受到重视，对于有条件的单位，建议对上岗前的放射工作人员增加更加科学智能的晶状体检查手段和眼底照相检查，从而更多地收集从事放射工作之前的健康数据。对于一些特殊的岗位，也有相应的要求。例如，对可能接受内照射、需要穿戴呼吸防护装置的放射工作人员，应重视肺部的常规检查和增加肺功能检查；对可能接触铀及其化合物的人员，可以增加肾脏和肝脏的生化项目检查；对接触放射性碘者，重视对甲状腺的影像学检查；对于操纵员还应增加心理测评项目，以保证在任何情况下，操纵员都能正确履行职责。

在实际的职业健康检查工作中，最容易被用人单位忽视的就是上岗前的职业健康检查，常常出现上岗前只进行了放射类的职业健康检查，而忽视了噪声、酸碱等职业危害因素的情况，或者直接将上岗前的职业健康检查做成普通健康检查，这些情况都是不允许的，乏燃料后处理的职业健康管理部门应密切关注。

2. 在岗期间职业健康检查

在岗期间职业健康检查的目的主要是早期发现职业病患者或疑似职业病患者，以及劳动者的其他健康异常改变；及时发现有职业禁忌的劳动者；通过动态观察劳动者群体健康变化，评价工作场所职业病危害因素的控制效果。

在岗期间工作人员的职业健康检查以 GBZ 98—2020 附录 A 中在岗期间检查项目为依据，其中必检项目包括医学史、职业史、个人病史、女性婚育史、吸烟饮酒史、家族史、自觉症状、内科、皮肤科常规检查、眼科检查（色觉、视力、晶状体裂隙灯显微镜检查、玻璃体、眼底）、实验室检查（包括血常规和白细胞分类、尿常规、肝功能、肾功能）、外周血淋巴细胞微核试验、胸部 X 线检查。选检项目有心电图、腹部 B 超、甲状腺功能、血清睾酮、外周血淋巴细胞染色体畸变分析、痰细胞学检查和（或）肺功能检查、用全身计数器进行体内放射性核素滞留量的检测。在实际工作中，后处理厂会根据职业健康检查医师的建议，将心电图、腹部彩超、甲状腺功能列为必检项目，同时考虑到外周血淋巴细胞染色体微核测定受到影响的因素较多，在征求用人单位同意的前提下，将外周血淋巴细胞染色体畸变分析作为补充检查项目。

对于接触噪声、高温以及化学毒物的岗位，应按照 GBZ 188 的规定，增加相应的项目，以便综合考虑放射工作人员的适任性。对于操纵员应同时进行心理测评项目，以保证其能正确履行工作职责。

对于在岗期间的职业健康检查，用人单位应按照国家相关要求，每 1~2 年在具有职业健康检查资质的医疗机构进行职业健康检查；但是在具体的健康检查中，用人单位将所有职工的职业健康检查项目确定为同一个体检套餐，没有结合岗位、个人剂量监测数据制定特殊的检查项目，同时还忽略了部分岗位接触酸、甲醛等化学毒物，以及风机房的高噪声等岗位。根据乏燃料后处理厂放射工作人员岗位的性质（照射方式和剂量）和工作条件，建议每年安排放射工作人员进行职业健康检查一次，以便更多地收集职工健康资料和及时发现职业健康损害。

3. 离岗时职业健康检查

离岗时职业健康检查的主要目的是确定职工在停止接触职业病危害因素时的健康状况。通过离岗时职业健康检查，可以了解劳动者在离开工作岗位时的健康状况，有助于明确健康损害的责任归属。

离岗时职业健康检查必检项目包括医学史、职业史调查、内科、皮肤科常规检查、眼科检查（色觉、视力、晶状体裂隙灯显微镜检查、玻璃体、眼底）、血常规和白细胞分类、尿常规、肝功能、肾功能检查、外周血淋巴细胞染色体畸变分析、胸部 X 线检查、心电图、腹部 B 超。选检项目有耳鼻喉科、视野、心理测试、甲状腺功能、肺功能、使用全身计数器进行体内放射性核素滞留量的检测。

离岗时职业健康检查作为对从事放射工作职业健康监护的总结，离岗前的检查项目建议与上岗前相同，以便更好地评价放射工作人员的健康状态。

无论是岗前、在岗还是离岗的职业健康检查，在实际执行中，用人单位都要根据国家标准，在主检医师的指导下，结合不同的工作岗位（放射源类型、照射方式与剂量）、年龄、放射工作工龄长短等因素，并考虑职工的普遍要求与费用预算等因素作出具体的取舍。比如近年来的放射工作人员健康检查往往增加血糖、血脂、免疫球蛋白、肿瘤标志物等血液生化检查。

三、乏燃料后处理放射工作人员的适任性评价

乏燃料后处理的放射工作人员完成职业健康检查后，职业健康检查机构要对放射工作人员给出关于放射工作的适任性意见。乏燃料后处理放射工作人员的工作适任性评价结果依据 GBZ 98—2020 的相关规定给出，在给出适任性评价结果时，应注意体检类别，不同的体检类别，其适任性评价结果是不一样的。

目前，GBZ 98—2020 中没有设置从事放射工作的“职业禁忌证”，而是用从事放射工作人员的健康要求来表述，对乏燃料后处理放射工作人员的健康要求并无特殊，与一般放射工作人员的健康要求是相通的，应根据 GBZ 98—2020 进行适任性评价。对于放射工作人员的健康要求，总的原则是：放射工作人员必须具备在正常、异常和紧急情况下，都能准确无误地、安全地履行其职责的躯体和心理健康以及体能，不至于引发导致危害公众和自身安全与健康的误操作。

四、应急或事故时职业健康检查要点

若发生应急照射或事故时，职业健康医师应根据受照和损伤的具体情况，参照 GB/T 18199—2000、GBZ 215—2009、GBZ 112—2017、GBZ 104—2017、GBZ 96—2011、GBZ 106—2020、WS/T 827—2023 有关标准进行必要的检查和医学处理。在剂量估算方面，尽早按照《染色体畸变估算生物剂量方法》（GB/T 28236—2011）的标准估算生物剂量，通过估算的生物剂量指导临床治疗工作。照射剂量接近剂量限值的放射工作人员一般不需要任何的临床检查或治疗，这样的照射不可能产生有害的健康效应，职业医师要做的是安慰和疏导受照人员。对照射剂量显著大于剂量限值（但低于确定性效应剂量阈值）的工作人员需要开展淋巴细胞计数和必要的对症治疗。照射剂量等于或大于确定性效应剂量阈值的放射工作人员必须接受相应的适当治疗。

（缑喜成　吕　夏）

18 第十八章　非铀矿工职业健康检查

非铀矿工指除铀矿山以外的各种矿山的矿工，他们暴露于因工业活动增加的天然辐射，主要是氡照射。据统计我国约有井下矿工 1000 万人，除 2 万铀矿工外，主要为非铀矿工。地下矿井尤其是地下非铀矿山若通风不足会使大量氡气积聚在工作场所，导致我国数量庞大的地下矿工处于高水平氡暴露状态。氡及子体是人类所受天然辐射的主要来源，对人体的辐射剂量贡献约占全部天然辐射来源的一半。流行病学研究证实氡及子体是除吸烟外导致肺癌的第二大因素，被国际癌症机构（IARC）列为Ⅰ类致癌物，WHO 报告全球 3%~14% 的肺癌是由氡暴露引起。环境中的氡及其子体主要来源于土壤、岩石、海洋和地下水的释放，此外，核工业、煤和天然气燃烧、磷酸盐工业、非铀矿山以及建筑材料对环境空气中的氡累积也有显著的贡献。

第一节　非铀矿山主要电离辐射危害

非铀矿山的电离辐射危害主要来自氡及其子体衰变过程中释放的大量 α 粒子和少量 γ 射线。一系列流行病学研究已经证实地下矿工氡暴露与肺癌之间的因果关系，氡暴露矿工受到细胞遗传学损伤的分子流行病学研究也屡见报道。2013 年我国将矿工高氡暴露所致肺癌纳入《职业病分类和目录》进行管理，由于癌症潜伏期很长且存在健康工人效应，工作场所氡暴露造成的职业相关肺癌可能需要几十年才能显现出来。2024 年 12 月，《职业病分类和目录》已进行了更新。

一、非铀矿山氡暴露情况

（一）我国非铀矿山氡暴露情况

非铀矿山是指除铀矿山以外的各种矿山，包括能源矿山（油气、煤炭、地热）、黑色金属与冶金辅助原料矿山（铁、锰、铬铁、耐火黏土、镁、萤石等）、有色金属矿山（铜、铝土、铅锌、镍、钨、锡、钼等）、稀土金属矿山、贵金属矿山、化工矿山（硫、磷、钾盐、硼、盐矿等）、建材和其他非金属矿山（水泥石灰质原料、玻璃硅质原料、饰面用石材等）、水气矿产、海洋矿产等。

非铀矿工指除铀矿山之外的各种矿山的矿工，他们暴露于因工业活动增加的天然辐射，主要是氡照射。根据 2008 年统计资料，我国有 10.8 万余座矿山，矿业职工 2100 多万人（包括从事矿业劳动的农民工），假设其中有半数从事矿井下工作，则我国井下矿工数量约 1000 万人，包括 600 万煤矿工人、400 万其他矿工，以及 1~2 万铀矿工，非铀矿山从业人员的数量远远高于铀矿工数量。我国地下煤矿工人数约 600 万，其中大、中、小煤矿和石煤矿人数分别约为 100 万、100 万、400 万和 5 万。一项对我国不同省份近百座煤矿的地下氡及氡子体浓度的调查结果表明，我国地下煤矿氡浓度平均值为 317Bq/m^3，氡子体平衡当量浓度为 207Bq/m^3，其中大、中、小煤矿和石煤矿的平均氡浓度（按井下工人数加权）分别为 58Bq/m^3、124Bq/m^3、526Bq/m^3 和 1148Bq/m^3。《电离辐射防护与辐射源安全基本标准》（GB 18871—2002）规定了工作场所中氡持续照射情况下，采取补救行动的行动水平是年平均活度浓度为 500~1000Bq/m^3，达到 500Bq/m^3 时宜考虑采取补救行动，达到 1000Bq/m^3 时应采取补救行动。总体上我国煤矿地下工作场所的氡暴露处于较安全的水平，但应重点关注小煤矿和石煤矿的氡及其子体暴露问题。

除煤矿工外的其他地下非铀矿工约 400 万人，是另一个数量庞大的职业群体。2008 年，调查研究发现，我国除煤矿外各种非铀矿山的氡浓度平均值为 1640Bq/m^3，氡及其子体平衡当量浓度总平均值为 0.94×10^3Bq/m^3。被调查的 28 种矿产类型的非铀矿山中，有 11 类矿山的井下氡浓度超过了 1000Bq/m^3 的补救行动水平，占 39%，包括锡矿、钨矿、铅锌矿、钼铋矿、稀土矿、硫铁矿、铝矿、石棉矿、金矿和铁矿等。其中锡矿和钨矿的地下氡浓度和氡子体平衡当量浓度可超过 5000Bq/m^3，应采取补救行动。10 余年后，再次调查我国超过 100 座非铀矿山，地下金属矿山和非金属矿山氡浓度平均值分别为 1180Bq/m^3 和 162Bq/m^3，90 座金属矿山中约有 23% 氡水平超过补救行动水平。综上所述，目前我国部分非铀矿山尤其是有色金属矿山仍然存在氡暴露职业危害。2018 年我国登记持证的有色金属非金属矿山从业人员约 118.5 万人，由此估算，约有 27 万名矿工工作于高氡暴露环境中，实际上，由于大量农民工和临时工只有劳务合同而没有登记持证，因此实际高氡暴露矿工人数可能远远大于这个数量。

2013 年我国将矿工高氡暴露所致肺癌纳入《职业病分类和目录》进行管理。2024 年，《非铀矿山工作场所放射防护标准》（GBZ/T 256—2024）发布，规定了非铀矿山工作场所放射防护的原则和基本要求。但截至目前高氡暴露作业场所工作人员尚未被纳入放射工作人员管理范畴，非铀矿工也未按照《放射工作人员职业健康管理办法》的规定进行培训和管理，因此高氡暴露矿工的职业照射防护和管理仍然存在巨大挑战。

国外报道的地下矿山氡水平监测结果与我国相似，波兰一个地下废弃银矿氡浓度监测结果为 1021Bq/m^3（80~2280Bq/m^3），美国哥伦比亚一个地下煤矿的氡浓度监测平均值为 820Bq/m^3（190~1700Bq/m^3），匈牙利一锰矿的氡浓度平均值为 849Bq/m^3。ICRP 于 2014 年发布的报告规定工作场所氡浓度参考水平为 100~300Bq/m^3，并建议对工作场所氡暴露控制实行分级管理模式。

（二）地下非铀矿山氡的来源

地下非铀矿山的氡及其子体主要来自矿洞中的土壤、岩石和地下水。矿壁岩石、土壤析出的氡通过扩散、对流以及地下水渗透，沿着工程结构孔隙进入工程内部，若不及时通过良好的通风工程系统排出，则会导致地下工作场所积聚较高的氡及其子体水平。

1. *矿壁析出*

非铀矿山地下矿井空气中的氡一部分来自矿体和围岩的暴露表面。矿体和围岩产生的氡沿着一定的通道运动，最后析出表面而进入矿井空气中。

2. *矿石析出*

地下矿山堆放的矿石是主要的氡源，一般氡的析出量与矿石的粒度密切相关，粒度越小，氡的析出量越大。开采和爆破活动对地下矿井局部空间的氡浓度影响非常明显，调查某地下采场放炮前后的氡浓度，结果发现爆破 5min 后采场的空气氡浓度可增加 2 倍以上，然后随着通风系统的运行氡浓度迅速降低，通风 40min 后可恢复到放炮前的水平。

氡在岩石中有两种存在方式，即自由氡和束缚氡。自由氡在放射性衰变过程中获得的动能可以使其摆脱岩石的晶格结构而进入岩石孔隙中，这类氡的迁移能导致氡和镭之间的放射性平衡被破坏。束缚氡则因为获得的动能不足而被封存在晶格结构中，当岩石晶格被破坏时才能成为自由氡进入岩石孔隙。从矿石中释放到采空区的氡量与矿石中氡总量的比值被称为射气系数，用于描述放射性气体（氡气）从固体材料（岩石、土壤或建筑材料）中释放的比例。射气系数可以受到多种因素的影响，包括矿石成分、孔隙结构、地质构造发育情况、岩石风化破碎程度，以及温度、湿度和压力等。在实际应用中射气系数对于评估工作场所氡浓度以及制定相应的防护措施具有重要作用，不同岩石的射气系数也解释了不同类型矿山间氡水平的差异。

3. 地下水释放

地下矿井中的地下水是存在于地下岩土层孔隙、裂隙和溶洞中的水。在地下矿井挖掘过程中，如果矿井穿透了含水层，地下水就会流入矿井。当流入矿井的地下水中的氡浓度高于矿井空气中的氡浓度，氡就会从地下水中析出而释放到矿井空气中。

因此，根据氡的来源，地下矿井采空区的氡应为矿壁、矿石和地下水析出量的总和。在没有通风的条件下，从 3 种介质中析出的氡会慢慢积聚在地下矿井采空区中，使采空区的氡浓度逐渐增高。但这种增高是有一定限度的，一方面空气氡浓度的增高使得氡衰变量增大；另一方面采空区逐渐增高的氡浓度会抑制氡进一步从矿壁、矿石或地下水中析出。当单位时间内氡的析出量等于采空区空间单位时间内氡衰变量时，采空区空间内的氡浓度就不再升高。

（三）矿工氡暴露水平估算

为评估氡及子体对矿工产生的健康效应，在获得工作场所氡监测数据后还要估算矿工个体的氡暴露水平，矿工氡暴露水平通常用工作水平月（WLM）衡量。工作水平月是在氡子体 α 潜能浓度为 1 工作水平（WL），工作一个月（170h）所接受的氡子体暴露量。在理解工作水平月概念时，需要先明确 α 潜能这一物理量，某原子的 α 潜能是指该原子按衰变链衰变到 ^{210}Pb 或 ^{208}Pb 过程中发射的 α 粒子总能量，1 个工作水平相当于 1L 空气中氡的各种短寿命子体完全衰变时发出的 α 粒子能量总和。UNSCEAR 2019 年的报告中指出：$1\text{Bq}\cdot\text{m}^{-3}=5.56\times10^{-9}\text{J}\cdot\text{m}^{-3}=2.67\times10^{-4}\text{WL}$（^{222}Rn）。

人所接受的氡子体的照射量与 α 潜能浓度和在含氡子体的场所中的停留时间成正比，α 潜能浓度的时间积分称作 α 潜能暴露量，矿工的氡子体 α 潜能年累积暴露量可以根据《矿工氡子体个人累积暴露量估算规范》（GBZ/T 270—2016）用式（18–1）计算：

$$P_{\text{RnP}}=\frac{1}{170}\sum_i \bar{C}_{\text{RnP},i}\,T_i \tag{18–1}$$

式中：

P_{RnP}——氡子体 α 潜能年累积暴露量，单位为工作水平月（WLM）；

$\frac{1}{170}$——工作水平小时到工作水平月的转换系数；

$\bar{C}_{\text{RnP},i}$——矿工所处第 i 个井下作业场所的年平均氡子体 α 潜能浓度，单位为工作水平（WL）；

T_i——一年内矿工在第 i 个井下作业场所的作业时间，单位为小时（h）。

矿工个体的氡暴露水平还可以用年有效剂量（单位为 mSv）表示，依据《室内氡及其子体控制要求》（GB/T 16146—2015），利用工作场所空气氡浓度监测结果可采用式（18–2）估算氡及其子体致矿工年有效剂量：

$$E_{\text{a}}=\bar{c}_{\text{Rn,a}}\times(DCF_{\text{Rn}}+F\cdot DCF_{\text{RnD}})\times t \tag{18–2}$$

式中：

E_a——年均有效剂量，单位为毫希沃特（mSv）；

$\bar{c}_{Rn,a}$——氡浓度的年均值，贝可每立方米（Bq/m^3）；

DCF_{Rn}——氡的剂量转换因子，使用UNSCEAR 2000年报告给出的数值：$0.17\times10^{-6}mSv/(Bq\cdot h\cdot m^{-3})$；

DCF_{RnD}——氡子体的剂量转换因子，使用UNSCEAR 2000年报告给出的数值：$9\times10^{-6}mSv/(Bq\cdot h\cdot m^{-3})$；

F——平衡因子；

t——年停留时间，根据ICRP第65号出版物，矿工一年平均停留时间为2000h。

由于氡子体在空气中可以通过附壁沉积或通风过滤排出，因此空气中短寿命氡子体的放射性浓度一般低于氡的放射性浓度，即达不到与氡处于放射性平衡时的浓度，这可以用平衡因子（F）来量化。平衡因子是空气中的平衡当量氡浓度与氡的实际浓度比值。在不同的环境和条件下，平衡因子的值可能不同，研究表明平衡因子会随着通风率的增加而减小，并且会随着气溶胶粒径的减小而增加。如果测量的是氡气浓度，则需要平衡因子来估计空气中的氡子体浓度，以计算肺部受到的剂量。尚兵等人测量了我国12个省份17个不同类型的44座矿山地下工作场所和地面生活区的平衡因子，地面室内 ^{222}Rn 的 F 值为0.47，而井下 F 值的均值为0.33。

由于地下矿井中氡及子体的浓度随时间和地点而变化，且矿工对在工作场所停留的时间存在回忆偏倚，因此利用场所氡监测数据估算个人剂量时往往存在一定的误差。因此，在开展场所氡监测的同时应进行矿工氡个人剂量监测，《氡及其子体个人剂量监测方法》（WS/T 675—2020）要求当职业照射导致的氡照射年个人剂量有可能超过2mSv时，应开展氡个人剂量的常规监测，可结合现场主动式的测量结果和工作条件来判断是否超标。利用氡个人剂量计的监测数据，可采用式（18-3）计算矿工个人氡暴露量，并用式（18-4）估算氡及子体致个人的有效剂量。

$$C_{Rn}=(N_S-N_b)/F_R \tag{18-3}$$

式中：

C_{Rn}——监测周期内的氡累积暴露量，单位为贝可小时每立方米（$Bq\cdot h\cdot m^{-3}$）；

N_S——监测用氡个人剂量计中的CR-39经蚀刻后测读得到的径迹密度，单位为径迹数每平方厘米（$trs\cdot cm^{-2}$）；

N_b——跟随剂量计中的CR-39经蚀刻后测读得到的径迹密度，单位为径迹数每平方厘米（$trs\cdot cm^{-2}$）；

F_R——刻度系数，单位为径迹数每平方厘米每贝可小时每立方米［$trs\cdot cm^{-2}/(Bq\cdot h\cdot m^{-3})$］。

$$E_{Rn}=C_{Rn}\times f \tag{18-4}$$

式中：

E_{Rn}——氡及子体致个人待积有效剂量，单位为毫希沃特（mSv）；

C_{Rn}——监测周期内的氡累积暴露量，单位为贝可小时每立方米（$Bq\cdot h\cdot m^{-3}$）；

f——个人氡暴露量到待积有效剂量的转换系数，单位为毫希沃特每贝可小时每立方米［$mSv/(Bq\cdot h\cdot m^{-3})$］，ICRP 137号报告建议矿井的转换系数为 3.5×10^{-6}。

二、氡的特性及电离辐射危害

（一）氡的特性

标准状态下，氡是一种无色、无味、透明的具有放射性的惰性气体，是惰性气体中原子量最大的单原子气体。与其他惰性气体相比，氡属于可溶性气体，且其水溶性较高，最大溶解度为230mL。氡的脂溶性也较高，4个氡天然放射性同位素都易溶于油脂和脂肪中。此外氡还能被煤、橡胶、石蜡、活性炭吸附。

天然氡的同位素来自三个天然放射性衰变系，即铀系、钍系和锕系，起始元素分别为^{238}U、^{232}Th、^{235}U，经过一系列衰变后产生氡的天然放射性同位素，包括镭射气^{222}Rn、^{218}Rn、钍射气^{220}Rn和锕射气^{219}Rn。其中^{218}Rn的半衰期极短（33.75ms），在空气中很难探测到，^{219}Rn是锕系的衰变产物，其起始元素^{235}U在自然界中的含量较低，因此具有辐射剂量学意义的氡天然放射性同位素只有^{222}Rn和^{220}Rn。^{238}U在地表中的含量较高，其衰变产生的同位素^{222}Rn的衰变期最长（3.825d），使得地表、岩石、建筑材料中的^{222}Rn有足够的时间扩散到空气中，因此环境中氡的4种天然放射性同位素中^{222}Rn的浓度最高，其次为^{220}Rn。

（二）氡的电离辐射危害

氡及其子体的电离辐射危害主要来自衰变过程中发射的α粒子、β粒子和部分γ光子能量之和。其中，α粒子属于高LET辐射类型，虽然组织穿透能力有限，但能量远大于β和γ射线，α的辐射权重因子是β和γ的20倍，因此氡及子体的当量剂量贡献几乎全部来自衰变过程中发射的α粒子的总能量。^{222}Rn的放射性半衰期比呼吸道的半廓清期（即吸入肺部的放射性核素活度一半转移到血液或胃肠道所需的时间）要短，因此一旦通过吸入的方式沉积在呼吸道，就会在沉积部位按照衰变链一直衰变到铅的稳定同位素^{210}Pb。^{210}Pb的半衰期约为22年，机体可通过各种排泄途径将大部分^{210}Pb排出体外。

吸入是氡及子体进入机体的最主要途径。氡子体在空气中产生时为自由离子形态，很容易被水分子或其他气体分子包围，成为可吸入颗粒物后与空气中的气溶胶结合，成为直径较大的颗粒物（50~600nm），因此氡子体具有较高的沉积效率。当机体长期处于氡暴露环境时，氡及子体持续被吸入体内并沉积在呼吸道和肺组织表面，会不断衰变、释放能量较高的α粒子，对气管、支气管和肺上皮细胞形成持续性内照射，导致肺癌发生。

食入途径也是机体摄入氡及子体的一种方式，在氡环境本底值较高的地区，如氡温泉附近的居民可通过饮用富含氡的地下水或通过淋浴、泡澡等方式摄入氡及子体。胃是一个储存器官，可能导致氡及子体暴露时间延长。此外，若在氡温泉泡澡或淋浴时间较长，含氡气的气溶胶颗粒可通过静电吸附作用附着在人体皮肤表面，若不及时清洗，会对皮肤表皮层细胞造成持续性照射。有研究发现皮肤接受的氡及子体照射剂量仅次于呼吸道，当空气氡浓度为200Bq/m^{3}时，估算造成的皮肤年剂量约为25mSv。但是氡衰变产生的α粒子具有穿透力弱的特点，很难穿过皮肤表层到达真皮层，因此氡及子体对皮肤产生电离辐射生物效应的靶细胞为角质层细胞，如基底细胞和Langerhans细胞。

进入体内的氡及子体释放α粒子照射细胞到癌症的发生涉及一系列生物学过程。首先，α粒子照射可直接导致双链DNA断裂，引起染色质重排和染色体畸变，增加癌症风险。其次，α粒子照射使水分子电离，导致机体产生大量的活性氧物质（如过氧化氢、羟自由基等），从而导致DNA、蛋白质和脂质的氧化损伤，这些氧化损伤产物在细胞中的累积可促使细胞发生恶性转化，引起癌症的发生。最后，α 粒子照射还会使机体出现表观遗传调控改变，如基因启动子区域的低甲基化可使癌症发生发展中发挥作用的癌基因表达水平升高，从而使癌症风险增加。目前，氡致肺癌的机制研究主要集中在细胞遗传损伤、细胞氧化损伤、基因组不稳定、细胞增殖和凋亡，以及表观遗传调控等方面。

（三）矿工氡暴露的健康影响研究

早在 16 世纪，德国科学家首次在埃尔兹山铁矿矿工中发现呼吸系统疾病发病率和死亡率明显增高，19 世纪时这种疾病被认为是淋巴肉瘤，到 20 世纪随着医学技术和组织病理学的应用，这种呼吸系统疾病才被证实为原发性肺癌。矿工发生肺癌的原因最初被归结于矿井中的粉尘和金属等有害因素的作用，1932 年有学者提出引起肺癌发生最可能的原因其实是放射性气体氡。20 世纪 60 年代，美国一项地下矿工的人群研究首次报道了氡暴露会增加肺癌风险，随后肺癌发病率增高的现象在多个国家的矿工人群中被发现，同时伴随着矿井中氡浓度的增高。大量的流行病学证据支持氡暴露与矿工肺癌间的因果关系。

20 世纪 90 年代，美国电离辐射生物效应委员会（BEIR）发布的报告第一次全面描述了氡暴露对矿工产生的毒性影响，并对氡暴露与铀矿工肺癌发生的关系进行了定量评估：每 100WLM 的超额相对危险（ERR）为 1.3。随后，法国、澳大利亚、美国、加拿大、瑞典和中国在内的多个矿工队列的建立，使氡暴露与肺癌危险之间的关系更为明确，2006 年联合国原子辐射效应科学委员会（UNSCEAR）发布的报告将氡致矿工肺癌的 ERR 修正为 0.59/100WLM。研究还发现，氡暴露导致的矿工肺癌存在“逆剂量率效应”，即与氡累积暴露量相同的矿工相比，暴露年龄越早、年龄越小者患肺癌的危险度越高。

矿工所处的工作环境复杂，当粉尘、金属、噪声等职业病危害因素同时存在时，难以对氡致肺癌的因果关系进行独立评估。例如，铀矿和其他金属矿山可能同时存在氡和重金属砷，中国云南锡矿工肺癌就被认为是氡及子体和砷的联合作用，在调整矿工氡暴露工作水平月后，发现同时存在砷暴露的矿工肺癌危险度比无砷暴露矿工高，ERR 分别为 0.61% 和 0.16%。我国一项研究发现随着氡浓度和粉尘浓度的增加，赤铁矿工的肺癌病例也增加，但是由于氡和粉尘两个职业危害因素呈正相关，无法确定氡致肺癌的危险度。此外，还要考虑吸烟的联合作用，对 6 个有吸烟信息的矿工队列进行分析，发现氡与吸烟对肺癌的联合作用不是单纯的相加作用，而是协同作用。1999 年，BEIR Ⅵ提出了氡与吸烟作用的亚相乘模型，不吸烟者和吸烟者的 ERR/WLM 比值为 3.0（95% *CI*：0.3~29.2），即吸烟者中氡致肺癌的发生率更高，氡暴露会增加吸烟者的肺癌风险。一项研究发现，吸入氡子体的有效剂量在长期吸烟者体内被扩大了 2 倍，这可能与吸烟导致的鼻腔黏膜纤毛受损和通气改变有关。

除了氡暴露导致的肺癌，近年来氡与矿工其他非呼吸系统癌症的关系也引起了研究人员的兴趣，包括白血病、皮肤癌、消化系统肿瘤、脑瘤和中枢神经系统癌症等。在白血病病因研究中，高水平氡暴露逐渐成为关注热点，有研究评估了职业氡暴露引起的白血病发病率和死亡率改变，发现地下矿工白血病死亡率有增加的趋势，室内氡暴露也被证实与所有年龄段的白血病发病率之间存在相关性。对于氡及子体暴露引发白血病的生理机制，一方面推测是由于支气管黏膜有大量的循环淋巴细胞，通过吸入途径进入呼吸道的氡及子体气溶胶可以通过循环淋巴细胞进入全身血液系统，导致血液系统癌症的发生；另一方面，氡气具有较高的脂溶性，氡溶解于脂肪细胞的能力比骨髓高 16 倍，溶解于脂肪细胞的氡及子体可以对周围的骨髓和造血细胞产生持续照射，造成骨髓造血细胞的放射性损伤。

长期氡暴露已被证实与神经退行性疾病如阿尔茨海默病、痴呆症和帕金森病之间存在正相关关系，但是通过综述几项大型矿工队列研究发现，尚不能认为职业氡暴露与脑瘤和中枢系统癌症的发病率或死亡率间有明确的因果关系。皮肤癌的发生与真皮层细胞的恶性转化有关，但是氡及子体衰变释放的 α 粒子具有穿透力弱的特点，其电离辐射能量很难作用到真皮层细胞，因此氡及子体暴露与皮肤癌的关系仍然存疑。

综上所述，流行病学研究证据支持氡暴露与矿工肺癌的因果关系，但是对于职业氡暴露与矿工非肺肿瘤的关系，虽然有少数阳性结果的发表，且存在合理的生理学基础，但大多数的流行病学证据不支持二者的因果关系结论。一方面可能与氡及子体在体内的生物动力学特点有关，氡及子体对其他特定器官的有效辐射剂量远远低于肺部接受的辐射剂量；另一方面则是因为氡与肺癌以外其他癌症风险之间关联的研究数量有限，导致研究之间的异质性和混杂偏倚无法避免，不能给出确定的结论。

在分子流行病学研究方面，氡及子体引起矿工发生的辐射特异性细胞遗传学损伤是研究较为深入的领域，这也是氡暴露导致矿工癌症风险增加的生物学机制之一。有学者在职业氡暴露的矿工中发现外周血淋巴细胞染色体畸变率和畸变细胞率与氡暴露显著相关，且染色体畸变率与矿工肺癌发病率之间也存在显著的正相关，这种关系也在铀矿工、煤矿工和铅锌矿工中得到证实。微核可以作为既往接受辐射照射的生物标志物，捷克的一项研究针对开采中的铀矿工人群体，开展了外周血淋巴细胞微核试验，结果发现与未接触者相比，矿工的含微核淋巴细胞频率更高，说明微核检测可以作为评估铀矿工既往氡暴露情况的重要手段。此外，核质桥作为一种新型的辐射生物剂量计，虽然未在矿工中观察到异常改变，但有研究报道了不吸烟的氡暴露居民外周血中核质桥率与氡暴露有显著的正相关关系。

（张品华　李小亮）

第二节　非铀矿工职业健康检查要点

截至目前，数量庞大的非铀矿工尚未纳入放射工作人员管理范畴，因此非铀矿工的职业健康检查应参照《职业健康检查管理办法》和《职业健康监护技术规范》（GBZ 188）的要求。同时，由于非铀矿工工作环境存在氡及子体产生的电离辐射危害，《非铀矿山工作场所放射防护标准》（GBZ/T 256—2024）对非铀矿工的职业健康监护也提出了要求：①非铀矿工职业健康监护应满足《职业健康监护技术规范》（GBZ 188）对粉尘作业人员职业健康监护的要求；②当井下工作场所氡年平均活度浓度大于 1000Bq/m^3 时，职业健康监护项目宜在粉尘作业劳动者健康监护项目基础上增加痰细胞学检查和外周血淋巴细胞染色体畸变 / 微核分析。这就要求非铀矿山用人单位需根据氡浓度变化及其趋势制定氡监测制度与程序，并持续调整优化监测方案，保证工作场所氡监测和个人监测的有效执行。

一、非铀矿工职业健康检查特殊要求

非铀矿工的职业健康检查项目需结合《非铀矿山工作场所放射防护标准》（GBZ/T 256—2024）、

《职业健康监护技术规范》（GBZ 188）和《放射工作人员健康要求及监护规范》（GBZ 98—2020）的要求，当井下工作场所氡年平均活度浓度不超过 1000Bq/m^3 时，非铀矿工职业健康检查项目参照《职业健康监护技术规范》（GBZ 188）对粉尘作业人员的项目要求；当井下工作场所氡年平均活度浓度大于 1000Bq/m^3 时，职业健康检查项目应在粉尘作业人员检查项目基础上增加痰细胞学检查和外周血淋巴细胞染色体畸变 / 微核分析。此外，根据《中国肺癌低剂量 CT 筛查指南》（2023 年版），对长期接触氡的非铀矿工应进行年度低剂量 CT 肺癌筛查。

粉尘作业人员的职业健康检查包括常规医学检查项目和特殊医学检查项目。常规医学检查内容包括以下内容。

（1）劳动者个人基本信息资料：个人资料、职业史、个人生活史、既往史和家族史；

（2）一般医学生理指标检测：血压、心率、呼吸频率、身高、体重、营养状况；

（3）症状询问：重点关注呼吸系统症状；

（4）体格检查：内科常规检查（重点是呼吸系统和心血管系统检查）；

（5）实验室和其他检查：后前位 X 射线高千伏胸片或数字化摄影胸片（DR 胸片）、心电图、肺功能、血常规、尿常规和血清丙氨酸氨基转移酶（ALT），其中血常规、尿常规和血清 ALT 在上岗前为必检项目，在岗期间为选检项目。

放射工作人员职业健康检查项目中包括基本信息资料、常规医学检查部分和特殊医学检查部分，基本信息资料和常规医学检查方法要求按《职业健康监护技术规范》（GBZ 188）的相应规定执行，应详细记录既往病史、职业接触史（部门、工种、起始时间、操作方式、工作量、职业照射种类和放射因素名称），如有受照史和其他职业史也应记录，其中受照史应包括医疗照射，剂量资料记录在职业健康检查表中。特殊医学检查项目包括细胞遗传学检查和眼科检查，其中细胞遗传学检查包括外周血淋巴细胞染色体畸变分析和淋巴细胞微核率试验。对放射性矿山工作人员，建议额外开展痰细胞学检查和（或）肺功能检查。此外，由于放射性检查如 X 射线或 DR 胸片可能对细胞遗传学检查结果产生影响，因此非铀矿工的细胞遗传学检查项目应在放射性检查之前进行。表 18-1 列出了粉尘作业人员和放射工作人员在岗期间的职业健康检查项目以及检查周期。

表 18-1　粉尘作业人员和放射工作人员在岗期间职业健康检查项目

粉尘作业人员职业健康检查项目（在岗期间）	放射工作人员职业健康检查项目（在岗期间）
劳动者个人基本信息资料：个人资料、职业史、个人生活史、既往史和家族史 一般医学生理指标检测：血压、心率、呼吸频率、身高、体重、营养状况 症状询问：重点询问咳嗽、咳痰、胸痛、呼吸困难，也可有喘息、咯血等症状 体格检查：内科常规检查，重点检查呼吸系统和心血管系统 实验室和其他检查：①必检项目：后前位 X 射线高千伏胸片或数字化摄影胸片（DR 胸片）、心电图、肺功能；②选检项目：血常规、尿常规、血清 ALT	1. 必检项目：医学史、职业史调查；内科、外科、皮肤科常规检查；眼科检查（色觉、视力、晶状体裂隙灯显微镜检查、玻璃体、眼底）；血常规和白细胞分类；尿常规；肝功能；肾功能检查；外周血淋巴细胞微核试验；胸部 X 线检查 2. 选检项目：心电图；腹部 B 超；甲状腺功能；血清睾酮；外周血淋巴细胞染色体畸变分析；痰细胞学检查和（或）肺功能检查（放射性矿山工作人员，接受内照射、需要穿戴呼吸防护装置的人员）；使用全身计数器进行体内放射性核素滞留量的检测（从事非密封源操作的人员）

续表

粉尘作业人员职业健康检查项目（在岗期间）	放射工作人员职业健康检查项目（在岗期间）
检查周期：对不同类型的粉尘作业和生产性粉尘作业分级不同的人员，职业健康检查周期的规定不同，不同矿产类型非铀矿工的职业健康检查周期应参照 GBZ 188 的具体规定	检查周期：按照卫生健康行政部门的有关规定执行，一般为 1~2 年，不得超过 2 年，必要时，可适当增加检查次数

随着低剂量 CT（low-dose computed tomography，LDCT）技术的发展和普及，越来越多的肺部病变在早期被检出，尤其是肺结节的检出率有了显著增高。研究表明，约 5% 的肺结节最终可能发展或被确诊为肺癌。根据美国国家肺癌筛查随机对照试验的研究结果，与 X 线胸片相比，使用 LDCT 对肺癌高危人群进行筛查可使肺癌病死率下降 20%。2015 年，中华医学会放射学分会心胸学组发布的《低剂量螺旋 CT 肺癌筛查专家共识》建议将年龄 50~75 岁同时合并有职业暴露史（石棉、铍、铀、氡等接触者）定义为肺癌高危人群并开展 LDCT 肺癌筛查；《中国肺癌低剂量螺旋 CT 筛查指南》（2018 年版）建议年度 LDCT 筛查的个体还需包括来自某些肺癌高发地区的人群，如云南省个旧市的项目点有 10 年或更长的坑下作业或冶炼史者；最新发布的《中国肺癌低剂量 CT 筛查指南》（2023 年版）建议有长期职业致癌物暴露史，包括长期接触氡的职业人群应进行年度 LDCT 肺癌筛查，而不需要考虑年龄。因此，建议在非铀矿工体检项目中加入胸部低剂量 CT 检查，尽早发现并预防肺癌，进一步促进非铀矿工职业健康。

二、非铀矿工职业健康检查结论及建议

放射工作人员职业健康检查结论与其他职业健康检查不同，不存在疑似职业病和职业禁忌证的相关结论和建议，而是由主检医师根据相应的健康标准对各类健康检查结果进行分析，评价放射工作人员对于预期工作的适任和持续适任的程度，表 18-2 列出了职业健康检查和放射工作人员职业健康检查的结论及建议。由于非铀矿工并未纳入放射工作人员进行管理，因此需按照《职业健康监护技术规范》（GBZ 188）的规定根据检查结果对非铀矿工给予个体体检结论。

表 18-2　职业健康检查结论及建议

职业健康检查结论及建议	放射工作人员职业健康检查结论及建议（在岗期间）
根据职业健康检查结果，对劳动者个体的体检结论可分为 4 种： （1）目前未见异常：本次职业健康检查各项检查指标均在正常范围内； （2）疑似职业病：检查发现疑似职业病或可能患有职业病，需要提交职业病诊断机构进一步明确诊断者； （3）职业禁忌证：检查发现有职业禁忌的患者，需写明具体疾病名称； （4）其他疾病或异常：除目标疾病之外的其他疾病或某些检查指标的异常	（1）可继续原放射工作； （2）在一定限制条件下可从事放射工作（例如，不可从事需采取呼吸防护措施的放射工作，不可从事涉及非密封源操作的放射工作）； （3）暂时脱离放射工作； （4）不宜再从事放射工作而调整从事其他非放射工作

对于职业健康检查过程中发现的疑似职业病或职业禁忌证，应先予以复查再做结论；根据复查结果，结合职业史现场监测资料，符合疑似职业病的出具疑似职业病结论，符合职业禁忌证的

出具职业禁忌证结论；未按要求进行复查的，不得出具职业健康检查结论和处理意见或适任性意见。

职业健康检查机构发现单项或多项异常，需要复查的人员，应书面告知用人单位和劳动者复查的原因、项目、要求、时间及注意事项。复查项目应当按照《职业健康监护技术规范》(GBZ 188)的相应诊断标准确定。复查完成后应出具职业健康检查复查报告。职业健康检查机构应在规定的时间内，根据有无复查、复查结果、未做复查原因等情况，根据处理原则作出最终结论，确保职业健康检查工作的规范性。

（张品华　刘建香）

附录 1　辐射量及其单位

电离辐射量包含描述所有产生电离辐射照射来源的电离辐射场的量，表征电离辐射与介质相互作用产生效应的量，估算人体所受内、外照射剂量的量和用于各种场合放射防护评价的量，这些量基本可以归纳为基本物理量、辐射防护量和运行实用量。基本物理量是后两者的理论基础，但物理量并不考虑不同类型和能量的等对辐射引起的生物效应差异，而辐射防护的目的就是关心人体受电离辐射照射后所致的辐射危害，势必要考虑不同辐射类型和不同受照组织的辐射效应差异，为此在物理量的基础上形成了辐射防护量；由于辐射防护量是由基本物理量计算出来的，并不能被直接测量，在现实工作中，需要利用一些仪器通过实际测量来直观地反映辐射水平，为了这些直接测量的量能很好地估计辐射防护量，从而又建立了运行实用量。三者之间的关系，可以通过附图 1–1 表示。

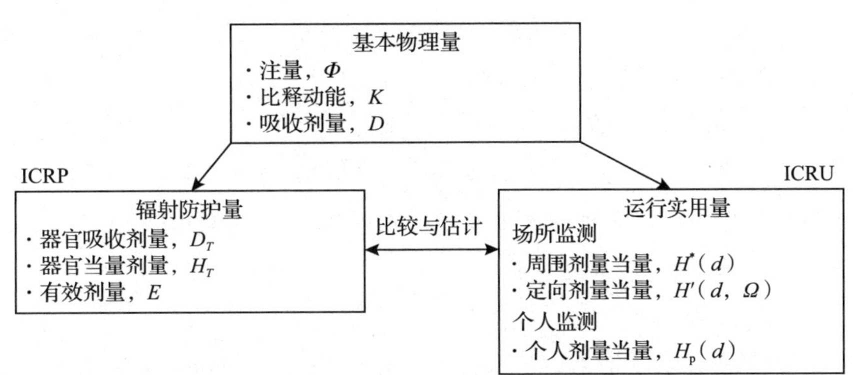

附图 1–1　基本物理量、辐射防护量与运行实用量之间的关系

一、基本物理量

1. 辐射度量学量

（1）注量（fluence，Φ）：用于描述电离辐射场中某一区域粒子的疏密程度。即 Φ=dN/da。式中，dN 是入射到球体截面积 da 上的粒子数，单位为每平方米（m^{-2}）。

（2）能量注量（energy fluence，Ψ）：电离辐射场能量密度的度量。进入以空间某点为中心的适当小球体的光子能量除以该球体的最大截面积的商，即 Ψ=dE_R/da。式中，dE_R 是入射到球体截面积 da 上的辐射能，单位为焦耳每平方米（J/m^2）。

2. 辐射剂量学量

（1）比释动能（kerma，K）：不带电粒子于物质相互作用过程中，在单位质量的物质中产生的带电粒子的初始动能的总和。其定义为不带电粒子在无限小体积元内，释放的所有带电粒子的初始动能之和的期望值 $\mathrm{d}E_{\mathrm{tr}}$，除以该体积元内物质的质量而得到的商，通常用符号 K 表示，即 $K=\mathrm{d}E_{\mathrm{tr}}/\mathrm{d}m$，单位是戈瑞（Gy）。

（2）吸收剂量（absorbed dose，D）：定义为电离辐射沉积于某一无限小体积元内的平均授予能，除以该体积元中物质的质量所得到的商，即 $D=\mathrm{d}E/\mathrm{d}m$。式中，$\mathrm{d}E$ 是电离辐射授予某一体积元物质的平均能量，dm 是该体积元中物质的质量，单位为 Gy。

二、辐射防护量

1. 当量剂量（equivalent dose，H_T）

指辐射在器官或组织内产生的平均吸收剂量与辐射权重因数的乘积，单位是 J/kg，专用单位为希沃特（Sv）。当量剂量 H_T 则是与器官、组织相关体积内的平均吸收剂量关联的，对吸收剂量施加修正的是辐射权重因子 W_T；当量剂量无法直接测量，仅用于评价、比较辐射照射的健康危害程度。

2. 有效剂量（effective dose，E）

曾称有效剂量当量（effective dose equivalent），有效剂量 E 是指全身受到均匀照射或不均匀照射时，不同组织当量剂量与组织权重因子相乘之和，单位为 Sv。

3. 待积当量剂量［committed equivalent dose，$H_T(\tau)$］

曾称待积剂量当量（committed effective dose equivalent）。待积当量剂量 $H_T(\tau)$ 是从摄入放射性物质的初始时刻（t_0）开始在 τ 时期内（未做特殊说明时，成年人取 50 年，儿童取 70 年）对 t 时刻器官或组织（T）的当量剂量率［$\dot{H}_T(t)$］的积分。

4. 待积有效剂量［committed effective dose，$E(\tau)$］

曾称待积有效剂量当量（committed effective dose equivalent）。待积有效剂量 $E(\tau)$ 是从摄入放射性物质的初始时刻（t_0）开始在 τ 时期内（未做特殊说明时，成年人取 50 年，儿童取 70 年）对 t 时刻有效剂量率［$\dot{E}(t)$］的积分。

5. 集体剂量（collective dose）

对一给定群体，受某一辐射源照射的成员人数与他们所受的平均剂量的乘积。单位为人希沃特（人·Sv）。

三、运行实用量

1. 周围剂量当量［ambient dose equivalent，$H^*(d)$］

是指与 r 点实际辐射场相应的齐向扩展场在 ICRU 球中，对着齐向场方向半径上，深度 d 处的剂量当量，单位为 Sv。$H^*(d)$ 用于强贯穿辐射的监测；$H^*(10)$ 常作为仪器所在位置上，人体有效剂量的合理估计值。

2. 定向剂量当量［directional dose equivalent，$H'(d, \Omega)$］

指与 r 点相应的扩展场在 ICRP 球中，指定方向的半径上，深度为 d 的剂量当量，单位为 Sv。$H'(d, \Omega)$ 用于弱贯穿辐射的监测；$H'(0.07, \Omega)$ 和 $H'(3, \Omega)$ 分别为仪器所在位置上，皮肤和眼晶状体的合理估计值。

3. 个人剂量当量［personal dose equivalent，$H_p(d)$］

指人体软组织指定一点，深度 d（mm）处，软组织的剂量当量，单位为 Sv。$H_p(10)$ 可用作有效剂量的估计值，$H_p(0.07)$ 用作局部皮肤当量剂量的估计值，$H_p(3)$ 作为眼晶状体当量剂量的估计值。$H_p(10)$ 针对强贯穿场，$H_p(0.07)$ 针对弱贯穿场。

（刘澜涛）

附录 2　辐射健康效应

一、辐射生物效应

电离辐射作用于机体后，其能量传递给机体的分子、细胞、组织和器官所造成的形态结构和功能的变化，称为辐射生物效应。按其作用机制又可分为有害组织反应（harmful tissue reactions）和随机性效应（stochastic effect）。附表 2-1 列出了部分典型有害组织反应的剂量阈值。

附表 2-1　部分典型有害组织反应的剂量阈值

组织与效应	阈值		
	单次短暂照射的总剂量（Gy）	分割多次照射或迁延照射的总剂量（Gy）	多年中每年以分割多次照射或迁延照射的年剂量率（Gy）
睾丸			
暂时不育	0.15	NA	0.4
永久不育	3.5~6.0	NA	2.0
卵巢			
不育	2.5~6.0	6.0	>0.2
眼晶状体			
视力障碍（白内障）	0.5	>0.5	>0.15
骨髓			
造血机能低下	0.5	NA	>0.4

注：NA 表示不适用，由于该阈值取决于剂量率而不是总剂量。
（资料来源：ICRP 103 号和 118 号出版物）

按辐射作用对象，又可将辐射生物效应分为躯体效应和遗传效应。躯体效应是指受辐射后的体细胞异常变化，主要表现为体细胞的细胞结构及生理变化、体细胞染色体损伤和其他病态变化，例如皮肤红斑、毛细血管扩张，严重时可表现出放射病甚至诱发皮肤癌。

遗传效应主要是指生殖细胞受到辐射所产生的物质变化，辐射损伤会导致很多物质产生不同的变化，生殖细胞内的各种物质发生各种变化主要是与辐射损伤有关，其具有遗传因素，可以世代相传。临床生物显示突变分为显性和隐性，而突变中隐性比显性的概率大，因此辐射损伤具有遗传因素，其在后代出现的概率是随机的。

二、放射敏感性

放射敏感性（radiation sensitivity）是放射生物学的重要问题，也是探讨放射损伤及其防护、诊断和治疗的基本问题。目前对放射敏感性本质认识尚不清楚，虽不能提出一个完整确切的定义，但可理解为生物系统对电离辐射作用的反应性或灵敏性。当一切照射条件完全严格一致时，机体、器官、组织、细胞或分子对辐射作用反应强弱或速度快慢不同，若反应强、速度快，其放射敏感性就高，反之则低。这里要强调的是判断标准不同，得出的结论不同，甚至可能得出相反的结果，同一个细胞若以功能变化为指标可被认为是敏感的，若以形态结构改变为指标也可被认为是不敏感的。

放射损伤的化学防护、肿瘤放疗的增敏都是希望改变生物体原有的放射敏感性的措施，如果能充分了解决定放射敏感性的机制，放射损伤的防治定会开辟出新的途径，对战时或平时核事故应急中的防护以及肿瘤放疗效果的提高都有极其重要的意义。

三、影响电离辐射生物效应的主要因素

电离辐射作用于机体产生生物效应，涉及电离辐射对机体的作用与机体对其反应。影响辐射生物效应发生的诸多因素，主要包括两个方面，一是与辐射有关的因素，二是与机体有关的因素。

（一）与辐射有关的因素

1. 辐射种类

不同种类的辐射产生的生物效应不同，从辐射的物理特性来看，电离密度和穿透能力是影响其生物学作用的主要因素。α 射线的电离密度大，但穿透能力很弱，因此在外照射时，对机体的损伤作用很小，而在体内照射时，则对机体的损伤作用很大。β 射线的电离能力小于 α 射线，但穿透能力较大，外照射时可引起皮肤表层的损伤，内照射时亦引起明显的生物效应。γ 射线或高能 X 射线穿透能力很强，与体内物质作用时产生次级电子，后者引起电离效应，其电离密度小于 α 射线和 β 射线，但 X 射线和 γ 射线能穿透深层组织，由外照射时易引起严重损伤。快中子和各种高能重粒子都具有很大的穿透力，在组织内其射程的末端发生极高的电离密度。这种集中范围的辐射杀伤作用，已用于临床肿瘤的放射治疗。γ 射线和中子流是核爆炸的重要杀伤因素之一，是引起机体立即损伤的主要因素。中子与带电粒子相比，在质量与能量相同条件下，穿透力较大，中子与组织作用时，主要是氢原子核与中子碰撞获得能量最多，产生电离密度大的氢反应冲核，然后将能量传递给生物分子，还可以产生次级带电粒子，以电离和激发的方式把能量传递给生物分子，引起生物分子的损伤。

2. 辐射剂量

辐射剂量与生物效应之间存在一定的相依关系。总的规律是剂量越大，效应越显著，但并不全呈线性关系。衡量生物效应可以采用不同的方法和判断指标。若以机体的死亡率或存活率为判断生物效应的指标，将引起被照射机体死亡 50% 时的剂量称为半致死剂量（median lethal dose，LD_{50}），作为衡量机体放射敏感性的参数，LD_{50} 数值越小，机体放射敏感性越高。一般在 LD_{50} 的后面还加一个下标，如 $LD_{50/30}$ 或 $LD_{50/15}$ 等。此下标的数值表示死亡发生的平均日数，$LD_{50/30}$ 代表 30d 内引起 50% 死亡的照射剂量。$LD_{50/15}$ 代表 15d 内引起 50% 死亡的照射剂量，一般未明确标示时间多指 30d。

若以平均生存时间或死亡时间作为指标，将辐射剂量范围扩大到 100Gy 以上，即可看出受照射动物的平均生存时间随辐射剂量加大而缩短，但不是完全的直线关系。当剂量小于 1Gy 时，效应不甚明显，早期看不出生存时间的变化，在某些情况下晚期可能有寿命的缩短，故称晚死。当剂量超

过1Gy时，部分个体的存活时间缩短，出现早死。剂量在1~10Gy之间时，剂量越大，平均生存时间越短，剂量与效应基本上呈线性关系，在此剂量范围内机体主要病变是造血功能抑制。剂量在10~100Gy时，平均生存时间为3~5d，此时机体的主导病变是肠道损伤。剂量超过100Gy时，平均生存时间又随剂量加大而缩短，基本上呈线性关系。这种剂量下机体的主要病变是中枢神经系统的破坏。

目前对人体损伤的剂量－效应关系主要是根据事故性损伤，参考动物实验资料而进行估计的。对于人体损伤效应的估计见附表2–2。

附表2–2　人体受不同剂量照射后的损伤效应

剂量（Gy）	病理变化	剂量（Gy）	病理变化
＜0.25	不明显和不易察觉的变化	4.0~6.0	重度骨髓型急性放射病
0.25~0.5	可恢复的功能变化，可有血液学的变化	6.0~10	极重度骨髓型急性放射病
0.5~1.0	功能性变化，血液变化，但无临床变化	10~50	肠型急性放射病
1.0~2.0	轻度骨髓型急性放射病	＞50	脑型急性放射病
2.0~4.0	中度骨髓型急性放射病		

3. 辐射剂量率

剂量率是指单位时间内机体所接受的照射剂量，常用Gy/d、Gy/h、Gy/min或Gy/s表示。在一般情况下剂量率越高，生物效应越显著，但当剂量率达到一定范围时，生物效应与剂量率之间则失去比例关系。而且，剂量率对生物效应的影响也随观察的具体效应不同而异。要引起急性放射损伤必须要有一定的剂量率阈值。对于每日0.005~0.05Gy的剂量率，即使长期照射累积很大剂量也不会产生急性放射病的症状，只能导致慢性放射损伤的发生。若当剂量率达到0.05~0.1Gy/min或更高时，则有可能引起急性放射病，且其严重程度随剂量率增大而加重。

在小剂量慢性作用的条件下，剂量率对生物效应的发生也有明显的影响。例如，当累积剂量相同时，不同剂量率所引起的机体寿命缩短以及白血病发生率也不一致。

4. 分次照射

同一剂量的辐射，在分次给予的情况下，其生物效应低于1次给予的生物效应，分次越多，各次间隔的时间越长，则生物效应越小。这显然与机体的修复过程有关。

5. 照射部位

机体受照射的部位对生物效应有明显的影响。研究表明，当照射剂量和剂量率相同时，腹部照射的全身后果最严重，其次依次为盆腔、头颈、胸部及四肢。大鼠全身照射时，LD_{50}为6.5~7.5Gy；若全身照射而屏蔽腹部，则LD_{50}为12.5Gy；若仅照射腹部，则LD_{50}为10.25Gy。若用20Gy的照射剂量作用于腹部，在3~5d内动物全部死亡；同样的照射剂量作用于盆腔，则只有部分动物死亡；同样的照射剂量作用于头部和胸部，则不发生急性死亡。

照射的几何条件对生物效应有很大的影响。人体事故照射时，往往由于几何条件不同而造成身体不同部位受到不均匀照射。不同部位的不同器官和组织的放射敏感性有较大差别，因此不均匀照射的后果因各部位吸收剂量不同而异。

6. 照射面积

当照射的其他条件相同时，受照的面积越大，生物效应越显著。这是电离辐射在临床应用的实践中早已肯定的规律。6Gy 的辐射作用于几平方厘米的皮肤时，只引起受照局部暂时发红，一般不伴有全身性症状。若同样的照射量作用于几十平方厘米的面积，就会出现恶心、头痛等症状，但不久会消失。若照射面积增加到全身的 1/3，则同样的照射剂量将会引起急性放射病。若照射面积增至全身的 1/2，则可产生致死性后果。在临床肿瘤治疗中，一般都将照射野缩至尽可能小的范围，并且采用分次照射以减少每次的剂量，这样可降低正常组织的放射损伤效应，以达到对局部肿瘤尽可能大的杀伤。

7. 照射方式

照射方式可分为内照射、外照射和混合照射。内照射是指放射源（放射性核素）进入体内发生射线，作用机体的不同部位。外照射是指放射源在体外，其射线作用于机体的不同部位或全身。若兼有内、外照射则称为混合照射，后者兼有内、外照射的效应。

外照射又可分为单向或多向照射，一般来说，当其他条件相同时，多向照射的生物效应大于单向照射。内照射生物效应受许多因素的影响，主要有放射性核素的物理化学特性、摄入途径、分布和排出特点、物理半衰期和生物半排期等。

（二）与机体有关的因素

影响电离辐射生物效应与机体有关的因素主要是生物机体的放射敏感性。不同种系、不同个体、不同组织和细胞、不同生物分子，对射线作用的敏感性可有很大差异。因此，当辐射的各种物理因素和照射条件完全相同时，所引起的生物效应却有很大差别。

1. 种系的放射敏感性

不同种系的生物对电离辐射的敏感性有很大的差异，其总的趋势是随着种系演化越高，机体组织结构越复杂，则放射敏感性越高。在脊椎动物中，哺乳类的放射敏感性比鸟类、鱼类、两栖类及爬行类为高。在哺乳动物中各种动物的放射敏感性有一定差别，总的说来，人、狗和豚鼠的放射敏感性高于兔和大鼠、小鼠的放射敏感性。

2. 个体发育的放射敏感性

哺乳动物的放射敏感性因个体发育所处的阶段不同而有很大差别。一般规律是放射敏感性随着个体发育过程而逐渐降低，与此同时放射敏感性的特点亦有变化。植入前期的胚胎对射线最敏感，剂量在 0.05~0.15Gy 时可杀死受精卵；器官形成期受到照射时，主要出现先天性畸形，胚胎死亡率较一阶段降低；胎儿期放射敏感性较低，引起各器官结构和功能的变化需要较大剂量，一般在几十 cGy 以上。广岛原子弹爆炸时相当于此阶段受照射孕妇生出的子代小头症者的百分率较高，并随剂量加大而升高；胚胎在器官形成期以后，个体的放射敏感性逐渐下降。在出生后的个体发育过程中，幼年动物比成年的放射敏感性要高，但老年的机体由于各种功能的衰退，其耐受辐射（特别是大剂量辐射）能力明显低于成年时期。

3. 不同器官、组织和细胞的放射敏感性

不同组织和细胞对辐射的反应有很大的差别，成年动物的各种细胞的放射敏感性与其功能状态有密切的关系。人体各种组织的放射敏感性的顺序排列如下。

（1）高度敏感组织：肺、胃、骨髓、结肠、乳腺、其余组织。

（2）较高敏感组织：性腺。

（3）中度敏感组织：膀胱、食道、肝脏、甲状腺。

（4）低敏感组织：骨表面、脑、唾液腺、皮肤。

在辐射防护中，用组织权重因数计量不同器官或组织对发生辐射随机效应的不同敏感性。不同器官或组织的权重因数见附表2-3。

附表2-3 不同器官或组织的组织权重因数（W_T）

器官/组织	器官/组织数目	W_T	合计贡献
肺、胃、骨髓、结肠、乳腺、其余组织*	6	0.12	0.72
性腺	1	0.08	0.08
膀胱、食道、肝脏、甲状腺	4	0.04	0.16
骨表面、脑、唾液腺、皮肤	4	0.01	0.04

注：*其余组织（共14个），包括肾上腺、胸腔外区、胆囊、心脏、肾、淋巴结、肌肉、口腔黏膜、胰脏、前列腺、小肠、脾、胸腺、子宫/子宫颈。

4. 亚细胞和分子水平的放射敏感性

同一细胞的不同亚细胞结构的放射敏感性有很大的差异，细胞核的放射敏感性显著高于细胞质。细胞内DNA损伤和细胞放射反应（包括致死效应）之间的相互关系是分子放射生物学的基本问题之一。DNA分子的损伤在细胞放射效应发生上占有关键地位。一般来说，哺乳动物细胞对辐射致死效应是比较敏感的。在充分给氧的环境中，几戈瑞的照射剂量就足以使大多数细胞停止分裂。从纯辐射化学的角度来考虑，吸收这么小量的辐射所造成的分子损伤的量是极小的。细胞进行正常功能所需的各种生物大分子，如蛋白质和酶的数量很大，其中少数分子的损伤不致引起严重的效应。然而，核酸则较少。DNA分子的损伤被认为是细胞致死的主要因素。细胞内各不同“靶”分子相对放射敏感性顺序如下：DNA＞mRNA＞rRNA＞tRNA＞蛋白质。上述不同生物大分子的放射损伤的敏感度顺序进一步表明了DNA分子的重要性。RNA和蛋白质在整个细胞周期中持续合成，而DNA合成却只在细胞周期的一小段时间——S期进行。DNA分子数有限，而且它是细胞生长、发育、繁殖和遗传的重要物质基础。这就使DNA损伤在整个细胞的放射损伤中占据特别重要的地位。

四、低剂量电离辐射的生物效应和健康影响

随着核能的发展及电离辐射的广泛应用，低剂量电离辐射（low-dose ionizing radiation，以下简称LDIR）长期接触的职业人群和公众日益增多，LDIR对人群远期健康影响及其防护策略，正成为全球范围内公共卫生领域研究的热点和焦点。

（一）低剂量电离辐射致癌风险和线性无阈模型

根据UNSCEAR、ICRP等国际组织报道及文献综述，低剂量/低剂量率定义为外照射剂量低于200mGy或剂量率低于0.1mGy/min（1h以内或1h以上的平均剂量率）的X或γ射线。目前关于LDIR长期接触对人群健康的影响研究主要集中在核武器试验放射性尘埃、核电站事故、核污染，从事辐射相关工作及高本底地区的天然辐射中的LDIR人群健康效应。研究表明，LDIR长期接触产生的远期健康效应受到机体损伤修复机制等方面因素影响，其结局往往需要很长时间才能显现，进一步增加了科学认识及正确评估LDIR健康效应的难度。

目前低剂量辐射致癌风险分析采用线性无阈模型（linear non-threshold，以下简称LNT），即辐射致癌不存在剂量阈值，辐射诱发癌症的概率与照射剂量成正比。但是，近年来研究发现的低剂量辐射诱导的兴奋效应和适应性反应使人们对LNT模型提出了质疑。

（二）低剂量辐射的兴奋效应

兴奋效应（hormesis）是指细胞或机体对环境因子刺激的一种双相反应，即低剂量环境因子刺激细胞或机体，会产生一种与大剂量刺激相反的效应。兴奋效应最早是指低剂量化学毒物的刺激作用。研究表明低剂量辐射能激活细胞广谱防御性表观遗传信号，上调适应性相关基因表达，诱导应激蛋白产生，清除自由基，增强 DNA 损伤修复能力，诱导细胞通过凋亡或者自噬清除癌前细胞和突变细胞，这些作用都有利于细胞抵抗辐射损伤，降低辐射诱导的癌症和非癌疾病的发病率和死亡率，延缓神经退行性疾病的发生，延长个体寿命。

（三）低剂量辐射诱导的适应性反应

适应性反应（adaptive response，AR）是指预先给予生物体低剂量遗传毒性的刺激因子后，生物体对之后受到的相同或类似刺激因子的高剂量暴露产生一定的保护作用，明显降低高剂量暴露所带来的损伤。低剂量电离辐射引起的适应性反应是指预先给予生物体低剂量辐射，可以使生物体对随后的大剂量辐射产生抗性，减轻大剂量照射产生的损害作用。

低剂量辐射诱导的适应性反应和兴奋效应机制相似，从辐射生物效应产生的过程来看，低剂量辐射和大剂量辐射对生物体作用的本质是一样的，即辐射粒子（光子）通过引起生物大分子的电离，导致生物大分子结构和功能的改变，这种单位辐射剂量对细胞的“微损伤”或对内稳态的“微扰动”，激发了细胞的防御机能，即活性氧清除能力的增加，DNA 损伤修复能力的增强，细胞周期和凋亡的改变等。这种防御机制可以持续几个小时到数周，在此期间生物体暴露于大剂量辐射或受到其他有害因素时，持续存在的防御机制就会减轻大剂量有害因素产生的损伤，比如通过 DNA 损伤修复降低突变的发生，通过增强机体免疫，增强凋亡清除其他因素诱导的癌前细胞或者转化细胞，降低癌症发生率。可以说低剂量辐射诱发的兴奋性效应和适应性反应是低剂量电离辐射损伤的“过度修复”和“延长修复”。

（四）低剂量辐射对免疫系统的影响

免疫系统是抵御环境损害的重要的防御系统之一，主要是依靠免疫器官（胸腺、骨髓、脾脏、淋巴结等）、免疫细胞（T 细胞、B 细胞、NK 细胞、DC 细胞等）以及免疫分子（抗体、免疫球蛋白、细胞因子等）发挥作用。研究表明，低剂量辐射具有调节多种免疫应答过程并揭示免疫兴奋性的特性。然而，低剂量辐射影响免疫系统的分子机制尚未完全阐明。体外和体内研究证实，低剂量辐射对先天性和适应性免疫的调节作用取决于许多因素，如免疫细胞的状态、免疫系统的微环境以及免疫细胞的相互作用等。与高剂量辐射相比，低剂量辐射能够促进生长发育、抑制衰老过程，增强免疫功能，延缓癌症进展。目前，已有研究关于低剂量辐射对免疫系统的影响尚存在争议：一方面，有研究表明低剂量辐射已显示出可诱发遗传和表观遗传学变化，并与一系列生理疾病相关，包括免疫系统变化，导致认知障碍的脑发育异常、白内障、胚胎异常、循环系统疾病、肿瘤发生和寿命缩短等。另一些研究认为低剂量辐射的刺激作用在一定程度上可以促进细胞生长、延长生存期、降低肿瘤发生率和增强免疫系统功能等。临床前研究表明低剂量辐射可有效治疗某些免疫相关疾病，如通过增加机体的免疫功能来抑制感染和恶性肿瘤的发展等。

（李　爽）

附录 3　相关法律法规文件及标准列表

（截至 2025 年 5 月 31 日）

相关法律法规文件

1.《中华人民共和国基本医疗卫生与健康促进法》

2.《中华人民共和国职业病防治法》

3.《放射性同位素与射线装置安全和防护条例》

4.《女职工劳动保护特别规定》

5.《放射工作人员职业健康管理办法》

6.《放射诊疗管理规定》

7.《工作场所职业卫生管理规定》

8.《国家职业卫生标准管理办法》

9.《职业病诊断与鉴定管理办法》

10.《职业健康检查管理办法》

11.《用人单位职业健康监护监督管理办法》

12.《国家卫生健康委办公厅关于贯彻落实职业健康检查管理办法的通知》（国卫办职健函〔2019〕494 号）

13.《国家卫生健康委办公厅关于贯彻落实职业病诊断与鉴定管理办法的通知》（国卫办职健函〔2021〕173 号）

14.《关于进一步规范职业健康检查和职业病诊断工作管理的通知》（国卫办职健函〔2023〕241 号）

15.《国家卫生健康委等 4 部门关于印发〈职业病分类和目录〉的通知》（国卫职健发〔2024〕39 号）

16.《关于印发〈职业病危害因素分类目录〉的通知》（国卫疾控发〔2015〕92 号）

17.《国家卫生健康委办公厅关于深入开展职业病危害专项治理工作的通知》（国卫办职健函〔2021〕621 号）

18.《关于进一步推进职业健康保护行动提升劳动者职业健康素养水平的通知》（国卫办职健函〔2024〕32 号）

19.《国家卫生健康委关于印发用人单位职业卫生监督执法工作规范的通知》（国卫监督发

〔2020〕17 号）

20.《国家卫生健康委关于加强职业病防治技术支撑体系建设的指导意见》（国卫职健发〔2020〕5 号）

21.《国家卫生健康委办公厅关于进一步加强用人单位职业健康培训工作的通知》（国卫办职健函〔2022〕441 号）

22.《关于进一步推进职业健康保护行动提升劳动者职业健康素养水平的通知》（国卫办职健函〔2024〕32 号）

23.《中国疾病预防控制中心关于印发职业健康检查质量控制规范（试行）的通知》（中疾控公卫发〔2019〕45 号）

24.《中国疾病预防控制中心关于印发职业病报告技术规范的通知》（中疾控公卫发〔2019〕118 号）

相关标准列表

一、职业健康监护

1.《电离辐射防护与辐射源安全基本标准》（GB 18871—2002）

2.《放射工作人员健康要求及监护规范》（GBZ 98—2020）

3.《职业性外照射急性放射病的远期效应医学随访规范》（GBZ/T 163—2017）

4.《核动力厂操纵人员健康标准》（GBZ/T 164—2022）

5.《放射工作人员职业健康检查外周血淋巴细胞染色体畸变检测与评价》（GBZ/T 248—2014）

6.《放射工作人员职业健康检查外周血淋巴细胞微核检测方法与受照剂量估算标准》（GBZ/T 328—2023）

二、职业性放射性疾病诊断

1.《职业性放射性白内障的诊断》（GBZ 95—2014）

2.《内照射放射病诊断标准》（GBZ 96—2011）

3.《职业性放射性肿瘤判断规范》（GBZ 97—2017）

4.《外照射亚急性放射病诊断标准》（GBZ 99—2002）

5.《外照射放射性骨损伤诊断》（GBZ 100—2010）

6.《职业性放射性甲状腺疾病诊断》（GBZ 101—2020）

7.《放冲复合伤诊断标准》（GBZ 102—2007）

8.《放烧复合伤诊断标准》（GBZ 103—2007）

9.《职业性外照射急性放射病诊断》（GBZ 104—2017）

10.《职业性外照射慢性放射病诊断》（GBZ 105—2017）

11.《职业性放射性皮肤疾病诊断》（GBZ 106—2020）

12.《职业性放射性性腺疾病诊断》（GBZ 107—2015）

13.《急性铀中毒诊断标准》（GBZ 108—2002）

14.《职业性放射性疾病诊断总则》（GBZ 112—2017）
15.《职业性放射性疾病诊断程序和要求》（GBZ 169—2020）

三、剂量估算

1.《放射性核素摄入量及内照射剂量估算规范》（GB/T 16148—2009）
2.《外照射慢性放射病剂量估算规范》（GB/T 16149—2012）
3.《染色体畸变估算生物剂量方法》（GB/T 28236—2011）
4.《单细胞凝胶电泳用于受照人员剂量估算技术规范》（GBZ/T 243—2013）
5.《电离辐射所致皮肤剂量估算方法》（GBZ/T 244—2017）
6.《荧光原位杂交分析染色体易位估算辐射生物剂量技术方法》（GBZ/T 249—2014）
7.《矿工氡子体个人累积暴露量估算规范》（GBZ/T 270—2016）
8.《电离辐射所致眼晶状体剂量估算方法》（GBZ/T 301—2017）
9.《牙釉质电子顺磁共振剂量重建方法》（GBZ/T 172—2006）
10.《辐射生物剂量估算　早熟染色体凝集环分析法》（WS/T 615—2018）
11.《外照射放射防护剂量转换系数标准》（WS/T 830—2024）

四、核与放射事故医学处置

1.《外照射事故受照人员的医学处理和治疗方案》（GB/T 18199—2000）
2.《外照射辐射事故中受照人员器官剂量重建规范》（GBZ/T 261—2015）
3.《核与放射卫生应急准备与响应通用标准》（WS/T 827—2023）

五、个人监测

1.《外照射事故受照人员的医学处理和治疗方案》（GB/T 18199—2000）
2.《核事故场内医学应急计划与准备》（GBZ/T 171—2006）
3.《核事故场内医学应急响应程序》（GBZ/T 234—2010）
4.《核和辐射事故伤员分类方法和标识》（GBZ/T 255—2014）
5.《外照射辐射事故中受照人员器官剂量重建规范》（GBZ/T 261—2015）
6.《核和辐射突发事件心理救助导则》（GBZ/T 262—2014）
7.《核和辐射事故医学应急演练导则》（WS/T 636—2018）
8.《核与放射卫生应急准备与响应通用标准》（WS/T 827—2023）

六、其他

1.《放射性核素内污染人员医学处理规范》（GB/T 18197—2000）
2.《放射性疾病名单》（GB/T 18201—2000）
3.《医学放射工作人员放射防护培训规范》（GBZ/T 149—2015）
4.《过量照射人员医学检查与处理原则》（GBZ 215—2009）
5.《人体体表放射性核素污染处理标准》（GBZ/T 216—2024）
6.《外照射急性放射病护理规范》（GBZ/T 217—2009）

7.《尿样中总 α 和总 β 放射性检测规范》（GBZ/T 269—2016）
8.《核电厂职业病危害预防控制标准》（GBZ/T 327—2022）
9.《造血刺激因子在外照射急性放射病治疗中的应用指南》（WS/T 378—2013）
10.《放射性核素内污染人员医学处理规范》（WS/T 583—2017）

（陈尔东）

附录 4 常用名词术语

1. 电离辐射 能够使物质发生电离或激发的辐射。

2. 剂量 某一对象所接受或“吸收”的辐射的一种量度。根据上下文，它可以指吸收剂量、器官剂量、当量剂量、有效剂量、待积当量剂量或待积有效剂量等。按射线种类分为 α 剂量、β 剂量、γ 剂量和中子剂量等。

3. 职业健康监护 为保证放射工作人员上岗前及在岗期间都能适任其拟承担或所承担的工作任务而进行的医学检查和评价，其主要包括职业健康检查、应急或事故健康检查和职业健康监护档案管理等。

4. 放射工作单位 开展下列活动的企业、事业单位和个体经济组织：①放射性同位素（非密封放射性物质和放射源）的生产、使用、销售、运输、贮存和废弃处理；②射线装置的生产、使用和维修；③核燃料循环中的铀矿开采、水冶、铀的浓缩和转化、燃料制造、反应堆运行、燃料后处理和核燃料循环中的研究活动；④放射性同位素、射线装置和放射工作场所的辐射监测；⑤纳入监管范围的现存照射的职业活动；⑥卫生健康主管部门规定与电离辐射有关的其他活动。

5. 职业健康管理 对接触职业病危害因素的放射工作人员个人和群体的职业病危害因素进行全面管理的过程，包括培训、职业健康监护、个人剂量监测和职业病诊断与鉴定，以及相关档案管理等方面。

6. 放射性因素 从事职业活动过程中，可能导致劳动者发生职业性放射性疾病的危害因素。

7. 职业健康咨询 主检医师针对怀孕或可能怀孕的以及哺乳期的女性、已经或可能受到明显超过个人剂量限值照射、可能对自己受照的情况感到忧虑或由于其他原因而要求咨询的放射工作人员提供必要的咨询，并给出医学建议。

8. 主检医师 依法取得职业病诊断资格，经注册而执业，且被职业健康检查机构指定的临床医师，负责确定职业健康检查项目和周期、职业健康咨询，对职业健康检查进行质量控制、审核报告并签署适任性评价意见。

9. 放射工作人员健康要求 在正常、异常或紧急情况下，放射工作人员都能准确无误地履行其职责的健康条件。

10. 放射敏感器官 人体不同组织器官对放射的敏感性不同，通常骨髓、卵巢、睾丸、眼晶状体和甲状腺较敏感，也是放射工作人员职业健康检查中重点关注的组织器官。

11. 细胞遗传学检查 用细胞学和遗传学相结合的方法研究与遗传学现象相关的细胞变化的检查，包括外周血淋巴细胞染色体畸变分析和微核试验。

12. 质量管理 在质量方面的指挥和控制活动，通常包括制定质量方针和质量目标以及质量策划、质量控制、质量保证和质量改进。

13. 关键控制点 在质量管理过程中，通过实施预防和控制措施，能够预防、消除或最大程度降低一个或多个危害的加工工序、过程或部位。关键控制点可以分为两类：一类是可以预防和消除危害的关键控制点；另一类是能够减少和降低危害的关键控制点。

14. 质量过程 在质量管理中，利用输入实现预期结果的相互关联或相互作用的一组活动。这些活动通常包括人力、设备设施、物料、环境等资源的利用，通过输入转化为输出，实现预期的结果。

15. 放射工作人员职业健康检查 为评价放射工作人员健康状况而进行的医学检查。包括上岗前、在岗期间、离岗时、应急照射和事故照射后的职业健康检查。

16. 过量照射 个体所受剂量超过年当量剂量或年有效剂量限值的照射。

17. 事故照射 在事故情况下受到的非自愿的、意外的照射。

18. 应急照射 在紧急情况下受到的照射。包括紧急情况直接导致的非计划照射以及为减轻紧急情况后果而采取行动的人员受到的有计划的照射。

19. 染色体畸变 染色体结构和数目的异常改变。染色体结构异常通常包括缺失、重复、倒位、易位、插入和形成环状染色体等；染色体数目变异包括整倍体和非整倍体变化。

20. 微核 在细胞分裂后期由于基因组DNA损伤形成的染色体断片不能随有丝分裂进入子细胞，而在细胞浆中形成直径小于主核1/3、完全与主核分开的圆形或椭圆形微小核，其染色同主核，但比主核淡。

21. 生物剂量估算 用具有稳定剂量–效应关系的分子或亚细胞结构变化等生物学指标定量估算受照射个体的辐射吸收剂量的方法。

22. 放射性疾病 电离辐射作用于人体导致的疾病，可按发病时间、照射途径、照射部位进行分类。

23. 放射性肿瘤 接受电离辐射照射后，经一定潜伏期后发生的与所受照射具有一定程度的病因学联系的恶性肿瘤。

24. 医学随访 以发现电离辐射作用的远后期健康效应为目的，对受到超剂量限值照射者和意外辐射事故照射者进行系统的长期医学追踪观察。

25. 早期医学检查 受照后即刻、数日、数周或6个月内所进行的医学检查。

26. 远期医学检查 受照6个月以后或数年甚至数十年后才出现的变化，包括对受照者本身及其后代所进行的检查。

27. 放射防护培训 针对放射工作人员的职业培训，主要包括电离辐射基础知识、放射防护、放射性疾病和法规标准类有关知识。

28. 上岗前培训 放射工作人员上岗前应接受的放射防护有关知识的培训，并经考核合格方可参加相应的工作。

29. 在岗期间培训 放射工作人员在岗期间应定期接受的放射防护有关知识的再培训，两次培训的时间间隔不超过2年。

30. 个人监测 为提供工作人员个人所接受的辐射水平而进行的辐射监测。

31. 外照射个人监测 利用工作人员佩戴剂量计进行的个人剂量当量测量及对测量结果的解释。

32. 内照射个人监测 对体内或排泄物中放射性核素的种类和活度，或者对吸入体内放射性核素的种类和活度进行的测量，以及对测量结果的解释。

33. 名义剂量 在外照射个人监测中，当工作人员佩戴的剂量计丢失、损坏或其他原因得不到读数或所得读数不能正确反映工作人员所接受的剂量时，用其他方法赋予该剂量计应有的剂量估算值。

34. 最低探测水平　一个用于评价测量仪器探测能力的一个统计量值，指在给定的置信度下，测量仪器能够探测出的区别于本底值的最小量值。

35. 调查水平　审管部门所规定的剂量或摄入量的一个数值。达到或超过这一数值时应进行调查。

36. γ 辐照装置　利用 γ 辐照（射线）通过安全可靠的辐射加工工艺对物品和材料进行加工的装置，主要应用 ^{60}Co 放射源。

37. 工业探伤　采用射线对物体进行照射成像，以检查内部缺陷的方法。

38. 放射性同位素测井　用注入油井的非密封放射性物质确定流体在井管内或地层孔隙间的运动状态及其分布规律和井身工程质量参数的方法。

39. 低能射线装置　在接通电源后能够产生能量从豁免值至 1MeV 的 X 射线、电子流、离子流的装置。

40. 货物 / 车辆辐射检查系统　带有光子或中子辐射源、辐射探测器等装置及设施，利用辐射成像原理获得货物及车辆等被检物透视图像的检查系统。

41. 铀作业工作人员　受聘用全日、兼职或临时从事接触铀作业的任何人员。

42. 急性铀中毒　人体在短时间内摄入过量天然铀或低浓缩铀，引起的以急性化学中毒性肾病为主的全身性疾病。

43. 适任性评价　主检医师依据放射工作人员健康要求对健康检查结果进行综合分析，并对其是否适任拟承担或所承担的工作作出评价和签发。

44. 铀矿品位　矿石中铀的含量。品位分三个等级，即品位在 0.3% 以上者为富铀矿，品位在 0.1%~0.3% 者为中等铀矿，品位在 0.05%~0.1% 者为贫铀矿。

45. 核动力厂　利用核动力反应堆生产电力或热能的动力厂，包括核电厂、核热电厂、核供汽供热厂等核动力厂及装置。

46. 核设施营运单位　在中华人民共和国境内，申请或者持有核设施安全许可证，可以经营和运行核设施的单位。

47. 操纵人员　在核设施主控室中担任操作或者指导他人操作核设施控制系统工作的运行值班人员，包括操纵员和高级操纵员。

48. 心理健康　在身体、智力以及情感上，在与他人的心理健康不相矛盾的范围内，将个人心境发展成最佳的状态。其标志包括：身体、智力、情绪十分协调；适应环境，人际关系中彼此谦让；有幸福感；在职业工作中，能充分发挥自己的能力，过着有效率的生活。

49. 非铀矿山　除铀矿以外的矿山。

50. 行动水平　在持续照射或应急照射情况下，应考虑采取补救行动或防护行动的剂量率水平或活度浓度水平。

51. 工作水平月　一种沿用的表示氡子体或氙子体照射的单位。相当于在 1WL 条件下暴露 1 个工作月小时（170h），即 $3.54mJ \cdot h \cdot m^{-3}$。

52. 核燃料制造　将核燃料从原材料加工成最终产品的过程。核燃料制造过程包括从铀矿开采、原料提纯到核燃料元件的制造。

（鞠金欣　崔诗悦）

参考文献

[1] 国际放射防护委员会.国际放射防护委员会2007年建议书[M].潘自强，周永增，周平坤，等，译.北京：原子能出版社，2008.

[2] 国际放射防护委员会.国际放射防护委员会第118号出版物[M].刘强，李峰生，高玲，等，译.北京：原子能出版社，2015.

[3] 世界卫生组织，国际劳工组织.公共卫生突发事件中的职业安全与健康：医护人员和应急救援者的防护指南[M].张敏，译.北京：科学出版社，2020.

[4] 张勇，柴邦衡.ISO 9000质量管理体系[M].3版.北京：机械工业出版社，2023.

[5] 刘晓论，柴邦衡.ISO 9001质量管理体系文件[M].2版.北京：机械工业出版社，2024.

[6] 白玉书，陈德清.人类辐射细胞遗传学[M].北京：人民卫生出版社，2006.

[7] 孙全富，涂彧.放射卫生基础[M].北京：中国人口出版社，2023.

[8] 强永刚.医学辐射防护学[M].北京：高等教育出版社，2013.

[9] 章仲侯.放射卫生学[M].北京：原子能出版社，1985.

[10] 孙世则.放射损伤临床[M].北京：原子能出版社，1983.

[11] 王鹤滨.铀及其化合物的毒性作用[M].北京：原子能出版社，1977.

[12] 何凤生，王世俊，任引津，等.中华职业医学[M].北京：人民卫生出版社，2002.

[13] 万学红，卢雪峰.诊断学[M].9版.北京：人民卫生出版社，2020.

[14] 葛均波，徐永健，王辰.内科学[M].9版.北京：人民卫生出版社，2018.

[15] 潘自强，程建平.电离辐射防护和辐射源安全[M].北京：原子能出版社，2007.

[16] 章泽甫，王俊峰.动力堆核燃料后处理工学[M].北京：原子能出版社，2013.

[17] 李德平，潘自强.辐射防护手册（第三分册）辐射安全[M].北京：原子能出版社，1990.

[18] 潘自强.中国核工业辐射水平与效应[M].北京：原子能出版社，1996.

[19] 丁库克，肖德涛，张丰收.氡科学手册[M].北京：人民卫生出版社，2023.

[20] 陈尔东，刘长安，姜晓燕，等.医学放射工作人员的放射防护培训探讨[C].// 中国核学会.第八届中国核学会“三核”论坛论文集[M].兰州：兰州大学出版社，2011：359-361.

[21] 白光.关于放射工作人员医学监督工作的回顾与思考[J].中国辐射卫生，2002，(1)：48-51.

[22] 孙胤羚，邵华.美国职业健康监护和职业病诊断鉴定制度研究及对我国的启示[J].工业卫生与职业病，2012，38(3)：129-133.

[23] 武晓燕，鞠佳勇，古晓娜，等.英国放射工作人员职业健康监护及其对我国启示[J].中国职业医学，2019，46(5)：637-640.

[24] 白光 . 辐射工作人员的医学监督 [J]. 辐射防护，1991，11（2）：102.
[25] 李小亮，孙全富 . 我国放射工作人员职业健康管理现状与问题 [J]. 职业卫生与病伤，2019，34（6）：327–330.
[26] 中华医学会健康管理学分会，《中华健康管理学杂志》编辑委员会 . 健康体检基本项目专家共识（2020）[J]. 中华健康管理学杂志，2023，17（9）：649–653.
[27] 中华医学会超声医学分会浅表器官和血管学 . 2020 甲状腺结节超声恶性危险分层中国指南：C–TIRADS [J]. 中华超声影像学杂志，2021，30（3）：185–189.
[28] 韩林，赵风玲，刘玉龙，等 . 染色体畸变和微核分析在放射工作人员职业健康监护中的价值探讨 [J]. 辐射防护，2023，43（4）：366–371.
[29] 朴春南，刘建香，孙全富 . 韩国无损检测工作人员连续发生白血病事件及其启发 [J]. 中华放射医学与防护杂志，2021，41（2）：160.
[30] 吕玉民，田梅，王平，等 . 医疗行业放射工作人员染色体畸变水平的影响因素分析 [J]. 中华放射医学与防护杂志，2020，40（4）：278–283.
[31] 何玲，高艺莹，王捷 . 职业病诊断医师常见职业性放射性疾病诊断标准实施评价 [J]. 辐射防护，2022，42（6）：532–539.
[32] 邓君，范胜男，郝述霞，等 . 全国放射卫生信息平台的建设与应用 [J]. 中华放射医学与防护杂志，2019，39（10）：725–730.
[33] 于海涛，牛昊巍，孙全富，等 . 卫生部放射工作人员个人剂量监测子系统的建立 [J]. 中华放射医学与防护杂志，2010，30（1）：66–72.
[34] 李小亮，孙全富，刘建香，等 . 我国职业性放射性疾病报告系统介绍 [J]. 中华放射医学与防护杂志，2019，39（10）：731–735.
[35] 王玉珍，王秀娥 . 全国职业性放射性疾病诊断现状及存在的问题 [J]. 中华放射医学与防护杂志，2002，12（4）：301–302.
[36] 王红波，程晓青，李小亮，等 . 我国部分地区个人剂量监测异常情况的分析 [J]. 中国辐射卫生，2015，24（4）：321–324.
[37] 张品华，苏垠平，李小亮，等 . 2020 年全国医疗机构放射工作人员个人剂量监测异常数据分析 [J]. 中华放射医学与防护杂志，2021，41（9）：695–699.
[38] 李小亮，孙全富，刘建香，等 . 2019 年全国监测医院辐射防护用品配备及放射工作人员职业健康管理现状 [J]. 中华放射医学与防护杂志，2020，40（10）：753–757.
[39] 陈尔东，刘长安，李小娟，等 . 放射防护与安全教育培训探讨 [J]. 中国职业医学，2008，35（3）：237–240.
[40] 涂彧，曹建平，朱本兴 . 对近阶段我国辐射防护与安全知识培训的思考 [J]. 核安全，2009，(2)：30–34.
[41] 陈玲，卢叶松，杨志彬 . 放射防护法治培训项目化管理探索与实践 [J]. 江苏预防医学，2021，32（2）：228–229.
[42] 朱乐明，郑亦军，赵国良，等 . 对介入放射治疗工作人员防护培训与管理策略的探讨 [J]. 东南国防医药，2014（3）：334–336.
[43] 陈云飞 . 三门核电辐射防护模拟培训设计 [J]. 辐射防护通讯，2015，35（4）：25–29.